日本商法註釋　下巻

伊藤悌治校閲
坪谷善四郎著

明治二十三年出版

日本商法註釋 下卷

日本立法資料全集 別巻 1436

信山社

博文館藏

日本法典全書

第五編

日本商法註釋 下

法學士伊藤悌治校閲
坪谷善四郎著

東京 博文館藏版

東京國文社活版部印行

控訴院評定官伊藤悌治君校閲
水哉坪谷善四郎著

日本商法註釋

巻下

東京 博文舘藏版

日本商法註釋下卷目録

頁

日本商法註釋下卷目錄　終

日本商法註釋下卷

法學士 伊藤悌治校閲

坪谷善四郎著

第九章 賣買

賣買ノ發達及必要

往昔社會ノ未ダ十分ニ發達セズ人智モ亦猶ホ幼稚ナル時代ニ在テハ諸事質朴ニシテ生計ノ程度尤モ低ク嗜好物ノ如キモ甚ダ少ク從テ需用ノ道モ狹カリシヲ以テ專ラ物品交易ノ方法ニ依テ諸物ヲ辨ズルノ習慣行ハレタリ然レド人智漸ク進ミ生計ノ程度愈々高マルニ從ヒ衣食家屋ヲ始メトシ日常百般ノ需用物ヲ増加シ各自嗜好ノ慾ヲ進ムルニ至テハ最早實物交換ノ制ニ依テ其用ヲ辨ズルヲ得ズ何トナレバ是甚ダ煩雜不便ナルノミナラズ到底各自ノ好ム處ヲ滿足セシムルヲ得ズ其極終ニ需用供給ノ平均ヲ失ヒ經濟上大ナル不

都合ヲ生ズルニ至ルベケレバナリ故ニ世ノ開明ニ赴クト共ニ彼ノ不便ナル實物交換ノ制ハ次第ニ衰ヘ之ニ代ルニ金錢ヲ以テ物品ト交換スル便法則チ今日所謂賣買ナルモノ行ハルヽニ至レリ而シテ此賣買ハ素ヨリ商事上ニノミ行ハルヽニアラザレトモ世上普通ノ商業ハ大半賣買ニ關係ヲ有セザルモノ鮮シ矣故ニ商法中ニ於テモ本章ノ如キハ尤モ其必要多ク實際商業ニ從事スル者ハ須臾モ忽諸ニ附スベカラザルノ條章ヲ包含スト云フモ敢テ過言ニアラザルヲ信ズルナリ

第一節　賣買契約

賣買契約ノ目的物

第五百二十五條　契約取結ビノ時現ニ存在シ且賣主ニ處分權ノ屬スル物ニ非レバ賣買契約ノ目的物タルコトヲ得ズ

賣買モ亦一ノ契約タル以上ハ他ノ諸契約ト同ク必ズ之ガ目的物ナカルベカラズ然レ𪜈只單ニ目的物ト云フノミニテハ言少ク汎博ニ失スル憂アリ是本

賣買ノ目的物タルニ必要ノ條件

條ノ規定アル所以ナリ而シテ今本條ニ依テ之ヲ見レバ原則上賣買ノ目的物タルニハ左ノ二條件ヲ具備セザルベカラズ

（其一）　契約取結ヒノ時現ニ存在スル物ナルヿヲ要ス

古昔ニ於テハ賣買モ亦一ケノ書式契約ニシテ假令契約ハ完全ニ成立スルハ其物件ノ引渡テナス上ニ在ラサレハ所有權ヲ移轉セズ故ニ賣主ノ義務ハ或物ノ所有權ヲ買主ニ移スベキ爲事義務ヲ負フモノニシテ従テ契約ノ當時現存セザル物ニテモ猶賣買ノ目的物ト爲スヿヲ得タリシナリ然レ圧今日ニテモ引渡其他外形ノ法式ハ所有權移轉ニ關係ナク確定物ノ賣買ハ契約ト同時ニ買主ヘ移轉スベキモノトナレリ是世ノ法律ノ一大進歩ト云ベシ夫レ如此契約アレバ直ニ所有權ハ移轉スルトセバ目的物ノ現存スルヲ要スル理由ハ自ラ暸然タルモノナラン何トナレバ現存セザル物件ハ賣主ニ於テモ直ニ所有權ヲ買主ニ移スヲ得ズ買主モ亦契約ニ依リ直ニ物ノ所有者トナル目的ヲ達セズ是近世ノ進歩シタル法律ト舊時ノ形式主義ヲ重ンジタル法律ト其結果

ヲ異ニスル要點ニシテ又本條ガ目的物ノ現存スルヲ必要トセシ所以ナリ

（其二）　賣主ニ處分權ノ屬スル物ナルヲ要ス

人ハ自巳ノ有スル權利ノ範圍ヲ超ルヲ得ズ又吾人ノ威力内ニ屬セザル事物ヲ以テ契約ノ目的トナスヲ得ズトハ法律上ノ原則ナリ然レバ則今一箇ノ目的物現存スルモ賣主ノ處分權外ニ在ルモノハ總テ取引ノ目的トナスヲ得ズ是其處分權ナキ物ハ前已ニ說明シタルト同ク賣主ニ於テ直ニ其所有權ヲ移スヿ能ハザルヲ以テナリ

然リ而メ物ノ所有者ハ通常其物ノ處分權ヲ有スルモノナレ圧彼ノ未丁年者有夫ノ婦及他ノ法律上無能力者ト稱スルモノヽ如キハ所有者ノ資格ヲ具ルモ猶處分權ヲ有セス故ニ所有者ノナシタル賣買ニテモ時トシテ無効ニ歸スルコト無シトセズ是注意スベキ一事ナリ

他人ノ物件ヲ賣買スル場合

第五百二十六條　他人ノ物ト雖其占有ヲ正當ノ方法ヲ以テ取得シタル者ハ所有權移轉ノ時ニ於テ買主善意

ナルトキハ之ヲ賣買スルコトヲ得

但無記名證劵ヲ除ク外盜品又ハ紛失品ハ此限ニアラズ

賣主ノ處分權外ノ物ハ賣買ノ目的物トナスヲ得ズトハ前條ニ規定シタル原則ナリ然レ𪜈如何ナル場合ニモ之ヲ適用セントセハ時ト〆善意ノ買主ニ損害ヲ被ラシムル恐アリ且之ガ爲ニ世上取引ノ安全ヲ害シ人皆惴々焉ト〆商業發達ノ機ヲ妨クル少シトセズ去レバ本條ハ前條ノ例外ヲ設ケ假令賣主ノ處分權外ニ在ル他人ノ物ニテモ(一)賣主ガ其物ノ占有ヲ正當ノ方法ニテ取得シ(二)買主モ所有權移轉ノ當時善意則チ其物ハ全ク賣主ノ所有物ナリト信ジテ之ヲ買取ル場合ニハ賣買スルヲ得ベシトナセリ

然レ𪜈本條ハ前述ノ如ク一ノ例外法ナルヲ以テ成ルベク狹キニ解釋シ徒ラニ法文外ノ場合ニ迄比附援引スベカラズ去レバ若シ賣主ノ得タル占有ニシテ正當ノ方法ニ依ラズ例ヘバ詐欺暴行强迫ニ本ツキタル占有ノ如キハ當初

盜品又ハ紛失品ノ賣買

無記名証券ノ賣買

已ニ占有ノ根底ニ於テ瑕瑾アルヲ以テ之ニ依テ得タル他人ノ物ハ賣買ノ目的トナスヲ得ズ次ニハ又法律ガ本條ニ於テ保護スルハ單ニ善意ノ買主ノミトス故ニ若シ賣主ノ賣ラントスル物ハ他人ノ物ナルコトヲ知リツヽ買得シタル如キ塲合ニハ全ク其賣買無効トナリ何ノ効果ヲモ生ゼサルナリ

最後ニ説明スベキハ法律ガ盜品又ハ紛失品ハ如何ナル塲合ニモ其賣買ヲ無効トスルノ一事ナリ若シ如此スルニ於テハ盜奪者又ハ拾得者ヨリ買受ケタル者ハ意外ノ損失ヲ被ムルコトアルベシト雖元來其賣主ハ不正ノ所業ヲ以テ之ヲ得タルモノナレバ到底無効ト爲サヾルベカラズ若シ然ラズシテ之ヲモ有効トナスニ於テハ間接ニ不正ノ所業ヲナシタル者迄法律ノ保護ヲ受クルカ如キ結果トナル是即チ本條但書ノ出テタル所以ナリ去リ乍ラ無記名証

券ハ文字ノ如ク無記名ニシテ賣買轉移ノ尤モ速ナルモノナレバ其出處ニ溯テ正否ヲ鑑別スルヿハ常人ノ爲シ得ベキ處ニアラズ且如此証券ハ商業上ノ信用ヨリ成立シタルモノナレバ假令其源ハ盜奪拾得等ニ在リトモ之ヲ買得

結約ノ時現存スルモ引渡ス能ハサル物ノ賣買

シタル買主ノ爲ニハ有効ナル賣買ト見ナサヾルヲ得ズ本條但書ノ冒頭ニ無記名証券ヲ除ク外ト規定シタルハ即チ此意ニ外ナラザルナリ

第五百二十七條　契約取結ビノ時現ニ存在スルモ天然ノ源因ニ由リテ未ダ引渡ス能ハザル物ノ賣買契約ハ其物カ引渡スヲ得ヘキモノト爲ラバトノ條件ヲ以テスル契約ナリ

但當事者ガ他ノ意思ヲ有スルトキハ此限ニ在ラズ

例ヘバ余ガ今懐胎中ナル一疋ノ牝牛ヲ有シタル場合ニ其胎兒ヲ某ニ賣ラント約セリトセンニ此契約ハ果シテ如何ナル性質ニ依テ成立シタルモノトスベキヤ本條ハ之ニ對シ一ノ推測ヲ設ケテ曰ク「如此賣買ハ其物ガ引渡スヲ得ベキ物トナラバトノ條件ヲ以テスル契約ナリ」ト然レバ則前例ノ如キ目的物現存スルモ未ダ引渡ス能ハザル場合ニハ總テ未必條件附契約ノ効果ヲ適用シ後日ニ到リ條件成就シテ果シテ其兒ノ生ルヽニ於テハ既往ニ溯リ契約ノ

當時ヨリ買主ニ所有權移轉シタル如クニ看做シ若シ又或源因ノ爲メニ其胎兒死去シタリト云フ如ク條件成就セズメ引渡シ得ベキ物トナラザレバ初メヨリ其契約ハ何ノ効ヲモ生ゼザルベシ是本條ノ推測ヨリ生ズル結果ナリ然レ圧右ハ只法律ガ双方ノ意思ヲ推測シタルニ過ギザルヲ以テ双方ノ者初メヨリ之ニ反スル契約ヲナシ得ベキハ勿論トス故ニ若シ法ノ推定ニ反スル特約アレバ裁判官モ之ニ從ハサルヲ得ズ何トナレハ公安秩序ヲ害セザル適法ノ合意ハ當事者間ニ於テ法律ニ均シキ効力アリトハ此場合ニモ適用スルヿヲ得ベキ原則ナレバナリ

結約當時現存セサル物ノ賣買

第五百二十八條　契約取結ノ時現ニ存在セザル物ノ賣買契約ハ雙方何レモ其事實ヲ知ラズ且其存在ノ確實ナラザルコトヲ認メテ之ヲ取結ビタルトキハ有効トス

契約ノ當時現存セザル物ハ原則上賣買スルヲ得ザレ圧本條ニ依テ之ヲ見レ

買戻ノ約定ヲ以テ爲ス賣買

バ假令現存セザル物件ニテモ双方共確然存在セザルコトヲ知ラズ且其存在ノ不確實ナルヲ認メテ約シタル場合ニハ有効トス一旦スレバ前後互ニ矛盾スル如クナレ圧決シテ然ラズ盖シ本條ニ示セル契約ノ如キハ其主タル目的トスル所ハ却テ物件其者ニアラスメ之ガ果メ存在スルヤ否ヤト云フ未必ノ運命ニ依テ或ハ利ヲ得或ハ損ヲ招クベキ一ノ希望ヲ賣買シタルニ外ナラズ而メ商業ノ主タル要點ハ唯一ノ射利ニ存スルモノナレバ如此存否不確實ノ物件ニ依リ未來ノ運命ヲ目的トスル賣買モ亦決メ目的ヲ欠キタル契約ナリト云ヲ得ズ是即チ本條ノ規定アル所以ナラン歟

第五百二十九條　賣主ガ買戻ヲ約定スル賣買契約ハ差額取引又ハ違法ノ商利取引其他ノ不法ノ取引ヲ目的トシテ之ヲ取結ビタルトキハ無効トス

賣主一旦賣却シタル物件ヲ後日ニ至リ曾テ受ケタル代價及其他ノ費用一切ヲ買主ニ償ヒ再ヒ其物ヲ己レノ所有ニ取戻スヿヲ約スルヿアリ是即買戻ノ

約定ト稱スルモノナリ而シテ各人ハ自由ニ如何ナル方法ノ契約ヲモ爲シ得ベキヲ以テ（公安秩序ヲ害セズ善良風俗ニ反セザル以上ハ）買戻ノ約定モ亦素ヨリ法律ノ禁ゼサル處ナリ然レドモ世上或ハ眞正ノ買戻シ契約ヲ結ブニアラズ只之ヲ以テ法律ノ禁ジタル或他ノ取引ヲ爲サンガ爲ニ一時仮面ヲ裝フテ買戻シ契約ノ如クニスル者アリ本條ニ所謂差額取引ノ方法或ハ利息制限法ヲ超過スル非常ノ高利ヲ貪ランガ爲メ外面ノミヲ買戻契約ノ如クニナス方法ノ如キ即是ナリ若シ如此不正ノ目的ヲ以テ結ビタル契約ハ之ヲ無効ト爲サザルニ於テハ或一二ノ狡兒ガ奸策ノ爲メ法律ノ効力ヲ失フニ至ル恐アリ故ニ假令前例ノ場合ニアラサルモ苟クモ不正ノ取引ヲ目的トシテ取結ビタル買戻ノ約定ハ總テ本條ニ依テ之ヲ無効トナサヾルヲ得ザルナリ

他ニ猶法律ガ賣買ヲ無効トスル二ケノ場合アリ次條ノ規定即チ是ナリ

初メヨリ履行ノ意思ナク取結ヒタル賣買

第五百三十條　初ヨリ履行ノ意思ナクシテ取結ビ又ハ取得若クハ讓渡ヲ禁ゼラレタル物ニ付取結ビタル賣

及ヒ取得讓渡ヲ禁セラルヽ物ノ賣買

買契約ハ無効トス

此條ハ賣買契約ヲ無効トスベキ二ノ場合ヲ規定セリ其一ハ初ヨリ履行ノ意思ナク取結ヒタル場合ニシテ其二ハ取得若クハ讓渡ヲ禁ゼラレタル物ヲ目的トシタル場合ナリ抑モ各人契約ヲ結デ或ハ權利ヲ得或ハ義務ヲ負フ所以ノモノハ善意ヲ以テ確實ニ之ヲ履行シ相互ニ其目的ヲ達センガ爲ノミ然ルニ若シ初メヨリ履行ノ意思ナキモノトセバ權義ノ消長ニ大關係アル契約モ亦只兒戲ニ類センノミ何トナレバ如此契約ハ如何ナル効果モ如何ナル目的モ如何ナル利益モ之ヲ達スルヲ得ザレバナリ何ヲ以テ之ヲ有効トスル理由アランヤ

次ニ取得又ハ讓渡ヲ禁ゼラレタル物ニ付取結ビタル賣買契約モ亦無効ナリ其取得ヲ禁ゼラレシ物トハ銃獵禁制ノ沼池或ハ山林內ニ住スル鳥獸魚介ノ如キヲ云ヒ讓渡ヲ禁ゼラレタル物トハ其性質上一般ニ融通スルコトヲ得サル物又ハ特別法ヲ以テ各人ニ處分ヲ禁ゼシ物ノ如キヲ云フ例ヘハ彼ノ公有

物ト稱スル道路城砦壘壁軍用ノ工廠船艦ノ類ハ一般ニ融通スルヲ得ズ又彈藥ノ如キハ特別法ヲ以テ各人ニ自由ノ賣買ヲナスヿヲ禁ゼラレタリ是等ハ凡テ國ノ安寧秩序ヲ維持シ公益ヲ保護セン爲ニ既ニ法律ガ賣買スルヲ禁シタル物ナレバ若シ之ニ背反スル契約ヲナス者アレバ之ヲ無効トスルハ當然ノヿト云ベシ

所有權ノ移轉ノ時及損失負擔ノ責任

第五百三十一條　買主ハ賣買契約ノ取結ニ因リ又條件附契約ノ場合ニ於テハ其條件ノ成就ニ因リ又物ヲ先ツ量定シ若クハ分割スルコトヲ要スルトキハ其量定分割若クハ符記ニ因リテ物ノ所有者ト爲リ且其喪失若クハ毀損ノ危險ヲ負擔ス

二人以上ニ屬スル共有物ノ持分ヲ賣渡スニ付テハ豫メ其量定若クハ分割ヲ爲スコトヲ要セズ

賣買物件ノ所有權ハ何時ニ移轉シ又其物件ノ危險損失ヲ負擔スルハ何人ナ

契約目的ノ種類

特定物賣買

條件附賣買契約

ルヤ此二ノ疑問ハ當サニ本條ニ依テ知ルヿヲ得ベシ今此事ヲ説明スルニハ先ツ其契約ノ目的物ヲ種々ニ區別セザルベカラズ

(一)特定物即チ一軒ノ家一頭ノ獸一枚ノ衣服ト云フ如ク一々特定シタル物ヲ賣買ノ目的トスル時ハ未ダ其實物ヲ買主ノ手ニ引渡サヽル以前ト雖モ契約完成ノ一事ノミヲ以テ直チニ所有權ハ買主ニ移轉シ從テ此時ヨリ以後ノ出來事ニ依リ該物品若シ毀損スルカ或ハ喪失スル如キヿアルモ其損失ハ買主ニ於テ負擔セザルベカラザルナリ是レ一見頗ル苛酷ナル如クナレ𪜈既ニ買主ノ所有ニ歸スレバ其レト仝時ニ偶然其物件ノ上ニ利益ヲ生ズルモ亦買主ノ所得トナルベシ然レバ其裏面ナル損失ノ危險モ買主之ヲ負擔スベキハ當然ナリトス

(二)某船今月横濱ニ着セバ汝ニ此茶百斤ヲ賣ラン又大坂ヨリ今日中高直ノ電報到ラバ汝ヨリ米千俵ヲ買ハント云フ如ク條件附ニテ賣買契約ヲナシタル時ハ其條件成就シテ前例ニ於ケル着船來電等ノ事實豫期ノ如ク到來セバ

分割又ハ符記ヲ要スル賣買

其効果ハ契約ノ時ニ泝リ米又ハ茶ノ所有權モ同時ニ買主ニ移轉スベク其損失モ亦買主一切之ヲ負擔セザルベカラズ反之若シ條件成就セザレバ初メヨリ契約ナキト仝一ニ歸スベシ此事ニ付テハ猶十分ノ說明ヲ要スレ𪜈民法ノ範圍内ニ涉ルヲ以テ今此ニ之ヲ畧ス（民法財産篇第四〇八條以下參照）

（三）米麥味噌油ノ如キ度量シ計算スベキ物又ハ一纏ノ竹木ノ中ヨリ何本ヲ賣ント云フ如キ分割又ハ符記ヲ要スル物ハ其度量計算及分割符記等ノ手續ヲ行フ迄ハ賣買ノ目的未ダ判然定ラザルヲ以テ所有權モ特定物ノ如ク契約ト仝時ニ移轉セズ全ク此等手續ヲ盡シタル時ニ至リ始テ買主ニ移轉スル者トス（時トシテ當事者雙方ノ立會ニテ品質ヲ指定シ右ノ手續ニ代ユルヿモアリ）損失負擔ノ理論ノ如キハ前已ニ云フ如ク所有權移轉ノ前後ニ依リ或ハ賣主ノ責ニ歸シ或ハ買主之ヲ負擔スルヿアリ

然レ𪜈數人ニ屬スル共有物ハ其相互ノ有スル所有權モ未分ノモノニシテ何ノ部分ガ何某ノ所有ナリト云如ク判然タルモノニ非ズ故ニ此事ハ第二項ニ

點撿又ハ嘗試ノ上ニテナス賣買

於テ豫メ量定分割等ヲ要セズトノ例外法ヲ設ケタリ

第五百三十二條　點撿又ハ嘗試ノ上ニテ爲ス賣買契約ハ買主ガ其物ヲ承諾セバトノ條件ヲ以テ之ヲ取結ビタリト看做ス

買主ガ契約若クハ商慣習ニ因テ定リタル期間又ハ點撿若クハ嘗試ノ爲メ必要ナル期間ニ其承諾ヲ述ベザルトキハ條件ハ成就セザリシモノト看做ス之ニ反シテ點撿又ハ嘗試ノ爲メ賣買物ヲ買主ニ引渡シタル塲合ニ於テ買主ガ右期間ノ滿了マデニ承諾ヲ述ベズ又其物ヲ賣主ニ還付セザルトキハ條件ハ成就シタルモノト看做ス

世間幾多ノ商品中ニハ買主ニ於テ一タヒ之ヲ點撿シ又ハ嘗試シタル上ニテ賣買ヲナス習慣ノ存スル物アリ彼ノ牛馬ノ如キ酒醤油ノ如キ即チ是ナリ故

二是等ハ双方既ニ物品ト代價ノ上ニ付キ合意スルモ之ヲ點撿シ又ハ嘗試シタル上買主ガ此物ニテ可ナリトノ承諾ヲナス迄ハ賣買契約未ダ完成セズ要スルニ法律ハ此等ノ物ノ賣買ハ買主ノ承諾ト云ヘル停止ノ未必條件附ヲ以テ取結ビタルモノト見ナスニ在リ去レバ若シ其條件成就前ニ物件滅失スル如キヿアレバ其損失ハ自ラ賣主之ヲ負擔セザルヲ得ザルナリ

而シテ買主ノ承諾ハ必ズシモ明示ナルヲ要セズ其意思サヘ十分ニ知ルヿヲ得バ默諾ニテモ條件ヲ成就スルニ妨ナシ本條第二項ハ其默諾アリトスベキヤ否ヤヲ例示シテ曰ク買主ガ契約又ハ商習慣ニ因リ定リタル期限間又ハ點撿若クハ嘗試ヲナスニ必要ナル期限間ニ其承諾ノ旨ヲ述ベザレバ承諾ナキモノト看做ス反之其物品ヲ買主ニ引渡シタル場合ニ右期限ヲ過ギ承諾ノ旨ヲ述ベズ且ツ右物品ヲ賣主ニ還附セザル片バ此所爲ヲ以テ暗默ニ承諾セルモノト看做スト何トナレバ買主眞ニ之ヲ承諾セザル意思ナレバ明カニ拒絶ノ旨ヲ述ルカ又ハ物品ヲ返還スルカ二中ノ一ヲ行フベキニ何レモ之ヲ行ハ

商標見本雛形又ハ試品ヲ以テ爲ス賣買

ザルヲ以テナリ

然レ𪜈是亦法律ガ双方ノ意思ヲ推測シタルニ過ギズ且ツ之ハ公益ニ關スル推測ニ非ルヲ以テ反證アレハ之ヲ破ルヲ得ベキヿ勿論トス

第五百三十三條　商標見本雛形又ハ試品ヲ以テ爲ス賣買契約ハ無條件ノモノニシテ此契約ニ依リテ賣主ハ物カ商標見本雛形又ハ試品ニ適合スベク且別段ノ契約アルニ非サレバ其物カ商品見本雛形又ハ試品ノ所有者又ハ製出者ニ由來スベキ義務ヲ負フ

前條ノ塲合ト少ク異ナリ時トシテハ商標見本雛形又ハ試品ヲ以テ賣買ヲナスヿアリ此類ノ賣買ハ法律之ヲ無條件ニテナスモノト見ナスガ故ニ直ニ確定不動ノ賣買トナルナリ然レ𪜈買主ハ初メノ見本雛形等ニ依リ之ヲ買取ランヿヲ承諾セシ者ナレバ賣主ニ於テ前後相異ル如キ物品ヲ渡サントスルヲ得ズ必ズヤ見本ト同一ノ物ヲ渡シ買主當初ノ意思ニ相反セシメザランヿヲ

要ス賣主既ニ見本ト適合スル品物ヲ渡スヘキ義務アルヲ以テ法律ハ更ニ之ヲ満足セシメン爲メ其物品ハ初メ見本又ハ雛形ヲ製作シタルト同一ノ人ニ作ラシメ又ハ同一ノ所有者ヨリ供給スヘキ義務ヲ賣主ニ負ハシメタリ然ラザレバ自然前後相異ナル品質ヲ渡シテ義務ヲ盡サントスルモノアレバナリ

點撿後無條件ニテ爲ス賣買ニ付賣主ノ責任

第五百三十四條　物ヲ點撿ノ後無條件ニテ賣買シタルトキハ賣主ハ自己ノ詐欺又ハ買主ノ重要ナル錯誤アル塲合ノ外ハ其擔保ヲ引受ケ又ハ買主ニ隱蔽シタル欠缺若クハ瑕疵ニ付テノミ責任ヲ負フ

買主ハ欠缺若クハ瑕疵ノ些少ナルトキ又ハ賣主ニ過失ナキトキハ代價ノ相當ナル減少ノミヲ求ムルコトヲ得

點撿シタル上ニテ爲スヘキ賣買契約ハ買主「其物ヲ承諾セバ」トノ條件ヲ以テ之ヲ取結ビタル者ト看做ス然レ𪜈双方ノ合意アルニ於テハ猶之ヲ普通ノ

賣買契約トナシ別ニ條件ヲ附セザルヿモ自由ナリトハ第五百三十二條ニ於テ說明セリ而シテ果メ之ヲ無條件ニテ賣買シタル時ハ賣主買主双方ノ權利義務ハ如何ナル程度ニ止ル乎是本條ノ規定スル處ナリ思フニ如此無條件ニテ賣買セシ塲合ハ之ガ爲メ其契約ハ完全ニ成立ス旣ニ完全ナル契約ナリトセバ之ニ對シ異議ヲ述ルコト難タシ況ンヤ賣買ナルモノハ其性質幾分カ損益ニ關スル投機ナラザルハナキヲ以テ通常少シノ詐欺アルモ直チニ之ヲ主張シテ取消スベカラザルモノトス故ニ右ノ賣買モ亦一旦完成シタル上ハ輕々ニ之ヲ取消サズ只賣主ニ於テ(一)其擔保ヲ引受ケ(二)又ハ買主ニ隱シタル物品ノ瑕疵若クハ欠缺ニ付テノミ責任ヲ負フベキヿトセリ然レ圧法文ニモ明示スル如ク賣主ニ於テ大ナル詐欺アルカ又ハ買主ニ於テ尤モ重要ナル錯誤ヲナシ若シ此錯誤アラザレバ買フヿヲ諾セザリシト云如キ塲合ニハ之ヲ証明シテ初メノ賣買ヲ全ク取消スヿヲ得ベシ然レ圧其欠缺又ハ瑕疵微少ナルカ若クハ賣主ニ於テ過失ナキ塲合ハ必ズシモ之ヲ取消スニ及バズ買主ニ

商品代價ヲ明記シ見本雛形試品商品目錄其他取引上ノ通告書ヲ指定者ニ送附シタル效力

於テ契約ハ依然トメ成立セシメ只夫レニ應スル丈代價ヲ減少セヨト求ムルヿヲ得何トナレハ買主既ニ其瑕瑾又ハ欠缺ニ甘ンセハ强テ之ヲ取消サシムル要ナケレハナリ

第五百三十五條　商品及ヒ代價ヲ明細ニ記載シテ見本雛形試品商品目錄其他ノ取引上ノ通告書ヲ指定セル人ニ送附シタルトキハ其送附ハ覊束セラル丶提供ト看做ス

但送附者カ其提供ヲ變更スル權利ヲ留保シタルトキハ此限ニ在ラス

商業上ノ取引ハ尤モ迅速ヲ尊ブモノナレハ其手續モ可成的簡便ナルヲ要シ一片ノ見本ト數行ノ信書トヲ以テ數千圓ノ取引ヲナス如キヿ少シトセズ去レバ此條ニ示セル如ク明細ニ記載シタル通告書ヲ指定セル人ニ送附スル所爲ノ如キモ之ヲ以テ覊束セラル丶提供ト見ナシ其通知ヲ受ケタル者ヨリ承

賣主及買主ノ權利義務

賣主及買主ノ負フベキ費用

諾ノ旨ヲ述ルニ於テハ契約ハ直チニ成立スベシ此時ニ臨デ賣主之ヲ拒ムコヲ得ザルナリ(通則二九五、二九七、二九八條參照)然レ𪜈如此有効ノ申込ト見ナスニハ必ズヤ其指定セル人ニ通告書ヲ送附セシ場合ニ限ルコヲ忘ルベカラズ加之時トシテハ賣主ニ於テ其申込ヲ變更スル權ヲ已レニ留保スルコアリ此場合ニハ他日前ノ申込ヲ變スルヲ得ルハ勿論ナリ

第五百三十六條　契約取結ビノ後直チニ賣主ハ物ヲ引渡シ及ヒ代價ヲ受取リ買主ハ物ヲ受取リ又ハ代價ヲ支拂フベキ權利及義務アリ但契約又ハ商慣習ニ依テ此義務ノ履行ノ爲メ或ル期間ノ存スル時ハ此限ニ在ラズ

第五百三十七條　別段ノ定例契約又ハ商慣習ナキ時ハ物ノ引渡ハ賣主ノ費用ヲ以テ之ヲ爲シ其受取撿査及ヒ代價支拂ハ買主ノ費用ヲ以テ之ヲ爲ス

代價及物件ノ授受

以上ハ賣買ヲ爲ス方法ヲ規定シ本條以下ハ進デ賣買契約ノ効果トモ稱スベキ賣主買主ノ權利義務ニ關スルヿヲ規定ス即チ先ヅ賣主ニハ代價ヲ受取ルベキ權利ト物品ヲ引渡スベキ義務ヲ生ジ買主ニハ物品ヲ受取ルベキ權利ト代價ヲ拂フベキ義務ヲ生ズ果シテ如此權利義務ヲ生ズトセバ双方ガ正サニ之ヲ執行スベキハ何時ナルヤト云ニ法文ニ依レバ契約又ハ商慣習ニ於テ其期限アレバ素ヨリ之ニ從フベク若シ又契約モ慣習モ在ラザル時ハ双方トモ直チニ之ヲ執行スベシト規定セリ去レバ賣主ハ即時ニ物ヲ渡シテ代金ヲ受取ルベク買主モ即時ニ代金ヲ拂テ物品ヲ受取ルベク兩者何レモ其執行ヲ拒ムヿヲ得ズ

引渡費用ノ負擔

而シテ物品ノ引渡ヲナスニハ往々巨額ノ費用ヲ要スルヿアリ此費用ヲ負擔スルニ付テモ契約又ハ慣習ニテ一定シタル場合ハ格別ナレ𪜈若シ斯ル定メナキ𪜈ハ後條ノ規定ニ從テ其引渡シニ付買主ガ自由ニ引取ルヿヲ得ル迄ニ要スル分ハ賣主之ヲ負擔シ又之ヲ受取ルニ付檢査ヲナシ若クハ運般ヲナス

物品引渡前ニ於ケル賣主ノ義務

前條ノ場合ニ於ル買主ノ義務

引渡前物品保存ノ責任

如キ爲ニ要スル分ハ買主ノ負擔ニ歸スベキモノトス

第五百三十八條　物ノ引渡シ迄ハ賣主ハ至重ノ注意ヲ爲サヾルニ因リテ生セシメタル喪失又ハ毀損ニ付買主ニ對シテ責任ヲ負フ

但買主ガ受取ヲ遲延シタルトキハ此限ニ在ラズ

第五百三十九條　契約取結ノ前豫メ物ヲ買主ニ引渡シタルトキハ買主ハ賣主ニ對シテ前條ニ揭ケタル責任ヲ負フ

買主ハ賣買契約ノ完成スルト仝時ニ物ノ所有者タル權利ヲ取得スレ𪜈物ノ其引渡ハ必スシモ契約ト仝時ニ終ルモノニアラズ然レバ其引渡ヲナス迄ハ賣主ニ於テ之ヲ保存セザルベカラズト云ヿハ疑ナキモ其保存ニ要スル注意ノ程度ハ果シテ如何是少シク硏究スベキ事柄ナリ今若シ民法財産篇第二百十四條ヲ見レバ凡テ特定物ヲ保管スル義務アルモノハ善良ナル管理人タル注

意テ要スト定ム然レ𪜈此規定ヲ茲ニ適用スルヲ得ズ何トナレバ本條ニハ至重ノ注意云々ト云明文アリ民法ニ比シ大ニ嚴重ノ責任ヲ賣主ニ負ハシメタレバナリ去レバ賣主ニ於テ假令如何程些少ナル不注意ノ爲ニ生シタル喪失又ハ毀損ニテモ凡テ賣主其責ヲ負ヒ買主ニ損害ノ賠償ヲナサヾルベカラズ然レ𪜈若シ其喪失或ハ毀損ニシテ少シモ賣主ニ過失ナク天災又ハ抗拒スベカラザル勢力ニ源因スルカ或ハ買主引取ヲ遲延シタルニ源因スレバ賣主モ右ノ責任ヲ免ルヽヤ當然ナリト云ベシ

次ニ又時トシテハ賣主ガ買主ヲ信用スルノ餘リ未タ契約ヲ取結バザル前ニ於テ既ニ物ノ引渡ヲナスヿアリ此場合ハ前ニ反シテ其引渡ヲ受ケタルモノガ物件保存ノ義務ヲ負フベク且其保存ヲナス爲ニハ賣主ト全ク至重ノ注意ヲ以テシ若シ契約ヲ取結バザル前ニ物件ガ喪失又ハ毀損スレバ其責任ヲ盡サヾルベカラザルモノトス是一ニハ引渡シタルモノヽ信用ニ對シ又一ニハ夫レガ爲メ己レハ尤モ便利ナル地位ニ立チ居タル報酬トモ云フベキモノナ

賣買目的物ガ第三者ノ手ニ存ズル場合ニ於ケル第三者ノ義務

代價ヲ明示ニ

リ

第五百四十條　契約取結ノ時物ガ第三者ノ手ニ存在スルトキハ第三者ハ賣主ニ引渡スト同樣ニ其物ヲ買主ニ引渡ス義務アリ

甲アリ乙ニ其所有品ヲ讓渡セリ然ルニ今現ニ其物ハ丙ナルモノヽ手ニ在リト云フ如キ事ハ往々實際ニ於テ見ル所ナレ𪜈此場合ニ丙ナル第三者ト買主乙トノ關係如何ト云ニ法文ヲ見レバ丙ハ其物ヲ甲ナル賣主ニ引渡スト仝ク買主乙ニ引渡ス義務アリ是素ヨリ當然ノヿニシテ賣買契約ヲ取結ベバ其物ヲ引渡ス前既ニ其所有權ハ買主ヘ移轉スルヲ以テ買主ハ其物ヲ所持スル第三者ニ引渡シアランヿヲ請求スル權利アリ而メ此際第三者ハ又賣主即前所有者ニ引渡ス義務ヲ負フモノナレバ其賣主ノ權利ヲ受繼ギタルモノニモ其義務ヲ盡サヾルベカラズト云ヿハ別ニ說明ヲ要セザルベシ

第五百四十一條　代價ヲ明示ニテ定メザリシ場合ニ於

テ定メサル場合ニ之ヲ定ムル標準

テ當事者ノ別段ノ意思ナキトキハ履行ノ時及ヒ地ニ於ケル市場代價又取引所ニ於テ賣買スル物ニ在テハ取引所相場代價ヲ支拂フコトヲ要ス

買主ハ別段ノ契約又ハ商慣習ナキトキハ物ノ引渡前ニ代價ヲ支拂フ義務ナシ

代價定ラザレバ賣買ハ成立セズ是民事ニモ亦商事ニモ共ニ適用スベキ原則ナリ然レ𪜈其所謂代價ヲ定ルハ必ズシモ明示ニ限ルト云意ニアラズ苟クモ誠實ナル取引ヲナス意思アリテ世間普通ノ代價ヲ以テ賣買セントスル默諾アリト見ルヲ得ベキ場合ハ素ヨリ有効ナル賣買ナリ法律ハ如此場合ヲ想像シ其代價ヲ定ル標準ヲ示メ曰ク履行ノ時及地ニ於ケル市場代價又取引所ニ於テ賣買スル物（株式ノ類ヲ云）ニ在テハ取引所相場代價ヲ支拂フコトヲ要スト蓋シ商品價値ハ時ニ依リ又處ニ依テ著大ノ變動高低アリ之ガ爲ニ代價ヲ明定セサル場合ニハ往々其代價ノ定メ方ニ付紛議ノ生スルヲ免レザル故ニ法ヲ以

テ豫メ之テ定メ置クハ決ノ無用ニアラザルナリ

去リ乍ラ買主ガ代價ヲ拂フハ賣主ヨリ物品ヲ得ルガ爲ナルヲ以テ其引渡前ニ於テハ之ヲ支拂フ義務ナキコ勿論ナリ但シ之ニ付テモ雙方ノ間ニ特別ノ契約アルカ又ハ商習慣ニテ定マリシコアレバ素ヨリ之ニ從テ引渡前ニモ猶代價ヲ支拂ハザルベカラザルモノトス

特約ナキ場合ニ賣主ヨリ引渡スベキ物及ヒ時ト場所

第五百四十三條　別段ノ契約ナキトキハ賣主ハ履行ノ時及ヒ地ニ於テ普通ナル品質ノ商品ヲ引渡タス義務アリ

右ノ規定ハ壜箱其他ノ容器外包ニシテ商品ノ引渡若クハ轉賣ノ用ニ供スルモノ又ハ運送ノ用ニ供スル外包ニシテ商品ノ形狀性質ヲ保全スルニ必要ナルモノニモ之ヲ適用ス

前條ニハ代價ノコヲ規定シ本條ハ又目的物ノコヲ規定ス即契約ヲ以テ明ニ

其引渡スベキ商品ヲ指定シタル時ハ素ヨリ之ヲ引渡サヾルベカラザレドモ今若シ如此明瞭ニ指定セズ例ヘバ單ニ米千俵ヲ引渡スト云如キ場合ニハ如何ナル米ヲ引渡スベキヤト云ニ此條ハ履行ノ時及地ニ於テ普通ナル商品ヲ引渡ス義務アリト規定セリ法律ガ履行ノ時及ビ地ニ於テ云々ト指示シタルハ即チ商品ナルモノハ前條ニモ云フ如ク時ト處ヲ異ニスルニヨリ大ニ價格上ノ差アルノミナラズ品質ノ精粗需用者ノ好惡アルモノニシテ今年甲地ニ於テ普通ノ品ト稱スルモ明年乙地ニ於テハ普通ト云フベカラザルヿアリ故ニ之ヲ定ル如何ニ依リ賣主買主ノ爲メニハ頗ル利害ノ關係アリ然レドモ別段契約ニテ指定セザル場合ナルヲ以テ敢テ最優等ノ品物ヲ引渡スニハ及バズ又最劣等ノ品物ヲ以テ義務ヲ免ルベキ理モアラズ故ニ其中間ヲ採リ普通ノ品質ヲ引渡スベシト定メタルナリ而シテ此規定ハ啻ニ商品ノミナラズ其形狀及性質ヲ保全スルニ必要ナル容器若クハ外包ノ如キ附屬物（例ヘバ米俵酒壜ノ類）ニモ適用スベシ然レドモ之ハ別段說明ヲ要セザルベシ

物ノ瑕瑾ノ故障

瑕瑾アル物ヲ受取リタル後ノ買主ノ權利義務

買主ノ故障ヲナス權利アル場合

第五百四十二條　買主ハ物ノ欠缺若クハ瑕疵又ハ引渡ノ遲延ニ付キ仲立人ヲシテ賣主ノ費用ヲ以テ故障証書ヲ作ラシメ之ヲ賣主ニ送附スル權利アリ

第五百四十四條　買主商品ヲ受取リタルトキハ即時ニ其分量及ヒ品質ヲ撿査シ欠缺又ハ瑕疵アラバ之ヲ賣主ニ通知スル義務アリ

後ニ至リ發見シタル欠缺又ハ瑕疵ニ付テハ賣主ガ擔保ヲ引受ケ若クハ詐欺ヲ行ヒ又ハ買主ガ商品ノ性質ニ因リ即時撿査ヲ爲ス能ハザリシ場合ニ於テ其發見後直チニ通知ヲ爲シタルニ非サレハ買主ハ訴又ハ抗辨ヲ以テ其權利ヲ主張スルコトヲ得ズ

契約取結ビノ後賣主ヨリ其義務ヲ履行セン爲メニ物ノ引渡ヲナスニ於テハ買主ハ故ナク之ヲ受取ルヿヲ拒ムヲ得ザルハ原則ナレ𪜈若シ其物ニ欠缺瑕

疵等ノ存スルカ若クハ賣主ヨリ引渡ノ期限ヲ遲延シタル爲メ已ニ買主ノ用ヲ達セズト云フ如キ場合ニモ猶甘シテ之ヲ引取ラザルベカラズト云フニハアラズ故ニ如此場合ニハ買主ハ賣主ノ費用ヲ以テ仲立人ヲシテ故障證書ヲ作ラシメ之ヲ賣主ニ逆附スル權利アリ何トナレバ賣主ハ善良ノ物ヲ引渡ス義務アルニ依リ欠缺瑕疵等ノ存スル片ハ素ヨリ之ヲ擔保スル責任アリ加之引渡遲延ノ如キハ賣主ニ於テ契約ヲ誠實ニ履行セザリシ懈怠又ハ過失ノ責アリ皆賣主ノ負擔スベキヿニシテ買主其損失ニ甘ンゼザルベカラズト云フガ如キハ理ニ於テ然ルベカラザルヿナリトス故ニ買主ハ右等ノ事實ヲ證明シ賣主ニ對シ故障ヲナス權利アルハ勿論ナレ圧此證明ヲナスニハ自ラ之ヲ爲スヨリモ仲立人ヲシテ故障證書ヲ作ラシムルノ簡單ニシテ公平ナルニ如カズ故ニ法律ハ本條ヲ以テ此手續ニ從フベキヿヲ明示セリ尤モ此證書ヲ作ラシムルニハ相當ノ費用ヲ要スレ圧是元來賣主ニ於テ上述ノ如キ過失等アルヨリ生セシヿナレハ費用ヲ負擔スルモノモ亦賣主ニ在ルヿ言ヲ俟タズ

買主ヨリ物件ノ欠缺瑕瑾等ヲ通知スル義務アル場合

右通知又ハ故障ヲ怠リシ場合ノ制裁

例外

去リ乍ラ右ノ如ク故障證書ヲ賣主ニ送附スルハ買主ニ與ヘラレタル一ノ權能ナルヲ以テ之ヲ行フト否トハ素ヨリ買主ノ意見如何ニ在リ若シ之ヲ行ハザレバ只買主ニ於テ十分ニ故障ノ權利ヲ伸張スルヲ得ザルノミ然レ𪜈他ニ又買主ガ其商品ヲ受取リシ時直チニ其分量及品質ヲ撿査シ欠缺瑕疵等ヲ發見セバ即時ニ之ヲ賣主ニ通知スル義務アル場合アリ是後條ニ規定スル所ナリ法律ガ如此義務ヲ買主ニ命ゼシハ蓋シ後日ニ至リ双方間ニ紛議ノ起ルヲ豫防セシムル精神ニ出デタルモノナラン歟故ニ買主ハ前條ノ故障ニ付テハ之ヲ爲スト否トハ素ヨリ己レノ自由ナレ𪜈後條ノ通知ハ必ズ直ニ之ヲ爲スベシ若シ怠テ之ヲ爲サヾルニ於テハ後日ニ至リ物ノ瑕疵又ハ欠缺ヲ理由トシ訴ヲナシ或ハ抗辯ヲナスヿヲ得ズ

然レ𪜈(一)賣主ニ於テ擔保ヲ引受ケ(二)又ハ詐欺ヲ行ヒシ時(三)及買主商品ノ性質ニ依リ即時ニ撿査ヲナス能ハザリシ場合ノ後其瑕疵等ヲ發見シ直チニ之ヲ通知シタルトキニ於テハタトヘ引渡ノ時直チニ之ヲ通知セザリシ

ト雖モ猶ホ買主ニ於テ其權利ヲ行フヿヲ許ス何トナレバ(二)ノ塲合ニハ賣主ハ何時ニテモ其物ニ付責任ヲ免レズ而メ(三)ノ塲合ハ買主ガ即時ノ撿査及通知ヲナサヾリシヲ以テ懈怠過失ナリト云ヲ得ズ何レニスルモ賣主其責ニ任ズベキ塲合ナレバナリ

物品ノ瑕瑾アル通知ヲ受ケタルトキニ賣主ノ撿査スル權利

第五百四十七條　買主ヨリ物ノ欠鉠又ハ瑕疵ニ付テ通知若クハ故障ヲ受ケタルトキハ賣主ニ於テモ仲立人其他ノ鑑定人ヲシテ其物ノ現狀及ヒ品質ヲ撿査セシムルコトヲ得

同上ノ塲合ニ當事者ノ意見協ハサル𬼀爲スベキ處分

第五百四十八條　當事者又ハ其鑑定人ニ於テ協議調ハザルトキハ裁判所ヨリ任スル鑑定人其物ノ現狀又ハ品質ヲ査定ス

買主ヨリ前ニ述タル故障若クハ通知ヲ受ケタル賣主ハ果シテ如何ナル處分ヲナスベキヤ素ヨリ買主ノ故障又ハ通知ヲ是認シ承服スルニ於テハ何ノ議

論モ生ゼザレ圧賣主若シ之ニ服セザル時ハ又其防禦方法ヲ得セシメサルベカラズ然ラサレハ賣主買主全一ノ地位ニ立ツベキ双務契約ノ性質ニ反シテ當事者ノ一方ノミヲ保護スル如キ偏頗ノ結果ニ至レバナリ去レバ本條ニ於テ賣主モ買主ト全ク仲立人其他ノ鑑定人ヲシテ其物ノ現狀及品質ヲ查定セシメ以テ買主ノ故障及通知ハ不當ナルトキ之ヲ排斥スル方法ヲ與ヘタリ然レトモ時トシテ當事者相互ニ其事實ノ正否ヲ爭ヒ鑑定人ノ意見モ亦採用セラレズメ到底協議ノ調ハザルヿナシトセズ此場合ニハ之ヲ裁判所ニ訴ヘ裁判所ヨリハ別ニ鑑定人ヲ命ジテ其物ノ現狀又ハ品質ヲ查定シ其鑑定ノ結果ニ依リ或ハ賣主ノ抗辨正當ト決セラレ或ハ買主ノ故障正當ナリト決セラルベシ而メ此判定ハ最早双方トモ之ニ服從セザルヲ得ザルナリ

對手人ノ不履行ニ本ク契約解除

第五百四十五條　賣主ガ契約ノ一分ノミヲ履行シタルトキハ賣主ハ其全部ヲ解除スルコトヲ得

但當事者ノ意思ニ依テ一分ノ履行ヲ爲シ得ベキ圧ハ

此限ニ在ラズ此場合ニ於テハ代價ハ其爲シタル履行ノ割合ニ應シテ之ヲ支拂フコトヲ得

若シ賣主ガ完全ノ履行ヲ爲シタル場合ニ於テ買主ガ代價ノ一分ノミヲ支拂ヒタルトキハ賣主ハ第三百二十三條ニ掲ゲタル權利ヲ主張シ又ハ其支拂ヲ受ケサル部分ヲ取戻シテ之ヲ自己又ハ買主ノ計算ニテ賣却スルコトヲ得

凡ソ賣買ノ如キ双務契約ニ於テハ一方ノ義務ノ原因ハ又他ノ一方ノ義務ノ原因トナルモノナレハ若シ一方ニ於テ其義務ヲ執行セザレバ他方ノ者モ之ヲ執行スルニ及バズメ前契約ヲ全ク解除スルヿヲ得是即默諾ノ解除ト稱スルモノナリ而シテ此事ハ單ニ一方ノ者ガ契約全部ヲ執行セザル場合ニノミ限ルニアラズ假令其中ノ一部分ヲ執行スルモ未ダ全ク其義務ヲ履行セザレバ他ノ一方ノ者ニ於テ其契約全部ヲ解除スルコトヲ得ベシ其理由ハ初メ契

賣主ガ契約ノ一分ノミヲ履行セシ場合ニ賣主ノ權利

約ヲ取結ビタル雙方ノ意思ヲ考レバ明白ナリ即チ買主ハ賣主ヨリ全部ノ代價ヲ得ント欲シ買主ハ又其物全部ヲ受取ラント欲セシナリ然ルニ若シ代價ノ一部分ノミヲ得タル賣主若クハ目的物ノ一部分ノミヲ得タル買主ハ到底初メニ期シタル如キ完全ノ目的ヲ達スルヲ得ズ然ルニモ拘ラズ猶契約ヲ存セザルベカラズトセバ大ニ當初ノ意思ニ反スル結果トナレバナリ而メ此等一方ノ對手ノ義務不履行ノ爲ニ契約ヲ解除スル場合二アリ

(甲)賣主ニ於テ契約ノ一部ノミヲ履行シ其全部ヲ履行セザル場合、此場合ニ買主ハ二ケノ訴權ヲ撰擇スルヿヲ得ベシ其一ハ解除訴權ニシテ其二ハ代價減殺ヲ請求スル權是ナリ而シテ買主ガ若シ解除訴權ヲ擇ブニ於テハ其結果ハ總テ初メヨリ賣主ナカリシト全一ノ形狀ニ復スルヲ以テ假令一部分ニテモ既ニ受取タル物品ハ之ヲ返還シ又己レノ拂ヒタル代價ハ其全部ヲ取戻スベシ反之代價ヲ減殺スルノ請求ヲナスニ於テハ初メノ賣買契約ハ依然トメ存立セシメ只其賣主ガ履行セザル部分ノ代價丈ヲ減殺セヨト求ルナリ要スルニ法律ハ只買主ヲ保護セシ爲ニ解除ノ權ヲ與ヘタルニ過ギザルヲ以テ買主自ラ一部ノ履行ヲ滿足スル場合ハ必ラスシモ契約全躰ヲ解除スルニ及バズ是買主ニ右ノ二權中何レニテモ利益ノ方ヲ撰擇スルヲ許シタル所以ナリ

買主ガ代價ノ一部ノミヲ拂ヒシ場合ニ賣主ノ權利

（乙）右ニ反シ賣主ハ完全ニ其契約ヨリ生ズル義務ヲ履行シ約束ノ物品ヲモ引渡セシニ買主ニ於テ代價ヲ拂フ義務ヲ完全ニ履行セズ僅カニ其一部ノミヲ拂ヒシニ止ル場合ハ賣主ニ如何ナル權利アルヤト云ハヾ是亦二ケノ權利中何レニテモ己レノ意思ニ依リ其一ヲ擇ビ取ルコトヲ得ルナリ即チ一ハ第三百二十三條ニ從ヒ契約ヲ解除セシムルカ又ハ價額賠償損害賠償等ヲ求ムルノ權利ニシテ他ノ一ハ本條ニ從ヒ其支拂ヲ受ケザル部分ニ應ジ先ニ引渡セシ物ノ一部分ヲ取戻シ或ハ自己ノ計算ヲ以テ或ハ買主ノ計算ヲ以テ何レニテモ賣主自ラニ利益アリト信ズル方法ヲ擇デ其物ヲ賣却スルノ權利是ナリ而シテ其當時物ノ代價騰貴シタル場合ニハ盖シ賣主ハ自己ノ計算ヲ以テ賣

却スルヲ利益アリトスレトモ之ニ反シ相場下落スレバ買主ノ計算ニテ賣却スル方利益ナリ

以上詳述セシ處ニ依リ本條ノ眞精神ヲ解スルニハ左ノ一語ヲ以テ十分ナラン曰ク「法律ハ契約ヲ履行シタル誠實者ヲ保護スレ𪜈違約ヲナシタル不誠實者ハ之ヲ助ケズ又其間決シテ賣主買主タルノ如何ニ依リ區別ヲ爲サズ」ト

風袋ノ重量

第三百四十六條　風袋ノ重量ハ明示ノ契約又ハ商慣習アルニ非サレハ商品ノ重量ニ算入スルコトヲ得ズ

風袋ノ重量トシ又ハ損敗損毀ノ部分トシテ買主ニ增數若クハ增量ヲ與フルヤ否ヤ及ヒ其多少ハ契約又ハ商慣習ニ從フ

本條ハ一讀スレバ直ニ了解スルヲ得ベキガ如ク只商品ノ重量ヲ定ムルニ付テ專ラ契約又ハ商慣習ニ從フベキ旨ヲ示シタルノミ

買主物品ノ受取ヲ拒ム時ニ要スル處分

第五百四十九條　買主ガ物ノ受取ヲ拒ムトキハ遲延ナク其物ヲ賣主ノ處分ニ付スルコトヲ要シ此處分ヲ爲シ又ハ當ニ爲ス可キニ至ルマテ其貯藏ニ注意スルコトヲ要ス

買主ハ賣主ノ委託アルニアラザレバ其物ヲ賣主ニ送還スル權利及ヒ義務ナシ

買主拒ミタル物品賣却ノ權アル場合

第五百五十條　買主ハ其拒ミタル物ノ代價ヲ既ニ支拂ヒタルトキ又ハ其物ガ損敗シ若クハ價ヲ失フニ至ルベキモノナルトキハ賣主ノ計算ヲ以テ之ヲ賣却スルコトヲ得買主ノ利益ノ爲メニスル賣却ニ在テハ第三百九十二條ノ規定ヲ遵守スルコトヲ要ス

賣主已レノ義務ヲ履行セン爲ニ物ノ引渡ヲ爲ス時ハ買主故ナク之ヲ拒デ永ク賣主ニ義務ヲ負ハシムルヲ得ズトハ前ニモ屢說明シタル處ナレ圧若シ其

物ニ瑕疵又ハ欠缺等ノ存スル時ハ之ヲ理由トシテ其引取ヲ拒絶スル正當ノ場合アリ而シテ此場合ハ遲延ナク直ニ其物ヲ賣主ノ處分ニ付スルヿヲ要シ且ツ買主自ラ之ヲ如何トモスルヲ得ズ加之賣主ニ於テ其處分ヲナス迄ハ買主其貯存ニ付注意スベキ責任アリ何トナレハ假令已レハ之ヲ受取ルヲ拒ムニモセヨ既ニ賣主ヨリ引渡サレテ現在已レノ保管内ニ歸シタルモノナレバ之ヲ保護セシ爲ニ相當ノ注意ヲナスベキハ商取引ノ情義上相互ニ盡スベキ本分ナレバナリ但シ其物ガ天災又ハ其他ノ抗拒スベカラザル力ニヨリ喪失毀損シタルガ如ク總テ買主ノ不注意ニ本カザル源因ニ起生シタル損失ニ付テハ其責任ナキヿ勿論ナリ

第五百四十九條第二項ニ曰ク買主ハ賣主ノ委托アルニアラサレハ其物ヲ賣主ニ送還スル權利及ヒ義務ナシ」ト抑モ商品ヲ運搬スルニハ時トシテ巨額ノ費用ヲ要スベキノミナラズ之ガ爲メニ毀壞或ハ破損ヲ生ジ價値ヲ低落セシムルガ如キヿハ往々ニシテ是アル處ナリ故ニ買主ハ賣主ヨリ引渡サレタル物

ヲ自巳ノ意思ニテ再ビ送還スルニ於テハ却テ賣主ヲシテ不慮ノ損失ヲ被ラシムルコトナシトセズ本項ニ於テ買主ハ送還ノ義務モナク又タ權利モアラザル旨ヲ明示シタルハ蓋シ此理由アルヲ以テナリ（但シ賣主ノ委托アル場合ハ格別トス）

然レ𪜈買主ガ其引取ヲ拒ミタル物ノ代價ヲ既ニ賣主ニ拂ヒシカ又ハ其物ノ性質ニシテ久シク貯藏スルトキハ破損或ハ腐敗シテ遂ニ價ヲ失フ如キ恐アルトキハ買主ト雖モ之ヲ買主ノ計算ニテ賣却シ又ハ自巳ノ利益ノ爲ニモ之ヲ賣却スルコトヲ許サヾルベカラズ何トナレバ如此物品モ前條規定ニ從ヒテ賣主ヨリ處分スル迄ハ何時迄モ手ヲ拱シテ待ツベシトスルニ於テハ却テ賣主ノ爲メ利益ニアラズ加之買主ハ既ニ代價ヲ支拂ヒタル後ナルヲ以テ其物些少ノ價ダモ有セザルニ至ラバ終ニ再ビ其代價ヲ取戻スコトヲ得ザル如キ結果ニ至ルヤモ亦計ルベカラズ故ニ法律モ此場合ハ前條ノ例外トシテ引取ヲ拒ミタル買主ニ物ノ處分權ヲ與ヘタリ去リナガラ買主自己ノ利益ノ爲ニ之

送品勘定書及受取証書ヲ求ムル買主ノ權利

ヲ賣却スルトキハ必ラズ第三百九十二條即チ留置權ニ關スル規則ヲ遵奉セザルベカラズ若シ夫レ此事ノ詳細ヲ知ラント欲セハ諸條ヲ參照スベシ

第五百五十一條　買主ハ賣主ニ對シテ遲クモ物ノ引渡マテニ送品勘定書ヲ得ント求メ又代價支拂ノ爲メ受取證書ヲ得ント求ムルコトヲ得

本條ハ買主ガ賣主ニ對シテ有スル最後ノ二權即チ送品勘定書請求ノ權及代金支拂ノ受取証書ヲ請求スル權ヲ規定ス抑モ送品勘定書ハ買主ガ物品ノ引渡ヲ受クル前ニ當リ其品質數量代價等ヲ知ルニ必要ノモノニシテ代金受取書ハ後日紛議等ノ生ズルニ當リ尤モ欠クベカラザル重要ノ証據ナリ此故ニ送品勘定書ハ遲クトモ物品引渡ノ時迄ニ又代金受取ノ証書ハ代價支拂ノ時ニ於テ共ニ買主ヨリ賣主ニ請求スル權利アリ賣主モ亦此請求アレバ必ラズ之ヲ渡サヾルベカラズ假令何等ノ口實アルトモ濫リニ買主ノ請求ヲ拒絶スルヲ得ザルナリ

第二節　供給契約

供給契約ノ性質

商業社會ノ取引ハ實ニ複雜ナルモノニシテ既ニ前節ニ説明セル如ク物品ノ現ニ存在シ且ツ其ノ物ハ賣主ノ處分權ニ屬スルヲ要スル賣買契約ノ一ノミニテハ未ダ以テ需用ヲ十分ニ充タスヲ得ス是供給契約ト稱スル一種變體ノ契約ヲ生ズル所以ナリ故ニ此供給契約ト雖モ一方ハ代價ヲ拂フ義務ヲ生ジ一方ハ其約シタル物件ヲ買主ニ引渡ス義務ヲ負フモノニシテ汎博ナル點ヨリ云ヘバ賣買ト相類似スレ圧其權義ノ範圍及ヒ目的物ノ二點ニ付テハ大ニ異ル處アリ第一ニ賣買ハ通常其契約ト仝時ニ買主ニ所有權及危險ノ責任ヲ移轉ス反之供給契約ハ物ノ引渡アル迄ハ當然賣主ニ屬スルモノナリ第二ハ賣買ノ目的物トナスニハ現ニ存在スルコト賣主ノ處分權内ニ屬スルコト必要ナリ反之供給契約ニ在テハ現ニ存在セズ且賣主ノ處分權外ニ在ル物ニテモ奔走周旋シテ賣主ニ供給スルヲ約スルヲ得ヘシ如此賣買ト供給契約トハ本質上ニハ大差ナク圧又仝一ノモノニアラズ是本節ニ於テ殊ニ此契約ニ適用

供給契約ト賣買ノ別

スベキ法則ヲ示シタル所以ナリ

供給契約ノ目的物

第五百五十二條　供給契約ハ契約取結ノ時未ダ現存セザル物又ハ賣主ニ處分權ノ屬セザル物又ハ仍ホ運送中ニ在ル物又ハ指圖證券無記名證券ヲ以テ若クハ必要ナル名前書替ヲ以テ引渡スベキ物ノ賣買契約ナリ

所有權及危險ノ移轉

第五百五十三條　供給契約ハ雙方ヲ覊束ス然レトモ物ノ所有權及ヒ危險ハ其物ヲ引渡スニ因リ始メテ買主ニ移ル

現存セザル物

第五百五十四條　天然ニハ現存スト雖モ未タ人ノ威力內ニ在ラサル物ハ之ヲ現存セザルモノト看做ス

運送中ニアリト看做ス物

第五百五十五條　買主ニ引渡スニ至ルマテ其送附ニ付キ賣主ガ責任ヲ負フ物ハ之ヲ運送中ニ在ル物ト看做ス

運送中ニ在ル物ヲ指圖證劵無記名證劵ヲ以テ又ハ其他ノ間接ノ方法ヲ以テ賣渡シタルトキハ賣主ハ其物ノ引渡ニ至ルマデ全部ノ喪失又ハ毀損ノ危險ヲ負擔ス又買主ハ一分ノ喪失又ハ毀損ニ付テハ代價ノ相當ナル減少ヲ請求スルコトヲ得

供給契約ノ種類

第五百五十二條ハ供給契約ノ種類ヲ分テ二種トナセリ而〆五百五十四條及五百五十五條ノ二條ハ之ト密切ノ關係ヲ有スルヲ以テ便宜ノ爲メ先ヅ此三條ヲ一括〆說明シ次ニ第五百五十三條ニ移ルベシサテ供給契約ノ第一種ハ契約取結ノ時未ダ現存セザル物ヲ供給スルコトヲ約シタル塲合トス抑モ契約ノ時現存セサル物ハ直ニ所有權ヲ買主ニ移ス能ハザルヲ以テ賣買ノ目的物トハ爲スヲ得サレ𪜈供給契約ノ目的物トハ爲スヲ得ベシ何トナレバタトヘ現存セザル物ニテモ後日之ヲ得テ引渡スヲ得ルガ如ク爲スコトハ必スシモ能ハザルニアラザレバナリ而〆所謂現存セザル物トハ全ク社會ニ無キ物ト

第一結約當時現存セサル物ノ供給契約

第二賣主ノ處分權ニ屬セザルモノヽ供給契約

云ニアラズ假令天然ニハ現存スルモ未ダ賣主ノ威力內ニ屬セザル物例ヘバ水中ニ在ル魚空中ヲ飛ブ鳥ノ如キモ法律ハ猶現存セザル物トナス(五五四)故ニ此等ノ物ヲ供給スル義務ヲ約セシモノハ十分ニ之ヲ捕獲スルヿニ勞働シテ其契約ヲ履行セザルベカラザルナリ

第二種ハ賣主ノ處分權ニ屬セサル物ヲ供給スル契約ナリ此事ハ前節ニモ少シク說明シタルガ如ク主トシテ他人ノ物件ヲ指稱ス即チ他人ノ物件ハ賣主直ニ所有權ヲ移ス能ハザルヲ以テ素ヨリ賣買契約ノ目的物ト爲スヲ得ザレドモ之ヲ眞所有者ヨリ買取テ引渡スカ或ハ其眞所有者ニ物件ノ賣却ヲ承諾セシムルニ盡力スルハ決シテ爲シ得ザルヿニアラザルヲ以テ猶供給契約ノ目的物ト爲スヿヲ得ルナリ故ニ例ヘバ甲ヨリ乙ニ丙ノ所有物ヲ供給セント約セバ甲ハ之ニ依テ必ス其物ヲ乙ニ引渡ス義務ヲ負フ若シ丙ガ如何ニスルモ之ヲ手離スコトヲセサルニ於テハ到底甲ハ己レノ義務ヲ完全ニ履行スルヲ得ザルニ依リ如此場合ハ乙ニ損害賠償ノ責ヲ盡サヾルベカラザルナリ

第三仍ホ運送中ニ在ルモノヽ供給契約

供給契約ノ第三種ハ仍ホ運送中ニ在ル物ヲ目的トスル場合ナリ運送中ニ在ル物ハ果シテ無事ニ到着スルヤ否ヤ未ダ計リ知ルヲ得ズ然ルニ賣主之ヲ買主ニ供給センコトヲ約セバ直ニ所有權ヲ移轉スベカラザルハ勿論ナルヲ以テ假令供給契約ノ目的物トハ爲シ得ルニモセヨ其危險ハ賣主之ヲ負擔シ買主ハ全ク引渡ヲ受クル迄ハ代價ヲ拂フ義務ヲ生ゼズ而〆第五百五十五條ニ依レハ買主ニ引渡スニ至ル迄其送付ニ付賣主ガ責任ヲ負フ物ハ之ヲ運送中ノ物件ト見做スト在リ是レ法律ガ雙方ノ意思ヲ推測シタル規定ニ過ギズ即チ若シ雙方ガ賣買ヲナス意思ナレバ第五百三十七條ノ規定ニ從ヒ運送中ノ費用ハ買主ニ於テ負擔スベキ筈ナルニ然ラズシテ殊更ニ其費用ヲ賣主ノ負擔スル者ト約セシハ是賣買ヲナス意思ニ非ズ〆物ノ引渡ヲ俟テ所有權幷ニ危險ノ責ヲ買主ニ移スト云フ供給契約ヲ爲ス意思ナラント見ナシタルナリ已ニ之ヲ以テ供給契約トセバ其物ガ無事ニテ着セバ買主代價ヲ拂ハザルベカラザレドモ若シ途中ニテ喪失或毀損シタル場合ニハ賣主ノ損失ニ歸スベキモ

第四差圖証券無記名証券又ハ必要ナル名前書替ヲ以テ引渡スベキ供給契約

ノトス而シテ又運送中ニ在ル物ヲ差圖證券無記名證券或ハ其他種々ノ間接方法ヲ以テ賣渡ス契約ハ如何ト云ニ之モ全ク法律ニ於テハ供給契約ノ一種トナシ其物ガ實際引渡サルヽ迄ノ危險ハ當然賣主ノ負擔スベキコトセリ是蓋シ如此間接方法ヲ以テ投機的取引ヲナス弊害ヲ生ゼシメザランガ爲ノミ然レ𪜈若シ物ノ一部分ノミヲ喪失又ハ毀損シタル場合ニハ買主ハ只代價ヲ相當ノ點迄減殺シテ殘品ハ受取ランコトヲ得ベキモノトス

第四種ノ供給契約ハ差圖證券無記名證券ヲ以テ若クハ必要ナル名前書替ヲ以テ引渡スベキ物ノ契約ナリ是亦間接ノ方法ヲ以テ賣買スルモノニシテ決シテ現品ヲ授受スル賣買ニアラズ故ニ直ニ物件ノ所有權買主ニ移轉セズ只其物ヲ引渡スベシト要求スル權ヲ買主ニ生ゼシムルニ過ギズ是法律ガ純然タル現品賣買ト異ニシテ引渡ニ依リ始テ所有權及ビ危險ノ責任ヲ移スベキ供給契約ノ一種トナセシ所以ナリ

以上ニテ供給契約ノ四種類ヲ説明セリ而シテ此契約ノ效果ハ即チ第五百五

供給契約ノ効力

差圖証券又ハ無記名証券ヲ以テスル場合ノ引渡方法

十條ニ於テ之ヲ規定セリ乃チ上ニ述タル四種中ノ一ヲ供給セント約セタル場合ニハ其効力双方ヲ覊束シテ互ノ權利義務ハ確定ス故ニ賣主ハ必ス之ヲ引渡シテ買主ノ目的ヲ達セシメザルベカラザル義務ヲ負ヒ買主ハ之ヲ引渡スベシト要求スル權ヲ生シ若シ果メ引渡サレタルニ於テハ必ズ其代價ヲ拂ハザルヲ得ズ去リ乍ラ前ニモ屢々云フ如ク元來賣買ノ目的物トナスヲ得ザル物ヲ引渡サント云フ一種變體ノ約束ナルヲ以テ其効果モ賣買ノ如ク契約ト仝時ニ所有權及危險ヲ移スベカラズ何トナレバ此契約ニ於テ賣主トナルモノハ單ニ己レノ勞働又ハ周旋ニ依リ其物ヲ買主ニ得セシメント云ニ過ギズ從テ直ニ所有權ヲ移スガ如キ威力ヲ其物ノ上ニ有セザルモノナレバナリ是賣買契約ト大ニ異ナル要點ナリ

第五百五十六條　差圖證券無記名證券等ヲ以テスル供給契約ノ場合ニ在テハ其證券等ニ基キテ物ヲ引渡ス義務アル第三者ニ買受代價ヲ支拂フニ因リテノミ其

賣主ニ對シ買主ノ供給契約ヨリ生ズル權利ノ行

物ヲ買主ニ引渡スコトヲ得ルハ契約又ハ商慣習アルトキニ限ル

供給契約ノ目的物ニ質權ノ存スルトキハ尚第三百七十七條ノ規定ヲ遵守スルコトヲ要ス

第五百五十七條　差圖證券無記名證券等ニ基テ引渡ス可キ物ノ引渡ヲ得ザルトキハ買主ハ供給契約ヨリ生ズル權利ヲ賣主ニ對シテ行フコトヲ得

但當事者ノ意思又ハ取引ノ性質ニ因リテ賣主ガ責任ヲ免ルベキトキハ此限ニ在ラズ

前ニ示シタル差圖証券無記名証券等ヲ以テスル供給契約ハ元來間接ノ取引方法ニシテ實物ヲ授受スルニアラズ裏書ヲ以テ順次ニ之ヲ賣買セラルヽモノトス而シテ如此場合　最後ノ買主其實物ヲ受取ラント欲スル場合ニハ代價ヲ己レノ賣主ニ渡シ賣主ハ更ニ其前ノ賣主ニ渡スベキ筈ナレ𪜈是頗ル煩雜

右ノ場合ニ買主ヨリ賣主ニ有スル權利

ニシテ商事ニ必要ナル迅速ノ目的ト相反スルヲ以テ双方契約ヲ以テ其証券ノ差圖ニ依リ物ヲ引渡スノ義務アル第三者ヘ直ニ渡シ以テ實物ノ引渡ヲ求ルヲ得ル便法ヲ定ルヲ得ベク若シ又特約アラザルモ商慣習ニ於テ如此一定シタル場合ニモ同一ナリト規定ス尤モ之ハ只一ノ便法ニ過ギザルヲ以テ契約モナク慣習モナキ場合ニハ假令煩雜ナリ圧正當ノ手續ニ從ハザルベカラザルナリ

且若シ其目的物ニ質權ノ存スル片ハ第三百七十七條ニ從ヒ買主ハ先ツ質權ノ債額ニ充ル迄ノ代價ヲ質取主タル債權者ニ渡スベキモノトス若シ之ヲ怠ル時ハ法定ノ制裁ヲ免ルヽヿヲ得ザルナリ

又買主ガ其証券ノ指定セル人ニ物ノ引渡ヲ請求スルモ之ヲ引渡スヲ肯ゼザル場合ニハ賣主ニ對シ自已ノ權利ヲ主張シ滿足ニ引渡サシムルカ或ハ損害ヲ賠償セシムルヿヲ得ベシ是賣主ハ買主ニ對シ物ノ引渡ニ付テ担保ノ責任アルモノナレバナリ然レ圧當初ノ契約ヲ以テ賣主ニ此責任ナキヿヲ定ルカ

供給契約ニハ賣買ノ原則ヲ適用ス

或ハ慣習ニテ如此定メラレタル塲合ニハ買主ニ右ノ權利アラザルヿ勿論ナリ

第五百五十八條　本節ノ規定ノ外賣買契約ノ原則ハ供給契約ニモ之ヲ適用ス

既ニ此節ノ初メニ述ヘタル如ク供給契約ハ其大躰ハ賣買取引ナレバ以上ニ説明シタル特別ノ法則ヲ除ク外ハ總テ賣買契約ノ原則ヲ適用スベキハ當然ノ事ナリ是殊ニ見本ヲ以テスル取引又ハ點撿嘗試等ノ上ニテ爲ス取引等ニ付最モ要用ナリトス

第三節　競賣

競賣ノ性質

競賣トハ或物ヲ同時ニ數人ニ提供シ其中尤モ價ヲ高ク買取ラント云モノニ之ヲ販賣スルヲ云フ如此其賣買ヲナス方法ヲ異ニスルノミナラズ又之ヲ取扱フ人モ通例ノ賣買トハ相異ルヲ以テ特別ニ此節ヲ設ケラレタルナリ

第五百五十九條　他人ノ爲メ公ノ競賣ヲ爲スヲ營業ト

競賣人ハ他人ノ委託ヲ拒ムヲ得ズ

スル者ハ其受ケタル競賣ノ委托ヲ適法ノ理由ナクシテ拒ムコトヲ得ズ

競賣ハ大概他人ノ爲ニ之ヲ爲スヿヲ本業トスル競賣人ニ委托シテ爲サシムルモノトス何トナレバ如此特別ノ方法ヲ以テ爲ス賣買ハ通常人ガ多ク之ヲ行フベキニアラズ而メ殊ニ之ニ熟煉スルト否トハ大ニ損益ノ關係アルモノナレバ寧ロ競賣人ニ委托スルノ勝レルニ如カザレバナリ而メ此競賣人ノ業務モ亦一ノ商業上ノ所爲ニ過ギサル故ニ一目スレバ何時ニテモ其委托ヲ拒ムヲ得ベキガ如クナレ𪜈若シ如此スルトキハ其公衆ノ利益ヲ害スルヿ彼ノ運送取次人ガ運送ノ委托ヲ自由ニ拒絶スルノ害ト異ラズ故ニタトヘ一箇ノ商業タルニ過ギズト云フト雖モ既ニ之ヲ以テ業務トナスニ於テハ他ヨリ委托アル場合ニハ必ズ之ニ應ゼザルベカラザル義務アリトス然レ𪜈其委托セラル丶取引ニシテ賣却ノ權利ヲ有セザル人ノ囑託又ハ背法ノ約束ノ如ク總テ之ヲ拒ムベキ正當ノ理由アル𬼀ハ斷然拒絶スルヲ得ベキナリ

取引所ニ於テナス競賣

競買人トナルヲ得ルモノ

第五百六十條　取引所ニ於テナス競賣ハ取引所仲立人ニ非サレバ之ヲ爲スコトヲ得ズ

取引所ニ於テナス競賣トハ我國現今行ハル、米商會所又ハ株式取引所等ニ於テ米穀或ハ株劵ノ競賣ヲナス如キヲ云フ如此競賣ヲ行フニハ素ヨリ其取引所ノ特別規則ニ準據シ總テノ監督ヲ受クベキモノナルカ故ニ必ズヤ其取引所ニ屬スル競賣人ニ限テ之ヲ行フベク他ノ通常競賣人ハ之ヲ爲スヲ得サルモノトスルナリ

第五百六十一條　支拂資力ナキコト又ハ惡意アルコトニ付キ理由アル嫌疑ノ存セザル者ハ公ノ競賣ニ於テ競買スルコトヲ得

前ニモ一言セシ如ク競賣ハ何人ト雖モ尤モ高キ價ニテ買取ラント云モノニ或物品ヲ賣却スベシトノ提供ヲナス者ナレバ其買受人ヲ特ニ指定シ若クハ排斥スルヲ得ベキニアラズ去リ乍ラ到底代價ヲ支拂フ資力ナキ丁ノ明白ナ

競賣人ハ自己ノ爲ニ競買ヲナスヲ得ズ

ル乎又ハ惡意ニ依リ或奸策ヲ運ラサントスル如キ疑ヒアリテ且之ヲ證明シ得ベキ程ノ理由アルモノハ競買ニ參加スルコトヲ得ズ又參加スレバ之ヲ拒絕スルコトヲ得ベシ是レ其競賣ヲ誠實ニ執行スル一ノ方法タレバナリ而シテ右二者ヲ除クノ外ハ何人モ競買スルヲ得ベシ是本條ガ明示スル處ナリ

第五百六十二條　競賣人ハ自己ノ爲ニ競買ヲ爲スコトヲ得ズ又賣主ハ競買ヲ爲ス權利ヲ明示シテ留保シ且詐欺ニ因リテ代價ヲ昂ラシムル目的ナキトキニ限リ競買ヲ爲スコトヲ得

凡ソ己レノ職分ト其利益ト相抵觸スル如キ行爲ハ如何ナル場合ニモ法律ハ之ヲ許サズ本條モ亦此主義ノ適用ナリ即チ競賣人ハ可成高價ニ賣ントスル賣主ノ意思ヲ代理スル者ナルニ若シ自己ノ爲ニ之ヲ買取ントスルニ於テハ可成之ヲ低價ニ買ントノ欲望ヲ生シ終ニハ種々ノ奸計ヲ施スニ至ル是實ニ其職分ト兩立スベカラザル行爲ナリ故ニ競賣人ガ自己ノ爲ニ競買スルヿヲ

賣主モ或場合ヲ除クノ外ハ自ラ競買人タルヲ得ズ

禁スルハ尤モ至當ノヿト云ベシ

又賣主ハ一旦其物ヲ競賣ニ附スルニ於テハ其競買代價ノ運命ニ一任シ之ニ滿足セザルベカラズ如此一旦賣拂フベキヿヲ公告シタル物品ヲ自ラ買ントスルハ其旨趣相反スルト云ベシ此故ニ法律モ賣主自ラ競買人トナルハ之ヲ禁スルヲ通則トシ只競買ヲナス權利ヲ明示シテ留保シタルヿ及詐欺ニ因リテ代價ヲ昂カラシムル目的ナキ時ノ二ノ場合ニノミ之ヲ許ストセリ去レバ世間ノ通例トモ云ベキ賣主ハ單ニ其物ガ格外ノ廉價ニテ他人ノ有ニ歸セザラシムル爲メ自ラ最低ノ價額ヲ定メ置ク如キ方法ハ法ノ許ス處ナレ圧他ノ場合ニハ濫リニ賣主ガ競買人トナルヿハ堅ク禁ズル處ナリ

競落

第五百六十三條　明示ノ留保ナキ時ハ競賣ニ付シタル物ハ其期日ニ於テ最高額ノ競買人ニ競落セラル

前條ノ終リニ說ク如ク賣主ニ於テ自ラ明言シタル制限ヲ立テズ單純ニ競賣ニ付シタル物ハ最高價額ヲ以テ之ヲ買取ントスルモノニ直ニ競落セラレモ

ハヤ賣主ニ於テ故障等ヲ述ルヲ得ズ是誠ニ當初競賣ノ公告ヲナシタル目的ヲ成就シタルモノナレバ法ノ規定アラサルモ當然ノ結果ナリ然レ圧法律ハ後日ノ紛議ナカランヿ爲殊ニ明文ヲ示シテ之ヲ規定シタルナリ

競賣ニ依リ賣買ノ終了スル方法

第五百六十四條　競賣ガ最終ノ競買人ニ歸シタルトキハ競賣ノ各個ノ物又ハ番號ニ付賣買契約ヲ取結ヒタルモノトス

競賣ニ付シタル物ハ其各個毎ニ或ハ各番號毎ニ競賣人ノ拍手ヲ以テ既ニ最終ノ申込了リ其拍手ニテ定メタル代價ヲ以テ物品ヲ賣拂ヒ或ハ賣取ルノ契約ヲ確然ニ取結ビタル徵證トス（但シ五十圓以上ノ價アル物ニ付テハ證書ヲ以テ取結ビ或ハ競賣人ノ之ヲ書留ムルヲ俟テ其約束成立シタル者トナス）如此シテ契約ガ完成シタル以上ハ最早賣主モ物ノ引渡ヲ拒ムヲ得ズ買主ハ必ス定メタル代價ヲ拂ハザルベカラズ假令其全番號ノ物ニ付更ニ之ヨリ高價ニテ取引セントス云モノ出ルモ契約ハ之ガ爲メ取消又ハ變更スルヲ得

二人以上同時ニ最高價額ヲ呼ビタル場合

ザルナリ

第五百六十五條　二人以上同時ニ最高ノ價額ヲ呼ヒタル場合ニ於テ物ヲ共同シテ取得スルコトヲ欲セサルトキハ競落ハ其者ノ中更ニ最高價ノ競買ヲ爲ス者ニ歸ス

二人以上ノ者仝時ニ仝一ノ最高價額ヲ唱ヘ而ソ他ニ之ヨリ以上ノ申込ヲナスモノアラザレバ理論上其最高價ヲ呼ヒタル二人以上ノ者ト賣買成立シタルヿトナル此際其者等ガ互ニ之ヲ共有セントスルニ於テハ異論ヲ生スルヿナケレ圧若シ之ヲ欲セサルニ當リ猶强テ共有スベシト云フ如キハ頗ル苛酷ニ失スルモノト云ベシ然レバ之ヲ如何シテ可ナルヤト云フニ本條ハ其競落者タル數人ノ者ノミノ間ニ於テ更ニ再競賣ヲ爲サシメ而ソ其中最高額ヲ呼ビタル一人ニ歸スベシトナス是適當ノ處分ト云ベシ然レ圧此再競賣ニハ必ズ第一ノ競賣ニ於テ競落者トナリシ者ニ限リ他人之ニ參加スルヲ得ズ

最終ノ競買無効トナルカ又ハ競賣人ノ承諾セサル場合

第五百六十六條　最終ノ競買無効ナルトキ又ハ競賣人之ヲ承諾セザルトキハ其競落ハ之ニ次グ最高價ノ競買人ニ歸ス

競賣人ガ法律ノ禁制ヲ侵シテ自己ノ爲ニ其依賴セラレタル物ノ競買人トナルカ又ハ賣主ガ自己ノ競買權ヲ明ニ留保セズシテ自ラ買主トナリタル如キ場合ハ其競落無効トナルベシ（五百六十二條）又最高價額ヲ呼ビタル競落人ガ支拂ノ資格ナキカ若クハ惡意アル場合ニハ賣主其競賣ノ無効ヲ主張スルヿアルベシ（仝條）如此場合ニハ其無効トナリタル第一ノ價額ニ次グベキ最高價ノ競買人ニ競落セラルヽ者トス何トナレバ是實ニ正當ナル最高價額ニ外ナラサレハナリ

競買人ノ服從スベキ條件

第五百六十七條　各競賣人ハ競賣前ニ競賣人ヨリ公告シタル競賣ノ條件ニ服從スベシ但其條件カ違法ナルトキハ此限ニ在ラズ

印刷シ又ハ其他書面ニテ定メタル條件ハ競賣人ノ口頭陳述ヲ以テ之ヲ變更シ又ハ廢止スルコトヲ得ズ

競買ヲナスニハ豫メ其時日及場所物品ノ員數及重量、賣主ノ保證、代價ヲ拂ヒ又ハ引渡ヲ爲スニ付テノ總テノ方法等種々ノ條件ヲ公告スルヲ通常トス夫レ競買人トナルモノハ是等ノ公告ヲ熟覽精思シタル後自己ノ適當ト信ズル代價ノ申込ヲナス者ナレバ其公告セラレタル條件ハ默々ノ間ニ之ヲ承諾シタルモノト見做スヲ得從テ該條件ニ服從スル義務アルヿモ當然ナリ但シ其條件ニシテ違法ノモノナレバ買主之ニ服スルヲ要セズ何トナレバ如此條件ハ之有ルモ無キニ均シキヲ以テナリ

凡ソ書面ヲ以テスル約束ハ口頭ヲ以テ之ヲ變更シ又ハ廢止スルヲ得ズトハ一般ニ適用スベキ原則ナリ而メ本條第二項ニ印刷又ハ書面ニテ定メタル條件ハ口述ヲ以テ變更廢止スルヲ得ズト記セルモ亦此意ニ外ナラズ何トナレバ不確實ナル口述ヲ以テ確實ナル印刷書面ニ定メタル契約ヲ變更廢止スル

競賣人ハ買主ノ資格ヲモ兼ヌルヲ得

ヲ得ルトセバ大ニ信用上ノ害アルノミナラズ競買人中之ヲ知ラザル爲後日ニ至リ紛爭ヲ生ズル恐アレバナリ

第五百六十八條　競賣人ハ競賣ニ付キ及ヒ賣買契約ノ取結竝ニ履行ニ付買主ノ代理ヲモ引受クルコトヲ得然レトモ競賣ノ爲メ委託セラレタル物ヲ競賣スル以前ニ其物ニ對シテ賣主ニ前貸ヲナス權利ナシ

本節ノ初メニ一言セシ如ク競賣人モ一ノ商事取次人ニシテ其目的ハ公衆ノ利便ヲ計ルト云ニ出デタル一種商業上ノ所爲ナルヲ以テ賣主ノ代人トナルヲ得ルノミナラズ買主ノ代人タル資格ヲモ兼帶シ賣買契約ノ取結ビ又ハ履行等ニ關スル諸般ノ所爲ヲ共ニ引受ルヲ得ベシ是啻ニ賣主ニ害ナクシテ而メ大ニ取引ノ完結ヲ迅速ナラシムル利益アリ然リト雖モ競賣前ニ其賣品ヲ目的トシテ競賣人ヨリ賣主ニ前貸ヲナスヲ許サス若シ之ヲ許スニ於テハ終ニ種々ノ奸計ヲ運ラシテ競賣人ガ一身上ノ私利ヲ貪ル手段トナス恐レナシ

競賣費用ノ負擔

トセザレバナリ

第五百六十九條　競賣ノ費用ハ賣主ニ於テ之ヲ負擔スルコトヲ要ス但シ別段ノ契約アルトキハ此限ニ在ラズ

競賣ハ賣主ノ利益ノ爲メニ又賣主ノ依託アリタル爲メニ行フタルモノナレバ之ニ關スル一切ノ費用ヲ負担スルハ賣主ノ責任タルベキヿ言ヲ待タズ契約者相互ニ之ニ反スル約束ヲナスヿハ隨意タリ何トナレバ本條ニ反スル契約ヲナストモ決シテ公安秩序ヲ害スル不適法ノ約束ニアラザレバ之ヲ以テ無効ナリトナス理由アラザレバナリ

如此競賣ノ費用ヲ賣主ガ負担スベキハ勿論ナレ圧果シテ然レハ競賣人ハ如何ナル費用ヲ賣主ニ請求スルヲ得ル者ナルヤ此事ハ次條ニ於テ規定セリ

第五百七十條　競賣人ハ契約上又ハ習慣上ノ競賣手數料ト競賣ニ付支拂ヒタル費用及立替金ニシテ競賣手

競賣人ヨリ賣主ニ對シ有スル請求權

右權利ニ附從スル留置權

數料中ニ包含セサルモノ、賠償トヲ賣主ニ對シテ請求スルコトヲ得又競賣人ハ此債權ノ爲メ及ヒ適法ニ賣主ニ爲シタル前貸ノ爲メ競賣物又ハ其代價ニ付留置權ヲ有ス

本條ニ依テ之ヲ見レバ競賣人ヨリ賣主ニ請求スルヲ得ベキ費用ハ分テ三種トナスコトヲ得(一)契約上又ハ慣習上ニテ定マリタル手數料(二)競賣ヲナスニ付支拂ヒタル一切ノ費用(三)立替金ニシテ手數料中ニ包含セザルモノ、賠償是ナリ故ニ賣主ハ必ズ此等ノ費用及賠償ヲ賣主ニ支拂フベキ義務アリ又義務又競賣人ハ當然之ヲ得ルノ權アルモノトス

然リ而シテ競賣人ハ此等ノ賠償ヲ受ル迄又ハ法律ニ反セズ適法ニナシタル前貸ヲナシタル場合ニハ其債權ノ辨償ヲ受クル迄ハ依托セラレタル物或ハ其物ノ代價ノ上ニ留置權ヲ有シ賣主ヨリ全部ノ支拂アル迄ハ之ヲ渡スニ及バザルノ特權ヲ法律ニテ與ヘタリ是吾人ハ故ナク他人ノ爲メニ損害ヲ受クル

チ甘ンズルノ義務ナシト云ヘル法理上ノ定則ヨリ看察スルモ當然ノ規定ナルヿ明ナリ

競賣人ノ賣主ニ對スル責任

第五百七十一條　競賣人ハ賣主ニ對シ怠慢不熟煉又ハ惡意ニ因リテ加ヘタル損害ニ付責任ヲ負フ

立法者ハ前條ニ於テ競賣人ヲ保護スルト同時ニ本條ニ於テハ又或場合ニ生ズベキ責任ヲ明示セリ即チ競賣人ガ賣主ニ對シ怠慢不熟練又ハ惡意ニ依テ加ヘシ損害ハ必ズ賠償セザルべカラズト云フ一事是ナリ凡テ人ハ自己ノ不注意過失等ノ爲メ他人ニ損害ヲ加ヘシ時ハ必ズ之ヲ償フベシトハ法律上一定ノ原則トス況ンヤ他人ノ爲メニ或業務ヲ引受ルヲ以テ常職トスルモノ則チ競賣人ノ如キ者己レノ不注意過失不熟練等ノ爲ニ依賴者タル賣主ニ損害ヲ生セシメタリトセバ之ヲ賠償スルノ責任アルヿハ明々白々疑ナキノ道理ナリ加ルニ其競賣人ニ惡意アリタル塲合ノ如キハ決メ容恕スベキニアラザルナリ

取戻權ノ性質幷ニ効用

第四節　取戻權

賣主ニ於テ物ヲ賣却スルノ約束ヲナスドモ買主ヨリ代價全部ノ支拂ヲナス迄ハ敢テ物件ヲ引渡スニ及バズ之ヲ稱シテ賣主ノ留置權ト云フ去リ乍ラ此留置權ヲ行フニハ未ダ物件ガ賣主ノ手ニ存在スル場合ニシテ一旦之ヲ手離スニ於テハ最早之ヲ行フヲ得ズ然レドモ賣主ヨリ買主ニ物ヲ引渡スコトヲ承諾シタルハ元來買主ヨリ定メノ代價ヲ得ルト云フ一ノ條件ヲ附シタルモノナリ然ルニ一旦之ヲ手離セハ其後ニ至リタトヘ買主ノ無資力ニ陷ルカ若クハ陷ラントスル危險ノ眼前ニ迫ルヲ知ルモ再ビ之ヲ取戻スヲ得ズ全ク買主ノ自由ナル處分ニ一任セザルベカラズト云ハ實ニ偏僻モ亦甚シキ議論ト云ベシ法律ハ此弊ナカラシメンガ爲メ此節ニ於テ如此場合ニハ賣主ニ取戻權ヲ與ヘタルナリ故ニ今一言以テ取戻權ノ性質ヲ云フトキハ「賣主既ニ其物品ヲ送致シ未ダ買主ノ占有ニ歸セザル前其買主ノ代價ヲ支拂フ能ハサルニ至ルカ又ハ其恐レアル時ニ賣渡シタル物件ヲ再ビ己レニ取戻ス權ヲ云フ」ト云ハ

取戻權ヲ行フヿヲ得ル場合

ヾ即チ可ナラン依之見之取戻權モ賣主ガ買主ヨリ代價ヲ得ル迄ノ保証手段ニ過ギズノ契約ヲ取消スノ權利ニ在ラザルヿハ留置權ト全一ナレ𪜈他ノ點ニ於テハ二者決シテ全一ニ看做スベキモノニアラザルナリ

第五百七十二條　賣買契約ノ取結後買主其支拂ヲ停止シ又ハ其取結前既ニ支拂停止ト爲リタルコトヲ賣主ノ知リタル場合ニ於テ賣主カ他ノ方法ヲ以テ十分ナル支拂又ハ擔保ヲ受ケザルトキハ賣主ハ買主又ハ其差圖シタル人ニ宛テタル運送中ノ賣買物ヲ取戻スコトヲ得

但未タ買主若クハ其代人ノ占有ニ移ラサルモノ又ハ買主若クハ其代人カ有効ニ轉賣シ若クハ質入セサルモノニ限ル

第五百七十三條　轉賣ハ後ノ買主善意ニシテ且其代價

ノ相當及ヒ眞實ナルトキニ限リ有効トス若シ未タ其代價ヲ支拂ハサルトキハ初ノ賣主ハ自己ノ債權ノ額ニ充ル迄後ノ賣主ニ對シテ其支拂ヲ求ムルコトヲ得

買主ノ支拂停止

第五百七十五條　買主ノ支拂停止ニ至ラントスルニ付キ理由アル嫌疑アルトキ又ハ切迫ナル取引情況ノ爲メ支拂停止ヲナスコトノ測リ難キトキハ眞ノ支拂停止ヲ爲シタルニ同ジ

買主又ハ其代人ノ占有

第五百七十六條　貨物ヲ買主ノ倉庫ニ入レ又ハ買主ノ名ヲ以テ倉庫ニ寄託シタルトキハ運送關稅其他貨物ノ負擔スル費用ヲ支拂ヒタルト否トヲ問ハズ買主又ハ其代人ニ於テ占有ヲ得タリト見做ス

以上四ケ條ハ互ニ本末ノ關係アルヲ以テ便宜ノ爲メ全時ニ說明ヲ附スベシ是蓋シ讀者ヲシテ了解シ易カラシメント信ズレバナリ

取戻權ヲ行フ條件又ハ行ヒ得ベキ塲合

第一買主ノ支拂停止

第五百七十二條ニ依テ之ヲ見レバ取戻權ヲ行フニハ左ノ條件ヲ具ヘタルニアラザレバ之ヲ行フヿヲ得ズ

（一）契約後買主支拂ヲ停止シ又ハ契約前既ニ支拂停止トナリタルヿヲ知リタル塲合ナルヿヲ要ス抑モ契約後買主ノ支拂ヲ停止セルニモ拘ラズ賣主其物ヲ取戻スヲ得ズトセバ坐シテ損害ニ甘ンゼザルベカラズ吾人何ゾ故ナクシテ他人ノ爲ニ損害ヲ受ルヲ甘ンズベキ義務アランヤ又契約前既ニ支拂停止トナリタルヿヲ後日知リタル塲合ニハ賣主ノ全タク錯誤ニ依テ賣買契約ヲ取結ビタルノミ何トナレバ契約前ニ若シ如此事實ノ存スルヲ知リシナラバ決シテ之ヲ賣ラザリシナルベシト推測スルハ當サニ然ルベキ事柄ナレバナリ且素ヨリ賣主ニハ其事實ヲ知ラザリシ多少ノ過失ナキニハアラサレ𪜈買主ガ之ヲ告ゲズメ賣却ヲ諾セシメタル所爲ト比較セバ何レヲ保護スルヲ以テ正當トスベキヤ喋々ノ辨ヲ用ヒズ其賣主ナルヿハ疑ナシ然レ𪜈以上ノ塲合外ニ迄之ヲ許ストセバ賣主ハ取戻權ヲ濫用スル恐アリ是此制限ヲ附

第二賣主ノ十分ナル支拂又ハ之ガ擔保ヲ

ヲ取戻ヲ許ス所以ナリ

然レ𪜈法律ハ確然買主ガ支拂ヲ停止シタル場合ニ限ルトセズ買主ガ將ニ支拂停止ヲナスニ至ラントノ嫌疑アリテ其理由ノ存スル場合又ハ切迫ナル取引情況ノ爲メ何時支拂停止ヲナスヤモ計リ難キ時ニモ眞ノ支拂停止ヲナシタル前述ノ場合ニ準ジテ賣主ニ取戻權ヲ與ヘタリ(五七五)其理由ハ如此危險ノ目前ニ切迫スルモ猶眞ニ支拂停止ニ至ラザルヲ口實トシテ賣主ノ取戻權ヲ行フヲ拒ミ得ルトセバ此間ニ買主ハ種々ノ奸策ヲ運ラシ眞ノ倒産ニ至ラザル前其買受物件ヲ他ノ債主ニ引渡シ以テ一面ニハ己レノ倒産ヲ延ハシ他ノ一面ニハ賣主ニ損害ヲ負ハシムルニ至ル恐アリ果シテ然ラハ法律ガ賣主ニ與ヘタル取戻權ハ實ニ活用ノ區域ヲ縮少シ終ニ十分賣主ヲ保護スルヲ得ザルニ至ルヲ以テナリ

(二)賣主十分ナル支拂ヲ受ケザルカ又ハ之ガ擔保ヲ受ケザル場合ナルヲ要ス○賣主ニ於テ十分ナル支拂ヲ受クレバ敢テ取戻權ヲ行フノ必要ナシ且

得ザル許

第三買主若クハ其代人ニ占有移ラズ

取戻權ハ前ニ一言セシ如ク賣主ノ代價ヲ受ル迄ノ保證手段トシテ用ユベキモノニシテ契約取消ノ權利ニアラザルヲ以テ假令代價ノ現拂ヲ受ケザルトモ之ニ適當セル十分ノ擔保ヲ受ケタルトキハ最早之ヲ執行スルヿヲ得ザルナリ

(三) 買主若クハ其代人ノ占有ニ移ラザルモノナルヲ要ス〇代價ヲ受ケサル賣主ハ素ヨリ保護セザルベカラザルヲ以テ之ニ取戻權ヲ與フルハ當然ナレ𪜈單ニ賣主保護ノ一點ニ偏シ毫モ買主ノ利害ヲ顧ミザルハ又善良ノ規定ニ在ラズ故ニ賣主取戻權ヲ行フニハ其物ガ未ダ運送中ニ在ル時ニ限リ己ニ買主或ハ其代人ノ占有ニ歸スルニ於テハ之ヲ取戻スヲ得ザルナリ第五百七十六條ハ更ニ一歩ヲ進テ其占有ニ歸シタルヤ否ヲ區別スルノ標準ヲ示セリ依之見之差圖證劵等ヲ以テスル間接無形ノ引渡ヲナスノミニテハ未ダ買主ノ占有トナサズ必ズヤ買主又ハ其代人タル商業取次人仲之人質取人等ニ於ケル有形現實ノ占有ヲ移シタルヿヲ必要トス故ニ未ダ買主自ラノ占有ニ歸セサル物ニテモ此等ノ代人ニ於テ物品ヲ受取ルカ或ハ買主此等ノ倉庫ニ寄

第四買主未ダ其物品ノ上ニ於ケル權利ヲ他ニ移サス

托セシニ於テハ賣主モハヤ取戻權ヲ行フヲ得ズ

（四）買主ガ其物品ニ係ル權利ヲ未ダ他人ニ與ヘザルヲ必要トス○故ニ買主若クハ其代人ガ買受物件ヲ有効ニ轉賣スルカ又ハ質入シタルニ於テハ賣主之ヲ取戻スヲ得ズ然ラザレハ其物ヲ買主ヨリ受取タル第三者ノ權利ヲ害スルニ至レバナリ然レ𪜈後ノ買主ガ惡意ナルカ又其代價不眞實ナル時ハ第五百七十三條ニ依リ其轉賣ハ無効トナルベシ故ニ此場合ニハ假令其物ノ占有第三者ニ移ルトモ猶賣主ハ之ヲ取戻スヲ得ベシ又反之買主善意ニシテ代價モ眞ニ定メラレタル場合ハ賣主素ヨリ之ヲ取戻スヲ得ズト雖モ猶第二ノ轉賣人ニ對シテ其第一買主ニ賣リタル代價ヲ己レニ支拂ハレンヿヲ請求スル權アルモノトス

買取ノ取戻權ノ喪失及ビ保存

第五百七十四條　取戻權ハ賣主カ掛賣ヲ爲シ又ハ一分ノ支拂ヲ受ケ又ハ買主ト交互計算ノ關係ヲ有スルニ依リ之ヲ失フヿ無シ然レ𪜈賣主カ爲替手形ヲ振出シ

又ハ手形其他ノ信用証劵ヲ買主ヨリ受取リ代價全額ノ支拂ニ充テタル場合ニ於テ此等ノ証劵ニ義務者トシテ買主若クハ其代人ノ外第三者ノ署名アルトキハ取戻權ヲ失フ

取戻權ハ賣主ガ買主ニ代價ヲ貸シタルカ又ハ既ニ代價中一分ノ支拂ヲ受ケタルカ又ハ買主ト差引計算ノ關係ヲ有スル場合等ニ在テモ猶之ヲ失ハズ何トナレバ如此場合ニモ賣主ハ其要求ヲ充ル能ハザル前述ノ危險ヲ免レザレバナリ

然レ𪜈賣主ガ爲替手形ヲ振出シ又ハ手形其他ノ信用証劵ヲ買主ヨリ受取代價全額ノ支拂保証ニ充ツルヿヲ承諾シ且此等ノ証劵ニ買主又ハ其代人ノ外ニ第三者ガ義務者トシテ署名ヲナシ其支拂ヲ擔保スル場合ニハモハヤ賣主取戻權ヲ行フヲ得ズ何トナレハ如此十分ナル擔保ヲ與ヘラレタル賣主ハ敢テ取戻權ヲ行フ必要アラサルヲ以テナリ但其証劵ニ第三者ノ署名ナク只賣

取戻權ヲ行フモノガ償還スベキ費用

主又ハ代人ノミノ名ヲ記スル時ハ猶賣主ノ危險ヲ十分免レシムルヲ得ザルニ依リ取戻ヲ許サヽルベカラサルナリ

第五百七十七條　取戻權ハ運送ニ依リ又ハ運送ニ關シ貨物ノ負擔スル費用、立替金、其他ノ債務、殊ニ運送賃仲買手數料運送取扱手數料關稅保險料若クハ海損共擔金ノ支拂又ハ償還ヲ爲スニ非サレハ之ヲ行フコトヲ得ズ

本條ニ記載スル諸般ノ費用ハ取戻權ヲ行テ自己ノ權利ヲ保護セントスル賣主ニ於テ之ヲ辨償セザルベカラズ然レ圧賣主ガ取戻權ヲ行フハ自ラ好テ爲スニアラズシテ實ニ買主ノ義務ヲ履行セザルカ又ハ履行スル能ハザル危險ノ地位ニ瀕シタル爲メ不得止之ヲ行フニ過ギズ去レハ必竟買主ニ於テ負擔スベキ者ナレハ賣主ハ本條ニ依リ一時之ヲ立替ルモ後日ニ至リ更ニ買主ニ要求スルヲ得ベキヤ勿論ナリ但其買主ニ請求スルハ賣買ニ關スル前記費用

取戻權ハ仲買人又ハ代人ニ對ノモ行フヲ得

ノ反求ト云ハンヨリモ寧ロ買主ノ違約ニ本キタル損害賠償ノ名義中ニ包含シテ要求スト云ベシ何者物ヲ取得セザル買主ニ賣買ノ費用ヲ負ハンムベキ理ナケレハナリ

第五百七十八條　取戻權ハ貨物賣渡ノ委任ヲ受ケタル仲立人又ハ其代人カ既ニ貨物ヲ占有シ又ハ之ヲ第三者ニ賣リタルトキト雖モ委任者ヨリ其仲立人又ハ其代人ニ對シテ之ヲ行フヲ得貨物買受ノ委任ヲ受ケタル仲立人ヨリ其委任者ニ對シテモ亦同ジ

前條迄ハ眞ノ賣買アリシ片賣主ノ行フベキ取戻權ノヿヲ規定シタルモノナレ圧取戻權ヲ行フハ決シテ眞ニ賣買アリシ場合ノミニ限ラズ即賣主ガ其物ノ賣却ヲ仲立人又ハ其代人ニ依頼シ之ヲ其者等ノ占有ニ歸シ或ハ己ニ他ノ第三者ニ賣渡シタル時ト雖モ依頼者タル賣主ハ仲立人又ハ代人ニ對シ前述ノ如キ危險ノ恐アル場合ニハ全ク取戻權ヲ許スベシ是本條ノ規定スル處ト

ス素ヨリ仲立人又ハ代人ト委任者トノ間ニハ賣買ノ關係ナク只委任ト代理ノ關係アルニ止マレ圧仲立人等モ其賣商品ヲ己レニ受取リ代價ヲ渡ス責任アルヲ以テ恰モ買主ノ地位ト異ラズ此故ニ若シ此等ノ者ニ代價ヲ渡ス能ハサル如キ危險ノ生ズル場合ニハ賣主買主間ノ關係ト全一視シ以テ賣主ヲ保護セザルベガラサルナリ而メ仲立人ガ貨物買受ノ委任ヲ受ケタルトキハ其委任者ニ對スル關係モ亦全一ノ法則ヲ適用スルモノトス其理由ノ如キハ前段ノ場合ニ異ラザルナリ

第五百七十九條　取戻權ハ左ノ場合ニ於テ亦之ヲ行フコトヲ得

取戻權ハ囑託ヲ附シテ辨償不能力トナリタル者ニ金錢又ハ証券ヲ送附シタル場合ニモ適用ス

第一　手形其他ノ信用証券ニ關シテハ或人ガ他ノ者ノ債務者ニアラズシテ交互計算ノ爲メ又ハ貯藏若クハ保証ノ爲メ又ハ支拂ヲ爲サシメンカ爲メ之ヲ他ノ者ニ送リ且其証券ガ未ダ金錢ニ交換セラレ

ズシテ受取人ノ方ニ存在スル場合

第二　金錢ニ關シテハ或人カ前號ト同一ノ目的ヲ以テ之ヲ他ノ者ニ送リ其金錢ガ未タ受取人ニ達セズ又ハ達シタル後其受取人之ヲ自己ノ計算ニ移サス若クハ之ニ付其他ノ處分ヲ爲サヾル場合

本條ハ囑託ヲ付シテ辨償不能力トナリタル者ニ金錢又ハ手形其他ノ信用證劵ヲ送附シタル場合ニ其送附金ヲ取戻スヿヲ規定ス是亦送達人ヲシテ故ナク其金額ヲ失ハシメザル爲メ之ヲ保護スル目的ニ出デタルニ過ギズ而メ本條ヲ解スルニハ左ノ如ク區別スルヿ必要ナリ

(一)本條ニ依リ取戻シ得ルハ手形其他ノ證劵又ハ送附シタル貨幣ニ限ル

(二)其送達ノ目的ハ交互計算ノ爲又ハ貯藏取立若クハ保證ノ爲メ又ハ支拂ヲ爲サシメンガ爲ナルヿ是アリ故ニ名宛人ニ支拂ヲナス爲メニ送達セシモノハ取戻スヲ得ズ

(三)手形及証券ナレバ假令既ニ名宛人ニ達スルモ未ダ金錢ニ交換セラレズシテ受取人ノ手ニ存在スル内ハ取戻スヲ得ベシ反之金額ヲ送達セシ場合ナレバ未ダ受取人ニ達セザルカ又ハタトヘ達スルトモ其受取人之ヲ自巳ノ計算ニ移サズ若クハ之ニ付其他ノ處分ヲ爲サズ依然トシテ送達セラレタル儘ニテ在ル間ニ限リ之ヲ取戻スヲ許スベシ故ニ若シ受取人ガ既ニ其金額ヲ處分シタル後ニハ送達人ニ之ヲ取戻ス權ナシト云ハザルベカラザルナリ

信用

第十章　信用

信用ノ解

信用トハ何ノ謂ヒカ信用其物ハ從來我邦ニ於テモ之アルモノナレバ敢テ奇トスルニ足ラザレドモ信用ナル其語ハ今回始メテ法典上ニ採用セラレタル新熟語ナレハ一言此ニ之ヲ解セサルベカラザルナリ而シテ此語ハ英ニ之ヲ「クレヂツト」ト云ヒ羅甸語ノ「クレーデレ」ナル語ヨリ轉訛シ來レル者ナリト言フ其意味ハ則チ適意附與ノ義ヲ含ム今其義ヲ解シテ平易ニ之ヲ言ヘハ自己ノ財產ト同一ニ或ヒハ利用シ或ヒハ又利用シ得ル他人ノ財產殊ニ其金錢

與信用者ト受信用者

信用ハ與信用者ノ資産ヲ減少セズ又受信用者ノ資産ヲ増殖セズ

ヲ云フト謂フヲ得可シ此ノ如キハ一方ノ承諾ヲ得テ以テ其物件ヲ負債主ノ手裡ニ引渡シ之ヲシテ其物ノ上ニ全權ヲ有セシムルニアラザレバ則チ之レアルヲ認ムル丁能ハサルナリ故ニ此種ノ契約ハ皆ナ實踐上ノモノタリ引渡ヲ爲シ了ルニアラサレバ則チ成立セサルモノタリ又彼ノ他人ニ屬スル物件ヲ他人ノ物トシテ利用シ自己ノモノトセザル使用貸借ノ如キハ此ニ所謂ル信用ノ語中ニ包含セラレザルモノトス

信用ヲ人ニ與フルモノ之ヲ與信用者ト云ヒ信用ヲ受クルモノ之ヲ受信用者ト云フ與信用者ハ其有セル物件ヲ人ニ與ヘテ所有者タラシメ受信用者ハ信用ヲ負フテ以テ從來有セザリシ物件ノ所有者ト爲ルト雖モ之レガ爲メニ一方ノ資産ハ減少シ他ノ一方ノ資産ハ増殖スルモノト言フベカラサルナリ單ニ其表面ヨリ觀察ヲ下シ資産ノ移轉アリシ點ヨリ之ヲ見ルトキハ一方ハ爲メニ富ヲ増シ他ノ一方ハ爲メニ富ヲ減少セルカ如ク見ユルモ併シ富ノ此表面ヨリ觀察スル現象ハ當事者双方間ニ存スル權利義務ノ關係ノ爲メニ妨ゲ

ラル丶モノナリ何者、與債者ハ己レ自カラ元資ノ利益ヲ爲スベキ手段ヲ失フモ其失ヘル利用ノ報酬トシテ之レアルニアラサレバ得ルヿ能ハザルノ利得ヲ受ケ又受債者ニ在リテハ其供與サレタル元資ヲ增殖的ニ使用スルヿヲ得ル代リニ之ヲ受ケシニアラサレバ則チ爲スヲ要セサルヿヲ爲スベク要請セラル丶ノ地位ニ至リタレバナリ

寄託ヲ信用ノ章中ニ規定セル理由

我立法者ハ本章ノ規定ヲ分テ三節ト爲セリ消費貸借、信用約束、寄託即チ是レナリ此中其前二者ハ則チ純乎タル信用ニ相違ナキモ其最トモ後ナルモノ丶如キハ實ニ嚴正ニ之ヲ論スルトキハ信用ノ章中ニ集メテ規定スルヿ其當ヲ得サルモノナリ只此事ハ近時一般ニ其範圍ヲ擴張シ其本來ノ性質ニ背キテ信用ト同視スルヲ得ベキ場合甚ダ增加セルカ故ニ各國ニ於テモ又之ヲ認メテ信用トスルニ至レルノミ故ニ我立法者モ亦此顰ニ傚ヒ此ニ併セテ之ヲ規定セルモノナリ

消費貸

第一節　消費貸

消費貸ノ義解

消費貸借契約ハ之ヲ締結スルガ爲メニ結ベル約束ト異ナリ

消費貸トハ他日同種量ノ物品ヲ返還スルノ義務ヲ當事者ノ一方ニ於テ負擔シ他ノ一方ニ於テハ或物ノ交付ヲ爲シ之ヲ使用シ収益シ處分スルヿヲ許ス契約ヲ云フ

此契約ハ物ノ交付ヲナスニ因リ始メテ成ルモノナルガ故ニ又是一ノ實踐的契約ナリ之ヲ以テ當事者ノ間ニ如何ナル契約ヲ締結スルヿアリトモ一方ヨリハ物ヲ交付シ他ノ一方ヨリハ之ヲ受取レル後ニアラザレバ則チ其契約ニ基テ權利ヲ主張シ又ハ義務ヲ唱ヒラルヽコトアラサルナリ尤モ假令ヒ物ノ交付ヲ爲サヽル時ト雖圧物ノ引渡ヲ爲サンヿヲ要求シ又ハ引渡ヲ爲サント强ヒ得ルコトアルヘキモ是レ消費貸借ナル契約ヨリ生ズル所ノ効果ニハアラス此契約ヲ爲スベク結ベル契約ノ効力ニ過キザルモノナレバ此二者ハ之ヲ混同セザルヲ要スルナリ

此契約ハ一方ノモノニ其交付セル物ノ使用収益處分ヲ爲スコトヲ許スガ故ニ賣買ニ同ジク又是レ所有權獲得ノ一原由タリ之ヲ以テ借主ハ其借リタル

物ノ返還ヲ爲スヲ要セズ其借リタルト同種同量ノ物品ヲ返還スルニヨリ其負ヘル義務ヲ免カルヽ代リニ其借リタル物品カ天災地變其他不可抗力ノ爲メニ滅失スルコトアリトモ之ヲ理由トシテ其返還ヲ免カルヽコト能ハザルナリ

消費貸ヲ爲ス方法

第五百八十條　消費貸ハ債權者ヨリ又ハ債權者ノ計算ヲ以テ他人ヨリ債務者ニ又ハ債務者ノ計算ヲ以テ他人ニ之ヲ爲スコトヲ得

本條ハ前ニ說ク所ノ消費貸ノ性質ヲ知ラバ明瞭ナルベシ故ニ多言セズ

消費貸ト同視セラルヽモノ

第五百八十一條　債務者ノ計算ヲ以テスル前貸若クハ支拂又ハ定マリタル義務ノ引受ハ直接ノ契約ニ出ツルト其他雙方間ニ存在スル契約關係ニ出ツルトヲ問ハズ消費貸ニ同シ

前貸ノ解

後來始メテ負債トナリ又ハ決定スヘキ支拂ニ抵ルヘキ前拂ヒヲ前貸ト云フ

債務者ノ返還スベキ物

例ヘバ仲買人運送人等ニ於テ販賣其他ノ取引ノ爲メニ托セラレタル商品ヲ抵當トシテ自己ヨリ後ニナスヘキ支拂ノ前拂ヲ爲スカ如キ即チ之ナリ故ニ前貸ハ其稱呼ニ於テ同ジカラザル所アルモ之ヲ消費貸ト云ハザルベカラザルナリ然リ而シテ人ノ爲ニ義務ヲ引受ルカ又ハ人ニ代ハリテ支拂ヲ爲スガ如キハ其事實上ニ於テコソ稍々異ナル所アレ等シク其人ノ爲ニ義務ノ消滅ヲ爲サシムルモノナレバ人ガ消費貸ヲ爲シテ以テ義務ノ辨濟ヲ爲スト同一ナリ是レ乃チ本條ガ債務者ノ計算ヲ以テスル前貸其他ノモノヲ消費貸トセル所以ナリ

第五百八十二條　債務者ハ常ニ同種同量ノ物ヲ償還スル義務アリ但同種同量ノ償還ヲ爲スコトヲ得ス又ハ當事者ノ意思ニ依リテ爲スコトヲ要セサルトキハ此限ニアラズ

消費貸ナルモノハ他日同種同量ノ物ヲ返還スベキ約務ヲ一方ニ負ハシメテ

他ノ一方ノモノヨリ或物ノ引渡ヲナシ其使用收益處分ヲ許スモノナレバ債務者ニ於テ種類ヲ變シ又ハ量目ヲ更ムル能ハサルハ固ヨリ論ナシ然レ𪜈人ニハ不能ノコトヲナスノ義務ナク又法律ノ許ス範圍內ニ於テハ如何ナル契約ヲナスモ其自由ナレバ同種同量ノ物ヲ返還スルコト能ハザルカ或ハ然ラザルモ當事者ノ意思同種同量ノ物ヲ返還スルヿヲ要セザリシトキハ異種異量ノ物ト雖モ之ヲ返シテ義務ノ免脫ヲ得ルモノトス

明約ナキモ價額ヲ還シテ債務者ガ債務ヲ免カレ得ル場合

第五百八十三條　商品又ハ有價證券ノ消費借ニ付テハ債務者ハ別段ノ契約ナキトキ又ハ特定物ナルトキハ其領收ノ時ト地トニ於ケル價額ヲ償還スルコトヲ要ス

消費貸ノ牲質ハ前述ノ如クナルニヨリ特約ナクシテ特定物ナル時ニハ商品又ハ有價証券ノ消費貸ニ領收ノ時ト地トニ於ケル價額ヲ返シテ以テ其義務ヲ免カレシムル本條ノ規定ハ此ヲ消費貸ニ於ケル一例外ト云ハザルヘカラ

債務者カ支拂ラ爲スヘキ義務ヲ負フ信用証券ヲ付與スルニハ券面記載ノ滿額ヲ以テスルヲ要ス

ズ其理由ハ物品ヲ以テ返還スルトキニハ物品受授ノ媒介タル金錢ヲ以テスルヨリハ往々困難ナルコトアルニ因ルト云フ然レ𪜈余ハ商品又ハ有價証券ニ限リ特ニ他ノ物ヨリハ購求ニ難キノ理由ヲ見ザレバ本條ノ規定ハ其可ナルヲ認ムルコト能ハザルナリ

第五百八十四條　債務者ノ名ヲ記シタル信用證券又ハ債務者ノ計算ヲ以テ發行シタル信用證券ハ債務者其金額ヲ償還スル義務アルトキニ限リ債務者ニ於テ又ハ債務者ノ計算ヲ以テ之ヲ讓渡シ又ハ其他ノ方法ニテ之ヲ付與スルニハ券面記載ノ滿額ヲ以テスルコトヲ要ス之ニ違フトキハ其證券ヲ無効トス然レ𪜈割引ヲ爲スコトハ此カ爲メニ妨ケラルヽコトナシ

券面記載ノ金額ヨリ少ナク辨償セシムルコト即チ債權者ニ於テ其曾テ領得セルヨリハ多額ノ返還ヲ爲サシムルハ高利ヲ貪ボルモノナルカ故ニ此高利

貸ヲ禁止セント欲シテ此規定ヲ爲セル者ナレ圧余ハ高利貸ヲ禁スルノ正當ナル理由アルコトヲ認メサレハ本條ノ規定モ亦之レヲ正當ナリト云フヿ能ハザルナリ殊ニ高利貸ヲ禁セント欲シテ劵面記載ノ滿額ヲ償還セザルヘカラザルコトヽシナカラ前拂ノ利子タル割引ハ自由ニ之レヲ爲スコトヲ許シテ其額ニ制限ヲ設ケザルガ如キハ撞着ノ太タシキモノニアラザルカ余ハ立法者ノ心意如何ヲ知ルニ苦シマザルベカラズ

其債務者ニ於テ元金ノ償還ヲ爲ス義務ナキ時ニ劵面記載ノ金高ニ滿タザル額ヲ以テスルコトヲ許セルモノハ斯ル場合ニ於ケル負債ハ嚴ニ之レヲ言ヘバ元金ノ負擔ニアラズシテ年賦又ハ月賦ノ負債ト云ハザル可ラズ而シテ其代價ハ利子ノ額ノ多少ト支拂ヲ受クル危險ノ大小ニ因テ定マルベキモノナルニ因ルト云フニアルモ負債者ニ劵面上ニ記載セラレタル全金額ヲ償還スルニ非ザレバ利子ヲ拂フヿヲ止ムル能ハザル償還ノ義務ノ存在スル時ト異ナルコトアラザレバ是レ亦到底等シク矛盾ノ誹ヲ免カルヽコト能ハザルナ

流通スヘキ信用ヲ以テ消費貸ヲ為セルトキニ於ケル債權者ト債務者

債務者ハ消費借ヲ返サヽルヘカラズ

リ

第五百八十五條　裏書讓渡ス可キ信用證券其他流通スベキ信用證券ヲ以テ消費貸ヲナシタルトキハ右證券ニ債權者又ハ債務者トシテ記載セラレタル者ヲ以テ債權者又ハ債務者ト見做ス

故ニ其取引ニ銀行其他ノ媒介者カ之レニ參與スルコトアリトモ此等ノモノハ其ノ然ラザル反證ノ擧カルマデハ之レヲ債務者トモ債權者トモ認メラルルコトハアラサルナリ

第五百八十六條　債務者ハ明示ノ契約ナキモ其消費借ヲ償還スル義務アリ但反對カ當事者ノ意思又ハ其取引ノ性質ニ依リテ推知スルコトヲ得ヘキトキハ此限ニアラズ

消費貸ハ他日同種同量ノ物ヲ返スベキノ約務ヲ負フテ或物ノ所有權ヲ得ル

債務者ノ有スル物ノ返還ノ義務ハ豫メ契約ニテ奪フヲ得ズ

モノタレハ明約ナキモ返還ヲ爲サヽルベカラサルハ固ヨリ論ヲ待タズ然レ𪜈時ニ或ハ利子ヲ拂フノミニシテ元資ノ返還ヲ爲スコトヲ要セザルモノナキニアラザレバ斯ル場合ニ於テハ之ヲ返スニ及バザルモノトス但シ返還スルコトヲ要セザル場合ノ如キハ世間稀レニ見ルニ過キザレバ消費貸ノ償還セザル可ラザルモノナルガ如クニ容易ニ推測スルヲ得ザルノミ

第五百八十七條　債務者ガ約定ノ豫告又ハ相當ノ豫告ノ後何時ニテモ消費借ヲ償還スル權利ハ豫メ契約ヲ以テ之ヲ奪フコトヲ得ス然レ𪜈別段ノ契約ナキトキハ債務ノ主タルモノ及ビ從タルモノヲ割引ナク一回ニ償還スルニ非ザレバ債權者之ヲ領收スルコトヲ要セズ

義務ハ資產ノ消極ノ部ニ屬シ人ノ信用ノ上ニ害アルノミナラズ其行爲ノ上ニ拘束ヲ加フルコト少ナカラザル者ナレバ不時ニ債務ヲ返還シテ債主ヲノ

無期ノ消費借ノ場合ニ債務者ノ有スル物ノ返還ヲ爲シ得ル權利

其利用ノ途ニ窮セシムルガ如キハ之ヲ許スベキニアラザルモ約定期日アラザルトキニハ相當ノ期日前ニ豫シメ告知ヲ爲セル上ハ何時ニテモ償還シテ以テ義務ノ羈束ヲ免カルヽノ權利ハ縱令ヒ契約ニ出ツルモ債務者ニ之ヲ失ハシムベカラザルナリ否ラズンハ債務者ハ永久奴隷ノ地位ニ沈淪シ復タ浮ムコトアラザルベシ是レ實ニ公利公益ニ害アリ故ニ本條ノ制限アルナリ若シ夫レ分割シテ爲ス償還ヲ債主ニ於テ承諾スル義務ナキ所以ハ義務ノ履行ニ關スル第三百五條ノ原則ヲ適用セルニ過キザレバ別ニ之ヲ贅セズ

第五百八十八條　無期ノ消費借ニ於テハ債務者ハ相當ノ豫告ノ後何時ニテモ之ヲ償還スルコトヲ得然ドモ債權者ハ相當ノ豫告ノ後ニシテ且惡意ナキトキニ非レバ其償還ヲ求ムルコトヲ得ス

償還期ノコトニ就テ何等ノ規定モ之レナキトキハ債主ニ於テモ負債主ニ於テモ何時ニテモ其欲スル時ニ其償還ヲ要メ又ハ償還ヲ爲スヲ得ルハ法理ナ

期間ヲ定メテノミ約シ得ル償還ノ義務

リ故ニ豫告ヲ爲セル後ニアラザレバ償還ヲ要メ又ハ償還スルコト能ハズト爲セル本條ノ規定ハ此原則ヲ屈撓セルモノト言ハザルベカラズ其理由ハ不時ニ返還スルコトアルニ於テハ債主ハ之レヲ利用スルノ途ヲ得サルニ困シミ負債主ハ又其準備ナキニ苦シムニ因ルナリ而シテ債主ノ償還ヲ求ムル場合ニ於テハ債務者ニ悪意ナキヲ要スル所以ハ償還ヲ求ムル場合ハ不意ニ償還セラレテ之ヲ利用スルノ途ヲ得サルニ困シムヨリハ一層切ニ且ツ大ナレバナリ

第五百八十九條　第五百八十五條ノ場合ニ於テハ償還ノ義務ハ期間ヲ定メテノミ之ヲ約定スルコトヲ得

第五百八十五條ノ場合トハ流通スベキ信用証券ヲ以テ消費貸ヲ爲セル場合ヲ指ス此場合ニ於テ償還ノ義務ニ期間ヲ設ケサルベカラサルモノト爲セルモノハ此等ノ信用証券ハ流通セラルベキモノナルニ倚シ義務ヲ盡スベキ日ノ明カニ記シアラサルニ於テハ償還義務ハ其依ル所ヲ失ヒ債主ハ負債主ノ

反對ノ契約アルニ拘ハラズ元債ノ償還ヲ期限前ニ請求シ得ル場合

放恣ナル遁辭ニ苦シムヿアルベク負債主ハ債主ノ酷薄ナル抑制ニ遭フヿアルベク紛擾錯亂ヲ來スヿヲ免カレザルベキカ故ニ之ヲ以テ苟シクモ其償還ノ期日ヲ知ルヿヲ得レバ即チ必ラズシモ何月幾日ト明記セラルルヿヲ要セザルナリ

第五百九十條　元債ノ償還ハ若シ債務者カ契約上負擔シタル利息ノ支拂ヲ二期以上遲延シ又ハ支拂停止トナリ又ハ資産上切迫ナル情況ニ至リタルトキハ反對ノ契約アルニ拘ラス約定期間ノ滿了前ニ之ヲ求ムルコトヲ得

債主ノ消費貸ヲ為セルモノハ利子ヲ得ント欲スルコト多キニ居ル縱令ヒ然ラザルコトアリトモ債務者ニ於テ二回以上ノ利子ノ支拂ヲ怠リ以テ義務ヲ盡サヾルニ債主ヲシテ約ヲ守ラシメ又債務者カ債務ヲ盡スコト能ハザルカ如キ危險ナル地位ニ至ルモ期限ノ至ラサル故ヲ以テ要求ヲ為サシメズ以テ

契約關係ニ準シテノミ債權ヲ主張シ得ル場合

元資ヲ擧テ失ハシムルカ如キハ甚タ酷ナリ且債主ノ債務者ニ期間ヲ與ヘタルモノハ其約務ヲ履踐シ得ベキヲ信セシニ因ル果シテ然ラハ其先キニ期セサリシ他ノ原因ノ爲ニ債務者ノ地位ニ變動ヲ來シテ約務ヲ盡シ得サルニ至レルトキハ之レニ要求ヲ爲スコトヲ得セシムルモ決シテ之ヲ不當ナリト爲スコト能ハザルナリ

第五百九十一條　第五百八十一條ノ場合ニ於テハ債權者ト債務者トノ間ニ存スル契約關係ニ準據シテノミ債權ヲ主張スルコトヲ得

是レ此等ノ場合ニ於テハ消費貸ト見做サルヽ債權債務ノ關係ハ之ヲ生ゼシメタル契約關係ニ基本ヲ發スル者ニシテ而シテ其契約ハ當事者雙方ノ間ニ在リテハ守ラザルヘカラザル法律タレバナリ

原則上凡ヘテ消費貸ニハ利子ヲ要ムルヲ

第五百九十二條　總テ消費貸又ハ他人ノ爲ニスル資本ノ交付若クハ使用ニ付テハ取引ノ性質ニ依リ定リタ

得

ル慣習上ノ利息ヲ求ムルコトヲ得但明示ノ契約又ハ前條ノ規定ニ反スルトキハ此限ニアラズ

是資本ニハ利子ヲ生スベキ性質即チ殖産ノ力アリテ商業上ニ資本ヲ使用スルハ必ズ利殖ノ爲メニスルモノナリト云フ商法上ノ原則ヨリシテ自然ニ流出スル結果ナリ商業上ニ在テハ人ノ爲メニ支出ヲ爲セルモノハ自ラ之ヲ使用シテ以テ得ヘキ利益ヲ失ヒ又支出セラレシモノハ自己ノ手裡ヨリ支出ヲ爲シテ以テ資本ヲ消極的ニ使用スルコトヲ免カルヽニヨリ己レノ爲メニ支出ヲ爲セルモノニハ其取引ノ性質ニ適スル報酬ヲ爲サヾルベカラザルナリ否ラザレバ他人ヲ損シテ自ラ富ムニ至ルベシ是レ甚タ不正ノ事タレバ之レヲ許スベカラズ

重利ヲ要メ得ル場合

第五百九十三條　滿期トナリタル利息カ差引殘額ノ計算若クハ其他ノ清算ニ因リ又ハ特別ノ契約ニ因リテ元債ニ組入レラレタルトキハ其利息ノ利息ヲ求ムルコ

利子ノ受取ヲ推定スル場合

トヲ得

利子ハ資本ノ使用ニ報フルモノナレバ利子ヨリ利子ヲ生シ得ベカラサルモ本條ニ規定セル場合ノ如キハ利子ハ元債ノ中ニ組入ラレシモノナルカ故ニ之レヲ利子ト呼ブハ不當ナラズ新タニ資本ヲ交付セルト異ナルコトナキ故ニ他ノ資本ト同シク利子ヲ生セサルベカラズ

第五百九十四條　元債全額ノ償還ニ對スル單一ナル受取證書ハ其利息ヲモ併セタル受取證書ト看做ス

凡ソ人ノ辨濟ヲ受クルヤ先ヅ之ヲ利息ニ充テ其殘レルモノヲ元債ノ償還ニ充ツルモノナルガ故ニ利息ノ單一ナル受取ハ元債ノ受取ヲ含マズト雖元債ノ單一ナル受取ハ利子ヲモ併セテ之ヲ領收シ其有セル要求ノ權利カ悉皆消滅シ盡セルコトヲ自白セルモノト云ハザルベカラズ之ヲ以テ利子ヲ受取ルノ權利ヲ留保セント欲スルモノハ其意ヲ受取書中ニ明示セサルベカラズ

任意ニ支拂ヒタル利子ハ取戻スヲ許サズ

債權者ガ償還ヲ求メ得ル種々ノ方法及ヒ

第五百九十五條　任意ニ支拂ヒタル利息ハ其償還ヲ求ムルコトヲ得ズ

明カニ約セザルモ負債主ニ於テ利子ヲ支拂ヒ債主ノ之ヲ受領セルトキハ法律ニ於テハ之ヲ認メテ以テ双方ノ間ニ爲サレタル暗默ノ合意ヲ執行セルモノト推定ス故ニ後ニ一方ノモノヽ意思ニヨリテ回收スルコトヲ許スベカラズ乃チ本條ノ規定アル所以ナリ然レ𪜈又本條ハ利子ニ付キ明約ナキ時ニハ利子ノ支拂ヒヲ爲スベキ自然義務ナルモノアリテ負償主ニ存ス（何者、人ノ資本、殊ニ人ノ商業上ニ使用スル資本ハ謂ハレナク無償ニ之レヲ使用ス可ラザレバナリ）故ニ若シ其任意ニ出デテ利子ノ支拂ヲ爲セルトキニハ其取戻シヲ爲スヿヲ許サヽルナリ（民法財産取得篇第百八十六條）トノ理由ヲ以テモ説明スルヲ得ベシ兩説何レヲ採ルモ余ハ讀者ノ好ム所ニ任ス

第五百九十六條　債權者ハ直接ノ償還ヲ受クルニ換ヘ主タルモノ及ヒ從タルモノヲ併セタル債務ノ額ニ滿

債務者ノ債務ノ支拂ヲ爲シ得ル種々ノ方法

ルマテ自己ノ計算ヲ以テ他人ニ支拂ヲナシ又ハ手形若クハ支拂手形ノ引受若クハ支拂ヲ爲シ又ハ其他債務ノ擔任ヲ爲スヘキコトヲ債務者ニ對シテ求ムルコトヲ得又債務者ハ債權者ニ對シ第五百八十一條ニ準據シテ計算セシムルヿヲ得

債主ハ債務者ノ義務ノ程度ヲ加重セサルノ範圍內ニ於テハ債務ノ履行ニ關スル凡テノ事項ハ之ヲ定ムルコト自由ナルベキモノナルカ故ニ自己ニ支拂ヲ爲サシムルニ代ヘテ他ニ支拂ヲ爲サシメ又ハ手形或ハ支拂手形ノ引受ケ若シクハ支拂ヲ爲サシメ又ハ其義務ノ擔任ヲ爲サシムルコトヲ要メ得ザルヘカラズ是レ即チ本條前半ノ規定ノ因リテ起レル所以ナリ而ソ人ハ契約又ハ契約關係ニ依ルニ於テハ人ノ爲メニ前貸ヲナシ又ハ支拂ヲナシ或ヒハ又定マレル義務ノ引受ケヲ爲スヿハ法理ノ許ス所ナルカ故ニ（第五百八十一條）負擔主モ亦債主ノ明暗何レカノ承諾ヲ得ルニ於テハ第五百八十一條

與信用ノ約束ハ取消サヽル間ハ有効ナリ

ニ列記セル種々ノ方法ニヨリテ其債務ヲ濟了スルヲ得ザル可ラズ

第二節　信用約束

第五百九十七條　信用ヲ與フル約束ハ之ヲ取消サヽル間ハ他ノ契約ノ附從トシテモ獨立ノ約束トシテモ其効力ヲ有ス

信用約束トハ信用ヲ與フルノ豫約ニシテ消費貸借ト同シカラズ夫レ消費貸借ナルモノハ其契約アルヤ雙方間ニ權利義務ノ關係起リテ其効果ハ現在ニ屬スルモ信用約束ナルモノハ一方ニ權利ノミ起リテ義務ナルモノ生スルヿナシ此點ヨリ觀ルトキハ信用約束ハ隨意的ニ且ツ將來ニ其効果ヲ現ハスモノニシテ普通ノ契約ト大ニ其趣ヲ異ニスル所アリテ存ス何故ニ一方ニ權利ノミアリテ義務ナシト云フ乎信用約束ニ在テハ受信用者ハ其信用ヲ約束ニ依リテ使用スルノ權利アルモ之ヲ使用スルノ義務アルモノニアラズ又他ノ一面ヨリ之ヲ見ルトキハ與信用者ニ於テモ亦時トシテハ之ヲ取消スヿヲ得ル

モノニシテ信用ヲ受ケタルモノヽ承諾ヲ要セサルモノナリ然レ圧他ノ契約ノ一部分トシテ信用約束ヲナストキハ與信用者一方ニ於テ隨意ニ之ヲ取消スヿヲ得ズシテ其契約ノ成立スルニ從ヒ其信用約束モ亦付從シテ存在セサルベカラズ例令ハ物件賣買ノ代價トシテ其價額ヲ限度トシ賣主ニ對シテ信用ヲ付與シタル圧ノ如キ即チ是ナリ

信用約束ヲ取消スヿ能ハサル場合

第五百九十八條　債務ノ支拂ヒ若クハ保證ノ爲メ或ル額ニ付債權者ニ信用約束ヲ爲シタル明約又ハ情況アル圧ハ其約束ハ之ヲ取消スヿヲ得ズ

信用約束ナルモノハ多少ノ理由存スル圧ハ與信用者ノミノ意思ヲ以テ取消スヿヲ得ヘキモノタルヿハ前條ニ一言セシト雖ヽ本條ハ之ヲ取消スヘカラザル場合ヲ定メタルモノナリ即チ本條ニ言ヘル如ク債務支拂若クハ保證ノ爲ニ或ル額ニ付キ債權者ニ信用約束ヲナシタル圧ハ其本契約ニ〆成立セル以上ハ其信用約束ハ決シテ之ヲ取消スヿヲ得サルモノトス

或額ニ付キ引受ケタル獨立ノ信用約束ヲ取消シ得ル場合

例ヘハ甲者乙者ニ對シテ千圓ノ負債アル片甲者乙者ニ對スル負債支拂ノ爲メ丙ナル者ヲシテ其支拂ニ任セシムルコトヲ約束シタル片ノ如キ甲者ハ其信用ヲ與ヘ乙者ニ對シテ負債償却ノ用ニ充ツルノ趣旨ニ出ルヲ以テ甲者ハ其隨意ヲ以テ之ヲ取消スヿヲ得サルモノトス又其丙者ニ於テ甲者ノ爲メ乙者ニ對シテ信用約束ヲ爲シタル片ハ其約束ハ負債保証ノ爲ニナシタルモノナレハ其主タル契約ノ有効ナル間ハ其約束モ亦之ヲ取消シ得ザルハ論ナキナリ

第五百九十九條　或ル額ニ付引受ケタル獨立ノ約束ハ受信用者カ其約束ニ對シ負擔シタル義務ヲ履行セズ又ハ支拂停止トナリ又ハ取引上切迫ナル情況ニ至リ且與信用者ノ爲メ十分ナル引當若クハ擔保ノ備ナハラザル片ニ限リ之ヲ取消スヿヲ得

信用約束ハ多クハ双方間ノ取引上ヨリシテ幾許ノ報酬ニ對シテ之ヲナスモ

ノナルヲ以テ其信用者ニシテ取引上甚タ困迫セル片又ハ充分ナル引當若クハ擔保アラザル與信用者ニ於テ資本ヲ失フノ危險アリ故ニ此場合ニハ其約束ヲ取消スヿヲ得ルモノトス何トナレバ受信用者ノ資力ハ此權利ヲ起生セシメタルモノナルニ今ハ消滅ニ屬シタレバナリ

信用約束ヲ爲シ得ル種々ノ方法

第六百條　信用約束ハ額ヲ定ムルモ定メザルモ有期ニテモ無期ニテモ條件付ニテモ無條件ニテモ人ヲ特定シテモ指圖式ニテモ之ヲ爲スヿヲ得

本條ハ信用約束ノ種々ノ體様ヲ以テ爲シ得ルヿヲ定メタルニ過キズシテ要ハ取引上ノ圓滑活潑ナランヿヲ欲セルニ在リトス

相互ノ信用約束ハ双務契約ノ原則ニ服從ス

第六百一條　相互ノ信用約束ハ双務契約ノ原則ニ從ヒ各當事者ヲ羈束ス然レモ第五百九十九條ノ場合ニ於テハ其約束ヲ取消スヿヲ得

本條ハ相互ヒニ信用ノ約束ヲ爲シタル片ハ普通双務契約ノ原則ニ原ツキ一

信用約束ノ存在ヲ法律ノ推定スル場合

方ノ隨意ヲ以テ取消スヿヲ得サル旨ヲ明ニス然レ圧第五百九十九條ニ規定シタル場合ニハ其約束ハ取消シ得ヘキモノトセザルヘカラズ何トナレバ此場合ニ於テハ信用約束ハ其因テ成立セル原因ヲ失フヲ以テナリ結果ハ原因ニ後レテ存スルヲ得ズトノ格言ハ能ク此規定ノ正當ナルヲ明スモノナリ

第六百二條　寄託物其他ノ金額又ハ有價物ヲ交互計算ニ於テ領收シタルトキハ信用ノ處分シ得ヘキ額ヲ限トシテ默示ノ信用約束ヲ爲シタルト看做ス

本條ハ默示ノ信用約束アリト看做ス場合ヲ定メタルモノニシテ深ク說明スルノ要アルヿナシ今夫レ物件ヲ寄託シ又ハ交互計算ヲ以テ金額又ハ有價物ヲ交付シタル者ハ此等物件若クハ金額其他ノ有價物ニ付テハ其有價ノ限度ニ於テ自己ノ利益上處分スルヿヲ得ヘキモノナレハ自カラ此二者間ニ約束ノアルヿヲ推測シ得ヘケレバナリ

信用約束ニ付

第六百三條　信用約束ニ付テノ利息又ハ手數料ハ疑ハ

テノ利息又ハ手數料ノ疑ハシキ場合ニ處スルノ規定

支拂手形又ハ信用約束ヲ爲シタルトキニ履行ノ責ヲ負フモノ

シキ場合ニ於テハ其約束ニ依リ現ニ與ヘタル信用ノ割合ニ應シテノミ之ヲ求ムルヿヲ得

信用ヲ與フル契約ハ將來ニ關スルモノニシテ現實ノ信用ニアラズ故ニ其信用ヲ要求セサル間ハ其利子又ハ手數料ニ付キ明約ナク又ハ約束ノ旨趣ニ於テ明瞭ナラサルトキハ信用其ノ物ノ額ニ準シテ利子及手數料ヲ要ムヘキナリ

第六百四條　支拂手形又ハ信用証券ヲ以テ信用約束ヲナシタルトキハ其發行人ハ信用者ニ對シテ履行ノ責ヲ負ヒ且自己ノ計算ヲ以テ其履行ヲナスモノトス然レトモ其支拂手形又ハ信用証券ニ對スル第三者ノ引受ハ之ヲ新ナル信用約束ト見做ス

本條ハ與信用者其約束ノ履行ヲ別人ニ委托シ而シテ尚ホ受信用者ト直接ニ關係ヲ有スル場合ヲ定メタルモノニシテ若シ其別人ニシテ支拂ヲナサヾル

他人ノ委託ヲ受ケテ信用約束ヲ為セル𪜈

𪜈ハ受信用者ニ向テ元利金ノ負債者タルヿヲ免カレサルナリ即チ支拂手形又ハ信用證券ヲ以テ此約束ヲ為シタル時是ナリ而シテ本條然レ𪜈ノ字以下ハ受信用者其支拂手形又ハ信用證券ニ依リ支拂ヲ為スヘキ者ニ對シテ其金額ヲ支拂ハシムル義務ヲ負ハシメタル場合ヲ定メタルモノニシテ更ラニ其間ニ信用約束ノ成レルモノト看做セルナリ何トナレハ受信用者第三者ヲシテ支拂ノ義務ヲ負ハシムルヿハ更ラニ新タナル承諾ヲ要スレハナリ

第六百五條　他人ノ委託ヲ受ケテ信用約束ヲ為シタル𪜈ハ其委託者ヲ受信用者ノ保証人ト看做ス

本條ハ委托ヲ受ケテ信用約束ヲナシタル場合ヲ定メタルモノニシテ此場合ハ其約束ハ委托ヲ受ケタルモノト受信用者トノ間ニ關係ヲ生スルモノトス然レ𪜈是レ素ト委托ニ出タルモノナレハ與信用者ハ委託ヲナシタルモノニ對シテ損害賠償ヲ要求スルヿヲ得ルモノトス法律ハ此委託者ヲ以テ其信用ヲ消還スルニ付テノ保證人ト看做セリ

與信用ノ爲メニ人ヲ紹介セル者ノ責任

第六百六條　或ル額ニ付キ與信用ノ爲ニ人ヲ紹介スルハ之ヲ信用委托ト看做ス但其紹介ヲ留保ナクシテ爲シタルトキニ限ル

普通民事ノ場合ニ於テハ眞ニ義務ヲ負ハントノ意思ノ存スルトキニアラサレハ人ヲ紹介セルノミヲ以テハ義務ヲ負フヿヲ推測スルヿナシト雖商取引上ニ於テハ他ニ其紹介ニ付制限ヲナサザルトキハ取引上ノ意ヨリシテ有効ナル依託ヲナシタルモノト看做ス商事ト民事トノ間ニ如斯差違アルヲ見ル所以ノモノハ商事ハ迅速ト簡易トヲ以テ其骨髓トシ信用ヲ維持シ之ヲ擴張スルヲ以テ其精神トスルガ故ニ義務ノ負擔ニ關シテ容易ニ推測ヲ下シ以テ取引ノ圓滑ナランヿヲ欲セルニ由ルナリ

第三節　寄託

寄託ノ義解

人アリ他人ニ動産物ノ交附ヲ爲シ其交附ヲ受ケタルモノハ之レヲ保管シ何時ニテモ要メラレ次第ニ返還スベキ義務ヲ負フヘキコトヲ諾スルトキハ其

寄託ト消費貸トノ差異

雙方ノ間ニ成レル關係ヲ稱シテ寄託契約ト云フ本節ニ規定スルモノ即ハチ是レナリ此契約ハ交附ヲ待テ始メテ成ル故ニ實踐的契約ノ一タレバ其ノ目的物ハ常ニ必ス動產物タラサルベカラズ何トナレバ不動產ハ之ヲ移動スベカラザルヲ以テ其本性トスルカ故ニ交附セント欲スルモ之ヲ行フコト能ハサレバナリ

此契約ノ消費貸ト異ナルノ點ハ一ハ物ノ扞護保管ノ爲ニ人ニ交附スル者ナルモ一ハ之ヲ消耗セシムヘク引渡スモノナレハ其目的ニ於テ大差異アリト云フベシ此差異アルガ爲メニ其結果ニ重大ナル相違ヲ來ス蓋シ消費貸ニ於テハ消費貸ナル名稱自身カ之ヲ言顯ス如ク其引渡セル物品ノ消費ヲ許スカ故ニ債權者ハ其引渡シタルモノノ返還ヲ要ムルヿ能ハズ債務者ハ引渡サレタル物品ト種類及分量ヲ等フスルニ於テハ他ノ種類ヲ返還スルニヨリ其債務ヲ免カルヽト雖モ寄託契約ニ在リテハ物ノ保管ヲ爲サシムルカ爲ニ一人ヨリ他ノ一人ニ物ノ交附ヲナス者ナレハ受託者ハ其物ノ消費ヲ爲スヿ能ハ

ズ縦令ヒ交附サレタル物品ヲ返還セザルベカラサルモ消費貸ニ於テハ其物ニシテ天災地變其他抗拒スヘカラサル力ノ爲メニ滅失毀損セルトキモ仍ホ其損失ヲ已レニ負擔セサルベカラズ而シテ寄託ノ塲合ニ於テハ或ル例外ノ規定アリテ存セサル上ハ斯ル塲合ニ於テハ其責任ヲ負フヿヲ要セザル也

寄託ヲ信用ノ章中ニ規定セル理由

消費貸ト寄託トノ間ニ於テ右ノ如キ差異アリテ存セリトセバ寄託ハ之ヲ信用ノ語中ニ入ルヘキモノニアラズシテ他人ノ爲メニ勞力ヲ借スヘキ義務ヲ負フ尋常一般ノ契約ニ過キザルモノナルコトヲ發見スルナルヘシ然リト雖モ寄託契約ハ民法ノ中ニ規定スルモノト雖モ單一ナル應爲的義務ヲ生ズルニ止メズ貸借契約ト同視スヘキ變態的寄託ノ存スルコトヲ認メリ商法ニ於テハ其擴張一層甚シク殆ント常ニ之ヲ貸借ト同視シ眞ノ寄託トスルハ却テ例外ノ如キ觀アリ故ニ之ヲ信用ノ章中ニ規定スルモ强チ之ヲ不當ナリト云フヘカラサルナリ

他人ノ物ヲ領

第六百七條　他人ノ物ヲ貯藏ノ爲メ領收シタルモノハ

受セル受托者ノ爲スヘキ注意ノ程度

同上

自己ノ所有物ニ付テ爲スト同一ノ注意ヲ加ヘテ寄託者ニ還附スルノ責任アリ

第六百八條　他人ノ物ノ貯藏ノ爲メ報酬ヲ受クル者又ハ其貯藏ニ付キ明示シテ責任ヲ負擔スル者又ハ其物ノ貯藏若クハ管理ヲ以テ營業ト爲ス者又ハ自己ノ營業ニ因リテ他人ノ物ノ寄托ヲ受クル者ハ寄托者ニシテ至重ノ注意ヲ爲ス義務ヲ負フ

讀者ハ此二條ヲ對比シ視ルトキハ前條ト後條ノ間ニ於テ受託者ノ責任ニ輕重ノ差異アルコトヲ知ルヲ得ン其レ此ノ如キ差異アル所以ノモノハ後條ノ塲合ニ於テハ受託者ニ於テ或ハ報酬ヲ受ルカ或ハ好ンテ重キ約務ヲ負フカ或ハ又自己ノ利益ノ爲ニ受託ヲ爲セルモノナルカ故ニ其負フ所ノ義務モ重カラシメザルヲ得ザルモ前條ノ塲合ニ在リテハ事全ク之ニ反スルカ故ニ自己ノ物ニ付キ用フル所ノ注意ノ度ヨリモ實ニ重キ注意ヲ用ヰシムルガ如キ

他人ヲ自家ニ引受クル營業者ノ客ノ持込物ニ付テノ責任

ハ苛酷ニ失スル所アルニ由ルナリ

第六百九條　旅店主飲食店主浴湯營業者其他他人ヲ自家ニ引受クル營業者ハ客ノ持込ミテ此等ノ者ノ方ニ置キタル物ニ關シテハ其喪失又ハ損害ニ付キ責任ヲ負フ此責任ハ無責任ノ告示ヲ爲スモ客ニ自身ノ注意ヲ促カスモ又此等ノ者又ハ使用人ノ過失アルトキハ契約ヲ以テモ之ヲ免カルヽコトヲ得ス大金及ヒ特ニ貴重ナル物ハ之ヲ明告シテ特別ナル貯藏ノ爲メ交附スルコトヲ要ス

旅店飲食店其他凡ベテ人ヲ自家ニ引受クル營業者カ客ノ持込ミテ此等ノ者ノ方ニ置キタル物ニ關シテ其滅失毀損等ノ責ヲ負フ所以ノモノハ其人ノ此等ノ者ノ方ニ至ル時ニハ一物ヲモ持タズニ行クコト能ハズ而シテ人ハ此等ノ者ノ方ニ在リナカラ其持行キタル物品ニ付キ扞護ヲ爲スハ甚タ難ク殊ニ

他ノ一方ニ在リテハ旅客其他客ノ安靜ヲ保ツガ爲メニハ此等營業者ニ物ノ扞護ヲ爲スベキ重キ責任ヲ負ハシメ以テ客ノ物品ノ保存ニ注意セシムルハ世ノ公益ニ關係スルコ大ナルニ出ル故ニ此等ノ營業者ガ自ラ責任ヲ負ハザルノ掲示ヲ爲スモ又ハ客ニ自身ノ注意ヲ促カスモ其レヲシテ責任ヲ免カレシムベキニアラザルナリ何者前者ノ場合ニ在リテハ世ニ文字ヲ解スル能ハサルノ徒頗フル多キガ故ニ掲示ノ意ヲ知ラサルモノアルベク又文字ヲ知ル徒ト雖モ之レニ氣ノ附ガサルコアルノミナラズ法律ガ公益ノ爲メ客ノ利益ヲ保護スル必要ヲ感ジテ本條ニ含ム所ノ營業者ニ負ハセタル義務ハ營業者自己ノミノ意思ニテ免カレ得ベキニアラザレバナリ

然レバ即チ旅店主飲食店主又ハ此等ノ者ニ使用セラルル者ガ其過失ニ出デテ爲セルノ所爲ハ契約ヲ以テスルモ之レガ責任ヲ免カレ得ザルモノト爲セルハ何ノ理ソ是レ亦一ニ客ノ利益ヲ保護センカ爲メノ旨趣ニ出デタルノミ蓋シ如此契約ヲシテ其効アラシムルヘキハ他ニ競爭者ノ存セサル場合等

ニ於テハ旅店主又ハ浴塲營業者等ハ皆ナ如是契約ヲ客ノ爲サンコヲ要求スベク之ヲ諾セサレバ其入リ來ルコヲ謝絶スベク客ハ必要ニ迫マラルヽノ故ヲ以テ其不利益ナル契約モ不得止之レヲ承知スルナルヘシ然ルトキハ此等ノ營業者又ハ使用人等ハ客ノ持來レル物品ニ就キ毫モ注意ヲ爲サヽルニ至ルベクシテ旅客其他此等營業者ノ方ニ入リ來ル人ハ甚ダシキ迷惑ヲ感スベケレハナリ

受託者カ寄託者ニ對シテ有フルコアルヘキ權利

第六百十條　委托者ハ契約ニ從ヒ又他人ノ物ノ貯藏又ハ管理ヲ營業トスルトキハ契約ナシト雖モ受托料ヲ求ムルコヲ得又總テノ場合ニ於テ必要ナル立替金ノ賠償及寄託者ノ過失ニ因リテ被フリタル損害ノ賠償ヲ求ムルコトヲ得

受託者ハ其債權ノ爲メ寄托物ニ對シテ留置權ヲ有ス

是レ寄託ハ普通ニ利益ノ爲ニ爲ス所ノ營業ナルニヨル

寄託者ノ有スル寄託物取戻ノ權利

受託物返還ニ就テ受託者ノ有スル權義

第六百十一條　寄託物ハ有期ト無期トヲ問ハズ第六百十七條ノ塲合ヲ除クノ外ハ豫告ナクシテ何時ナリ𪜈其還附ヲ求ムルヿヲ得

寄託ハ寄託者ノ利益ノ爲ニ爲ス所ノ契約ナルカ故ニ之ニ設ケラレタル期限ハ寄託者ノ爲メニ設ケラレタルモノト云サル可ラズ而シテ人ハ其有スル利益ヲ擲棄スルコト自由ナレバ別ニ豫告ヲ爲スコトナシニ寄託物件ノ返還ヲ求ムルノ權ハ寄託者ニ存セサルヘカラサルナリ

第六百十二條　無期ノ寄託物ハ何時ニテモ受託者之ヲ還附スルコトヲ得但相當又ハ約定ノ豫告期間ニ從フコトヲ要ス

寄託物ヲ返還スルコトニ付キ別ニ期限ノ約定アラザルトキハ何時ニテモ返還ヲ爲シ得ルハ法理ナリト雖𪜈若シ不意ニ物件ノ返還ヲ爲サルヽ片ハ其置處ニ窮スルコトナシトセズ故ニ相當又ハ約定ノ豫告期間ヲ經シ後ニアラザ

數人共同シテ物ノ寄託ヲ爲セル時ニ當事者ノ有スル權利

レバ物ノ返還ヲ爲スコト能ハズトスルハ決シテ不當ニアラザルベシ人或ハ寄託者ニハ豫告期間ヲ守ルノ義務ナキニ受托者ノミ此義務アルコトヲ訝カルモノアラン然レトモ此差異ハ此契約ノ性質ヨリシテ自然ニ生スルモノニシテ此契約ガ寄託者ノ利益ノ爲メニ爲サルヽモノナルト不意ニ物ノ返還ヲ爲サルヽトキハ寄託者ニ於テ其處置ニ窮スルコトナキヲ保セザルモ不意ニ物ノ返還ヲ要メラレシトテ受託者ニ於テ差支ヲ生スベキコトアルヿナキニ由ルナリ

第六百十三條　物ヲ二人以上共同シテ寄託シタル場合ニ於テ別段ノ契約ナキトキハ各人ヨリ其物ノ還附ヲ求メ又各人ニ之ヲ還附スルコトヲ得

二人以上共同シテ一物ノ寄托ヲ爲シ而シテ返還ヲ受クベキ者ヲ定メザルトキハ其各人ハ皆同等ノ地位ニ在ルモノト謂ハザル可ラザレハ其中ノ一人返還ヲ要メシメ又ハ返還ヲ受ケシムルハ可ナラザルカ如シト雖𪜈併シ一物ハ同

寄託物ヨリ生スル果實ノ屬スル人

物ノ種類ノミヲ定メ數量ヲ以テ寄託セル場合ニ於テ寄託者ノ有スル還付ヲ求ムルノ權利

時ニ之ヲ數人ニ返還スルコト能ハザレバ受託者ヲシテ何レカ其中ノ一人ニ返還ヲ爲スニヨリ義務ヲ免カルヽコトヲ得セシメサル可ラザルナリ

第六百十四條　寄託中寄託物ヨリ生スル果實又ハ利益ハ別段ノ契約アルニ非レバ寄託者ニ屬ス

是レ從ノ主ニ從フベキ動ス可ラザル法理ノ大則ナルニヨリ果實又ハ利益ハ其果實又ハ利益ヲ生セシメタル物ノ所有者ニ屬スルナリ

第六百十五條　物ノ種類ノミヲ定メ數量ヲ以テノミ還附ヲ求ムルコトヲ得但物ノ性質ニ於テ特定物ト看做ス可キトキハ此限ニアラズ

特定物ヲ寄託セル場合ニ在リテハ當事者ノ意、單ニ其物ニノミ限ラルヽカ故ニ他物ヲ以テ返還スルヿ能ハザルモ物ノ種類ノミヲ定メ數量ヲ以テ寄託ヲナセルトキハ其主眼トスル所ハ種類ト數量トニノミ存スルモノト言ハザル可ラザレバ此場合ニ數量ヲ減シ種類ヲ變スルヿ能ハザレドモ數量ト種類ト

ニメ寄托セラレタルトキニ異ナルコトナケレバ寄托物ニ於テ不服ヲ唱フヘカラザルナリ

米麥其他此ノ如キ數量物ヲ數多ノ者ヨリ預ルヲ以テ其業トスルモノニ在リテハ人ヲ異ニスルニヨリ一々物ニ符號ヲ付シ返還ヲ求メラルヽトキニ其記セラレタルモノヲ返スカ如キハ甚タ煩雜ニ耐エザルベケレバ此際同種類ノ同數量ヲ返還スルヲ許スハ甚タ必要ナルコトトス

数人ノ寄託者ノ代替物ガ互ヒニ混淆セルトキニ其各寄託者ノ有スル權利義務

第六百十六條　二人以上ノ寄託者ノ代替物カ互ニ混合シタルトキハ各寄託者ハ其寄託シタル數量ノ割合ニ應シテ混合物ノ共有者ト爲リ且其割合ニ應シテ混合物全部ノ喪失又ハ毀損ノ危險ヲ負擔ス

二人以上ノ者ノ所有物カ相混シテ一全部ヲ形成シ其間ニ主從ノ關係アリテ存スルニアラズンバ之ヲ一人ニノミ屬セシムヘキ理由ナシ故ニ此時ニハ其數者ヲシテ其物ノ上ニ共同ノ所有權ヲ有セシメザル可ラズ之ヲ共同ノ所有

者トセンカ其物ノ毀損滅失ハ一人ノミニ負擔スベキニアラズ各自カ物ノ上ニ有スル權利ノ割合ニ應ジテ之ヲ擔當セザルヘカラザルナリ是レ則チ本條ノ規定ノ起レル所以ナリ然レ𪜈我立法者ノ此ニ代替物ガ互ヒニ混合セル𬼂ト云ヘルハ何等ノ必要ニ基ケルモノナルカヲ知ル能ハザルニ苦ムナリ二人以上ノ者ニ專屬セル數箇ノ物件カ相混シテ一全體ヲ成セル時ニ其所有者タル數人ガ其混合シテ成レル物ノ上ニ共同ノ所有權ヲ有スルコトハ法理ナリ而シテ本條ニハ單ニ代替物ノミニ限リ混合シテ成レル一物ノ上ニ共同所有權ヲ有スルモノト制限ノ規定ヲ爲シタリ而メ代替シ得ザル物ト雖𪜈混合シテ一物ヲ成シ而メ其間ニ主從ノ關係アリテ存セザル以上ハ其數多ノ所有者ヲ其混合物ノ共同所有者トスベキヿ當然ナルモ本條代替物云々ト明言シアルカ故ニ代替シ得ヘキモノヽ混合セル時ニアラザレバ則チ其數所有者ヲ其混合物ノ共同所有者トスルコト能ハザルカノ疑ヲ人ニ抱カシムルノ弊アリ假令如此弊ナシトスルモ代替物トハ當事者雙方ノ意ニテ他物ヲ以テ代換シ

得ル物件ニ名ツケラルヽ名稱ナルカ故ニ代替物ノ寄托ハ其所有權受托者ニ移ルコトヲ認メザルベカラス隨テ代替物ニ於テハ異ナル寄托者ヨリ來レル物カ混合スルコトアリトモ寄托ニ於テ此物ノ上ニ所有權ヲ有シ得ベキノ理由ナケレバ又其毀損滅失ノ結果ヲ負フベキ理由モアラサルニ本條ノ規定ハ全ク之ニ反スレバナリ

使用權又ハ處分ノ權ガ受託者ニ属スヘキ方法ニテ代替物ヲ寄託セルヰニ受託者ノ負フヘキ責任

第六百十七條　契約又ハ商慣習ニ依リ使用權又ハ處分權カ受托者ニ屬ス可キ方法ヲ以テ代替物ヲ寄托シタルヰハ受托者カ受托料ヲ受クルト否ト又寄托者ニ利息ヲ支拂フト否トヲ問ハス其物ノ所有權及ヒ其物ノ喪失若クハ毀損ニ係ル危險ノ全部ハ受托者ニ移ル

是レ佛法學者ガ呼ンデ變則的寄託ト云フ所ノモノニシテ蓋シ寄託ノ變態ナルモノナリ此寄托ニ於テハ目的物件ノ所有權寄托者ヲ離レテ受托者ニ移リ受托者ハ寄托セラレシト同樣ノ物品ヲ同量ニ返還スベキ義務ヲ負フニ過キ

ザルモノナレバ其受托セル物品ノ喪失毀損ニ於ケル危險ヲ負ハザルベカラザルハ論ナキナリ而シテ余輩ハ本條ニ於テモ亦一ノ非難ヲ試ミサルヘカラズ曾テ前條ノ解說ニ於テ述ベシガ如ク代替物寄托ノ場合ニ於テハ常ニ其寄托物件ノ所有權受托者ニ移轉スルモノナルニ本條ニハ使用權又ハ處分權云云ト云ヒ代替物ノ寄托ノ場合ニ使用權又ハ處分權ノミガ受托者ニ關スルコトアルベキコトヲ示シタレバナリ

特定物ヲ受託者ノ使用シ得ヘキヤ否ヤヲ知ルノ標準

第六百十八條　特定物ニ付キ受托者カ其物ヲ使用スルコトヲ得ルト否トハ專ラ當事者ノ意思ニ從ヒ之ヲ定ム

寄託物件ノ所有權ノ移轉ヲ法律ニテ推定スル場合

第六百十九條　反對ノ明約ナキトキハ封セザル金錢又ハ貴金屬ノ寄托物ハ常ニ受托者ノ所有物ト看做シ又封セザル有價證券ノ寄托物ハ其証券ヲ寄托者ヨリ定マリタル相場ニテ受托者ニ交付シタルトキニ限リ受托

者ノ所有物ト見做ス

本條ハ即チ第七百十八條ノ通則ヲ補ハンカ爲メニ保管物ノ一種ニ付キ受託者ノ權利ヲ規定セルモノニシテ而シテ其保管物ハ直接又ハ間接ニ金錢ニ係ルモノナリ夫レ金錢並ビニ貴金屬ノ如キハ之ヲ得ルヿ大イニ易ク加之ナラズ此物ト彼物トノ間ニ優劣アルヿナケレバ苟シクモ封シテ以テ其然ラサルノ意ヲ表彰スルニアラサレバ其消耗使用ヲ受託者ニ委ネタルモノト云ハザルヘカラズ故ニ受託者ハ其引渡ヲ得シ瞬間ヨリ其所有主トナルベク天災其他難抗力ノ結果ト雖モ自カラ之ヲ負ハサルベカラサルナリ而シテ其有價証券ヲ封ゼスニ且ツ其相場ヲ定メテ寄托セル時ニ同シク其所有權ノ受託者ニ移レルヿヲ推定スル所以ノモノハ亦タ之レト其法理ヲ同フスルモノナリ蓋シ人ガ其有セル有價証券ヲ啻ニ封セサルノミナラズ其相場ヲ定メテ之レヲ受託者ニ交付スルカ如キハ寄托者ニ於テ之ヲ一定ノ金高ノ意ニテ交付シ且受託者ノ希望ニ由リテハ其運用消費ヲ認許スルノ意ナリト推知スルノ外、

所有權ノ受託者ニ移レル場合ニ受託者ノ有スル權利

寄託物ノ受取証書

他ニ良キ解釋ノ途ヲ看出スヿ能ハザレバナリ

第六百二十條　受託者ハ自己ニ所有權ノ移リタル寄託物ニ付テハ明約アルトキニ限リ利息ヲ支拂フヿヲ要ス又明約又ハ習慣アルトキニ限リ報酬ヲ求ムルコトヲ得

縱令所有權ノ受託者ニ移ル寄託ト雖圧寄託者ハ之レニヨリテ物品ヲ扞護スルノ勞ヲ免カルヽヿヲ得レバ明約ヲ爲セル時ノ外ハ利子ノ要求ヲ許スベカラザルナリ又寄託ハ縱令ヒ寄託者ノ爲メニスルモノナリトモ所有權ノ受託者ニ移ル變則的寄託ノ場合ニ在リテハ受託者モ其寄託ヨリシテ利益ヲ受クルガ故ニ慣習又ハ明約ナケレバ報酬ヲ受クルコトハ之ヲ許スベカラザルナリ

第六百二十一條　寄託物ノ受取証書ハ寄託者ノ名ヲ以テモ指圖式ニテモ無記名式ニテモ之ヲ發行スルコト

ヲ得但反對ノ明記ナキトキハ其裏書讓渡ヲ爲スコトヲ得

是其證書ノ流通ヲ容易ナラシメテ以テ其物件ノ融通ヲ便ナラシメント欲セルニ外ナラザルナリ

第六百二十二條　第六百十七條及ヒ第六百十九條ノ場合ニ於テハ契約又ハ商習慣ニ依リ現物ニテモ交付若クハ還附ノ時及ヒ地ニ於ケル市場代價ニテモ償還スル權利ヲ受托者ニ與ヘ之ヲ要求スル權利ヲ寄託者ニ與フルコトヲ得

當事者ガ現物ニテモ又其代價ニテモ返還ヲ求メ得ル場合

第六百二十三條　受托者ハ寄託者ノ所有權若クハ處分權ヲ調査シ又ハ寄託證書ヲ提示シテ還附ヲ要求スルモノヽ權利ヲ調査スル義務ナシ然レトモ惡意及甚シキ怠慢ニ付テハ責任ヲ負フ

受寄者ハ寄託者ノ所有權又ハ處分權ヲ調フル義務ナシ

本節ノ原則ノ適用ヲ受クヘキ人

寄託ハ動産物ニ限ラル而シテ動産物ハ遺失又ハ盜マレ物ヲ除クノ外ハ正當ノ手續ヲ經テ現有セルモノニ其所有權ヲ移轉ス而シテ變則的寄託ノ場合ト雖トモ迅速ト簡易トヲ貴ブ商業上ニ於テハ受托者ヲシテ寄托スルモノ又ハ寄托證書ヲ呈示シテ物ノ還付ヲ求ムル者ノ權利ヲ調査スルカ如キ煩ハシキ義務ヲ負ハシムベカラズ但シ詐欺ト同視スベキ重大ノ過怠アルモノ及情ヲ知リツヽ爲セルモノヽ如キハ固ヨリ之ヲ保護スベキ理由アルコトナケレバ之レニハ其爲セル所爲ノ責任ヲ負ハシメザルベカラズ

第六百二十四條　第六百十五條以下ニ掲ケタル原則ハ運送製作其他ノ目的ノ爲メ封緘若クハ記號ナクシテ數量ヲ以テ物ヲ委托セラレタル運送人船長及ヒ其他ノ者ニモ金錢其他ノ代替物ヲ質物トシテ受取リタル質債權者ニモ之ヲ適用ス

運送人船長其他質債權者ト雖𪜈人ノ物件ノ寄托ヲ受ケ其扞護ヲ爲スノ點ニ

於テハ則ハチ物ノ寄託ヲ受クルヲ以テ專務トスル純然タル受託者ト異ナルコトナケレバ寄託ノコトニ付テノ規則ヲ之レニ及ボスモ不可ナル所アラザルベシ而シテ余輩カ第六百十五條以下各條ノ下ニ於テ爲セル所ノ說明ハ運送人乃至質取人等ニモ亦之ヲ適用セザルベカラザルコトヲ知ルニ足ルベキガ故ニ此ニハ之ヲ贅セザル可シ

第十一章　保險

保險ノ何物タルヤハ以下各條ノ說明ニ依テ其詳細ヲ知ルヲ得ベキモ今之ヲ畧言スレバ凡テ人ガ不測ノ天災又ハ不確定ノ事故ノ爲ニ自巳ノ資產ヲ喪失シ昨日迄ハ陶朱猗頓ニモ劣ラザル富豪家モ今日ハ忽チ街上ニ立テ哀ヲ人ニ乞フガ如キ慘狀ニ陷リ或ハ朝ニ家族團欒シテ衣食ノ快樂ヲ極メタル金殿玉樓モ夕ニハ計ラズ一片ノ灰燼ニ歸シ倐然雨露ヲ凌グノ所ダモナキニ至リ又或ハ一人ノ戶主死去若シクハ負傷等ノ不幸ニ遇ヒタル爲メ全家數口ノ老幼ハ殆ンド饑餓ニ迫ルガ如キ人生不意ノ禍難ヲ救濟スル目的ヲ以テ被保險人

ヨリ豫メ若干ノ保險料ヲ保險人ニ出シ置キ約定期間ニ若シ右ノ如キ不幸ノ事變生ゼシ場合ニ約束ノ賠償ヲ保險人ヨリ出スベキ義務ヲ約スル契約ナリ而メ歐州諸國ノ如キハ一般ニ此法行ハレ殊ニ商業社界ノ隆盛進歩ヲ助ケタル効力大ナルハ衆人ノ知ル處ナリ然ルニ我邦ノ如キハ從來更ラニ此法行ハレズ漸ク四五年以前ヨリ稀レニハ會社ヲ組織シテ保險業ニ從フモノ起ルニ至リタレ𪜈衆人未ダ其必要ニシテ利益アルヲ十分ニ了解セサルモノ、如シ乍去以後益商業進歩シ取引ノ區域モ愈々廣マルニ從ヒテ各人ノ遠大ナル希望心發達スルニ於テハ必ズヤ保險ノ効益ヲ感ズル深キニ至リ之ヲ以テ安心ト勇氣トヲ維持奬勵シ彼ノ歐州ノ如ク商業進歩ノ一方法トナスベキヲ悟ルノ期モ蓋シ遠キニアラサルヲ信ズルナリ

第一節　總　則

全ク保險ナレ𪜈其種類一二ノミニ止ラズ即生命保險運送保險火災保險等ノ如キ是ナリ故ニ素ヨリ其各種ニ付詳細ノ規定アルベキハ勿論ナレ𪜈之ニ先

保險ノ定義及條件

テ本節ハ先ヅ右等一般ノ保險何レニモ適用スベキ法則ヲ明定シタルナリ

第六百二十五條　保險契約ハ保險者ガ保險料ヲ受ケテ或物ニ關シ或ル時間ニ於テ不測又ハ不確定ノ事故ニ因リテ生スルコト有ル可キ喪失又ハ損害ニ付キ被保險者ニ賠償ヲ爲ス義務ヲ負フ契約タリ

本條ハ保險契約ノ定義ヲ下シ尤モ明瞭ニ其性質ヲ示シタリ而シテ保險モ亦一ノ契約ナレバ總テ契約ニ必要ナル承諾原由目的等ノ必要ナルハ勿論ナレ𪜈此他又保險ニ特別ノ要素ヲ具備セザルベカラズ今之ヲ署言セバ第一保險者及被保險者ト稱スル當事者アルヿヲ要シ第二ハ保險契約ノ物件トナルヘキ被保險者ノ財産損失ノ保全セラルベキ利益アルヿヲ要シ第三ハ右ノ利益ガ不測又ハ不確定ニ發生スベキ危險ノ恐アルヿヲ要シ又第四ニハ被保險者ガ約定ノ保險料ヲ拂込ミタル代リ一朝事變ノ生スル時ハ保險者ヨリ賠償ヲ得ル目的ヲ以テ此契約ノ骨子トシタルヿ是ナリ之ニ依テ之ヲ見レバ此保險契

約ハ双方ノ利害何レニ皈スルヤチ一ノ偶然ナル運命ニ依テ決定スル偶生契約ニ外ナラズ其結果トシ約定期間ニ危險生セハ被保險人ハ些少ノ保險料チ拂ヒシ爲ニ莫大ノ賠償チ得テ燒眉ノ危難チ救濟セラル丶利益チ受ケ反之期限內ニ事變生セサレハ前ニ拂込タル保險料チ全ク損失ニ歸セザルヘカラズ而シ右ニ列セシ條件ノ說明ハ後ノ各條チ參考セバ自ラ明瞭ニ至ルベキチ以テ爰ニハ述ベズ

保險ニ附スルチ得ベキ危險

第六百二十六條　保險スルコトヲ得ベキ危險ハ主トシテ火災地震暴風雨其他ノ天災陸海運送ノ危險死亡及ヒ身体上ノ災害ナリ然レモ其他ノ保險ニ對スル保險ハ此カ爲メ妨ケラル丶コト無シ

海上運送ノ保險ハ第二編ノ規定ニ抵觸セサルモノニ限リ本章ノ規定ニ從フ

保險ハ別段ノ契約アルニアラサレハ保險料支拂期間

ニ生スル諸般ノ保險殊ニ相次デ生スル保險ニ及フモノトス然レトモ保險者ハ如何ナル事情アルモ被保險額ヲ超ヘテ賠償ヲ爲スコトヲ要セス

保險ニ附スルヲ得ベキ危險ハ本條ニモ明示スル如ク主トメ火災地震暴風雨其他ノ天災海陸運送中ノ危險及身体上ノ災害等ナリ然レモ保險契約ノ區域ハ右ノ數者ニ限ルベキモノニアラズ法理上ヨリ云ヘハ此他如何ナル事業ニテモ如何ナル財產ニテモ苟クモ金錢上ノ利益ヲ有スル者ナレバ之ガ危險ニ對シ保險ノ爲シ能ハザルヿナシ（但シ法律ノ禁制スル處ノヿハ格別ナリ）而メ我立法者ノ意見モ亦之ト同一ニシテ以上ノ數者ニ制限セシニアラザルハ法文中「主トシテ」ノ四字アルニ依テ明ナリ

海上運送ノ保險ハ他ノ通常保險トハ大ニ異ル處アルニヨリ第二編海商ノヿヲ規定スル場合ニ特別ノ規則ヲ示セリ故ニ此事ニ付テハ只第二編ノ法則ニ抵觸セサル點ノミニ限リ本章ヲ適用スルニ過キズトス又此ニ一ノ保險契約

保險契約ノ及ブヘキ區域

保險者ノ責任ハ必ズ被保險額ヲ超過セズ

保險ニ附スルヲ得ヘキ利益

アルモ其區域ニ付雙方ノ明言アラサル塲合ハ當然保險料支拂期間ニ生ズル諸般ノ危險殊ニ相次デ生ズル危險ニ及ブモノトス何トナレバ是等ノコハ總テ主本タル保險契約ヲナス意思中ニ自ラ包含スベキモノト解釋シ得ベケレバナリ然レ𪜈假令如何ナル事情アルトモ保險者ノ責任ハ必ズ其初メテ約セシ被保險額ヲ限リトシ之ヲ超過シテ負擔スルヲ要セズ故ニ前段保險ノ區域ハ契約者ノ意思ヲ以テ廣狹何レニモ伸縮スルヲ得レ𪜈賠償額ハ如何ナル特約アルトモ之ニ從フヲ要セズ只單ニ被保險額ヲ償ヘバ即チ足ルナリ法律ガ如此限ヲ設ケタルハ蓋シ保險ノ名義ヲ以テ賭博ヲナスト同一結果ノ所業ヲ行フヲ禁制セント欲スルニ在ルナリ

第六百二十七條　所有權債權其他ノ權利名義又ハ權利關係ニ基因スル財産上ノ利益ニシテ此ニ關スル保險ノ起生ニ因リ被保險者ニ直接ニ損害ヲ加フベキモノハ保險ニ付スルコトヲ得ル利益トス

保険ニ附スルヲ得サル利益

博奕賭事、富講、又ハ其他ノ意外ノ事ニ因ル僥倖ノ利益ハ之ヲ保険ニ付スルコトヲ得ズ

保険ニ付スルコトヲ得ル利益ハ即チ保険契約ノ目的物件トナルモノナリ而シテ此等ノ利益ノ何物タルヤハ既ニ前ニモ一言シタル如ク或ハ物品ニ關シ或ハ人ノ身体生命ニ關スル等素ヨリ種々ナレ𪜈苟クモ所有權債權其他ノ權利名義又ハ權利關係ニ基因スル財產上ノ利益ニシテ危險ノ起生ニ因リ直接ノ損害ヲ被保険者ニ及ボスベキモノハ皆悉ク保険ニ付スルヿヲ得ル利益ナリ而シテ余ガ前ニ保険ノ種類ハ決シテ海上運送生命火災ノ數者ニ限ラズ法律ハ只普通世間ニ尤モ行ハルヽモノニ付規定シタルニ過ギズト云ヒタルモ亦此條ノ意ニ外ナラザルナリ

夫レ然リ然リト雖博奕賭事富講又ハ其他ノ意外ノ事ニ因リ僥倖ニ得ベキ利益ノ如キハ決シテ不測又ハ不確定ノ事故ニヨリ生スル危險ト云ヲ得ズ即如此僥倖ニ依テ利益ヲ射ントスル所爲ハ大ニ經濟社界ニ毒害ヲ及ホスヘキモ

保険ヲ約スル方法

ノナルニ依リ法律ヲ以テ保護シ又ハ奬勵スル保險契約ノ目的物トナスヿヲ得サルハ當然ナリ

第六百二十八條　保險ハ自己ノ計算ヲ以テスルト他人ノ計算ヲ以テスルトヲ問ハス又被保險者ノ委託ヲ受ケタルト否ト被保險者ノ豫知スルト否ト被保險者ヲ明示スルト否トヲ問ハス之ヲ受クルコトヲ得

契約ニ依リテ他人ノ利益ガ知レサルトキハ保險申込人ハ保險者ニ對シテ被保險者ト看做サル

保險契約ノ爲メ保險ノ利益ヲ受ルモノハ啻ニ保險料ヲ拂込ミテ後日賠償ヲ請求スルノ權利アル被保險者ノミニ限ラズ即チ他人ノ計算ヲ以テスルモ猶保險ヲ受ルヲ得ベシ且一歩ヲ進デ他人ノ計算ヲ以テスル保險ト雖モ其他人タル被保險者ノ委託ヲ受ケズ若シクハ被保險者ノ豫知セザル時或ハ被保險者ヲ明示セザルモ苟クモ保險ニ必要ナル條件ヲ備ヘシニ於テハ保險者ニ對

モ同一ノ効力ヲ有シ完全ニ保險ノ利益ヲ受ルヲ得ベシ素ヨリ保險物ニ付利益ヲ有セザルモノガ被保險者トナルヲ得サルハ明白ノ道理ナレ𪜈保險申込人ガ保險ヲ受ルニ當テハ必ズシモ自已ノ計算ヲ以テスルニ限ル理由ナシ是レ本條ノ規定アル所以ナリ

然レ𪜈何人ガ保險ノ利益ヲ受クベキヤ契約ニ依リ之ヲ知リ得ザル時ハ其保險ノ申込ヲナシタル者ヲ以テ被保險者ト推測スベシ蓋シ他人ノ計算ヲ以テ約スルハ稀ニシテ通常ハ被保險者タルモノガ自ラ其申込ヲナスベキモノナレバ此推測ハ正當ナリ

保險利益ハ被保險物ノ價額ヲ超過セズ

第六百二十九條　被保險利益ハ被保險物ノ普通價額ヲ以テ限トスルヲ通例トス若シ其利益ガ此價額ヲ超過ス可キトキハ特ニ之ヲ明約スルヲ要ス

被保險物ノ價額

第六百三十條　被保險物ノ價額ハ使用ニ供スル動産ニ在テハ修繕又ハ新調ノ費用ニ依リ商品ニ在テハ損害

又ハ喪失ノ生シタル時及ヒ地ニ於ケル市場代價ニ依リ之ヲ定ム

右價額ヲ定ル標準

保險契約ノ目的ハ既ニ屢說明スル如ク不測ノ事變ノ爲メニ沈淪落魄ノ困窮ニ陷ルヲ救濟スルニ在リ決シテ投機的所爲ヲ以テ僥倖ノ利ヲ射ル爲メニアラズ果シテ然レバ其保險ニ依リ利益ヲ得ルハ保險セラレタル物件ノ價額ヲ超過スベキ理由ナシ何トナレバ若シ其價額以上ヲ利益スルヲ得ルトセバ實ニ不正ノ利得ヲナシ不測ノ事變アリタル爲メニ却テ利益ヲ得ル如キ結果ニ至レバナリ而シテ其價額ハ普通世上ニ取引セラルベキ額ヲ以テ限リトシ若シ特別ノ事情アリテ普通價額ヲ超過スベキ利益迄保險セントスルニハ必ス其旨ヲ明約セサルベカラサルモノトス

且又前述ノ價額ヲ定ルニハ其被保物件ノ如何ニ依リ少ク標準點ヲ異ニスベシ即使用ニ供スル動產ノ如キハ漸次物質麁惡ニ歸シ終始全一ノ價ヲ有スルモノニアラサレバ修繕又ハ新調ノ費用ニ依テ價額ヲ定メ商品ノ如キハ時場

所等ヲ異ニスル爲メ常ニ價格モ變動スルモノナルヲ以テ其損害若クハ喪失ノアリシ時及地ニ於ケル市場代價ニ依リ之ヲ定ムベシ是尤モ公平ノ定メ方ナリト評スベシ

超過保險ノ無効トナル部分

第六百三十一條 保險ハ被保險物ノ利益額ヲ超過スル部分ニ限リ無効トス

保險者ト被保險者ト約束シテ被保險物ノ利益額ヲ超過スル保險ヲ附シタルトキハ此契約ハ全ク無効トナスベキヤト云ニ决メ然ラズ此場合ニハ其超過シタル高ヲ正當ノ利益高ト全一ニ至ル迄減殺スルノミ換言スレバ契約全體ヲ無効トセズシテ只其超過額丈ヲ無効トスルナリ例ヘバ百圓ノ價値アル家屋ヲ二百圓ノ保險ニ付スル時ハ差引百圓丈ノ超過額ハ本條ニ依リ無効ニ歸シ殘リ百圓ノ賠償ヲ求ムルヲ得ルナリ

一旦定メタル價額ハ後日異議ヲ述ルヲ得

第六百三十二條 前條ノ規定ニ拘ハラズ被保險物ノ價額ヲ豫メ明約又ハ鑑定人ノ評價ニ依リテ定メタルト

メ

右例外

キハ後ニ至リ其價額ノ定ニ對シテハ强暴若クハ詐欺ノ場合又ハ價額ノ著シク過當ナル場合ニ於テノミ異議ヲ述ルコトヲ得

被保險物ノ價額ハ如何ニシテ之ヲ定ムベキヤト云フニ付テハ第六百三十條ニ於テ既ニ之ヲ説明セリ然レ𪜈此條ハ只其價額ノ明定セラレザル場合ニ之ヲ定ル標準ヲ示シタルノミ去レバ若シ右價額ヲ雙方ニ於テ明定スルカ又ハ鑑定人ノ評價ニ依リ之ヲ定メラレタル時ハ最早確定不動ノ價額トシテ當事者何レモ之ヲ遵奉セザルヲ得ズ何トナレ凡ソ一ノ契約成立シ双方合意ノ上定メラレタル事柄ハ一方ノ意思ヲ以テ容易ニ之ヲ變更スルヲ得ズ恰モ法律ヲ守ルガ如ク之ニ服從スベキモノナレバナリ然レ𪜈右ノ定メ方ニシテ若シ正當ノ方法ニ出デズ强暴又ハ詐僞等ノ在リシ場合ハ所謂瑕瑾ノ存スル契約ナルヲ以テ後日ニ至リ異議ヲ述ルヿヲ許スベシ其定メラレタル價額ガ過當ニシテ正當價額ト著シキ差違アル場合モ又タ之レト全一ニ決セサルベカラ

ズ

債權ノ價額

第六百三十三條　保險セラレタル債權ノ價額ハ債務額ニ利息及ヒ取立費用ヲ合算シタル額ナリトス

本條ハ又債權ヲ保險ニ附シタル場合ニ其債權ノ價額ノ定メ方ヲ規定ス債權ニモ亦種々アリテ或ハ利息ノ生ズルモノ或ハ利息ノ生ゼザルモノ等素ヨリ一定セザルモ其無利息債權ノ價額ハ單ニ之ニ對スル債務ノ額ニ限ルベキヿ勿論ナリ反之利息ヲ生スル債權ナレバ利子モ亦日月ト共ニ重加シ共ニ債主ニ歸スベキモノトス去レバ本條モ此等ノ債權ニ付テハ債務額又利息取立費用等ヲ合算シテ其價額ヲ定ムベシト明示シタルノミ誠ニ當然ノヿト云ベキナリ

辨償スベキ賠償額

第六百三十四條　辨濟スベキ賠償額ハ人ノ保險ニ在テハ被保險額トシ物ノ保險ニ在テハ被保險者ガ危險ノ發生ニ依リテ直接又ハ間接ニ被リタル損害ヲ以テ限

保險者ガ賠償スルノ義務ナキ損害

トス

間接ノ損害中ニハ現ニ生シ又ハ將サニ生セントスル保險ノ已ムヲ得ザル防止ニ因リテ生ジタル別段ノ費用及ヒ損害ヲモ包含スルモノトス

第六百三十五條　被保險者ガ已ムヲ得ザルニアラズシテ任意ニ加ヘ若クハ加ヘシメタル喪失若クハ損害又ハ被保險物ノ性質固有ノ瑕瑾若クハ當然ノ使用ニ因リテ直接ニ生ジタル喪失若クハ損害ニ付テハ保險者ハ賠償ヲ爲ス義務ナシ

保險者ハ豫定期間ニ損害ノ起リシ時ハ之ヲ賠償スル義務アリ而シテ此賠償額タル必ズ實際ニ生シタル損害高ニ止リ之ヲ超過スベカラズ故ニ人ノ保險(例ヘバ生命保險ノ如シ)ニ在テハ初メ契約シタル被保險額ヲ賠償スベク又物ノ保險ニ在テハ被保險者ガ危險ノ發生ニ因リテ直接又ハ間接ニ被リタル

損害ヲ限リトシテ賠償スベシ故ニ例ヘバ千圓ノ價アル商品ヲ海外ニ輸送スルニ當リ之ヲ保險ニ附シタルニ航海中難船シテ該品モ沈沒ニ歸シタル時ハ其千圓ヲ賠償スルノミナラズ若シ無事ニシテ着港シタル時之ガ爲メ得ベキ利益五百圓ナリトセバ是モ亦保險者ニ於テ賠償セザルベカラズ反之又右千圓ノ被保險物中半バノミ沈沒セバタトヘ保險額ハ千圓ナリトモ全ク之ヲ償フ義務ナク只實際ノ損害五百圓丈ヲ拂ヘバ即チ足ルモノナリ

法律ハ更ニ一歩ヲ進メ現ニ生ジ又ハ將ニ生セントスル危險ノ已ムヲ得ザル防止ニ因リテ生シタル別段ノ費用及損害ヲモ間接ノ損害中ニ包含セシメ之等ノモノモ保險者ニ賠償ノ義務アリトセリ盖シ如此場合ニ當リ己ムヲ得ズシテ其保險ヲ防止セントシタル所爲ハ取モ直サズ保險者ニ賠償ノ義務ヲ免レシメントスル所爲ニシテ毫モ咎ムベキノ過失アラザルノミナラズ却テ正當ノ行爲ナルガ故ニ假令其防止ノ効ヲ全ク奏セズメ之ガ爲メ他ノ費用或ハ損害ヲ生スルモ猶保險者ニ於テ償フベキヲ當然トスベキ理由ノ存スルアレ

被保險者ガ任意ニ加ヘタル損害

物件ノ性質固有ノ瑕疵當然ノ使用ニ依ル損害

結約ノ時既ニ生シタル危險ニ對スル保險ハ無効ナリ

バナリ
然レ𪜈被保險者ガ已ムヲ得ザルニ非ズシテ任意ニ加ヘ若クハ加ヘシメタル喪失若クハ損害ノ如キハ決シテ前述ノ理由ヲ適用スルヲ得ズ何トナレバ是自ラ好デ爲シタル行爲ノ結果タルニ過ギサレハ被保險者其人ガ損害ノ責ニ任ズベキハ疑フベカラザル道理ナレバナリ又此場合トハ少シク異レ𪜈被保險物ノ性質、固有ノ瑕玭、若クハ當然ノ使用ニ依リテ生シタル直接ノ喪失又ハ損害ノ如キモ決シテ不測又ハ不確定ノ事故ニ依リテ生シタル損害ト云フヲ得サルヲ以テ同ジク保險者ニ於テ賠償スルニ及バザルモノナリ

第六百三十六條　保險契約取結ノ時既ニ生シクル者ニ對スル保險ハ無効トス
但當事者雙方又ハ其代人ノ孰レモ其保險ノ生シタルコトヲ知ラズ且既ニ保險ノ生シタルモ有効タルベキ旨ヲ明示シテ契約ヲ取結ヒタルトキハ此限ニ在ラス

例外

抑モ保険ナル契約ハ一ノ危険ノ生否ニ依テ利害ヲ決スル偶成契約ナルヲ以テ其所謂危険ハ必ズ豫メ測ルベカラザルモノニメ且ツ契約取結ノ當時未ダ發生セザル危険ナラサルベカラズ本條ニ於テ契約當時既ニ生ジタル危険ニ對スル保険ヲ以テ無効トスルモ亦此理由ニ外ナラサルナリ然レ𪜈當事者雙方又ハ其代人ノ孰レモ其保険ノ生シタルコトヲ知ラズ且既ニ保険ノ生ジタルモ有効タルベキ旨ヲ明示シテ取結ビタル時ハ其契約ヲ有効トス何トナレバ人ハ苟クモ法律規則ニ背反セズ又善良風俗ヲ害セザル契約ナレバ如何ナル契約ヲナスモ自由ニシテ他ヨリ之ヲ拘束シ無効トスルノ理由アラサレバナリ

重複保険

第六百三十七條　一人ガ全一ノ物及ヒ全一ノ利益ニ關シ時ヲ同シクシ又ハ時ヲ異ニシテ二人以上ノ保険者ヨリ各別ニ保険ヲ受クルトキハ其重複保険ヲ各保険者ニ通知シテ其承諾ヲ得ルコトヲ要ス之ニ違フトキ

ハ各保險者ハ其契約ヲ解除スルコトヲ得

被保險者保險ヲ以テ故ナク自ラ富マスヲ得ズトハ保險法ノ普通原則ナリ而メ仝一ノ物及仝一ノ利益ニ關メ二人以上ノ保險者ヨリ各別ニ受クル場合本條ノ所謂重複保險ナルモノハ右ノ原則ニ據ル時ハ通常之ヲ無効トナスベキガ如クナレ𪜈法律ハ被保險者ニ於テ只一ノ手續ヲ怠ラサルニ於テハ之ヲ有効ノ保險ト爲セリ其手續トハ何ソヤ曰ク重複保險ヲ受ケタル被保險者ハ必ズ其旨ヲ各保險者ニ通知スルヿ是ナリ是其通知ヲ爲シテ各保險者ガ之ニ故障ヲ述ベザル時ハ其被保險者ニ對シ共仝賠償ノ義務ヲ負フヿヲ承諾シタルモノナレバナリ去レバ重複保險ヲ受ケタル時其旨ヲ各保險者ニ通知シテ承諾ヲ受クベキヿハ必ズ之ヲ爲サヾルベカラサル唯一ノ條件ニシテ若シ之ヲ怠ル時ハ各保險者ハ其保險契約ヲ解除スルコトヲ得ルモノトス尤モ如此數多ノ保險ヲ結約スルニハ各保險者其時ヲ同クスルモ又其時ヲ異ニスルモ二者ノ間決メ區別アラザルナリ

重複保險ノ効果

第六百三十八條　重複保險ノ場合ニ在テハ被保險者ハ別段ノ契約ヲ爲サヾル時ハ保險者ノ孰レニ對シテモ賠償ヲ求ルコトヲ得其保險者ハ賠償ヲ爲シタル後保險ノ割合ニ應シテ其賠償ノ割賦金ヲ他ノ保險者ニ請求スルコトヲ得但他ノ保險ガ無効ナルトキ又ハ期間ノ滿了若クハ其他ノ理由ニ因リテ終リシトキハ此限ニ在ラス

一保險者ノ爲ニスル拋棄ハ他ノ保險者ノ害ト爲ル効力ヲ生スルコト無シ

重複保險ハ各保險者其全額ニ付テ効アレ圧被保險者ハ其各保險者ニ對シ悉ク賠償ヲ受ルニアラズ只其中何レカ一人ノ保險者ニ對シ全額ノ賠償ヲ請求シ又之ヲ支拂ヒタル保險者ハ他ノ保險者ノ負擔スベキ部分ノ割賦金ヲ更ニ請求スベキモノトス是重複保險ノ効果ナリ今一例ヲ示シテ明カニ之ヲ説明

セン例ヘハ甲被保險者ガ乙保險者ト二千圓ノ保險ヲ約シ又丙保險者ト三千圓ノ保險ヲ約シタルニ甲ハ三千圓ノ損害ヲ生ゼリトセヨ如此場合ニハ甲ハ乙ニ二千圓丙ニ三千圓合計五千圓ノ賠償ヲ請求スルヲ得ズ只乙丙何レカ一人ニ損害高三千圓ヲ請求シ乙丙二人ハ更ニ之ヲ其保險ノ割合ニ應シテ比例シ即乙ハ千二百圓丙ハ一千八百圓ノ賠償ヲ負擔スルコトナシ其割前ヲ他ノ既ニ賠償シタル一人ニ仕拂フモノトス然レ𪜈前例ニ於テ若シ乙ノ保險ガ無効トナルカ又ハ期限ノ滿チタルカ若クハ其他ノ理由ニ依テ終リシ時ハ乙ハ既ニ賠償ノ義務ヲ免レタルモノナレバ丙ハ三千圓ノ損害全部ヲ一人ニテ賠償セザルベカラズ換言スレバ此場合ニハ乙ニ割賦金ノ請求ヲ爲スヲ得ザルナリ

乍去今被保險者甲ニ於テ任意ニ自ラ乙保險者ノ爲ニ賠償ヲ得ル權利ヲ拋棄シタルトキハ丙ハ乙ノ部分即チ千二百圓ニ付テハ甲者ニ之ヲ支拂フニ及バズ何トナレバ則チ甲ノ拋棄シタル爲ニ丙保險者ノ責任ヲ加重スベキ道理ナ

保險利益ニ滿タサル保險

ク且甲ハ自ラ乙ニ對スル要償高ヲ抛棄シ其部分ニ付テハ巳レノ損失ニ歸スベキコトヲ任意ニ承諾セシモノナレバナリ

第六百三十九條　保險スルコトヲ得ル利益ノ額ニ滿タザル保險ノ場合ニ在テハ其殘餘ノ額ニ付被保險者ヲ自己ノ保險者ト看做シ被保險者ハ其額ノ割合ニ應シ損害ヲ負擔ス但別段ノ契約アルトキハ此限ニ在ラズ

被保險物ノ利益額ヲ超過スル保險ニ付テハ其超過ノ部分ニ限リ無効トスベキハ既ニ第六百三十一條ニ於テ説明シタル所ナレ𪜈本條ハ此條ト正サニ相反シ保險利益額ニ滿タザル保險ノ場合ヲ規定ス元來此保險モ亦其全体ヨリ無効トスベキ理由ナキハ勿論ナレ𪜈今其研究スベキハ此等ノ保險ハ法律上如何ナル効驗ヲ生ズルヤト云ニ在リ而シテ本條規定ニ依テ之ヲ見レハ此場合ハ保險ヲ受ケザル殘額ニ付テハ被保險者自ラ保險者ノ地位ニ立ツモノトシ之ヲ負擔スルニ在リ故ニ例ヘバ千圓ノ價額アル物品ヲ五百圓ノ保險ニ附

當然保險ノ移轉スル場合

シタルニ保險期限內千圓ノ損害ヲ生セバ保險者ニ於テ五百圓ヲ支拂ヒ殘リ五百圓ハ被保險者ニ於テ負擔スベキモノトスル如シ其他何レノ場合ニモ損害ノ高ニ應ジテ以上ノ比例ニ依リ部割ヲ定メテ各之ヲ負擔スルモノトス然レ圧若シ當事者双方ニ於テ別段ノ契約ヲ以テ其割合テ定ムルコトハ素ヨリ法律ノ禁ゼサル處ナリ

第六百四十條　保險ハ被保險物ノ讓渡其他被保險利益ノ轉付ニ因リテ當然新取得者ニ移ル但讓渡人ガ利益ヲ留置キタル場合又ハ第六百五十四條ノ場合又ハ保險者カ轉付ニ付キ承諾ヲ與フル權利ヲ明示シテ留保シタル場合ハ此限ニ在ラス

然レ圧總テノ場合ニ於テ被保險者ハ其爲シタル轉付ヲ遲延ナク保險者ニ通知シ又保險者ハ保險ガ記名ナルトキハ新取得者ノ名ニ書替フルコトヲ要ス

例外

被保險者ハ保險期限內ト雖其被保險物又ハ保險利益ノ讓渡（例ヘハ保險セラレタル要求權ヲ讓渡スガ如シ）ヲナスヲ得ベシ而シテ此場合ニ別段ノ契約存セザルニ於テハ其保險ハ保險者ノ承諾ヲ待タズ當然新取得者ニ移轉スルモノトス是殊ニ商業上物品ノ如キ暫時ノ間ニ數人ノ手ニ賣買セラルヽ物ニ關シテハ尤モ必要ナル規定ト云ベシ然レ𪜈被保險物ノ移轉ハ大ニ保險ヲ招クノ源因トナルモノナレバ殊ニ保險者ノ承諾ヲ受ケサレハ保險ヲ新取得者ニ移轉セサル旨ヲ明約シテ保險者自ラ其權利ヲ留保スル場合若シクハ第六百五十四條ニ記載スル如ク被保險物移轉ノ爲メ其保險ノ情況ヲ變更シ或ハ增加スル場合又ハ讓渡人ニ於テ其讓渡物品ニ付キ尚ホ巳レニ利害ヲ保有スル場合等ニ在テハ其保險モ當然新取得者ニ移轉スルヲ得ザルモノトス

以上說明セシ如ク或例外ノ場合ヲ除クノ外ハ通常保險ハ被保險物ノ轉付ニ依テ當然新取得者ニ移轉スルモノナレ𪜈此場合ニ在テ注意ヲ要スル一二ノ點アリ即チ如何ナル時ニモ被保險者ハ遲延ナク其移轉ノ旨ヲ保險者ニ通知

此場合ニ當事者ノ爲スベキヿ

シ保險者ハ又此通知ニ依リテ新取得者ノ名前ニ保險證書ヲ書替ルヲ要スルヿ是ナリ（保險ガ無記名ナレバ格別）蓋シ如此場合ハ多少保險ニ變更ヲ生セサルヲ得ザルモノナレバナリ

單ニ被保險額請求權ノミ移轉スル場合

第六百四十一條　被保險額ノ請求權ハ特約ナキトキニ限リ滿期日ノ前後ヲ問ハズ保險者ノ承諾ナクシテ之ヲ他人ニ轉付スルコトヲ得保險者ハ其轉付ヲ知リタル時ヨリ其人ニノミ支拂ヲ爲ス義務アリ

被保險物ノ抵當若クハ質物ノ保險又ハ第三者ノ爲ニスル保險ハ被保險額請求權ノ轉付ト同視ス

前條ハ主トシテ被保險物ヲ讓渡セシ場合ナレ圧本條ハ之ニ異リ單ニ保險額ヲ請求スル權利ノミヲ他人ニ轉付スル場合ヲ規定ス抑モ此請求權ナルモノハ被保險者ノ有スル既得ノ確定權ナルヲ以テ他ノ一般債主權ト全ク自由ニ之ヲ讓渡スヿヲ得べキハ勿論ナリ而シテ此讓渡アリタル場合ニハ保險滿期日ノ

默約ニ依リ右ノ移轉アリシト看做ス場合

前後ヲ問ハズ且其轉付ニ付キ保險者ノ承諾ヲ得ルト否トニ拘ハラズ當然其請求權ヲ讓受人ニ移轉シ保險者モ亦之ヲ知リタル時ヨリ其讓受人ニ對シテノミ支拂ノ義務ヲ負擔スルモノトナル是何レニ支拂フモ保險者自ラニ利害ノ關係ヲ及ボスモノニアラサレバ敢テ其承諾ヲ要スル理由アラサレハナリ

被保險額請求權ノ轉付ハ必ズシモ明約ニ依ル場合ノミナラズ默約ニ依テ又之ヲ轉付スルコトヲ得ベシ而ノ法律ハ其默約ニ依テ轉付スル著大ノ場合三ヲ示セリ如左

（イ）被保險物ノ抵當若クハ質入

（ロ）抵當物若クハ質入ノ保險

（ハ）第三者ノ爲メニスル保險

故ニ（イ）（ロ）ノ場合ハ暗默ニ其請求權ヲ轉付シタルモノト看做シ抵當物若クハ質物ガ滅盡セシ時ハ負債主ニ代リ自ラ被保險額ヲ請求スルコトヲ得ベシ

保險者ハ証券交付ノ義務ヲ負フ

（八）ノ場合ハ多ク生命保險ノ場合ニ行ハルヽモノトス例ヘバ予ノ生命ヲ保險ニ附シテ死スル時ハ其被保險額ノ請求權ハ第三者タル予ノ寡婦若クハ相續人等ニ移轉シ保險者モ此等ノ者ニ仕拂ヘハ共義務ヲ完全ニ履行シタルモノトナル如キヲ云フ

第六百四十二條　保險契約ノ取結及ヒ履行ニ付テハ第七章ノ原則ヲ標準ト爲ス然レ𪜈保險者ハ總テノ場合ニ於テ契約取結ノ後即時ニ保險証券ヲ作リテ被保險者ニ交付スル義務ヲ負ヒ此手續ヲ爲サズ又ハ遲延スルニ因リテ生シタル總テノ損害ニ付キ被保險者ニ對シテ責任ヲ負フ

保險契約モ亦通常商事契約ノ一種ニ過ギズ故ニ其契約取結ノ方法及履行ノ事等ニ付テハ第七章ノ通則ニ準據シ苟クモ商事契約ニ一般普通ノ條件ヲ具備スルニ於テハ業已ニ完然ナル保險契約成立シ保險者ニハ賠償ノ義務ヲ生

ジ被保險者ニハ之ヲ請求スルノ權利ヲ生ズ決シテ彼ノ書面作成其他種々ノ方式ヲ行フニ依リ始メテ成立スルヲ得ベキ有式契約ノ一種ト相混合スベキモノニアラサルナリ夫レ如此保險契約ノ成立ニハ毫モ証劵ノ有無ヲ問フベキニアラズ然レ𪜈若シ其証劵ナキニ於テハ被保險者ノ地位極テ危險ニシテ後日若シ己レノ被保險者タルヿヲ証明セザルベカラザル塲合ニ際會セハ何ニ據テ其權利アルヿヲ主張スルヲ得ベキヤ少シモ其根據トスベキ確証ナク終ニハ賠償ヲ得ル能ハザル如キ不幸ノ地位ニ陷ルヤモ亦知ルベカラザルナリ之ニ依テ之ヲ見レバ保險証書ハ假令保險契約其者ノ成立要素ニハアラザルモ後日該契約ノ存否ヲ確カムル証據ノ爲メニハ尤モ必要欠クベカラザルモノト云ベシ是本條ニ於テ保險証書ヲ交付スル義務ヲ保險者ニ負ハシメ又之ヲ怠リシ塲合ノ制裁ヲモ嚴格ニ規定セラレタル所以ナリ去レバ今保險者ニ於テ保險証書交附ノ手續ヲ爲サヾルカ又ハ契約ノ後即時ニ之ヲ交附セズ怠慢遲延シタルトキト雖モ被保險者ニ對スル契約ノ實行ニハ毫モ妨ケナク

只是等ノ怠慢ニシテ被保險者ノ罪ニアラザル場合ハ之ニ依テ生シタル損害ヲ保險者ヨリ賠償スベキ責任ヲ生ズルニ止レ圧既ニ前述ノ如ク特ニ被保險者ノ爲メ必要ナル証券ナリトセハ之ガ交附ニ付テハ決シテ忽諸ニ附スベキニアラザルナリ

保險契約締結ノ方式

第六百四十三條　保險契約ハ保險者又ハ契約取結ノ權アル代人ガ保險申込書及ヒ之ニ屬スル陳述書ヲ異議ナク承諾シタルトキハ之ヲ取結ヒタリト看做ス

同上

第六百四十四條　保險契約ハ各當事者ニ於テ仲買人ヲ以テモ之ヲ取結フコトヲ得

保險者ノ代理

第六百四十五條　保險營業者ノ其取引場ヨリ他ノ地ニ置キタル代辨人又ハ外國保險營業者ノ內國ニ置キタル代辨人ハ被保險者ニ對シ契約ノ取結ヒ陳述ノ承諾保シ料ノ受取被保險額ノ支拂其他總テ保險者ノ代理

保險契約取結ノ手續

仲買人ヲ以テ保險ヲ取結ハシムル場合

ヲ爲ス權アリト看做ス但其代辨人ガ被保險者ニ反對ヲ述ヘタルトキハ此限ニ在ラス

保險ヲ受ケントスルモノハ先ツ保險申込書及之ニ附屬スル陳述書ヲ作成シ之ヲ保險者ニ渡シ保險者又ハ契約取結ノ權アル代人ガ其書面ニ手署スレハ即保險ヲ承諾シタルモノニシテ之ニ依リ直ニ保險契約ハ成立スルモノトス而シテ保險ハ多ク一己人ノ營業スル〻稀ニシテ大概ハ信用ト資力ニ富メル會社ヲ以テ之ヲ營ムモノナレバ多クノ場合ニハ其會社ノ役員ガ契約取結ノ權アル代人ノ資格ヲ以テ保險ノ申込ヲ承諾スルモノトス

保險ハ多ク代人ヲ以テ取結ブノミナラス各當事者ハ仲買人ヲ以テモ猶此契約ヲ取結ブコトヲ得ベシ然レ圧此方法ニ依ル時ハ仲買人ガ其依賴者タル本人ノ名義ヲ以テ約セシ場合ト自已ノ名義ヲ以テ約セシ場合トニ依リ少ク區別セザルベカラズ即本人ノ名ヲ以テセシ場合ハ之ニ依テ約セラレタル保險契約ニ附從スル權利義務ニ付本人自ラ約セシト仝一ノ効果ヲ生ズルモ仲買

人自巳ノ名ヲ以テ約セシ場合ハ總テ仲買人ヲ以テ當事者ト見ナシ直接ニ權利義務ヲ有セシム即保險料ヲ拂込ムモ賠償額ヲ受取ルモ仲買人ノ名ヲ以テシ依頼本人ハ更ニ此仲買人ニ拂込又ハ請求スルモノトス

保險營業者ノ代辨人ト保險契約ヲ取結ビシ場合

且又保險營業者ノ其取引場ヨリ他ノ地ニ置キタル代辨人又ハ外國保險營業者ノ内國ニ置キタル代辨人ハ通常ノ場合ニハ第六百四十五條ニ依テ保險ニ關スル總テノ事柄ニ付保險者ノ代理者タル權アルモノト看做サルベシ故ニ被保險者ガ此等ノ者トナシタル契約又取引ハ必竟保險者本人ニ對シ一切有効ナルモノト看做サヾルベカラズ盖シ法律ガ如此保險者ノ代辨人ニ重大ノ權アルモノト爲シタルハ被保險人ノ便利ヲ計リ迅速ニ保險ノ取結又ハ賠償ノ請求ヲ爲シ得ベキ方法ヲ與ヘンガ爲ニ過ギザルナリ然レ𪜈若シ右ノ代辨人ガ反對ノ陳述ヲ爲シ保險者本人ノ差圖或ハ承諾ヲ要スル旨ヲ陳述シタル時ハ格別ナリ

保險証券ニ記載スベキ事項

第六百四十六條　保險証券ニハ年月日ヲ記シ及保險者

若クハ其代人署名捺印シ左ノ諸件ヲ記載スルコトヲ要ス

第一　保險ノ初日及ヒ其期間

第二　被保險物ノ十分精密ナル記載

第三　被保險額

第四　保險料ノ額

第五　保險シタル危險

第六　保險申込人ノ氏名及被保險者ノ指示

第七　保險ノ旨趣ニ重要ナル影響ヲ及ボス事情及ヒ契約ノ特別ナル條欵アラバ其條欵

保險契約ハ雙方承諾アレバ直ニ結了シ別ニ保險証書ヲ要セズ然レ氏所謂証書ハ証據上必要ノ爲メニハ尤モ欠クベカラサルモノナルヲ以テ契約取結ノ後ハ即時ニ之ヲ保險者ヨリ被保險者ニ交附セザルベカラズトハ既ニ第六百

保險証券ノ旨趣ヲ更正シ說明シ補充スルヿ

四十二條ニ於テ詳述セリ而シテ本條ハ更ニ進デ其保險証書ニ記載セザルヲ得ザル條欵ヲ示シタルナリ然レ𪜈予ハ今此等ノ各項ニ付詳細ノ說明ヲ下サズ何トナレバ讀者若シ予ガ以上ニ論ジタル各條ト又之ヨリ以下ニ說カントスル各條トヲ參考セハ十分ニ其必要ナル所以ヲ瞭解セラルベシト信ズレハナリ

第六百四十七條　保險証券ノ旨趣ハ商慣習又ハ附屬書類其他ノ証書ヲ以テ之ヲ更正シ說明シ補充シ又ハ變更スルコトヲ得

保險証券ニ記スベキ條欵ハ前條ニ其要旨ヲ揭ゲタレ𪜈猶他ノ方法ヲ以テ之ヲ說明シ補充スルヲ禁スルニハアラズ且ツ若シ契約ハ一旦締結シタル後ト雖𪜈當事者雙方ノ合意アルニ於テハ何時ニテモ自由ニ之ヲ增減變更スルヲ得ベキ者ナレバ其如此場合ニハ前ニ作リシ保險証券ヲ更正シ變更スルヿヲモ許スベキハ蓋シ當然ノヿト云ベシ

保險証券ノ書式

第六百四十八條　保險証券ハ差圖式又ハ無記名式ニテ之ヲ發行スルコトヲ得然レモ白地ニテ之ヲ發行スルヲ得ズ

保險證券ハ必ズシモ記名ノ式ニ依ルヲ要セズ差圖式又ハ無記名式ニテ發行スルヿモ自由ナリ然ラバ則チ無記名又ハ差圖式ニテ發行スルハ如何ナル利益アルヤト云ハヾ最初ノ被保險者ヲシテ容易ニ賠償額要求權ノ讓渡ヲナスノ方法ヲ得セシメ又其權利ノ承繼人ヲシテ權利ノ實行ヲ容易ナラシメ且法律上無効ナル讓渡及其他訴訟上ノ故障ヲ申立ル道ヲ塞グ等ニ付利益アリ故ニ法律ハ有名無實ナル差圖式又ハ無記名式ニテ保險證券ヲ許スト雖モ白地ヲ以テ發行スルヲ許サズ何トナレバ白地證券ヲ許スニ於テハ詐僞若クハ不正ノ所爲ヲナシ保險者ヲ欺クノ弊ヲ生スル恐アレバナリ

保險証書ノ旨趣ニ係ル証據

第六百四十九條　保險契約ノ旨趣ニ係ル証據ハ保險証券又ハ附屬書類ヲ以テノミ之ヲ擧ルコトヲ得但其証

証券ニ揭ゲザル價額又ハ損害額ノ証據

券及附屬書類カ最早存在セズ又ハ其發行ヲ爲サヾル
トキハ此限ニ在ラズ
保險契約ノ旨趣ニ係ル證據ハ唯一ノ保險證券及其附屬書類アルノミ從テ法律モ亦非常ニ之ヲ重要視スルヿハ前ニ屢陳述セシ處ナリ去レバ若シ保險契約ノ旨趣ニ付爭論ノ起リタル場合ニ此證券ノ存スル限リハ之ヲ以テ最上ノ證據トシ重大ノ信用ヲ措クベキヿモ亦當然ノヿト云フベシ然レ圧初メヨリ保險證券ナキカ又ハ後日紛失等ノ事アルニ於テモ素ヨリ證券ノ有無ハ保險契約其者ノ有効無効ニ關係ヲ及ボスベキニアラサルヲ以テ如此場合ニハ他ノ方法ニ依リ證據立ルヿヲ許サヾルベカラサルナリ
第六百五十條　被保險物ノ價額ニシテ保險証券ニ揭ゲザルモノ及ヒ損害額ノ証據ハ總テ他ノ適法ナル証據方法ヲ以テ之ヲ擧クルコトヲ得
損害額ノ評定ハ當事者雙方ノ協議整ハザルトキハ裁

判所ヨリ指名シタル鑑定人之ヲ爲ス

豫メ被保險物ノ價額ヲ明約シ又ハ鑑定人ノ評價ニ依リ定ムルトキハ雙方トモ必ズ之ヲ遵奉スベク只或ニ三ノ例外ノ場合ヲ除クノ外ハ契約後ニ至リ之ニ異議テ述ルヲ得ズトハ第六百三十二條ニ依テ讀者モ猶之ヲ記臆スルナラン然レ𪜈若シ如此契約當時ニ豫定セザル場合ニハ被保險者ニ於テ一般ノ證據法ニ依リ之ヲ證明セザルベカラズ故ニ此場合ニハ如何ナル證據ヲ用ルモ法律ノ制限セザル所ナリ

損害額ノ評定

保險者ノ賠償スベキハ實際被保險者ノ受ケタル損害高ニ止リ必スシモ保險物ノ價額全部ニ在ラズ故ヲ以テ此損害高ニ付テモ亦被保險者ハ一般ノ證據法ニ依リ之ヲ證明セザルベカラズ而シテ若シ此事ニ付當事者双方ニ於テ到底協議ノ整ハサル時ハ裁判所ヨリ鑑定人ヲ命シテ之ヲ定メシムルモノトス

被保險者ハ損

第六百五十一條　被保險者ハ危險ノ生スルニ當リ成ル

害防止ノ義務アリ

又損害ノ生シタル後之ヲ通知スル義務ア

ベク其防止ニ盡力シ又其既ニ生シタル後ハ保險者又ハ其代人ニ遲延ナク其危險及喪失若クハ損害幷ニ其大小ヲ通知スル義務ヲ負ヒ其義務背反ニ依リテ生シタル損害ニ付保險者又ハ其代人ニ對シテ責任ヲ負フ

被保險者ガ一タビ保險ヲ約スルニ於テハ假令保險ニ依テ損害ヲ生ズルトモ之ガ賠償ヲ請求スルヲ得ルハ素ヨリ然ルベキヿナレ圧若シ已レニ損害ナキヲ幸ヒトシテ防止シ得ベキ危險ヲモ防止セズ之ガ爲メ終ニ全ク物件ノ喪失等ヲ來シタル如キ場合ハ正サニ自ラ盡スベキ方法ヲ盡サズ故ラニ他人ニ損害ヲ負擔セシムルモノト云ベシ是實ニ責ムベク惡ムベキノ所爲ナリ故ニ其危險ノ生ズルニ當テハ被保險者ハ之ヲ袖手傍觀スル如キヿナク自己ノ力ニテ及ブ丈ケ其防止ニ盡力スベク又若シ不幸ニシテ防止ノ効ナク該危險ノ爲メニ物件ノ喪失トナリ損害ヲ生ジタル時ハ成ルベク速ニ其發生シタル危險及ヒ喪失若シクハ損害ノ大小等ヲ保險者又ハ其代人ニ通スベキノ義務アリ

リ

トス是保險者ニ損害ノ情況ヲ調査セシムル爲メ尤モ欠クベカラサル手續ナルヲ以テナリ然ルニ若シ被保險者之ヲ遲滯シタル爲メ保險者又ハ其代人ニ餘分ノ損害ヲ生セシメタル時ハ即チ自已ノ怠慢ニ基因シタル理由ヲ以テ被保險者其責ニ任セサルベカラサルナリ

戰爭又ハ暴動ニ依テ生シタル危險

第六百五十二條　戰爭又ハ暴動ニ因リテ生シタル危險ニ對シテハ明約ヲ以テ引受ケタルニアラサレハ保險ノ責ニ任スルコト無シ

戰爭及ヒ暴動ノ如キハ尤モ非常ナル事變ニシテ通常ノ保險中ニ包含スベキ性質ノモノニアラズ故ニ如此保險ノ爲メニ生ゼシ損害ニ付テハ保險者ニ於テ賠償ノ義務ナキモノトス然レ𪜈契約ハ元來當事者ノ自由ニ成ルモノナレバ若シ雙方承諾ノ上此等ノ危險モ亦保險ニ附スル旨ヲ明約スルハ決シテ法ノ禁止スル處ニアラサルナリ

被保險者ノ過

第六百五十三條　保險者ハ被保險者ガ契約取結ノ際重

失ノ爲ニ保險者ニ解約ノ權アル塲合

要ナル情況ニ付キ虛僞ノ陳述ヲ爲シ又ハ其情況ヲ默スルトキハ惡意アリタルト否トヲ問ハス契約ヲ解クノ權利アリ但被保險者カ保險者ノ總テノ問ニ對シテ其知ル所ヲ竭シ且善意ニテ答ヘタル時ハ過失ナキモノト看做ス然レモ保險者ノ有スル解約ノ權利ハ此カ爲メニ妨ケラルヽコト無シ

若シ被保險者ガ契約取結ノ時重要ナル情況例ヘハ保險者其危險ヲ判定スルヿ又ハ保險ヲ引受クベキヤ否ヤヲ決斷スベキ條欵又ハ保險料ノ計算等ニ關スル情況ニ付詐僞ノ陳述ヲ爲スカ若シクハ之ヲ知リツヽ告ゲザリシ塲合ノ如キハ之ガ爲メ保險者一入故ナクシテ損害ヲ被ムラザルヲ得ズ故ニ假令此事ガ被保險者ノ惡意ニ出デタルニアラザルニモセヨ間接ニハ一般被保險者ノ利益ヲモ害スル結果トナルベキヿナレバ之ニ欺ムカレテ一旦保險ヲ引受ケタル前契約ヲ解除スルノ權利ヲ與ヘサルベカラズ是本條ノ規則ヲ生ゼシ

所以ナリ
然レ𪜈被保險者ガ保險者ノ總テノ問ニ對シ其知ル所ヲ善意ニテ悉ク答ヘタル場合ニ於テハタトヘ後日ニ至リ右ノ事情ヲ發見スルトモ之ガ爲メニ被保險者ヲ過失アルモノト見ナスヲ得ズ何トナレハ己レガ信實ナリト思フ處ヲ悉ク答ヘタルモノナレバ毫モ之ヲ咎ムヘキ點アラザレバナリ故ニ如此場合ニ保險契約ヲ解除セラレシ被保險者ハ前ニ拂ヒシ保險料ノ償還ヲ要求スルヲ得ベシ去レ𪜈猶保險者ノ解約ヲナス權利ハ此場合ニモ妨ケラルヽモノニアラザルナリ

契約後被保險物ノ情況ヲ變ゼシ爲危險ヲ增加シ又ハ變更スル場合及保險料不拂ノ爲保險者ノ責任ヲ解クヘキ

第六百五十四條　契約取結ノ後被保險物ニ付キ情況ノ變更ガ發生シタル爲メ其引受ケタル危險ノ增加シ若クハ變更スル場合又ハ保險料ノ支拂ニ付キ明示若クハ默示ノ延期ナキトキ契約上又ハ慣習上ノ期間ニ受取証書ト引換ニテ其支拂ヲ求ムルモ仍ホ之ヲ得サル

場合

場合ニ於テハ保險者ハ其契約ニ羈束セラルヽコト無シ但孰レノ場合ニ於テモ保險者其契約ヲ繼續スルトキハ此限ニ在ラズ

保險料ノ支拂ハ第六百四十條及ヒ第六百四十一條ノ場合ト雖モ被保險者又ハ其權利承繼人之ヲ爲スコトヲ得

一旦有効ニ保險契約ヲ取結ブモ保險者ニ於テ其契約ニ撿束セラルヽコトナク責任ヲ解クヿヲ得ル二ノ場合アリ其一ハ被保險物ニ關スル保險ノ情況ヲ變シタル場合ニシテ其二ハ被保險者ガ催促ヲ受ルモ猶保險料ノ拂込ヲナサヾル場合ナリ而シテ前ノ場合ニ保險者ガ契約ヲ解クヲ得ル所以ノモノハ既ニ前條ニ説明シタル處ト同一ノ理由ニ過ギズ後ノ場合ハ反之供給者ト報酬者ノ權衡ヲ同一ナラシムル爲メノミ何トナレバ保險料ノ拂込ヲ爲サヾルモノニ向テ單ニ保險ノ義務ノミヲ負ハシムルハ決シテ公平ヲ得ルモノニアラザレ

此法則ハ生命保險ニ適用セズ

保險シタル危險ガ全ク生セサルニ至リシ場合

バナリ尤モ保險料ノ支拂ヲナスベキハ被保險者一人ニ限ラズ或ハ其代人ヨリ支拂フコモ得ベク又相續人遺囑執行者保險讓受人或ハ他人ノ申込タル保險ニ付利益ヲ受クヘキ本人等ノ如キ者ヨリモ支拂フコトヲ得ルナリ

契約後被保險物ノ情況ヲ變シ之ガ爲メ危險ヲ增加スル場合ニハ保險者ハ前契約ニ覊束セラレズトノ法則ハ生命保險ニ適用スルコヲ得ズ何トナレバ生命保險契約ヲ取結ヒタル後ニ至リテ當初存セザル病症ヲ發シ危險ヲ增加シ終ニハ死去スルニ至ルトモ保險者ハ必ラズ保險ヲナシタル賠償額ヲ支拂フ義務アルモノニシテ如此場合ニモ保險ノ情況ヲ變ジタルヲ口實トメ保險者ノ責ヲ免レシムルトセバ實ニ生命保險契約ノ利益ハ毫モ存セザルモノト云ハザルヲ得サレバナリ

第六百五十五條　契約ハ保險シタル危險カ被保險者ニ對シテ生スベキニ至ラサルトキハ被保險者ヲ覊束セズ然レモ危險ノ減少又ハ其期間ノ短縮ノ爲メ保險料

全上危險ノ一部ガ減少シタルカ期限ノ短

ヲ分割スルコトヲ得ルハ保險料支拂期間二回以上ノ保險料ヲ前拂シタルトキニ限ル

保險料支拂期間ハ一ケ年タルヲ通例トス

被保險者ニ於テ保險料支拂ノ義務アルモノハ保險者ガ其保險ヲ引受ル報酬ニ外ナラズ果シテ然レバ若シ其約束シタル被保險物ノ保險ガ到底生セサル塲合例ヘバ海上運送ノ保險ヲ約シタルモ終ニ其運送ヲ中止シタル如キ又ハ旅行中ノ生命保險ヲ約シタルモ旅行ヲ見合ハセタル如キ塲合ハ到底被保險者ニ對シ保險ノ生スベキ謂ハレナク從テ保險者賠償ヲナス期日モナキニ至リシモノナレハ被保險者ハ先キノ契約ニ依リ羈束セラルヽモノニアラズ何トナレハ保險料支拂義務ノ源因タル危險ハ最早必ズ生ゼサルヿニ定リタルヲ以テナリ

然レハ今危險ガ全ク生セサルニアラズシテ一部ノ減少又ハ其期限ノ短縮シタル塲合ニハ如何ナル割合ニテ保險料ヲ支拂フベキヤ曰ク保險料ハ分割スベ

縮セシ場合ニ保險料ノ割合ハ如何スベキカ

カラサルヲ本質トス故ニ保險者ニ於テ假令分秒間ニテモ其保險ニ當リタル時ハ最早保險料全額ヲ拂ハサルベカラズ換言スレバ保險其者ガ既ニ分割スベカラサルモノナレバ保險料モ之ト同ク不可分割ヲ原則トス然レ圧本條ハ少シク此原則ヲ寛ニシ如此場合ニシテ保險料支拂期間（通常一个年）二回以上ノ保險料ヲ前拂シタルトキハ右保險ノ減少又ハ時間ノ減縮ニ應ジ保險料ヲ相當ノ額ニ分割スルヲ許セリ此例外ハ蓋シ被保險者ヲ保護スル精神ニ出テタルモノナリ

當事者ノ一方カ破產ノ宣告ヲ受ケタル時他ノ一方ノ權利如何

第六百五十六條　當事者ノ一方ガ危險ノ存續中ニ破產ノ宣告ヲ受ケタルトキハ他ノ一方ハ契約ヲ解キ又ハ其履行ニ付キ擔保ヲ求ムルコトヲ得

今若シ保險者ガ破產ノ宣告ヲ受ケタル時ハ被保險者ハ後日危險ノ生スルニ當リ賠償ヲ受ル能ハザル恐アリ反之被保險者ガ破產スル場合ハ保險料ノ拂續ヲナス能ハサル危殆アリ去レバ兩方何レノ者ガ破產シタル場合ニモセヨ

如此危殆ノ眼前ニ迫リタル契約ヲ其儘ニ維持セヨト他ノ一方ニ强ルヲ得ズ必ラズ他日ノ損害ヲ未然ニ防グ方法ヲ得セシメザルベカラサルナリ立法者ハ此精神ヲ以テ右ノ塲合ニ他ノ一方ノ者ニ與ルニ解約若シクハ履行ノ擔保ヲ請求スル二个ノ撰擇權ヲ以テセリ故ニ其損害ヲ受ケントスル當事者ノ一方ハ何レニテモ自由ニ其一ヲ撰デ自己ノ權利ヲ保護スルヿヲ得ルモノトス是實ニ當然ノ規定ト評スベキナリ

保險者ヨリ保險料ヲ償還スヘキ種々ノ塲合

第六百五十七條　契約カ被保險者ノ過失ナクシテ無効タリ又ハ任意ニ解カルヽトキハ保險者ニ對シテ危險ノ生スヘキニ至ラサル塲合ニ在テハ現ニ支拂ヒタル保險料ノ全部ヲ被保險者ニ償還シ又重複保險若クハ超過保險ノ塲合、被保險利益ノ減少ノ塲合又ハ其他ノ事由ニ依レル塲合ニ在テハ現保險料支拂期間ノ爲メ既ニ支拂ヒタル保險料ヲ危險減少ノ割合ニ應ジテ被

保險者ニ償還スルコトヲ要ス但シ慣習上保險者ガ受クベキモノヲ扣除ス

前述スルカ如ク保險料ハ保險者ガ負擔スベキ危險ニ酬ル代價ニ異ラザルモノナレバ若シ保險者ニ一モ義務ヲ負フニ及バサル場合ニハ其受取タル保險料ヲ被保險者ニ償還スベキハ當サニ然ルベキコト云ベシ而ソ第一契約ガ被保險者ノ過失ナクシテ全ク無効トナル場合（例ヘバ危險生スルニ至ラサル時又ハ契約當時既ニ損害ノ生ゼシ時ノ如シ）或ハ任意ニ解約セラレシ場合（例ヘハ被保險者ノ棄權、何レカ一方ノ破産、雙方ノ協議等ニ依リ）ハ保險者ハ保險料全部ヲ償還セザルベカラズ又第二重複保險超過保險ノ場合ニ其一部ノ無効ニ歸シタルトキハ其割合ニ應ジテ被保險者ニ償還セザルベカラズ然ラサレハ保險者ハ故ナクシテ保險料ヲ得ルモノトナル弊アレバナリ但シ何レノ場合ニモ慣習上保險者ノ受クベキ額ヲ差引テ償還スベキハ勿論ナリトス

保險者カ前ノ償還ヲナシタル後第三者又ハ被保險者ニ對シ有スル權利

第六百五十八條　保險者ハ被保險者ニ被保險額ヲ支拂ヒタルトキハ損害ノ生シタル爲メ被保險者ガ第三者ニ對シテ有スル請求權ヲ當然取得シ殊ニ債權ノ保險ノ場合ニ於テハ債務者ニ對スル債權者ノ權利ヲ當然取得ス但支拂ヒタル額ヲ限トス

被保險者ハ此事ニ關シ保險者ニ害ヲ加ヘタル行爲ニ付キ責任ヲ負フ

被保險者ハ既ニ保險者ヨリ損害ノ賠償ヲ受ケタルニ拘ハラズ猶其加害者ニ對シ要求スルヲ得ルトセバ故ナクシテ二重ノ賠償ヲ受ルモノト云ハザルベカラズ故ニ被保險者ガ第三者ニ對シ有スル賠償要求權ハ保險者ガ保險額ヲ仕拂ヒタル一事ニ依リ當然直チニ取得シ被保險者ニ代テ之ヲ行フコトヲ得ベシ且被保險者ノ行爲ニ依リ保險者ヲ害セシ場合例ヘバ右ノ要求權ヲ故ラニ拋棄セシ爲ニ保險者ハ終ニ之ヲ要求スル能ハザルノ地位ニ至ラシメタル如

キ場合ハ自ラ其責ニ當ラサルヲ得ズ何トナレバ自己ノ故意又ハ過失ニ依リ他人ニ損害ヲ生セシメタルモノハ何人ニテモ之ヲ賠償スル責任アリトハ法理上ノ大原則ナレバナリ

社員相互ノ保險ヲ目的トスル社會ニ適用スヘキ規則

第六百五十九條　社員相互ノ保險ヲ目的トシテ設立シタル會社ニ在テハ社員ノ權利及ヒ義務殊ニ保險料ノ支拂、追拂、會社負債ノ支拂、會社利益ノ分配及ヒ計算書ノ提出ニ關スルモノハ其會社ノ契約若クハ定欵ニ從ヒ其不十分ナル場合ニ在テハ本法ノ規定ニ從ヒテ之ヲ定ム

其組織ハ合資會社タリ合名會社タリ又ハ株式會社タルヲ問フニ及バズ苟クモ社員相互ノ保險ノ目的ヲ以テ創立シタル會社ニ在テハ其社員ハ各保險者ノ資格ト被保險者ノ資格トヲ兼有スルモノニシテ彼ノ一個人ガ營業者トシテ保險ノ申込ミヲ受ル場合トハ大ニ異ル所アリ故ニ如此場合ニ保險料ノ支

拂込拂會社負債ノ支拂會社利益ノ分配及ビ計算書ノ提出等ニ關スルヿハ主トメ其會社ノ契約又ハ定款ニ依テ之ヲ決定スベク只其不十分ナル場合ニノミ本法ノ規定ヲ適用スベキモノトナス然レ𪜈本條ニハ社員相互ノ保險ヲ目的トシテ設立シタル會社云々ト在ルニ依リ彼ノ通常保險會社ト稱シテ會社ハ只保險ノ引受ヲナスノミヲ營業トナシ被保險者ハ社外人タル場合ニハ本條ノ關スル處ニアラサルナリ

第二節　火災及ヒ震災ノ保險

火災及震災ノ保險ノ性質

火災及ヒ震災ノ保險ノ有益ナルコトハ予輩既ニ本章ノ初メニ於テ之ヲ說述シタルヲ以テ今再ビ之ヲ贅セズ各條ノ說明ヲナスニ先チ其定義及性質ヲ一言シ置クハ蓋シ無用ノ辨ニテアラサルベシ

火災及震災ノ保險トハ被保險者ガ一定ノ保險料ヲ拂ヒテ保險者ヲシテ一定ノ期限內ニ火災又ハ震災ニ依リ其被保險物ニ係リテ生スベキ損失ヲ賠償セシムルヿヲ約スル保險契約ノ一種ナリ

而シテ其保險料ノ額ノ如キハ被保險物保存ノ程度如何ニ依テ之レヲ異ニシ其保存ノ程度ハ被保險物ノ搆造性質使用方法或ハ其近隣ノ情況等ニ依リ各之ヲ異ニス例ヘハ煉化家屋ト木造ノ家屋トニ依テ異ル如ク又同ジク木造家屋ト雖モ人家稠密ノ場所ニ在ルト市街ヲ離レタル寂寥ノ地ニ在ルトキトハ大ニ其保存ノ難易ヲ異ニスルヲ以テ隨テ亦タ其保險料ニモ差違ナカルベカラズ故ニ此等ノ事ハ當事者ノ約束ヲ以テ臨機相當ノ額ヲ定ムベキモノトス而シテ若シ其他ノ詳細ニ至テハ以下各條ニ入テ之ガ解説ノ勞ヲ採ル可シ

火災及震災ノ被保險人トナルヲ得ベキ者

第六百六十條　動産又ハ不動産ハ貸借人用益者若クハ受託者其他ノ資格ヲ以テ之ヲ占有シ又ハ保管スル者ニ於テ自己ノ利益ニテモ所有者ノ利益ニテモ自己及所有者ノ利益ニテモ之ヲ保險ニ付スルコトヲ得但孰レノ利益ニテ保險ニ付シタルカニ付キ疑アルトキハ自己ノ利益ニテ保險ニ付シタルモノト看做ス自己ノ

利益ニテ保險ニ付シタル場合ニ在テハ第一ニ被保險者自己ノ損害ニ充テンガ爲メ次ニ所有者ニ對スル自己ノ責任ニ充テンカ爲メ保險ニ付シタルモノト看做ス其責任ニ充ツル被保險額ノ部分ニ對シテハ被保險者ノ債權者ハ總テ請求權ヲ有セス

所有者又ハ其他ノ者ノ損害賠償ノ要求ニ充テンカ爲メ保險ニ付シタル場合ニ於テハ第六百三十九條ニ依リ自己ノ保險者ト看做スベキトキト雖モ其被保險額ヲ限リトシテ保險者獨リ全部ノ損害ヲ負擔ス

火災及震災ノ保險ヲ受ルニハ動產ニテモ不動產ニテモ可ナレモ其被保險者タルヲ得ルハ如何ナル資格ヲ有スル人ナルヤ是本條第一項ニ規定スル處ナリ所有主又ハ債主等ガ所有品又ハ抵當品ニ付保險ヲ受ルヿヲ得ベキハ勿論ナレモ單ニ此等ノ人ノミナラズ他人ノ物品ヲ占有シ又ハ保管スル者例ヘバ

自己ノ利益ノ爲ニセシ場合

用益者貸借人受託者等ニ在テモ亦此保險ヲ受ル權利アリ何トナレバ是等ノ者モ該物品ニ付テハ多少所有者ニ對シ責任ヲ有スルモノナレバ之ヲ保險ニ附スルハ大ナル利益アルモノナレバナリ然レ圧其保險ヲ受ル目的ガ單ニ自已ノ利益ノ爲メニ在ル塲合ト所有者ノ利益ノ爲メ若シクハ自己及所有者ノ利益ノ爲メニシタル塲合トニ依リ少シク權利義務ノ關係ニ異動ヲ生ズ今少シク之ヲ說明セザルベカラズ（尤モ何レノ利益ノ爲ニスル目的ナルヤニ付當事者ノ明言ナク疑ノ生スル塲合ハ自己ノ利益ノ爲メ保險ニ附シタルモノト看做ス盖シ他人ノ利益ノ爲メニスルハ異例ノ事ニ屬スレバナリ）

自己ノ利益ノ爲メ保險ニ附シタル塲合ニ在テハ第一ニ被保險者ガ自己ノ損害ニ充テンガ爲メ第二ニ所有者ニ對スル自己ノ責任ニ充テンガ爲メ保險ニ附シタルモノト看做シ已レガ正サニ得ベキ利益ト又將來失ブベキ利益トヲ併有ス又他人ノ重要ナル實物ヲ保管スル爲メ其安全ナランヿヲ欲シテ保險ニ附スルハ專ラ他人ノ利益ノ爲ナリ且若シ借家人ガ其家屋ヲ保險ニ附シ火

所有者又ハ其他ノ者ノ爲ニセシ場合

災アリシ場合ニ其賠償金ヲ以テ自ラ家屋ヲ建築セバ自己ノ營業上ノ利益及所有者タル他人ノ利益ヲ共ニ目的トシタルモノト云ベシ然リ而シテ前述シタル所有者又ハ其他ノモノヽ損害ノ要求ニ充テンガ爲メ保險ニ附シタル場合ニハ其被保險者ノ他ノ債主ハ總テ保險額ヲ以テ已レノ債權ニ對スル辨償ヲ求ムルヲ得ズ初メ目的トシタル所有者又ハ要償權ヲ有スル者ニ歸シ其他ノ債主ノ利益トナラズ然ラサレバ當初保險ニ附シタル目的ト相反スル結果ニ至レバナリ要スルニ占有者ガ自己ノ利益ノ爲ニ保險ヲ約セバ其保險額ヲ自已ノ利益ニ供用シ處分スルヿヲ得レ圧反之所有者又ハ其他ノ債主ニ對スル責任ニ充ルガ爲メ約シタル片ハ被保險者タル占有者ガ其保險額ヲ自己ノ使用ニ供スルヲ得ザルノ差違アリトス且又此場合ニ在テハ假令保險額ガ被保險利益ニ達セザルモ保險者ニ於テ被保險額ニ滿ルマデ損害ノ全部ヲ負擔セザルベカラズ此事ハ本條末項ニ明文ヲ以テ示シタル處ナリ

不動産ニ關ス

第六百六十一條　不動産ノ保險ニ在テハ法律ヽ命令

ル保險者ノ特別ナル責任

其他ノ成規又ハ契約ニ依リテ被保險者ニ毀滅シ若クハ破損シタル物ノ再築若クハ修繕ヲ爲ス義務アルトキハ保險者ハ被保險者若クハ其權利承繼人ノ此義務ヲ履行ス可キ期間ヲ定メンコトヲ裁判所ニ申立テ又其再築若クハ修繕ノ實施ヲ監視シ及其工事ノ捗ル割合ニ應シテ被保險額ヲ支拂フコトヲ得

又保險者ハ契約ニ依リ被保險額ノ割合ニ應シ自費ヲ以テ再築若クハ修繕ヲ爲シ又ハ第三者ヲシテ之ヲ爲サシムルコトヲ得

本條ハ保險者ノ責任中不動產ニ係ル特別ノ規定ナリ即若シ被保險人ガ再築若クハ修繕ヲナス義務ヲ法律上又ハ契約上ニテ負擔シ居ル時ハ此義務ヲ履行スベキコヲ被保險者又ハ其承權人ニ促カシ且之ニ關スル相當ノ期限ヲ決答セシメンド裁判所ニ申出テ又ハ該工事ヲ監視シ及ヒ其工事捗取リノ割合

動産ヲ火災保險ニ附シタル場合

ニ應シテ被保險額ヲ支拂フヿヲ得ベク或ハ場合ニ依リ被保險額ノ割合ニ應シ保險者ノ自費ヲ以テ第三者ニ右ノ工事ヲ爲サシムルヿヲ得ベシ是レ殊ニ質取主ニ利益アル事柄ナリトス

第六百六十二條　動産ハ各箇ニ又ハ包括シテ保險ニ付スルコトヲ得包括シテ保險ニ付シタル場合ニ在テハ保險ノ存續間其包括中ノ各部分ヲ増減シ又ハ他ノ物ヲ以テ其全部若クハ一分ニ代フルトキト雖𪜈保險ニハ影響ヲ及ボスコトナシ

家屋内ニ備在ル動産一切ノ保險ハ現貨寶玉証書有價証券及ヒ稿本其他普通價額ヲ有セサル物ヲ包含セズ但反對ノ契約アルトキハ此限ニアラズ

動産ヲ火災又震災ノ保險ニ附スルニハ一箇毎ニテモ又數箇纒メテ其總体ノ儘ニテモ可ナリ而シテ後ノ場合ニハ假令其中ノ一部分ニ變更増減アルトモ之

動產保險ノ力テ有スル場合

ガ爲メニ最初ノ保險ニハ何等ノ影響ヲモ及ボサズ故ニ契約後家具等ノ買入ヲナスニ於テハ一方ヨリ云ヘバ保險ヲ增加シタルニ相違ナシト雖モ其部分丈ノ保險額ヲ增加シテ賠償セシムルヲ得サルモノトス

且又家內中ニ在ル動產一切ヲ保險ニ附スルノ契約ヲナシタル時其契約中ニ包含スルハ通常ノ價ヲ有スルモノニ止リ現貨寶玉證書有價證券及稿本ノ如キ特別ノ價額アルモノヽ如キハ別段ノ約束アラザル以上ハ被保險物中ニ包含セザリシ者ト看做ス是雙方ノ意思ヲ推測シテ如此決定スルニ過ギザルナリ

第六百六十三條　動產ノ保險ハ保險證劵ニ記載シタル住居其他ノ場所ニ關シテノミ効力ヲ有ス然レ圧其契約ハ被保險物ヲ一時保險外ノ場所ニ移シタルモ此カ爲メニ解止セラルヽヿ無シ

保險ハ元來或一定ノ地位ニ生スル保險ニ付テノミ其効力ヲ有スルモノナレ

自燃又ハ爆發ノ危險アル物ヲ保險ニ附スル場合

バ動産ノ保險モ亦保險證劵ニ記載シタル住居其他ノ場所ニ關シテノミ其効ヲ生ズルモノナリ何トナレバ若シ其場所等ニ變更ヲ生スレバ自ラ其物ニ生スベキ危險ノ情況ヲ大ニ變ズルモノナレバナリ然レ圧若シ如此原則ヲ貫カントセバ衣服書籍ノ如ク常ニ保險外ノ場所ニ至ルベキ自然ノ性質アルモノハ到底保險ヲ受ルヲ得ズト云ハザル可カラズ故ニ立法者モ此不便ナカラシメン爲メ一時保險外ノ場所ニ移スモ之ガ爲メ解止セラルヽヿ無シト規定シ少ク前ノ原則ヲ寛大ニ適用セリ但シ保險契約ヲ持續スベキハ必ズ一時ノ移轉ニ限リ若シ永久ノ目的ニテ保險外ノ地ニ移ルニ於テハ契約ハ一旦解止ニ至ルモノトス要スルニ本條ハ動産物ノ性質ト保險ノ性質トヲ相調和シ其中間ヲ採テ規定シタル法則ナリ

第六百六十四條　自燃又ハ爆發ノ危險アル物ニ付テハ被保險者カ契約上若クハ相當ノ豫防處分ヲ爲サヾル時ニ限リ第六百三十五條ノ規定ヲ適用ス

自燃又ハ爆發ノ危險アル物ニ付テハ保險者モ當初ヨリ其危險ノ程度大ナルヲ認知シ必ズヤ保險料モ通常ノ物品ニ比シテ高額ノ支拂ヲ求ルモノナリ去レバ是等ノ物火災ニ罹ルモ保險者ハ其性質上然ルベキヲ口實トシ賠償ノ義務ヲ免ルヽヲ得ズ然レ𪜈若シ被保險者ガ相當ノ豫防處分ヲ爲サヾリシ爲メ危險ヲ生スルニ至リシ場合ハ第六百三十五條ヲ適用シ保險者ハ之ヲ賠償スルノ義務ナキモノトス

火災損害中ニ包含スヘキ損害

第六百六十五條　火災カ被保險者ノ方ニ起リタルト近傍ニ起リタルトヲ問ハス消防若クハ救濟ノ處分又ハ竊盜其他類似ノ事由ニ依テ被保險者ニ加ヘタル損害モ火災損害ト看做ス

本條ハ火災ニ依ルノ損害中ニハ直接ニ因ルコトアリ又間接ニ因ルヿアレ𪜈共ニ火災損害ト見做シ保險者ニ賠償ノ義務アルヿヲ明示シタルノミ別ニ說明スベキ所ナシ

火災ノ危險ト全一視スヘキ種々ノ危險

第六百六十六條　雷電ノ危險火藥若クハ機關ノ破裂ノ危險火藥若クハ機關ニ原因スル破裂ノ危險其他類似ノ危險及ヒ震災ノ危險ハ同時ニ火災ノ起リタルト否トヲ問ハズ之ヲ火災ノ危險ト同視ス但他ノ契約アルトキハ此限ニ在ラス

此ニ揭列スル雷電火藥機關ノ破裂其他之ニ類似ノ危險及震災ノ危險ノ如キハ實ニ不測又ハ不確定ノ事故ニ原因スル危險ニシテ毫モ火災ト異ナル處ナシ故ニ是等ノ危險ノ爲メニ損害ヲ生ゼシ場合ハ假令當時火災ノ起ラザリシニモセヨ法律ハ火災ト全一ニ視做スナリ故ニ此數箇ノ危險起リシ時ハ總テ以上ニ說述セシ火災保險ノ法則ヲ適用スベク又如此危險ヲ別段ニ保險證書中ニ記セザルトモ保險者ハ火災ノ起リタル場合ト同一ニ賠償セザルベカラザル義務ヲ負フモノトス然レ𪜈當事者雙方ニ於テ法ノ規定ト相反スル特別ノ契約ヲナス時ハ其契約ノ旨趣ニ從フベク決〆前述ノ理論ニ依テ決定スル

土地ヨリ生ズル果實及其他ノ天産物ノ保險

ヲ得ザルナリ

第三節　土地ノ産物ノ保險

第六百六十七條　土地ノ果實其他ノ天産物ノ保險ハ強雨洪水旱魃暴風雨ノ如キ人ノ力ト注意トヲ以テ防ク能ハサル非常ノ天災ニ對シテノミ之レヲ爲スコトヲ得

保險シタル危險ハ保險証劵ニ逐一明記スルコトヲ要ス

土地産物ノ保險中ニハ米麥葡萄煙草ノ如キ土地ヨリ生スル收穫物ト蠶繭等ノ如キ天産物トヲ包含ス然レ氏如此物ハ通常ノ保險ト異リ只強雨、洪水、旱魃、暴風雨、ノ如キ到底人ノ力ト注意トヲ以テ防ク能ハザル非常ノ天災ニ對スル場合ニ之ヲ保險ニ附スルヲ得ルノミ故ニ例ヘバ養蠶室ノ溫度又ハ搆造法ニ注意セザル爲メ蠶兒ハ悉ク腐死シタリト云如キ場合ニハ素ヨリ保險額

此保險ノ効力ヲ有スル期限

此保險ニ於テ損害額ヲ定ル方法

ヲ賠償セヨト請求スルヲ得サルハ勿論如此人力及注意ノ深淺ニ依テ生スル損害ノ如キハ初メヨリシテ保險ニ附スルヲ得ザルモノトス夫レ既ニ此種ノ保險ハ其危險ノ原因ヲ定ルヿ如此重要ナルヲ以テ保險シタル危險ノ何ナルヤハ之ヲ明カニ保險証劵中ニ記載シ置カザルベカラザルナリ

第六百六十八條　保險ハ一箇年間効力ヲ有ス但更ニ短キ期間ヲ約定シタルトキハ此限ニ在ラス

土地ノ種藝及ビ收穫ハ一年每ニ更ニ爲スベキモノナル故ニ保險ノ物件モ亦一年每ニ變易スルモノトス故ニ土地產物ノ保險ハ必ラズ一ケ年間ヲ限リトシ其以上効力ヲ有スルモノニアラズ然レ圧元ヨリ短期ヲ約定スルハ隨意ナリ何トナレバ一ケ年數度ノ收穫ヲナスモノモ亦是無キニアラザレバナリ要スルニ如此保險ノ効力ハ一年以上ニ涉ルヿヲ得ザルモノトス

第六百六十九條　損害ノ生シタル塲合ニ在テハ保險シタル產物カ其損害ナク成熟シタル現狀ニ於テ有シタ

ル可キ價額ト其災害ノ後ニ有スル價額トノ間ノ差額ヲ被保險額ノ割合ニ應シテ被保險者ニ償フ但被保險額カ成熟シタル現狀ニ於テ有シタル可キ價額ヲ超過セサルトキニ限ル

本條ハ土地產物ノ保險ニ於テ被保險者ニ拂フベキ損害額ノ定メ方ヲ規定セリ之ニ依テ之ヲ見レバ此場合ニハ其產物ガ若シ損害ナク成熟シタル現狀ニ於テハ正サニ何程ノ價額アルベキヤヲ見タル上又一方ニハ其災害後ニ殘存スル價額ハ現ニ幾何ナルヤヲ定メ前者ノ中ヨリ後者ヲ減シタルモノヲ以テ實際被保險者ノ受ケタル損害高トナシ其被保險額トノ割合ヲ以テ保險額ヲ支拂フベキモノトス故ニ其損害單ニ收穫物ノ一部ニ止レハ保險額モ亦其一部ヲ拂フニ止リ又若シ全部ノ保險ヲ受ケテ全部ノ損害ヲナシタル場合ニモ猶災害後ニ食用ニ供スベカラザル穀粒及藁等ノ存スル時ハ之ヲモ引去テ全クノ實損害ヲ賠償スレバ即可ナリ而シテ過額保險及重複保險ノ場合ノ如キ

天産物危險ノ保險者ノ責任

運送保險ノ性質

ハ總則ノ規定ニ依テ之ヲ決定スベキコハ勿論ナリ

第六百七十條 保險者ハ損害ノ額カ其損害ノ生スルニ非レハ産物ノ有シタル可キ價額ノ少クモ四分一ニ滿タサルトキハ其責ニ任セズ

若シ本條ノ如キ制限アラザルニ於テハ被保險者ハ尋常ノ凶作ニモ非常ノ天災起リシ場合ノ爲ニ約シタル保險契約ヲ主張シテ其賠償ヲ請求スルノ弊ヲ生ズルノ恐アリ立法者ハ此弊ヲ防カン爲メ一ノ制限ヲ設ケ其損害ノ額ガ平常生ナルベキ價額ノ四分一以下ニ止ル場合ハ保險者ニ於テ之ヲ償フ責任ナシト規定セシニ過ギサルナリ

第四節 運送保險

運送保險トハ或地ヨリ或地ヘ物ノ運送ヲナスニ當リ其運送中ニ生スベキ物ノ喪失又ハ損害ノ保險ニ對シテ約スル保險ヲ云フ

運送保險ハ商業日々ニ進歩シ海陸運輸ノ便開クルト共ニ取引益々盛ナラン

トスル今日ニ在テハ尤モ其必要ト有益トヲ感スルコト大ナリ何トナレハ總テ商品ハ運送ノ爲メニ損害ヲ生ジ易キ性質アルノミナラズ途中ニ於テ喪失又ハ毀損ノ危險ニ遭遇スルヿ少シトセズ若シ如此度毎ニ莫大ノ損失ヲ被ムルモノトセバ商業者ハ實ニ安心シテ取引ヲナスヿヲ得ズ從テ商業ノ盛大ナランヿヲ望ムモ決シテ得ラルベキニアラサルナリ然ルニ今之ヲ保險ニ附スルニ於テハ如此危險ニ逢フトモ保險者ヨリ相當ノ賠償ヲ得テ直ニ損失ヲ恢復スルヲ得ルヲ以テ安心シテ其業務ニ從事スルヲ得ルノ利益アリ故ニ曰ク運送契約ハ殊ニ商家ノ爲メ必要ナルモノナリト

然レ𪜈彼ノ海上保險ノ詳細ハ第二編海商法中ニ規定セラルヽヲ以テ此ニ説明スベキニアラズ讀者豫メ之ヲ諒セヨ

運送保險ヲ受タルヲ得ヘキ者

第六百七十一條　運送中ニ在ル物ハ運送人ヨリ又ハ其物ノ到達地ニ安着スルコトニ付キ利益ヲ有スル各人ヨリ之ヲ保險ニ付スルコトヲ得

運送保險ニ對スル危險ハ無制限ナリ

運送人ハ其委託セラレタル物件ヲ完全ナル形狀ニテ引渡スベキ責任アリ從テ運送中或偶然ノ事變ノ爲メニナシタル損害ヲ負擔セサルベカラズ故ニ其運送中ニ在ルモノヲ保險ニ付スルハ其利益尠少ニアラズ此他ニ其物ガ到達地ニ安着スルコトニ付利益ヲ有スル總テノモノハ自已ガ被ムルベキ未然ノ保險損害ヲ免ルヽ爲メニ之ヲ保險ニ附スルコトヲ得ルハ明ナリ要スルニ或物ガ無事ニ到着スルヤ否ヤニ付利害ノ關係アルモノハ何人モ此保險ヲ約スルノ資格アルモノトス

第六百七十二條　保險者ハ保險品ノ保險ニ因リ運送ノ期間中其物ノ喪失若クハ毀損ノ各保險ヲ引受ケ其保險中ニ火災盜難敵ノ威力及ヒ此類ノモノモ包含ス但或ル保險ヲ明示シテ取除キタルトキハ此限ニ在ラス運送ノ期間ハ別段ノ契約アルニ非レハ運送人ニ物ノ交付ヲ始ムル時ヨリ受取人ニ其引渡ヲ終フル時マテ

然レ𪜈保險者ノ責任ハ運送ノ期間ニ限ル

トス

運送保險ハ土地産物ノ保險ノ如ク非常ノ天災ニ對スル保險ノミナラズ苟クモ運送ノ期間中ニ其物ノ喪失又ハ毀損ヲ生シタル凡百ノ保險ニ對シ之ヲ保險スルモノトス故ニ彼ノ洪水强雨旱魃暴風雨ノ如キ天災ノミナラズ或ハ火災盜難敵ノ威力等ハ勿論運送人ノ怠慢過失不注意等ニ本キタル損害及官ノ命令ニ基ク喪失等ノ如キニ至ル迄一切保險者ノ責ニ任スベキモノトス然レ𪜈保險者ニ於テ如此總テノ保險ニ對スル保險ヲ承諾セズ別段ニ何々ノ危險ニ付キト云如ク明定シテ約束ヲ取結ビタル時ハ其契約シタル危險ニアラザレバ保險額ノ支拂ヲナスニ及バザルモノトス

前述ノ如ク或例外ノ場合ヲ除クノ外ハ運送中ニ生シタル凡百ノ危險ニ付キ保險者ニ責任ヲ生スルモノナレ𪜈是亦無限ニ負擔スベキ道理ナシ故ニ保險者ノ責ニ任スベキハ只其運送期間中ニ生セシ保險ニ限リ其前後ニ及バズ而シテ此期間ノコニ付雙方ニ明約アレバ素ヨリ疑アラサレ𪜈若シ何ノ約束モ

運送保險ノ移轉

在ラサル場合ニハ本條第二項ニ依リ運送人カ物ノ交付ヲ始ムルヨリ受取人ニ其引渡ヲ終フル時迄ヲ以テ運送期間トナス故ニ此間ニ生シタル危險ニアラサレバ保險者ハ何等ノ責任ヲモ負フモノニアラザルナリ

第六百七十三條　運送ノ期間中運送品ヲ讓渡シタルトキハ保險ハ第六百四十條ノ規定ニ從ヒテ讓渡人ヨリ新取得者ニ移ル

商品ノ取引讓渡等ハ必ズシモ現品引換ノ方法ニ依ラズ猶運送中ニ在ル物ニ付テモ讓渡等ヲ爲シ得ベキモノトス而シテ此場合ニ其物ノ保險ハ如何ナル形狀ニ成リ行クベキヤト云ニ即チ本章第六百四十條ニ從ヒ其讓渡アルト同時ニ保險モ亦當然新取得者ニ移轉スルモノトナス(例外ノ場合ハ格別)而メ其理由ノ如キハ曾テ總則中ニ說明シタル處ナルヲ以テ宜シク讀者ノ參照ニ一任シ此ニ再ビ全一ノ辨ヲ費サズ是蓋シ無益ノ勞ニ過ギザルヲ信ズレバナリ

保険外ノ物品ニ喪失又ハ損害ノ生セシ時ハ保険者ニ擧證ノ責アリ

第六百七十四條　保険証券ヲ以テ保險シタル以外ノ喪失若クハ損害ガ運送品ニ生スルトキハ其例外タル証據ヲ擧ル義務ハ保險者ニ在リトス

前ニモ既ニ一言シタル如ク運送保險ニ於テハ其特別ノ契約ヲ以テ保險ノ種類ヲ定メタル例外ノ場合ヲ除クノ外ハ如何ナル種類ノ保險ヨリ生スル損失ニ付テモ保險者賠償ノ責任ヲ負フヲ以テ通例トス然レバ今被保險者ヨリ保險者ニ其損害ノ生ゼシ丁ヲ理由トシ保險額ヲ請求スルニ當リ保險者ニ於テ此ノ如キ危險ハ有價證劵ニテ保險シタル以外ノ危險ニ屬スルヲ以テ予ハ之ニ付キ保險額ヲ支拂フ義務ナシト對抗スルハ正ニ是通常一般ノ推測ニ反シテ自已ノ利益ヲ主張セントスル者ナルヲ以テ證據法上ノ原則ニ從ヒ如此場合ハ先ツ保險者ヲメ全ク保險證劵外ニ屬スル保險ナル丁ヲ證明スルノ義務ヲ負ハシムルハ誠ニ當然ノ丁ト云ベシ故ニ若シ保險者ガ十分右ノ證明ヲナシ得ザルニ於テハ其結果必ズ賠償ノ責任アルモノト判定セラルヽモ亦如何

運送物ノ損害價額ヲ定ムルニケノ標準

トモスベカラザルナリ

第六百七十五條　價額ヲ保險証劵ニ記載セサル場合ニ於テ損害ノ價額ヲ評定スルニハ最初ノ代價及ヒ其附帶ノ費用ヲ標準トス若シ之ヲ知ル能ハサルトキハ積込ノ地及ヒ時ニ於ケル普通價額若クハ市場價額ニ諸税、保險費用、積込費用、及ヒ被保險者ノ負擔ニ歸スル運送費用ヲ合算シタルモノヲ標準トス

本條ハ運送物損害ノ價額ヲ定ル二ツノ標準ヲ明示セリ蓋シ其價額ガ幸ニ保險証劵中ニ記載セラレ在ル場合ハ何ノ議論モ生セザレ𪜈若シ此記載ナキ場合ニハ如何シテ其損害額ヲ定ムベキヤ是頗ル困難ノ問題ナリ而シテ本條ノ規定ニ依レバ先ツ第一ハ最初差立人ガ其物品ヲ買入レタル代價及ヒ之ニ附帶スル諸費用ヲ以テ標準ト爲ス是等ハ通例代價計算書若クハ賣主ノ受取証書又ハ商業帳簿等ニ依リ知ルヿヲ得ベキモノナリ然レ𪜈若シ之ヲ知ル能ハザル

本條ト總則ト規定ヲ異ニスル點

場合ニハ第二ノ方法即チ積込ノ地及ヒ時ニ於ケル普通價額若クハ市場價額ニ諸稅、保險費用、積込費用及ヒ被保險者ノ負擔ニ歸スル運送費用ヲ合算シタルモノヲ以テ標準トシ之ニ依テ保險額ノ割合ヲ定ムヘキモノトセリ

被保險物ノ價額ハ商品ニ在テハ損害又ハ喪失ノ生シタル時及ヒ地ニ於ケル市場代價ニ依リテ之ヲ定ムトハ總則第六百三十條ニ明定スル處ナルニ本條ハ之ニ反シテ積込ノ地及時ニ於ケル普通代價若クハ市場代價ニ依リテ之ヲ定ムト規定シ損害ヲ生セシ地及時ト云ハズ兩者殆ンド矛盾スルガ如クナレドモ是蓋シ理由ノ存スル處ナリ其故ハ運送中ニ於テ生スル事變ノ場處及ヒ時ハ素ヨリ偶然未定ニシテ被保險者ノ受クル損害トハ毫モ相關係スル因緣ナシ故ニ損害ノ生セシ場處及時ヲ標準トナスヿヲ得ズ然レバ則チ到達地ノ代價ヲ標準トセンカ是亦不可ナリ何トナレバ代價ハ時々變動シ一定セザルノミナラズ到達シタル後ノ代價ハ總テノ費用等ヲモ包含シ自ラ普通差立地ノ價ニ比シテ高額ナルモノナリ然ルニ今其物品途中ニテ喪失セシニ拘ハラズ

運送保險証書ニ記載ス可キ特別ノ事項

是等將來ノ高價額ヲ標準トスルトセバ實ニ被保險者ハ實際ノ損害高ヨリモ超過シタル賠償ヲ得ルノ結果トナルベシ故ニ法律ハ其實損害ヲ賠償スルノ標準トナサン爲メ差立地ノ普通又ハ市場價額ニ因ルヿトナシ總則ニ對スル一例ノ變ヲ設ケタルモノナリ

第六百七十六條　保險証券ニハ第六百四十六條ニ掲ケタル諸件ノ外尚ホ運送ノ方法運送具ノ種類運送取扱人及ヒ運送人ノ氏名運送ノ線路及ヒ發送地並ニ到達地ヲ逐一記載シ且立寄地アルトキハ其地又運送期間ノ約定アルトキハ其期間ヲ掲グルコトヲ要ス

保險証券ハ反對ノ明約アルニ非サレハ其証券ニ掲ケタル運送期間若クハ通常ノ運送期間ヲ踰越シ其他前項ニ掲ケタル保險証券ノ條件ニ違背シタルカ爲メニ無効ト爲ルコト無シ但其踰越又ハ違戻ニ因リ運送取

被保險者カ運送人等ニ有スル請求權ハ保險者ニ移轉ス

扱人若クハ運送人ニ對シテ生シタル被保險者ノ請求權ハ保險者ニ移ル

保險證劵ニ記スベキ一般ノ條件ハ第六百四十六條ニ揭ケタレ圧此他又運送保險ニハ特別ニ記載スル必要ノ條件アリ故ニ必ズ之ヲ併記セザルベカラズ是本條第一項ニ規定スル處ナリ

且又運送取扱人若クハ運送人ガ其保險證劵中ニ記載シタル條件ヲ踰越スルカ或ハ之ニ違背スル場合ハ其レガ爲メ生ゼシ損害ニ付通常ノ法理ニ在テハ依托者タル被保險者ガ此等ノ者ニ要求權ヲ有スベキ筈ナレ圧被保險者ハ若シ損害ヲ生スルモ保險者ヨリ賠償ヲ得ル故ニ其實運送取扱人等ノ踰越或ハ條件違背ノ爲メ危險ノ損害ヲ負擔スルハ保險者其人ニ在テ存ス故ヲ以テ右ノ如キ場合ハ被保險者ニ代リ保險者ガ其請求權ヲ實行スルヲ得ルモノトス是第二項ニ規定スル處ナレ圧必竟總則六百九十八條ノ適用ニ過ギザルナリ

第五節　生命保險病傷保險及ヒ年金保險

生命保險

生命保險トハ一方ノ者ガ保險料ヲ受テ他ノ一方ノモノ若クハ第三者ノ死亡ニ依リ約定ノ保險額ヲ支拂フベキ契約ヲ云フ

病傷保險

病傷保險トハ他ノ一方ノ者若クハ第三者ガ生命ニ罹ラザル疾病傷痍ニ遭遇シタルトキ約定ノ保險額ヲ支拂フヘキ契約ナリ

年金保險

年金保險トハ保險者保險料ヲ受取リタル代リニ後日被保險者又ハ其死亡後ハ其保險ニ與リタル人ニ終身間又ハ或期間內或一定ノ金額ヲ每年拂渡ス義務ヲ負フ所ノ契約ヲ云フ

右三種ノ保險ノ効用

右三種ノ保險ハ何レモ他人ニ依賴シテ生活スルモノヲ救助スル方法ニ適シ特ニ彼ノ一家族數口ノ者ガ戶主一人ノ勞動ニ依テ衣食ノ計ヲ爲シ來リタルニ一朝其戶主ガ死亡若クハ疾病負傷ニ遭遇スルニ際シ憐レニモ饑餓凍餒ノ困厄ニ陷ルモノヲ救濟シ安全ニ生活シ若シクハ生活ノ方法ヲ得ル爲メノ資本ヲ得セシムルニハ尤モ適當且有益ノ方法ナリトス

人ノ生命又ハ

第六百七十七條　人ノ生命又ハ健康ハ終身其他或ル期

健康ヲ保險ニ附スルヲ得ル理由

此保險ハ終身又ハ或一定期間ヲ定ムルヿヲ得

問中之ヲ保險ニ付スルコトヲ得

凡テ人ハ生命アリ健康ヲ保ツ間ハ資本ヲ所得シ收入ヲ得ルノ勞働ニ從事スルヲ得ベキモ若シ一朝死去ノ不幸ニ遭遇スルカ若クハ生命アリトモ健康ヲ失フニ於テハ其收入ヲ得ルヿ能ハズ而シテ此損失（即收入ヲ得ル能ハザルニ至ルヲ云）ハ朝夕ヲ計ルベカラサル死亡疾病負傷ノ如キ未定ノ事變不測ノ禍害ニ依テ生ズルモノトス然レバ即此損害ニ對スル賠償ヲ得ン爲メニ保險ノ約束ヲ爲シ得ベキハ他ノ一般有價物ト毫モ異ナル處ナシ是人ノ生命又ハ健康ヲモ保險ニ附スルコトヲ得ル所以ナリ

而シテ此保險モ亦他ノ保險ト全ク必ラス其保險期間ナカルベカラズ去レバ本條ニ於テハ或ハ終身ヲ以テ之ヲ定メ或ハ一定ノ年限ヲ定メテ保險ニ附スルコトヲ得ルトナシ何レトモ當事者ノ契約ニ一任セリ往古ハ人ノ生命ハ必ラズ一タビ死亡ノ運ニ會スルモノニシテ未定ノモノニアラザル故終身保險ハ道理ニ反スト主唱スルモノモ少カラザリシガ何人モ何時如何ナル事變ノ

何人モ自己ノ生命又ハ健康ヲ保険ニ附スルヲ得

自己ノ生命又

爲メニ死亡スルト云フヿヲ豫知スルヲ得ザルモノナレバ保険ノ性質ニ尤モ必要ナル未定或ハ不測ノ條件ヲ充タスニ十分ナリトノ理由ヲ以テ今日ハ各國廣ク終身保険ヲ許容スルニ至レリ而メ我立法者モ亦此主義ヲ採用シタルニ過ギザルナリ

第六百七十八條　何人ニテモ自己ノ生命若クハ健康ヲ保険ニ付スルコトヲ得又保険ニ附セントスル時ニ於テ他人ノ生命若クハ健康ニ付財産上ノ利益ヲ有スル者ハ其他人ノ生命若クハ健康ヲ保険ニ付スルコトヲ得

配偶者兄弟姉妹尊屬親若クハ卑屬親ノ生命若クハ健康ニ關スル相互ノ利益ニ付テハ証據ヲ擧クルコトヲ要セズ

第六百七十九條　他人ノ生命又ハ健康ノ保険ノ有効ナ

ハ健康ヲ保險ニ附スルト他人ノ生命ヲ保險ニ附スルトノ區別

ルニハ其人ノ承諾又ハ了知ヲ要セズ

自己ノ生命又ハ健康ヲ保險ニ付スルヲ得ルハ既ニ前條ニ於テ其理由ヲ詳述セシ如シ然レ圧濫リニ保險ノ名ヲ假借シテ他人ノ生命又ハ健康ヲ賭シ彼ノ賭博或ハ富講ニ依リ偶然ノ利益ヲ射ルト全一ノ方法トナスベカラザルハ誠ニ道理ノ然ラシムル處ナリ故ニ立法者モ此點ニ付テハ一ノ制限ヲ附シ家族中相互ノ間若クハ債主ノ負債者ノ生命ニ於ケルガ如ク苟クモ其他人ノ生命又ハ健康ガ自己ノ財産上ニ利益ヲ有スル場合ノ外ハ之ヲ保險ニ附スベカラサルモノトセリ

而シテ此他人ノ生命又ハ健康ヲ保險ニ附スルヲ許ス場合ニハ必ズシモ被保險者ノ承諾若クハ了知ヲ要セズ何トナレバ此契約ノ爲メ被保險者ハ一モ義務ヲ負擔セズ又之ガ爲少シモ害ヲ被ルベキモノニアラサルヲ以テ强テ承諾又ハ了知ヲ必要トスル理由アラサレバナリ

且又配偶者、兄弟姉妹、尊屬親（父母祖父母ノ如キ）及卑屬親（子孫ノ如キ）ノ

他人ノ生命ヲ保險ニ附スル場合ニテモ其利益ヲ擧証スルニ及ハサル場合

被保險額ノ支拂ヲ受クヘキ者

生命或ハ健康ニ關スル相互ノ利益ニ付テハ別段之ガ証據ヲ擧ルヲ要セズ何トナレバ如此親族ノ關係ヲ有スルモノハ互ニ相養ヒ相助クル自然及法律上ノ責任ヲ存シ父ノ利益ハ即子ノ利益トナリ夫ノ利益ハ妻ノ利益トナルベキコ明白ナルヲ以テ敢テ其利益ヲ証據立ルニ及バザルベケレバナリ

第六百八十條　被保險額ハ其支拂フベキニ至リタルトキ直チニ被保險者又ハ保險証劵ニ依リテ保險ノ爲メ益ヲ受クル者又ハ被保險額請求權ノ轉付ヲ受ケタル者ニ之ヲ支拂フコトヲ要ス

被保險者ノ死亡ニ因リ被保險額ヲ支拂フ可キニ至リタル場合ニ於テ其被保險額ヲ受クベキ人カ其際存在セサルトキハ其被保險額ハ死亡者ノ遺產ノ一分トシテ之ヲ處分スルコトヲ要ス

保險ハ自己ノ利益ノ爲メニ又ハ他人ノ利益ノ爲ニ約スルヲ得ベキハ前ニ屢

陳述シタル如シ然ラバ保險額ノ支拂テ受ルモノモ或ハ被保險者タルコトアリ或ハ其利益ヲ受グベキ他人（保險証劵ニ記載セラル丶）タルコトアリ又若シ保險請求權ノ讓渡ヲナシタル塲合ニハ其讓受人ニ於テ被保險額ノ支拂ヲ受クルコトアリ各其塲合ニ從テ同一ナラズト雖モ要之ニ被保險者ノ意思又ハ差圖ニ依テ被保險額ヲ受取ルベキ人ヲ定ムルモノトス然ルニ若シ被保險者ハ既ニ死去シ其利益ハ寡婦又ハ子孫ノ受クベキモノナルニ此等ノ者モ悉ク死去シテ被保險額ヲ受取ル者一人モナキ塲合ニハ其金額ハ如何ニ處分スベキヤ曰ク如此塲合ニハ被保險者ノ通常遺產ノ一分ト同一ニ處分シ其相續人又ハ債主ニ屬スルモノトス是第二項ニ明定セラレタル處ナリ

契約上ノ義務ニ因リ單ニ他人ノ生命ヲ保險ニ附スル塲合

第六百八十一條　他人ノ生命又ハ健康ハ其人ノ爲メ又ハ第三者ノ爲メ契約上ノ義務ニ依リ之ヲ保險ニ附スルコトヲ得

前數條ノ規定シタル塲合ト異リ保險人ハ少シモ自己ノ利益ヲ目的トセズ只

保險ノ無効トナルヘキ三原因

單ニ契約上ノ義務ニ本キ保險料ノ支拂ヲナシテ他人又ハ第三者ノ爲メニ他人ノ生命又ハ健康ヲ保險ニ付スルヿアリ是即本條ノ規定シタル場合ニシテ多クハ雇主ガ被雇者タル職工ノ爲メ其職工ノ生命又ハ健康ヲ保險ニ附シ或所爲ノ報酬ノ爲メ自ラ代テ保險料支拂ノ義務ヲ引受クル場合ニ付スルモノナリ此保險ハ如此被保險者又ハ第三者ノ利益ノ爲ニ生シタルモノナレバ保險料拂込人ハ少シモ之ニ依テ利益ヲ受ルヲ得ザルヿハ自ラ明カナル結果ナリト云フベシ

第六百八十二條　保險ハ左ノ場合ニ於テハ無効トス

第一　保險シタル死亡又ハ病傷カ保險契約取結ノ際既ニ生シタルトキ但保險申込人カ其事ヲ知ラサルトキハ此限ニ在ラズ

第二　生命若クハ健康ヲ保險ニ附シ又ハ付セシメタル者ガ契約上負擔シタル義務ニ違背シ又ハ放蕩、粗

暴、其他故意ノ所爲ニ依リテ生命ヲ短縮シ若クハ健康ヲ毀損シタルトキ

第三　死亡若クハ病傷カ重罪若クハ輕罪ニ付テノ有罪判決ノ執行ニ因リ若クハ其執行中ニ生シ又ハ重罪若クハ輕罪ヲ犯シタル直接ノ結果トシテ又ハ決鬪其他故意ノ所爲ニ因リテ生シタルトキ

本條ハ保險ノ無効ニ歸スベキ諸種ノ原因ヲ列擧セリ第一ノ源因ニ依リ保險契約ノ無効トナルハ既ニ總則第六百三十六條ニ於テ述ベタル處ナリ只少ク異ルハ一般ノ保險ハ此場合ニハ必ズ明約アラサレハ有効トナサヾレ圧生命保險ノ場合ニハ單ニ保險申込人ニ於テ其源因アル丁ヲ全ク知ラザレバ假令明約ナクト圧之ヲ有効ト爲スニ在リ如此差違アルモノハ生命保險ノ性質上ヨリ來ルモノトス第二ノ源因ニ依リ無効トナルハ全ク總則第六百三十五條ノ適用ニ過ギス何

保險無効トナリシ場合ニ保險料償還ノ〓

トナレバ保險ハ必ズ不測ノ損害ノミヲ賠償シ任意ニ招キタル損害ハ之ヲ償フ義務ナシトハ一般保險上ノ原則ニシテ而メ此ニ列スルハ被保險者ノ放蕩粗暴等ニ本キ直接ニ又ハ間接ニ被保險者自ラガ自巳ノ身體生命ニ害ヲ招クノ所爲ヲナシタル事ナレバ之ヲ無効トスベキハ素ヨリ然ルベキ事ナレバナリ

第三ノ源因ハ更ニ一歩ヲ進メテ刑法上禁スル所ノ輕罪又ハ重罪ヲ犯シタル直接又ハ間接ニ生ジタル身體上ノ損害若クハ自己ノ生命ヲ抛棄スル決意ヲ以テ決闘若クハ自殺等ヲナシタル事ナレバ是等ニ對シ賠償ヲナスニ及バザル理由ハ喋々セズトモ明ナリ

第六百八十三條　總テ保險無効ノ場合ニ於テハ保險契約ヲ以テ此場合ノ爲メニ約定シタル額若シ約定ナキトキハ少ナクトモ被保險者ノ爲メニ既ニ積立テタル貯金ノ半額ヲ被保險者ニ償還スルコトヲ要ス但被保

險者カ詐欺若クハ惡意ニ因リテ自ラ無効ニ至ラシメタルトキハ此限ニ在ラズ

抑生命保險契約ハ他ノ純然タル賠償ヲ目的トスル一般保險ト少ク性質ヲ異ニシ若干年ヲ經過シタル後若干ノ金額ヲ得ントノ目的ニテ日常節儉ノ剩シ得タル金額ヲ漸次積立ルノ性質ヨリ成リタルモノナレバ其保險契約無効トナル一事由ヲ以テ保險者ガ從來拂込ヲ受ケタル總テノ金額ヲ利益スルハ道理ニ反スルモノト云ベシ故ニ如此場合ニハ初メヨリ右償還ノ額ヲ約定シ在レバ其額ヲ被保險人ニ償還スベク若シ又此約定ナキトキハ少クトモ被保險者ノ爲メ既ニ積立テタル貯金ノ半額ヲ償還セザルベカラズ然ラサレハ契約無効ト爲リシガタメ保險者ハ故ナク己レヲ富マスノ結果ニ至ルヲ以テナリ然レ圧若シ被保險者ガ詐欺若クハ惡意ニ依リテ自ラ無効ニ至ラシメタル時ハ素ヨリ其責任ヲ負擔スルハ被保險者其人ノ任ト云ハザルベカラズ故ニ此二ノ原因（詐欺及惡意）ニ依リ無効トナリシ場合ハ全ク被保險者ニ於テ其積

保險者後日ニ至リ契約ノ無効ヲ主張スル權ヲ失フ場合

立金ヲ損失スルモノトス

第六百八十四條　契約ノ無効ハ保險者カ契約ノ無効ヲ致ス情況ヲ知リタル後尚ホ契約ヲ被保險者ト繼續シタルトキハ保險者ヨリ被保險者ニ對シテ之ヲ主張スルコトヲ得ズ

契約無効トナルベキ情況ヲ生シタル時保險者ガ之ヲ知リタル後ハ隨意ニ其事情ヲ申立テ前約解除ヲ主張スルヲ得ベキモノタリ然ルニ猶之ヲ主張セバ前契約ヲ被保險者ト繼續スルニ於テハ是保險者ガ其事情ヲ以テ解約スル程ノ重大ナル事ニアラズト思意シ之ヲ默過シタルモノト見做サヽルベカラズ從テ後日ニ至リ更ニ右ノ事情ヲ申立テ被保險者ニ無効ヲ主張スルヲ許サズ蓋シ該事情ノ生シタル時ハ之ヲ默々ニ附シ猶被保險者ヨリ續テ保險料ノ拂込ヲ爲サシメタル上其多額ニ登ルヲ待チ前日ノ事情ヲ申立テ契約ノ無効ヲ主張スル如キハ不正モ亦甚シト云ハザルヲ得サル所爲ナレバナリ

被保險額支拂ノ時期

第六百八十五條　死亡若クハ病傷ノ時ノ外尙ホ契約ニ依リ或ル年齡若クハ期限ニ至リタル時ヲ以テ被保險額支拂ノ時ト爲スコトヲ得又被保險額ノ支拂ニ換ヘテ年金ノ支拂ヲ約定スルコトヲ得

凡ソ生命保險ノ場合ニ被保險額支拂ノ時期トナスベキハ被保險者ノ死亡若クハ病傷ニ罹リタル時ニ於テスベキヲ通常トシ又之ガ生命保險ヲ約スル目的ニ適應スルモノナリ然レ𪜈契約ハ人ノ隨意ナルヲ以テ必シモ右二ノ時期ニ限ラズ或年齡若シクハ期限ニ至リタル時ヲ以テ被保險額支拂ノ時トナスヿモ自由ナリ是蓋シ老年ニ至リ勞働ニ從事スル能ハサルモノヽ爲ニハ尤モ利益ヲ感スルヿアルベキ方法ノ契約ニシテ敢テ法律ノ禁止スベキ理由アラサルヲ以テナリ

且又被保險額ヲ一時ニ受取ラズ毎年若干ノ年金ニテ支拂ヲ受ルヿヲ約スルモ自由ナリ而シテ其年金ハ或人ノ終身間ニ支拂フヿアリ又ハ若干年間ニ毎

年幾何ト約定スルヿモ在リ總テ是等ノ事ハ雙方ノ契約或ハ會社申合規則ニ準據スベキモノナリトス

年金保險ノ性質

第六百八十六條　年金保險ハ保險者ガ或金額ヲ受取リテ被保險者ニ又ハ其死亡ノ後ハ其保險ニ與カリタル人ニ終身間又ハ或期間ノ滿了ニ至ルマテ年金ヲ支拂フ義務ヲ負フ契約タリ

年金保險ノ性質ハ單ニ一目スル時ハ通常一般ノ保險契約ニ背馳スルモノニアラズヤトノ感念ヲ生スレ氏熟考スレバ恰カモ方法ヲ反對ニスル生命保險ニシテ被保險者ハ資本ヲ保險者ニ放與スル代リニ終身若クハ或期間ノ滿ル迄若干ノ年金ヲ要求スル權利ヲ得ルモノナリ而シテ此契約ハ資本金ニ對スル通常利子ヨリモ多クノ利益ヲ得ル方便ニシテ且ツ全ク生命ノ長短ニ係リテ雙方ノ損益ヲ決スヘキモノナレバ此点全ク保險ノ本性ヲ失ハズ若シ夫レ其年金額ヲ受ルモノニ至テハ或ハ被保險者自身ナルヿアリ或ハ其寡婦孤兒

年金請求權ノ移轉

被保險人ハ自己ノミノ意思ヲ以テ保險契

等ナルコアリ是等ハ凡テ初メノ契約ニ從ハサルベカラザルナリ

第六百八十七條　年金受取ノ權利ハ被保險者ニ屬スルト同一ノ範圍及ヒ條件ニテ第六百四十一條ノ規定ニ從ヒテ被保險者ヨリ之ヲ他人ニ轉付スルコトヲ得

年金保險ノ性質ハ前條ニモ一言シタルガ如ク生命又ハ病傷保險ト同ク全ク人ノ身体ニ關係ヲ有スル契約ナルヲ以テ之ヲ他人ニ讓渡スヲ得ザレ圧年金ヲ請求スル權ニ至テハ是被保險者ノ有スル一ノ債主權ニ屬スルヲ以テ他ニ讓渡スコモ隨意ナリ但シ如此請求權ノ讓渡ヲナシ得ルニ過ギザル故ニ其讓受人ハ單ニ被保險者ノ請求權ヲ代行スルノミニシテ若シ被保險者ガ死去スルカ又ハ期間ノ滿了ニ依リ年金請求ノ權ヲ失ヘバ讓受人モ亦之ヲ請求スル權ナキニ至ルヤ勿論タリ

第六百八十八條　總テ生命保險病傷保險年金保險ノ場合ニ於テハ被保險者若クハ其權利承繼人ハ正當時期

約ヨリ退クヿヲ得

ニ豫告ヲ爲シタル後保險契約ニ從ヒ若クハ第六百八十三條ニ從ヒ自己ニ屬スル償還金ヲ受ケテ契約ヲ解除スル權利ヲ有シ又ハ豫告ヲ以テ償還ヲ求ムルコトヲ得ヘキ利息附キノ預ケ金ニ其契約ヲ變換スル權利ヲ有ス

保險料ノ不拂ハ保險者ニ於テ之ヲ契約解除ノ豫告ト看做スコトヲ得

當事者雙方ノ合意ニ依テ成立スル契約ハ對手人ノ承諾ナク一方ノミノ意思ヲ以テ自由ニ之ヲ解クヲ得ズトハ契約法上ノ原則ナレ𪜈保險契約ノ場合ニ此原則ヲ嚴格ニ適用スルハ時トシテ酷ニ失スル憂ナシトセズ何トナレバ保險契約取結後ニ至リ或ハ保險ニ附スル必要消滅スルヿ往々ニシテ是有リ然ルニモ拘ハラズ猶ホ保險料ノ拂込ヲ爲サヾルベカラズト云如キ道理ト實際ニ相反スル結果ヲ生ズルヿアレバナリ去レバ法律モ亦如此正當ノ原由生ズル

ニ於テハ二ケノ方法ヲ以テ被保險者ニ便益ヲ與ヘタリ一ハ即チ第六百八十三條ニ定ムル償還金ヲ受ケテ全ク保險ノ關係ヲ解クコニシテ一ハ又其償還ヲ受クベキ金額ヲ通常利足附ノ債權ニ變換シ以テ保險者ヲ負債主ノ地位ニ換ハラシムルノ方法是ナリ然圧被保險者又ハ其權利承繼人ガ右ノ方法ニ依リ保險ヲ解除セントスルニ於テハ必ラズ其旨ヲ保險者ニ豫告セザルベカラズ若シ又明ニ豫告ヲナサヾルモ保險料ノ不拂ノ塲合ニハ契約解除ノ豫告アリタルト仝一ニ看做サルヽ者トス是本條第二項ノ明定スル處ナリ

第六節　保險營業ノ公行

保險營業ノ公行ヲ要スル理由

保險ノ營業ヲナスハ或ハ一箇人タルコアリ又ハ一ノ組合若シクハ會社タルコアリト雖其何レノ塲合タルヲ論セズ必ラズ政府ノ許可ヲ受ケ公ケニ營業ニ從事セザルベカラズ是一ハ保險業ノ保續又ハ方法ニ付キ之ヲ自由ニ放任スベカラサルト一ハ又多數ノ人命或ハ巨額ノ財產ニ關スル尤モ重大至要ナル營業ナルヲ以テ十分ニ監察ヲ施シ詐欺ノ危險ヲ防ク爲ナリ

保險營業ハ官許ヲ要ス

保險營業人ハ準備金積立ノ義務アリ

第六百八十九條　保險會社ハ官許ヲ受クルニ非サレバ其營業ヲ爲スコトヲ得ス

本條ノ理由ハ既ニ前ニ述ヘタル處ニ依テ明白ナレバ再ビ此ニ說明セズ

第六百九十條　保險會社ハ保險料其他ノ收入金ノ中ヲ以テ年々積立ヲ爲シ何時ニテモ年々支拂フベキ被保險額ノ少ナクトモ平均二倍ニ滿ツル準備金ヲ設クル義務アリ此準備金ハ十分安全ニ利用シ其証劵ヲ裁判所ニ寄託スルコトヲ要ス但之ヨリ生スル收入ハ會社ニ歸ス

本條及次條ニハ保險營業者ノ義務トシ必ス行フベキ準備金積立及決算公告ノコヲ規定ス是各會社ノ正實ナルコヲ明白ニセン爲ナリ而シテ其準備金ノ額ハ法律ニ於テ之ヲ確定セス只年々支拂フベキ被保險額ノ少ナクモ平均二倍ニ充ツル準備金ヲ設クベシト規定シタルハ會社業務ノ盛衰ニ從ヒ增減伸縮

ノ餘地ヲ與ヘタルニ外ナラズ然レ圧之ハ會社ノ純益金ヨリ積立ルニアラズ

ソ保險料其他ノ收入金中ヨリ年々積立ツベキモノナルヿ又此準備金ハ安全

ナル利用ニ供スルヿヲ得レ圧其證券ハ必ス裁判所ニ寄託スベキヿノ二事ハ

法ノ明定スル所ナルヲ以テ決シテ之ニ違フヲ得ザルモノトス但シ其利用ヲ

許シタル以上ハ之ヨリ生スル收入ハ會社ノ利益ニ歸スベキヿ勿論ナリ

第六百九十一條　保險會社ハ少クト毎年一回其年ノ收支一覽表及ヒ貸借對照表ヲ作リテ之ヲ公告シ且各社員及ヒ各被保險者ニ送達スル義務アリ

又收支一覽表及貸借對照表ヲ公告シ通知スル義務アリ

此條ニ明示スル收支一覽表及貸借對照表ヲ公告スルヿ及之ヲ各社員又ハ各

被保險者ニ送達スル二ノ義務モ準備金積立ト仝ク會社ノ正實ナルヿヲ公示

シ詐欺等ノ危險ナキヲ明白ナラシムル爲ニ命セラレタル義務ナルヲ以テ必

ズ之ニ從ハザルヲ得サルモノトス

第六百九十二條　裁判所ハ何時ニテモ被保險者ノ申立

保険營業ノ檢查及之ニ要スル費用ノ負擔

ニ依リ保險會社ノ保險業ノ現況取引ノ實況貸借ノ關係及ヒ會社ガ保險業ヲ營ム原則ヲ一人若クハ二人以上ノ鑑定人ヲシテ檢查セシメ其檢查ノ結果ヲ被保險者ニ通知シ且公告スル權アリ其檢查及公告ノ費用ハ裁判所ノ見込ヲ以テ右申立ヲ十分ノ理由アリトスルトキハ保險會社之ヲ負擔ス

行政官廳ハ亦其職權ヲ以テ檢查ヲ行フコトヲ得

本條ニ定メタル檢查ノ事モ亦總テ會社ノ詐欺取引營業ノ不當ニ渉ル事等ヲ防遏センガ爲メニ施スノミ而シテ此檢查ヲ行フハ素ヨリ裁判所或ハ行政官廳ノ職權ナレ𪜈之ヲ請求スルハ被保險者ノ權內ニ在リ又檢查ヲナスヘキ者ハ普通裁判官ニアラズメ實際保險事業ニ經驗ヲ有スル鑑定人ナリ次ニ又檢查ヲナスヘキ事柄ハ保險業ノ現況取引ノ實況貸借ノ關係及ヒ保險業ヲ營ム原則等ナリトス

又右ノ撿査ヲ請求シタル被保險人ノ申立正當ナリト判決セラレタル塲合ニハ會社ハ全ク其狀体ノ切迫若シクハ危殆ナルカ又ハ營業ニ不正實ナル點アルカ何レカ一ニ在ルモノナレバ其撿査公告等ノ費用ヲ負擔スルモ全ク會社ノ責任ナルコ勿論ナリ但シ被保險人ノ申立全ク虛僞ニ出テタル塲合ハ之ニ反ス

異類ノ保險業又ハ他ノ業ヲ兼子營ムヘキモノニ適用スル法則

第六百九十三條　一部類ノ保險業ノ外ニ尙ホ他ノ部類ノ保險業ヲ營ム會社ハ各部類ノ保險業ヲ各別ニ營ミ又其各部類ニ生スル收入ハ專ラ其部類ノ爲メニ之ヲ積立テ及ヒ使用スルコトヲ要ス此規定ハ保險會社ノ破產ノ塲合ニモ之ヲ適用ス其殘餘ノ財團ハ第千四十五條ノ規定ニ從ヒテ之ヲ分配スヘシ

保險業ノ外ニ他ノ業ヲ營ム會社ハ又前項ニ準ズ

各保險者其種類ニ從テ其性質ヲ異ニスルモノナレバ若シ一會社ニシテ數種

ノ保險營業ヲナス塲合ニハ各別ニ之ヲ營ミ其收入金ノ積立及使用ノ如キモ決シテ之ヲ混同スルヲ得ズ必ズ其各部類毎ニ計算ヲ別異ニセザルベカラザルナリ會社ガ保險外ノ業務ヲ兼ル塲合ニ於テモ其營業ト計算ヲ混スベカラザルハ亦之ニ同シ

且會社ガ破産シタル塲合ニモ各營業各別ナリトノ前規則ヲ適用スルモノナレハ決シテ甲保險業ノ破産シタル影響ヲ乙保險業ニ及スモノニアラサルナリ故ニ各債主ニ義務ヲ盡シタル後猶餘財アル時ハ之ヲ他ノ保險營業ノ部類ニ加ルヲ得ズ總テ第千四十五條ニ從ヒ平等分配ヲ爲スベキモノトス

保險會社ガ違法又ハ背約ノ所爲ヲナセシ塲合ニ各被保險人ノ有スル權利

第六百九十四條　保險會社カ第六百九十條乃至第六百九十三條ノ規定ニ背クトキ又ハ被保險者總員ノ承諾ヲ得ズシテ同業若クハ他業ノ會社ト合併スルトキ又ハ被保險者ニ告知シタル保險業ノ原則ヲ變更シ若クハ事實上之ヲ犯ストキハ各被保險者ハ豫告ヲ爲スコ

ト無クシテ何時ニテモ解止シ其拂込タル現支拂期間ノ保險料總額ノ償還及ヒ拂込ミタル日ヨリ法律上ノ利息ヲ求ムル權利アリ

被保險者ハ豫告ヲナシタル上幾分カノ損害ヲ爲スニ於テハ何時ニテモ保險契約ト關係ヲ絶ツヲ得ベシトハ既ニ第六百八十八條ニ明示シタル處ナレ圧本條ハ更ニ一歩ヲ進メテ豫告ヲナサズ且ツ少シノ損害ヲモ受ルニ及バズシテ當然保險契約ヲ解止シ且ツ其拂込タル現支拂期間ノ保險料總額ノ償還及ヒ拂込ミタル日ヨリノ法律上ノ利息ヲ求ムルノ權ヲ被保險者ニ與フル三ノ場合ヲ示セリ是レ皆會社ニ於テ被保險者ノ利益保護ノ爲メニ設ケタル規則ヲ犯シ以テ後來義務ノ履行ヲ危クスルノ所爲ヲナシタル場合ニシテ前ニ述ベタル被保險者一己ノ事由ノ爲メニ會社ヲ退ク場合トハ大ニ差別アル處ナリ

而シテ被保險者ガ右ノ如キ權利ヲ行フヲ得ル場合ハ本條ニ依レバ之ヲ三箇

ニ分ツヲ得ベシ然レ𪜈今一々此ニ列シテ説明セザル所以ハ蓋シ條文ノ意義瞭然トシテ更ニ呶々ノ辨解ヲ加ルニ及バズト信ズレバナリ

被保險者ヨリ保險會社ニ破產宣告ヲ求ムル場合

第六百九十五條　保險會社カ將來ノ義務ヲ履行スル能ハズト豫知ス可キ取引ノ實況ニ至リタルトキハ其會社ガ未ダ支拂ヲ停止セスト雖モ被保險者ハ破產宣告ヲ求ムルコトノ申立ヲ爲スコトヲ得

保險會社ガ支拂停止ヲ爲スニ至レバ被險保者ヨリ破產ノ處分ヲ請求スルヲ得ルハ勿論ノ事ナレ𪜈既ニ支拂停止後ニ及テハ時機ヲ失シテ終ニ損害ヲ免ルヽ能ハズ否必ズシモ然ルニハアラサレ𪜈十中ノ七八迄ハ實際如此結果ヲ生スルモノナリ故ニ被保險者ニシテ從來已ニ拂込タル金額ヲ損失セシメズ又如此會社ノ情況ガ危險ニ切迫シテ到底後日支拂ノ義務ヲ履行スル能ハザルベシト認メラルヽニ拘ハラズ猶引續テ保險料ノ拂込ヲナス義務ヲ負ハシメ見ス々々被保險者ノ損害額ヲ增加セシムルノ不都合ナカラシメン爲ニハ

保險會社ノ代辨人トナシタル契約ニ關スル訴訟ノ管轄裁判所及裁判上代人ヲ置クヘキ會社ノ義務

假令會社ニ於テ未ダ支拂ヲ停止スル程ニ至ラザルトモ前述ノ如キ切迫ノ事情ヲ理由トシテ速ニ破產處分ノ請求ヲ爲スヿヲ許可シ以テ被保險者ノ損害ヲ可成未然ニ防止スルヿヲ必要トス是本條ノ規定アル所以ナリ

第六百九十六條　保險會社ニシテ其本店ノ所在地外ニ於テ代辨人ヲ以テ保險契約ヲ取結ブ者ハ其代辨人ニ與ヘタル權限ノ如何ニ拘ハラズ其保險ニ關シテハ代辨人ノ營業所ノ地ヲ管轄スル裁判所ノ裁判權ニ服從シ且其裁判所ニ差出スベキ裁判上ノ代人ヲ定メ置ク義務アリ若シ之ヲ定置カサルトキハ其代辨人ヲ裁判上ノ代人ト看做ス

本店ノ所在地外ニ在テ本店ノ代理ヲナシ保險契約ヲ取結ブヘキ代辨人ノ權限ハ素ヨリ囑託者タル本店ヨリ與ヘラレタル程度如何ニ依ルモノニシテ其廣狹大小等各種々ニシテ一定シタルモノニアラサレ𪜈其レ等ノ如何ニ拘ハ

外國保險會社ノ內國ニ置キタル代辨店ハ法律上之ヲ支店ト看做ス

ラズ總テ此代辨人ノ取次ニ依テ結バレタル契約ニ關シテハ其代辨人營業ノ地ヲ管轄スル裁判所ノ管轄權內ニ服從スル義務アリ蓋シ本店ガ遠隔ノ地ニ在ル時ハ大ニ訴訟ノ遲延スル恐アルノミナラズ證據物其他一切訴訟上ノ材料ハ結約地ナル代辨人營業所ニ至密ノ關係ヲ有スルヲ以テ其地ノ裁判所ノ管轄ニ服從セシムルハ被保險人ノ尤モ利益ナル事ナリ

又第二ニ右ノ場合ニ於テハ豫メ其裁判所ニ差出スヘキ裁判上代人ノ定メ置ク義務アリ是亦何時訴訟ノ起生スルヿ在ルトモ速ニ之ニ應スヘキ代人ヲ差出シ遠隔ノ本店ニ往復スル如キヿノ爲メニ裁判ノ遲延ヲ招ク弊ヲ防カント欲スルナリ去レバ若シ豫メ之ヲ定メ置カサルニ於テハ裁判所ハ其代辨人ヲ以テ當然本店ノ代人ト看做スモノトス

第六百九十七條　第六百四十五條ノ規定ニ從ヒ獨立シテ保險契約ヲ取結ブ爲メ內國ニ置キタル外國保險會社ノ代辨店ハ之ヲ支店ト看做シ支店ニ關スル一般ノ

本節ノ規定ヲ組合ニモ適用

規定及ヒ本節ノ規定ヲ適用ス

外國保險會社ヨリ內國ニ設置シタル代辨店ニシテ其代辨人ハ被保險者ニ對シ契約ノ取結陳述ノ承諾保險料ノ受取被保險額ノ支拂其他總テ保險者ノ代理ヲナス權限ヲ有シ獨立シテ保險營業ニ從事スル者ハ當然其外國本店ノ支店ト看做シ之ト契約ヲナスモノハ總テ外國本店ト契約シタルト仝一ノ權利ヲ有シ義務ヲ負フモノトス且又此支店ハ假令外國本店ノ代表者ニ過ギザルモ苟クモ我國內ニ設立シタルモノナレバ全ク日本商法典ノ支配ヲ受クヘキハ勿論ノヿト云フヘキナリ然レトモ本店ノ一部分ノ營業ヲナスニ止リ特別ノ住所モ有セズ公衆ニ對シ獨立ノ營業ヲナスモノニアラザレバ本條ヲ以テ論スヘカラザルヿハ是亦明白ニシテ疑ナキ事ト謂フヘシ

第六百九十八條　本節ノ規定ハ一個人又ハ組合ニシテ保險營業ヲ爲スモノニモ之ヲ適用ス

苟クモ保險營業ヲナス者ナレハ其一個人タルト組合タルトニ依テ其適用ス

ベキ法則ヲ異ニスル理由ナシ從テ本條ハ別段之ヲ説明スルノ勞ヲ採ルニ及バザルナリ

第十二章　手形及小切手

金屬貨幣授受ノ不便

凡ソ世ノ商業取引ノ發達スルニ伴フテ必ラズ之レガ取引媒介スル所ノ貨幣ヲ要スルハ勿論ナリト雖𪜈貨幣ニハ元來限リアリテ商業ノ發達スルコト際限ナシ而シテ限リアル貨幣ヲ以テ限リナキ需用ニ應スルコトハ是レ爲シ能ハザル所ナルヲ以テ此際必ラズ貨幣ヲ用ルコト少フシテ而シテ賣買取引ニ最𪜈便利ナル方法ヲ考ヘザルベカラズ是レ手形及小切手ヲ利用スルコトノ因テ起ル所以ナリ抑モ貨幣ニ際限アルコトハ各地鑛山ノ漸ヤク採堀シ盡シテ其產出額ヲ減ズルノ傾向アルヲ以テ見ルモ知ルコトヲ得ベク假令貨幣ト爲スベキ金屬ハ無盡藏ニシテ如何ニ多クノ需要ニ應ズルコトヲ得ルトスルモ日々月々ニ頻繁ニ赴ク所ノ萬種ノ取引ヲシテ盡ク金屬貨幣ヲ用ヒシメバ其運送ノ不便容易ナラザルハ勿論ナルベシ而シテ假リニ其運搬ノ不便ヲ忍ンデ之ヲ輸送スルモ時

ニ危險ノ虞ナシトセズ火災盗難遺失等ノヿアルベク彼ノ小人罪ナク球ヲ抱テ罪アルガ如ク唯ダ貨幣ヲ携フルガ爲ニ良心ヲ傷ケテ其身ヲ誤リ又ハ他ノ兇賊ノ窺フ所ト爲テ其身ヲ害セラルヽガ如キ其實例枚擧ニ遑アラザルナリ而シテ手形又ハ小切手ノ使用ハ實ニ能ク此等ノ不便ト危險トヲ避ケテ貨幣ノ使用ヲ少フシテ以テ日ニ進歩ノ商業ヲ助長スルヿヲ得ベキモノナリ實ニ手形ハ一枚ノ紙片ヲ以テ能ク數箇ノ負債ヲ相殺消滅セシムルノ利器ナリ啻ダニ此等ノ利益ノミナラズ將來受取ルベキ權利ヲ有スル貸金ノ未ダ其期間ノ來ラザル前ニ既ニ之ヲ得ント欲スル塲合ニ於テ其資本ヲ得ル爲ニハ實ニ唯一ノ方法ナリ今少シク實例ヲ以テ之ヲ示サントス

為替手形ノ功用ノ實例

現金授受ヲ省略

大坂ノ鴻ノ池ハ東京ノ三井ニ代價金千圓ノ商品ヲ賣渡シ又東京ノ大丸ハ大坂ノ蛭子屋ニ代價金一千圓ノ商品ヲ賣渡シタリト假定センニ此際東京ニモ大坂ニモ各一千圓ノ權利者及義務者アリ故ニ手形使用ノ方法ヲ知ラザル𪜈ハ東京ノ三井ハ一千圓ヲ遙カニ大坂マデ輸送シ又大坂ノ蛭子屋モ一千圓ノ

運送ノ危險ヲ

金ヲ遠ク東京マデ輸送セザルベカラズ此場合ニ東京ノ大丸ハ一千圓ノ爲替手形ヲ作リテ之ヲ三井ニ賣ルヿヲ得三井ハ其手形ヲ以テ鴻ノ池ヘ支拂フヘキ代價ニ充テ、之ヲ送リ鴻ノ池ハ其受ケ取リタル手形ヲ蛭子屋ヘ持參シテ一千圓ノ金ヲ受取ルヿヲ得此場合ニ於テ當初手形ヲ作リタル大丸ヲ振出人ト云ヒ其手形ヲ買ヒ受ケタル三井ハ受取人ト云ヒ又三井ニ之ヲ振出シテ鴻ノ池ヘ送レハ三井ハ振出人トナリ鴻ノ池ハ受取人（一ニ手形所持人ト稱ス）ト爲リ蛭子屋ノ手形仕拂人ト爲ル此場合ハ對手ノ四人アルトキナリ又其場合ヲ異ニシテ東京ノ甲ナル者大坂ノ乙ナル者ニ負債アリ而シテ大坂ノ乙ハ更ニ東京ノ丙ニ負債アル片ニモ甲ハ東京ヨリ金ヲ大坂ニ送リ乙ハ大坂ヨリ金ヲ東京ニ送ラザルベカラザルナリ然ルニ此際大坂ノ乙ハ東京ノ甲ニ支拂ヲ命ズル所ノ爲替手形ヲ作リテ之ヲ東京ノ金主丙ニ送ラバ丙ハ其手形ヲ甲ニ特參シテ甲ガ乙ニ拂フベキ所ノ金ヲ受取ルヿヲ得ベシ此際丙ノ乙ニ對スル貸金ト乙ノ甲ニ對スル貸金ト其額同ジキトキハ東京大坂ノ間ニ一錢モ動カ

省ケ

期限ノ來ラザル貸金ヲ利用ス

割引

サズシテ二箇ノ貸借ヲ結了スルヿヲ得ヘシ而シテ此際假令二箇ノ貸金額同一ナラサルモ其差額ダケ正金ヲ動セバ他ハ手形ニテ事ヲ便ズルヲ得ベシ是レ其正金運送費ト運送ノ危險ヲ免カルヽ所以ナリ又甲ハ七月卅一日マデノ期限ヲ以テ乙ニ一千圓ノ金ヲ貸シ未ダ期限ノ來ラサル五月頃ニ俄カニ金圓ヲ要スルヿアレバ甲ハ乙ニ對シテ爲替手形ヲ作リ之ヲ銀行ニ持參シテ金員ニ替ルヲ得此際乙ニシテ信用アルモノナレバ銀行ハ五月ヨリ七月マデノ利子ト僅少ノ手數料ヲ除キ一千圓ノ手形ヲ九百八十圓乃至八十五圓位ニ買ヒ入レ其期限ニ至リ銀行ハ手形ヲ持參シテ乙ヨリ一千圓ノ金圓ヲ受ケ取ルヿヲ得ベシ斯クスル片ハ甲ハ希望スル如ク期限前ニ金圓ヲ得テ乙ハ其權利ヲ害セラルヽヿナク而シテ中間ニ立ツ銀行ハ利足ト手數料ヲ得テ其營業ノ目的ヲ全フス之ヲ銀行ニテ手形ヲ割引スルト云フ此割引法ハ乃チ手形ヲ利用シテ金融ノ圓滑ヲ計ル所以ナリ斯カル利益アルガ故ニ我國ニ於テモ從來爲替手形及ビ約束手形條例ヲ設ケテ手形ノ取引ヲ奬勵セリト雖ドモ其規定ノ不完全ナル

所アルト世人ノ之ヲ利用スルヿヲ知ラザルモノ多カリシガ爲ニ其ノ功用ヲ爲スヿ少ナカリシモ今此手形及小切手ノ制ニ依ル𪜈ハ其親定頗ブル緻密ニシテ能ク通貨ノ代用ヲ爲スノ道ヲ設ケラレタレバ世人能ク之ガ利用ニ習熟セバ取引市塲ニ一大進歩ヲ見ルヲ得ベキナリ

此所ノ所謂手形トハ爲替手形約束手形ヲ含ムモノニシテ爲替手形ハ少クモ三人以上ノ對手ノ間ニ行ハレ乃ハチ權利者ヨリ義務者ニ支拂ヲ命ズル所ノ証券ナリ之ニ反シテ約束手形ハ唯ダ二人ノ間ニモ行ハレ義務者ヨリ支拂ヲ約束スル所ノ証券ナリ然レ𪜈約束手形モ亦之ニ一旦裏書シテ他人ニ讓リ渡ストキハ爲替手形ト同一性質ノモノトナルモノトス今二者ノ書式ノ例ヲ示シテ以テ後ノ説明ニ便スベシ

爲替手形ノ書式

爲替手形

一金何千圓也

右金何千圓ハ既ニ受取リタル商品ノ代價ナルヲ以テ明治何年何月何日丙

某又ハ其差圖人ニ御渡シ可被下候也

年　月　日　　　　　東　京　甲　某

大坂

乙　某　殿

是レ爲替手形ノ書式ニシテ甲ハ振出人乙ハ支拂人丙ハ受取人ナリ而シテ丙若シ裏書シテ之ヲ丁ニ讓レハ丁ハ受取人丙ハ裏書人トナル也又約束手形ノ書式ハ

約束手形ノ書式

約束手形

一金何千圓也

右金何千圓ハ商品（又ハ當座勘定又ハ貸借又ハ其他ノ原因ニテ受取タルヲ以テ何年何月何日）（又ハ一覽後幾日目又ハ振出ノ日ヨリ何日目）ニ貴殿又ハ此手形持參者ニ御渡シ可申候也

年　月　日　　　　　甲　某

乙某殿

此塲合ニ甲ハ振出兼支拂人ナリトス尙ホ約束手形ト爲替手形及ヒ小切手ノ差違ハ後ニ至テ詳述スヘシ

總則

此總則トハ第一節爲替手形第二節約束手形第三節小切手ニツキテハ各々異ナル所ノ性質アレモ其各種ヲ通シテ適用セラルベキ一般ノ原則ヲ定メタルモノナルヿハ前ノ諸章ト同一ナリ

第六百九十九條　手形ハ或ル金額ノ相違ナク支拂ハルヽ可キ旨ヲ明記シ指圖式又ハ無記名式ニテ發行スル信用証劵ニシテ合法ノ原因ヲ當然含有スルモノタリ

是レ一般手形ノ性質ヲ言明セル定義ナリ元來手形ニハ指圖式無記名式ノ別アリテ所謂指圖式トハ前ニ手形ノ雛形ヲ以テ示セル如ク特ニ「某氏又ハ其指圖人ヘ御拂渡可被下」ト明記シ某氏又ハ其指圖人ノ外ノ者ハ受取ルヿヲ

得ザルモノヲ謂ヒ無記名式トハ別ニ記名ナクシテ何人ニテモ手形ヲ持參スル者ヘ拂渡スモノナリ前者ハ其流通ニ不便ナルニ似タレドモ之ニ裏書シテ讓リ渡ストキハ幾回ニテモ移轉スル能ハザルニアラズ而メ元來其手形ニ關係ナキ人ニメ理由ナク之ヲ持參スルモ其引受又ハ支拂ヲ拒絕セラルベシ例ヘバ盜シタルカ又ハ拾ヒ得テ持參スルモ其人ニ所有權移リシコノ裏書ナキ故其人ニ金圓ヲ受取ル權利ナキ也故ニ其性質ハ無記名式ヨリ安全ナリ無記名式トハ其手形ヲ有スル者ハ何人モ受取ル權アリテ恰カモ紙幣ヲ所持スルト同一ナルモノナリ而シテ單ニ手形ト云ヘバ凡テ此二種ヲ包含ス此ニ合法ノ原因トハ前ニ相當ノ原因アリテ振リ出サレタルモノト法律上認ムルモノニメ乃チ其手形ノ正當ナル所有者ハ其記載ノ金額ノ支拂ヲ受ルノ權アルハ勿論ニメ實ニ其手形ハ既ニ賣リ渡レタル商品ノ代價又ハ貸附金又ハ賃貸ノ報酬等何ニテモ法律上之ヲ受ケ取ルベキ權利アリテ之ヲ振リ出シタルモノト認定セラルヽ也

為替義務負擔者

第七百條　商ヲ爲スヿヲ得ル各人ハ爲替義務ヲ負フヿヲ得

商ヲ爲スヿヲ得ル者トハ第十條ニ規定スル者ヲ指ス者ニシテ既ニ商ヲ爲セバ代價ノ支拂等ニ關シテ債主ヨリ手形ヲ振リ出サルヽヿアルハ必然ニシテ其支拂ノ義務ハ是レ爲替義務ナリ

爲替無能力者署名ノ効果

第七百一條　手形ニ爲替無能力者ノ署名アルモ其他ノ署名ノ効力ハ此カ爲メニ妨ゲラルヽヿナシ

爲替無能力者トハ爲替ノ權利義務ヲ負フノ資格ナキ者ヲ云フ故ニ相當ニ權力アル者ヨリ爲替義務ヲ負フニ足ル者ニ充テタル手形ニシテ中間ニ爲替義務ヲ負フ能ハサル者ノ手ニ渡リ更ニ其者ヨリ裏書シテ爲替能力アル者ノ手ニ渡リタル片ハ唯ダ其中間無能力ノ署名ヲ無効トスルノミニシテ他ノ振出人支拂人手形所持人等ニ對シテハ手形ノ効力ヲ妨ゲズ

融通手形

第七百二條　手形ノ要件ヲ外觀ノ爲メニノミ記入シタ

ル手形ハ其情ヲ知リタル者ノ爲ニハ之ヲ手形ト看做サス

融通手形ノ危險

此事融通手形ノ塲合ニ往々之ヲ見ル融通手形トハ甲者一時金圓ノ必要アルモ其手中ニ貯蓄ナキ片他ノ乙者ナル銀行又ハ知巳ノ人等ヘ債權アルガ如クニ裝ヘ之ニ宛テタル爲替手形ヲ振リ出シ丙ナル銀行ヘ持參シ之ヲ割引スルカ又ハ自巳ノ債主ニ渡シ其手形ノ仕拂期ノ前ニ兼テ宛テ置キタル乙者ナル銀行又ハ知人ノ許ヘ仕拂フベキ資金ヲ渡シ以テ其仕拂ノ間ニ合ハスレバ一時金圓ナキ片ニモ尙ホ融通ヲ計ルヿヲ得ベシ而シテ其仕拂資金モ亦更ニ他ノ融通手形ヲ以テ之ヲ拂ヘ置ク片ハ元來毫モ資金ナキ者モ唯ダ信用ヲ資本トシ他人ノ金ニテ融通ヲ爲スヿヲ得ベシ然レドモ此事ハ甚ダ危險ニシテ元來債權ナキ者ニシテ之ヲ有スルガ如クニ瞞着シ一時ヲ彌縫スルモノナルガ故ニ外觀上手形ノ要件ヲ具備スルトモ其實際ノ事情ヲ知レル者ノ爲ニハ之ヲ手形ト看做サヾルナリ即チ普通ノ手形ノ仕拂ヲ拒ム者ハ拒ミ證書ヲ添ヘルコト

手形署名者ノ責任

手形ノ受取ハ所持人ノ權利

ヲ要スルモ此ノ如キ融通手形ハ拒ミ證書ヲ添フルコナク之ガ支拂ヲ拒ムヲ得ベシ手形ノ要件及拒證書ノコハ後ニ詳カナリ

第七百三條　他人ヨリ特ニ委任ヲ受タルコ無ク又ハ代理ノ事實ヲ明記スルコ無クシテ他人ノ爲メニ手形ニ署名スル者ハ此ニ因リテ自己ニ責任ヲ負フ

他ノ代理ト爲テ手形ヲ振リ出シ又ハ裏書シ又ハ引受ヲ爲スヰニハ其代理ナルコヲ明記スルヲ要ス是レ其明記ナケレバ他人ハ唯ダ其署名ノミヲ信用シテ其手形ヲ授受スベケレバナリ而シテ此際其署名者ハ委任ヲ受ケシコナキカ又ハ委任ヲ受ケタルモ其旨ヲ附記セザルハ是レ其署名者ノ過失ナリ此過失ニヨリ無辜ノ他人ヲ損害スルコヲ得ザルガ故ニ其他人ニ對シハ署名者其責ニ任ズ

第七百四條　手形ノ受取人ハ直チニ振出人ニ對シ又其後ノ各所持人ハ其前者ヲ經由シテ振出人ニ對シ番號

ヲ記シタル同文ノ手形數通ノ交附ヲ求ムルヿヲ得

手形ノ各所持人ハ需用ニ應ジテ自ラ手形ノ謄本ヲ作ルヿヲ得

遠方ニ手形ヲ輸送スル時ニ萬一中間ニ於テ紛失スルヿナキヲ保セザル故其時ノ用意ニ同一ノ手形數通ヲ作リ唯ダ其番號ヲ別ニシ此數通ノ内一番ニテモ二番又ハ三番ニテモ何レカ一通ニ仕拂フタル𬼀ハ他ハ無効ナル旨ヲ附記シテ送ルヲ便トスルヿアリ此時ニハ手形所持人ヨリ振出人ニ同文ノ手形ヲ數通交附セラレタキヿヲ求ムルヲ得二通ノ手形ニテ振出ト支拂ノ間數人ノ所持人アルヿハ裏書シテ流通スル場合ニ常ニ見ル所ニシテ例ヘバ

甲 振出人……乙 受取人裏書人……丙 受取人裏書人……丁 受取人裏書人……戊 受取人……巳 支拂人

ノ如キナリ而シテ此場合ニ乙ニシテ他ノ丙丁戊ニ渡スヿナク直ニ巳ヨリ受取ル𬼀ハ受取人ナレ𪜈他ノ人ニ讓リ渡ス𬼀ニハ裏書人トナルモノニシテ今戊ヨリ甲ニ同文ノ謄本ヲ求メントスルニハ丁丙ヲ經由シテ之ヲ請ハザル可ラザル

也所持人トハ乙丙丁戊何人ニテモ現ニ手形ヲ所持スル者ヲ云フ
此ノ如ク數多ノ人ノ間ニ裏書シテ手形ヲ融通スル場合ニハ既ニ餘白ノ裏書スヘキ場所ナキニ至ルヿアリ此場合ニハ附紙ヲ貼附シテ之ニ裏書ノ趣旨ヲ書キ加フルモ可ナリ

手形ノ義務負擔

第七百五條　手形ハ其旨趣ニ因リテ直接ニ義務ヲ負ハシム但法律又ハ商慣習ニ依リテ例外ト爲スヘキモノハ此限ニアラス

手形ハ專ラ其手形面ニ記載シタル文面ノ趣旨ニヨリテ其ノ支拂ノ責任ヲ負ハシムルモノニシテ例ヘバ無記名式ノ手形ノ場合ニハ窃取又ハ拾得ニ係ルモノニテモ正當ノ方法ニテ其後ニ得タル所持人ニ對シ當初不正ニ傳ハリ來リシカ故ニ支拂ヲ能ハズト云フテ拒ムヿ能ハサルナリ

無効ノ手形

第七百六條　法律上ノ要件ヲ掲ケザル手形又ハ其要件ト共ニ違法ノ事項ヲ掲ケタル手形又ハ旨趣カ互ニ抵

觸シ其抵觸ナ法律ノ許セル方法ナ以テ取除クヿナ得サル手形ハ無効タリ

法律上ノ要件ナ揭ケザルトハ例ヘバ第七百十六條中ノ規定ノ一ナ缺クノ類ニテ又違法ノ事項ナ揭ケタル手形トハ第七百十七條ノ振出人自己ニ充テ振出地ニ於テ支拂フヿナ命令シタル手形ノ類又旨趣ノ互ニ牴觸云云トハ文面ニ兩立スベカラザル牴觸ノ字向ナ揭グルモノニシテ例ヘハ東京及ヒ其他ノ各地ニ於テ支拂ナ爲スベシト其手形ニ記載セル塲合ノ如シ此塲合ニハ東京ノ外總テ他ノ地ナモ指シテ支拂地トシタルモノニシテ何レノ地ナ眞ノ支拂地トスルカ一定セザルナリ

附記ノ効力

第七百七條　手形上ノ重要ナラザル附記ハ法律上ノ要件ニ適スル手形ノ旨趣ノ効力ナ妨クルヿ無ク又爲替上ノ義務ナ生セシムルコト無シ

手形ノ要件外ノヿヲ書キテモ其部分ダケハ全ク無キモノト見做シ効力モ

ナク又妨害ニモナラズト云フナリ

第七百八條　偽造又ハ變造ノ手形ハ手形トシテ其効ヲ有ス然レモ偽造變造ニ因リテ義務ヲ生ズルヿ無シ但シ一旦生シタル義務ハ變更セサルモノトス

偽造變造ニ付テノ異議ハ其偽造變造ヲ爲シタル者又ハ其情ヲ知リテ手形ヲ取得シタル者ニ對シテ之ヲ起スコトヲ得

偽造トハ署名ノ其實ニ非サルモノヲ云ヒ變造トハ惡意ヲ以テ金高支拂地又ハ人名期日等ヲ變更シタルモノヲ云フ此等ノ僞名ノ手形ハ其名ヲ濫用セラレタル者ニ責任ナキハ勿論ナレモ其手形全部ハ之ガ爲ニ無効トナラス故ニ振出人ノ氏名ハ不正ナリシトキニモ此ノ手形ヲ裏書シテ移轉シ又ハ支拂ヲ承諾シタル人ハ惡意ナキ手形ノ所持人ニ對シテ義務ヲ負フモノトス

第七百九條　爲替義務ハ其負擔ニ關シテハ手形ニ記載

ノ爲ニ遵守スヘキ地ノ法律

シタル地ノ法律ニ從ヒ若シ其地ヲ記載セザルトキハ債務者ノ住所ノ法律ニ從ヒテ之ヲ定メ又其履行ニ關シテハ履行ヲ爲スベキ地ノ法律ニ從ヒテ之ヲ定ム爲替上ノ權利ヲ行使シ及ヒ保全スル爲メニスル行爲ハ其行爲ノ地ノ法律ニ從ヒテ之ヲ爲スコトヲ要ス但手形ニ其他ノ地ヲ記載シタルトキハ此限ニ在ラス

本條ハ日本國内ノ人ト人トノ間ニ必要ナシ何トナレバ全國其法律ヲ異ニスルヿアラザレバナリ然レ𪜈商業取引ハ内地ノ人ニ限ルヿナク廣ク外國人トノ間ニ締結スルガ故ニ例之バ横濱ニ於テ日本ハ米國人ニ茶ヲ賣リ其代價ニ對シテ手形ヲ發ストセンニ此間ニ遵守スベキ法律ハ何國ノ制ナルベキカ乃チ本條ノ第一項ニヨレバ爲替義務ノ負擔乃チ例ヘバ手形ヲ振出又ハ裏書ヲ要スル手續ニ關シテハ手形ニ記載シタル地ノ法律ニ依リ之ヲ明記セザレバ債務者ノ住所ノ法律ニヨルガ故ニ若シ前ノ米人ニシテ横濱ニ居ラバ日本ノ

法律ニ依ルベク米國ニ歸ラバ米國ノ法律ニ從ハザルベカラズ又其爲替手形ニ記載セル金額ヲ支拂フベキ義務ノ履行ニ關スル例ヘバ手形ノ提示引受拒シ證書等ノヿハ之ガ支拂ヲ爲スヘキ地ノ法律ニ依ルト也

第二項ノ爲替上ノ行使トハ手形ノ裏書移轉又ハ支拂請求ノ如キヲ云ヒ乃ハチ受取ルベキ金員ヲ得ルヿナリ權利ノ保全トハ受取ルベキ權利ノ安全ヲ保スル爲ニ人ニ就テ其支拂ノ保證乃ハチ引受ヲ請フノ類ナリ

善意ナル手形占有者ノ權利ノ安固

第七百十條　手形又ハ小切手ノ占有者ニシテ正當ノ方法ニ依リ且甚シキ怠慢ニ出デスシテ之ヲ取得シタル者ハ其手形又ハ小切手若クハ其代金ノ引渡ノ請求ニ應スル義務ナシ但占有者カ手形又ハ小切手ノ引渡ヲ求ムル訴ヲ起シタル場合アルニ當リ之ニ對シ抗辨ヲ爲シ得ベキ事實ト同一ノ事實ニ因リテ請求セラレタルトキハ此限ニアラス

本條ハ主トシテ善意ナル手形占有者ノ權利ヲ保護スルノ趣旨ニ出ツ畢竟前條ニ於テ規定タルガ如ク僞造變造ニ係ル手形又ハ單ニ外觀上ノミ手形ノ体面ヲ裝フ所ノ手形ニテモ正當ノ方法ニヨリ怠慢ナクシテ之ヲ占有シタル者ハ乃ハチ完全ナル手形所持人ニシテ他人ヨリ其手形ノ引渡ヲ求メラレ又ハ其ノ手形ノ代價ヲ請求セラルヽコアルモ之ヲ拒ムコヲ得ベキナリ若シモ然ラズトセバ手形融通ノ圓滑ヲ缺キ人皆其ノ手形ノ曾テ不正ノ方法ニヨリテ移轉セラレタルコトナキヤ否ヲ知ル能ハズシテ之ヲ授受スルコトヲ甘ンズル者ナキニ至ルベキナリ畢竟手形ハ流通貨幣ト同ジク當初不正ノ方法ニテ得タルモノ其人ノ手中ニアルトキハ眞ノ所有主ノ爲ニ恢復セラルヽコアルベシト雖ドモ既ニ其人ノ手ヲ離レテ正當ナル方法ニテ他人ノ手ニ移轉スルトキハ假令當初何人ノ手ヨリ傳ハリシヲ問ハズ正當ニ得タル貨幣ハ其占有者ノ完全ナル所有トナルガ如ク手形モ正當ノ方法ニテ得タル者ハ完全ナル所有權ヲ獲得スルモノ也而シテ通常ノ物品賣買ニ在テハ買主未ダ其代價ヲ

正當ノ方法ニヨル取得

拂ハズシテ更ニ之ヲ第三者ニ轉賣スルトキニ於テ當初ノ賣主ハ其買主ノ支拂停止ヲ爲スコトアラバ直チニ第二ノ買主ニ對シテ代價ノ支拂ヲ求ムルコトヲ得レトモ手形ノ場合ニハ斯ノ如キコトナク假令第二ノ賣渡人（即チ當初ノ買人）ガ未ダ支拂ヲ爲サヾリシトキモ善意ナル所ノ取得者（即チ第二ノ買人）ハ之ガ手形ノ代價支拂ヲ爲スノ義務ナキナリ

爲替ノ正當ノ方法ニヨル取得ナルモノハ實ニ本條ニ定ムル占有者ノ權利ノ骨子ナリ而シテ所謂正當ノ方法トハ即チ一ニハ裏書又ハ引渡（無記名爲替ニ於テ）ノ如キ爲替法ニ適合スル原由ニヨリテ所有シタルコト一ニハ惡意ナク乃チ其ノ所得ノ法律ニ戻ルヿヲ知ラズ又ハ之ヲ欲セサリシヿ是レナリ故ニ假令輕率ノ爲ニ生スル過失ニテモ詐僞ノ爲替ヲ所得セルノ類ハ違法ノ所得トス又注意セバ不正ノ方法ニ由リタルモノナルヿヲ發見シ得ヘキニ其注意ヲ爲サヽリシトキハ之ヲ怠慢ニ出デタルモノトナスヲ得ヘシ而シテ斯ク不正又ハ怠慢ニ因テ獲得セル者ハ眞ノ所有者ヨリ其ノ手形ノ返却ヲ求メラル

正當ニ所得シテ後ニ所得權ヲ失フ場合

盜取又ハ紛失手形

丶ヿアルヘキモノトス而ソ茲ニ假令當初正當ニ獲得シタルモ仍ホ其ノ爲替ヲ還附セザル可ラザル場合アリ乃チ占有者ハ所得後ニ其爲替ヲ所得シタル權利ヲ失フ場合例ヘバ擔保ノ爲ニ裏書讓渡サレタル所得者ハ正當ノ所得ナルモ其ノ擔保セル債務ヲ辨償シ終ルトキハ最早占有者ニ爲替ノ所得權ナキニ至ルノ類ナリ故ニ負債者ハ此際債主ヨリ其ノ抵當ノ爲替ヲ引渡スヘキヿヲ求ムルノ訴訟ニ對シ支拂又ハ免債ノ故障ヲ申立ルヿヲ得ルト同理由ヲ以テ後ニ至リ債主ニ對シ其爲替返還ノ請求ヲ爲スヿヲ得ベキナリ

第七百十一條　盜取セラレ又ハ紛失シ若クハ滅失シタル手形及ヒ小切手ニ付テハ第四百三條ノ規定ヲ適用ス

此ノ場合ニハ權利者即チ其手形及小切手ノ所有者ニ於テ該盜難ニ罹リ又ハ紛失シ滅失シタル手形及小切手ヲ無効ト爲スノ手續ヲ行フヿヲ得ルハ第百三條ノ規定ニ同ジ然レ𪜈無記名手形又ハ持參人拂手形ニソ之ヲ占有セル者

時効

其手形小切手ヲ讓リ渡シタル場合ニ於テ其事情ヲ知ラザル第三者ニ〆相當ノ代價ヲ拂フテ之ヲ受取レバ假令前占有者ハ盗取又ハ拾得等ニヨリタルモノニ〆完全所有權ヲ得ザル者ナルモ其人ヨリ讓リ受ケタル者ハ完全ナル所有權ヲ得ベキナリ

第七百十二條　爲替手形ノ引受人又ハ約束手形ノ振出人ニ對スル爲替上請求權ハ期日ヨリ起算シ三ケ年ヲ以テ時効ニ罹リ又所持人若クハ裏書讓渡人ヨリ振出人若クハ前裏書讓渡人ニ對スル償還請求權ハ拒証書ヲ作リタル日若クハ請求ノ通知ヲ爲シタル日ヨリ三ケ年ヲ以テ時効ニ罹ル

時効ハ訴ヲ起シ其他各箇ノ裁判上ノ手續ヲ爲スニ因リテ中斷セラレ又裁判所ノ判決ニ依リ又ハ書面ニ明示シテ債務ヲ承認シ新債務ト爲シタルニ因リテ消滅

ス

引受人

爲替手形ノ引受人トハ手形所持人ヨリ支拂人ニ對シ此手形ハ果シテ能ク仕拂フヤ否ヤヲ照會シ而メ仕拂人又ハ他ノ人之ニ對シテ必ラズ仕拂フベキヿヲ其手形面ニ記入シタルトキニ此人ヲ指メ引受人ト云ナリ乃ハチ自カラ仕拂フベキヿヲ承諾セルモノナリ故ニ引受人ハ恰カモ約束手形ノ振出人ト同一地位ノ者トナル此等ノ仕拂人ニ對シテハ其仕拂フベキ期日ノ滿了スル日ヨリ起算シテ三年ヲ經過スル片ハ時効乃チ期滿免除ト爲リ最早出訴スレモ裁判所ハ之ヲ受理セザル也

時効ノ中斷

時効ノ中斷トハ其未ダ期滿免除ト爲ラザル前ニ其事ニツキ出訴スルトキハ前ニ經過シ來リタル時日ヲ消滅シ更ニ三ケ年間ノ權利ヲ得ルニ至ルナリ啻ニ然ルノミナラズ裁判所ニ於テ仕拂フベキヿヲ命ゼラレ又ハ仕拂人ニ於テ別ニ書面ヲ以テ其支拂義務アルヿヲ自ラ承諾シテ之ヲ認メタル片ハ前ノ債務ハ消滅シテ更ニ新債務ヲ生ズルニヨリ時効ハ更ニ其日ヨリ起算シテ三ケ年間有効ナリ拒證書トハ仕拂人ニ於テ其手形ヲ

時効ハ法律上ノ推定ト義務者ノ保護

一覽拂又ハ一覽後定期拂手形ノ時効

仕拂フ義務ナシトテ之ヲ拒絶セル場合ニ其拒絶シタル所以ヲ明記スル證書ニシテ通常裁判所ノ吏員又ハ公證人之ヲ作ルモノナルヿハ次ノ第一節爲替手形ノ中第九款拒證書作成ノ下ニ詳カニ規定セリ

時効トハ從來存スル所ノ權利ヲ歳月ノ經過ニヨリ消滅セシムル也其理由ハ久シク其權利ヲ使用セザル者ハ其實其權利ナキモノナルベシト云フ法律上ノ推定ト義務ノ方ニ於テ之ガ要求ヲ拒ムニ足ル正當ノ證據ノ湮滅スルヿアリテ爲ニ實際存セザル義務ヲモ其ノ履行ヲ强ヒラルヽヿアルヲ防グナリ

第七百十三條　一覽拂又ハ一覽後定期拂ノ手形ニ在テハ時効ハ呈示ニ付キ規定セラレタル期間ノ滿了ヨリ始マル但其滿了前ニ呈示ヲ爲シタルトキハ此限ニアラス

手形ニ一覽拂一覽後定期拂定期拂日附後定期拂ノ四種アリ一覽拂トハ何時ニテモ手形ヲ呈示セラレタル𬼂支拂フヘキ手形ヲ云一覽後定期拂トハ何時

ニテモ呈示セラレタル時ニ拂フベキ者ナレ圧其一覽ノ即時ニハアラデ一日後三日以內又ハ五日以內等定リタル期限アルヲ云ヒ定期拂トハ手形面ニ何月何日マデニ支拂フヘシト豫メ明記セルモノヲ云ヒ日附後定期拂トハ何月何日以後何日內ニ支拂フト定メテ其以前ニハ支拂ヲ請求スルノ權ナキヲ云フ此事ハ第七百九十九條ニ規定ス

既ニ失フタル請求權ヲ主張シ得ル塲合

第七百十四條　手形ヨリ生スル請求權ヲ時効ニ因リ又ハ法律ニ規定シタル所爲ヲ怠リタルニ因リテ失ヒタル者ハ其失ヒタルニ拘ハラス支拂人振出人又ハ裏書讓渡人ニ對シ此等ノ者カ支拂ハサル爲替資金若クハ取戻シタル爲替資金ニ因リテ己レヲ利シタル限度ニ於テ右請求權ヲ主張スルコトヲ得第七百十一條ノ塲合ニ係ル者ト雖モ亦同ジ

爲替手形約束手形等ハ之ガ金額ヲ請求スル所ノ權ニ對シテ義務ヲ有スル者

數人アリ先ツ第一ノ義務者ハ支拂人ニメ若シ支拂人之ヲ拒ムトキハ第二ニ裏書讓渡人アル片ニ其人ニ請求スルモ又ハ當初ノ支拂人ニ請求スルモ隨意ナリ而メ此等ノ請求權ハ時効ニヨリテ消滅スルトキハ他ノ振出人裏書讓渡人又ハ支拂人ハ其時効ノ爲ニ利益スル所アルヤ必セリ例ヘバ振出人ヨリ其爲替ヲ支拂フヘキ資金ヲ支拂人ニ渡シ置キタルニ遂ニ支拂ハスメ時効ニ罹ラバ支拂人ハ其金額ダケ利益スヘシ若シ又振出人ニメ其爲替資金ヲ支拂人ヨリ取戻サバ振リ出シ人ハ其金額ヲ利益スヘシ此等ノ利益ハ全タク其人ノ爲ニハ理由ナキ利益ナルヲ以テ其利益セルヿノ明白ナル金額ニ限リ假令時効等ノ爲ニ請求權ヲ失フモ尙ホ之ヲ請求スルヿヲ得セシムルナリ

手形署名者ノ連帶義務

第七百十五條　總テ手形ニ署名ヲ爲シタル者ハ此ニ因リ連帶シテ義務ヲ負擔ス然レドモ此連帶義務ハ各義務者ニ於テ特立ノモノトス

爲替ノ訴ハ其總員ニ對シ又ハ其一人ニ對シテ之ヲ起

スコトヲ得

手形ノ支拂ニ關スル責任ハ特ニ支拂人ノミナラズ振出人裏書人皆之ヲ有シ若シ支拂人ニシテ支拂ヲ爲サヾル片ハ所持人ハ自己ノ買受又ハ讓受タル裏書人ニ對スルカ又ハ此等ノ裏書ヲ措イテ直チニ振出人ニ係ルモ隨意ナリ是レ署名者ハ盡ク連帶シテ責ヲ負フニ由ル而シテ其內ノ一人手形所持人ニ對シ其責ヲ盡セバ他人ハ既ニ其責ヲ免カル尤トモ其代ツテ責ヲ盡シタル人ニ對シテハ更ニ責任ヲ生ズルヿ勿論ナリ

第一節　爲替手形

手形ノ種類ニ爲替手形約束手形ノ二種アルヿハ本章ノ始メニ詳述セリ而シテ本節ニハ專ラ爲替手形ノヿヲ規定ス

第一欵　振出

振出ノ性質

爲替手形振出人トハ即チ他人ニ對シテ金員ヲ受取ルベキ權利アル者其義務者ニ金員ノ支拂ヲ命ズル所ノ爲替手形ヲ製シテ之ヲ第三者ニ渡スヲ云フナ

爲替手形ニ記載スベキ事項

リ本款ハ其振出ニ關スル要件ヲ定ム

第七百十六條　爲替手形ニハ左ノ諸件ヲ明僚詳密ニ記載スルコトヲ要ス

第一　振出ノ年月日及場所

第二　爲替金額但文辭ヲ以テ記スベシ

第三　支拂人ノ氏名

第四　受取人ノ氏名又ハ其指圖セラレタル人若クハ所特人ニ支拂フベキ旨及ヒ滿期日並ニ支拂地

第五　爲替手形ト引換ニテ支拂ヲ爲スベキ旨

第六　振出人ノ署名捺印

第一ノ振出ノ年月日ハ振出人振出ノ當時爲替ノ能力ヲ有セシヤ否又破產處分ヲ受ケ居ラザルヤ否等ヲ見ルニ必要ニシテ且ツ期限ノ算出ノ爲ニハ最モ必要ナリ一覽拂ノ手形ハ振出後何十日ノ後ニ仕拂フト定ムルガ如キハ此振出日

ヲ以テ起算点トナス也又塲所ハ其支拂地ノ法律ニ由リ支配セラレザルベカラザルヿアリ故ニ之ヲ明記シ置クヿ必要ナリ第二ノ爲替金額ハ外國トノ取引ニ於テハ貨幣ヲ異ニスルヿアリ故ニ文辭ヲ以テ圓錢厘弗磅等ヲ明記シ亦數字モ一二三トセズシテ壹貳參トスルヲ要ス然ラザレバ貨幣ノ間ニ見解ヲ見ニシ又ハ文字ヲ改竄セル爲ニ紛議ヲ生スルヿアルヘケレハ也第三ノ支拂人ノ氏名ハ爲替手形ノ性質トシテ振出人受取人支拂人ノ三人アルヲ要シ若シ支拂人ヲ明記セザル片ハ或ハ振出人ニシテ支拂人ヲ兼ネタル手形ヲ振出スガ如キヿアリ例ヘバ東京ニテ振出シ大坂ニ至リテ自己自ラ受取ルノ類ナリ此事ハ次條ニ於テ定ル如ク爲シ能ハザルニアラズト雖モ兎ニ角支拂人ノ明カナラザル支拂ハ手形タルノ効力ナケレバナリ第四ノ受取人ノ氏名又ハ其指圖人ニ拂フカ又ハ所持人ニ拂フカヲ明示セザレバ何人ニ拂フヘキカ詳カナラズ又支拂日ヲ定メサレバ一覽拂カ一覽後拂カ又ハ定期拂若クハ定期後拂ナルカノ區別明カナラズ支拂地明瞭ナラサレバ國際ノ間取引ノ如キハ何レノ

自己宛ノ振出

地ノ法律ニ從フヘキカ分ラザルヿアルヘケレバナリ第五爲替手形ト引替ニテ支拂ヲ爲スベキ旨ヲ記スルハ是レ若シ引替ニアラズシテ支拂後ニ手形ヲ渡スカ又ハ支拂前ニ手形ヲ渡スヿアルモノトセバ更ニ金圓ノ受取證ヲ要シ後日又手形ト引キ替ルカ或ハ前ニ手形ノ受取リ證ヲ得テ後日金圓ヲ受取ルカ到底一個ノ取引ノ爲ニ兩度ノ手數ヲ煩サヾル可ラザレバナリ振出人ノ署名捺印ハ是レ支拂人ニ〆支拂ヲ拒ム𪜈ハ振出人ニ於テ支拂フベキ第二ノ義務者タル資格ヲ有スルヲ以テ自ラ振出人タルヿヲ明ラカニスルナリ

第七百十七條　振出人ハ爲替手形ヲ自己ノ指圖ニテ振出シ又ハ振出地ニ非サル地ニ於テ支拂ヲ爲スベキヿハ自己ニ宛テ振出スヿヲ得

佛國ノ制ハ自己ニ宛テ、振出スヲ禁スレ𪜈我國ノ法ハ振出地ト支拂地ト異レバ之ヲ許セリ是レ東京ニテ振出シ大坂ノ旅行先ニテ受取ルガ如キノ便アレバナリ

無記名手形

第七百十八條　爲替手形ノ金額二十五圓以上ナルトキハ無記名式ニテ振出スコトヲ得

無記名式ハ乃チ裏書ナシニ唯ダ交附スルノミニテ之ヲ流通移轉スルコトヲ得ルモノニシテ此所ニハ二十五圓ヲ限界トシ其レヨリ少額ナルトキハ記名ヲ要スレ圧以上ナルトキハ要セズトセルナリ而シテ二十五圓以下ニハ無記名手形ヲ禁ズルハ紙幣又ハ銀行紙幣ニ代ハルヘキ私製貨幣ノ濫用セラルヽヲ防グナリ蓋シ二十五圓以上ヲ授受スルハ少ナキモソレヨリ以下ハ日常頻繁ニ之ヲ見ルヘキモノナレハナリ

滿期日

第七百十九條　滿期日ハ定マリタル日又ハ日附ノ後定マリタル期間又ハ一覽ノ時又ハ一覽後定マリタル期間ニ於テノミ之ヲ定ムルコトヲ得

本條ハ手形ノ支拂滿期日ヲ四種ト定メタルモノニシテ乃チ定期拂日附後定期拂一覽拂一覽後定期拂ト爲ス此區別ノ結果ハ時効ノ上ニ大ナル差異アリ又

其支拂期日ニ支拂ヲ受ケザレバ受取人ハ直チニ拒ミ證書ヲ作ラシメテ裏書人又ハ振出人ニ對シ支拂ヲ請求スルヿヲ得レ𪜈其支拂ノ期日明カナラサレバ之ヲ爲スヿ能ハサルガ故ニ大ニ手形ノ効力ヲ減殺スルナリ

満期日ノ明記ナキハ一覽拂ト看做ス

第七百二十條　爲替手形ニ滿期日ヲ記載セサルトキハ其手形ハ一覽ノ時ニ滿期ト爲ル

別ニ支拂期日ヲ明カニ記載セサレバ一覽ノ時ニ直チニ支拂フヘキモノトスルハ無期限ノ貸金ハ催促ノ日ヲ以テ期限ト爲スト同一理由ナリ

支拂地

第七百二十一條　支拂人ノ住地又ハ其他ノ地（他所拂爲替手形）ハ支拂地トシテ之ヲ記載スルコトヲ得他ノ地ヲ記載シタル塲合ニ於テ爲替手形ニ支拂ノ爲メ他人（他所拂人）ヲ明記セサルトキハ支拂人ハ其記載シタル地ニ於テ支拂ヲ爲スヿヲ要ス

住所拂手形

爲替手形ニハ住所拂手形ト他所拂手形トノ二種アリ住所拂手形ハ支拂人ノ

住地ニ於テ拂フモノニシテ他所拂手形ハ支拂人ノ住地外ニ於テ支拂人又ハ其代理者ノ支拂フモノトス此必要アル塲合ハ例ヘバ東京ノ商人甲西京ニ漫遊中ノ父乙ノ方ヘ金圓ヲ爲替ニテ送ラント欲シ之ヲ東京ノ丙銀行ニ依頼シ西京ニテ支拂フヘキ手形ノ振出ヲ求ムルトキニ其銀行ハ西京ニ取引ヲ爲ス所ノ商人又ハ銀行ナクシテ別ニ西京ノ近傍ナル大坂ニ平生取引スル丁銀行アリテ而シテ其丁銀行ハ西京ニ戊ナル代理店ヲ有スルヿヲ知ル𬼀ハ東京ノ丙銀行ハ大坂ノ丁銀行ニ宛テ而カシテ西京ニ於テ支拂フヘキ手形ヲ振リ出スヿアリ此時ノ支拂人ハ大坂ノ丁銀行ナルモ其手形ハ大坂ナラズシテ西京ナル故乃ハチ他所拂ナリ斯クスル時ハ甲ハ金ヲ東京ノ丙銀行ニ渡シテ手形ヲ受取リ之ヲ西京ノ父乙ニ送レバ乙ハ之ヲ西京ナル丁銀行ノ代理店ナル戊銀行ニ於テ受取ルヿヲ得ルナリ

第二欵　裏書

裏書トハ指圖式ナル手形ノ所有權ヲ移轉スル所ノ方法ナリ抑ソモ爲替手形

裏書移轉ノ利

ト約束手形トヲ問ハズ其流通シテ現金授受ノ不便ヲ避ル最大ノ効力ハ裏書シテ他人ノ手ニモ所有權ヲ移轉シ其狀殆ド通貨ト同一ノ作用ヲ爲スニアリ若シ之レナクンバ其通貨ヲ代用シ又ハ融通ヲ助クルノ効力幾バクモナシ乃ハチ甲ヨリ乙ニ貸金アルニ當リ之ニ對シテ手形ヲ振リ出シ其手形ヲ以テ甲ヨリ丙ニ支拂フヘキ金圓ノ代リト爲ストキハ甲ノ爲ニハ便利ナレドモ丙ニシテ其支拂時期ノ到着スルマデ乙ニ請求スルコトヲ得ズシテ空シク嚢中ニ貯ヘ置カザル可ラザル者ナラバ丙ハ毫モ手形ノ恩澤ニ浴セザルナリ然レドモ此際丙ハ其手形ニ裏書シ乃ハチ表記ノ金圓ハ丁ニ支拂フヘシト附記シテ之ヲ丁ニ渡シ以テ丁ヨリ金ヲ得又ハ丁ニ支拂フヘキ負債ニ充テ又同一方法ヲ以テ戊ニ渡ス可シト裏書シテ其手形ヲ戊ニ渡シ戊ヨリ現金ヲ得ルカ又ハ戊ニ支拂フヘキ負債ニ充テ斯クシテ一枚ノ手形ハ轉旋數十回幾多ノ取引ヲ濟マスヲ得ル也

反對ノ明記ナ

第七百二十二條　爲替手形ノ受取人及ビ其後ノ各所持

ケレバ裏書移轉スルヲ得

裏書ノ要件

人ハ若シ其手形ニ反對ヲ明記セサルトキハ裏書ヲ以テ他人ニ轉付スルヿヲ得

裏書ヲ以テ其債權ヲ移轉シテ資本ノ融通ヲ便スルヿ爲替手形ノ本來ノ目的ナルヲ以テ特別ニ此手形ハ裏書ヲ以テ他人ノ手ニ移轉スルコトヲ許サズト云フノ意ヲ表示セザル限リハ裏書移轉ヲ許スナリ

第七百二十三條　裏書ニハ其年月日場所裏書讓渡人ノ署名捺印及ビ裏書讓受人ノ氏名アルヿヲ要ス然レ𪜈白地ニテモ裏書讓渡ヲ爲スコトヲ得

爲替手形ニ裏書シテ其所有權ヲ移轉スルハ是レ亦其讓渡人ト讓受人トノ間ニ一ノ取引ヲ爲スモノニシテ其關係當初振出人ト受取人トノ間ニ於ケルト同一ナルモノナリ故ニ其記載スヘキ事項ハ當初振出ノ時ト同一ノ事ヲ記載スルヲ要ス尤トモ支拂人及ビ支拂ノ場所並ニ期日ハ幾回手形ノ所有主ヲ變更スルモ始終異ナルヿナシ別ニ書キ改ムルヿヲ要セサルナリ

裏書ノ種類

白地裏書ノ便利ナル所以

裏書ニハ二種アリ一ヲ正當裏書トシ一ヲ不規則裏書トス而ソ不規則裏書ノ中ニハ白地裏書代理裏書擔保裏書ノ數種アリ白地裏書ハ其所有權ヲ移轉スル者ニシテ其効果ハ正當裏書ト同一ナルモ唯ダ其手續ヲ簡易ニスルノミ他ノ擔保裏書ハ所有權ヲ移轉セズ又代理裏書モ所有權ノ移轉セザル也此事ハ後條ニ至テ詳説スヘシ而ソ裏書中最モ便利ナルハ白地裏書ナリ白地裏書トハ唯ダ裏書人ノ記名調印セルノミニソ其他ノ部分ハ之ヲ白地ニ爲シ置キ而ソ斯ク當初一人記名調印スルトキハ其後ノ讓渡ハ幾十人ヲ經ルモ別ニ裏書ヲ爲スノ手數ヲ煩ハサズ唯ダ之ヲ授受スルノミニテ所有權ヲ移轉スルコト通用紙幣又ハ無記名式手拂ト異ルコトナキモノナリ尤トモ愈イヨ其手形ノ支拂ヲ受ルノ日ニハ讓受人ノ氏名ヲ讓受人自カラ記入シテ之ヲ支拂人ニ引渡スモノナルガ故ニ中間ニ於テ讓受ケテ又讓渡シタル幾多ノ人ハ其讓渡後毫モ其手形ニ關係ナキ故其手形ノ支拂ハレザルトキニ擔保ヲ爲スモノ少ナシ且ツ竊盗遺失等ノ難ニ罹リタルトキニ之ヲ得タル者ハ假令不正ナルモ之ヲ他ニ讓リ渡

シタル片ハ其讓渡人ニ〆情ヲ知ラザレバ完全ノ所有者トナルガ故ニ其窃盜遺失等ノ難ニ罹リタル者ノ爲ニハ恢復ノ道甚ハダ難シトテ白地裏書ヲ非難スルモノアレ圧若シ斯ク言ハヽ他ノ流通紙幣又ハ無記名式手形ハ一層非難セザルヘカラザルナリ然リ而〆一々煩ハシキ裏書ヲ要セズ〆唯ダ授受ノミニテ所有權ヲ移轉スルヿヲ以テ最トモ便利トナスハ商業上ニ於テハ凡テ簡易ノ手續ヲ以テ迅速ニ取引ヲ結了スルヲ貴トブガ故ニシテ勢ホヒ必ラズ然ラザル可ラザル也

裏書ニ前ノ日附ヲ爲スヿノ禁止

第七百二十四條　裏書ニハ其日ヨリ前ノ日附ヲ爲スコトヲ禁ス之ニ違フトキハ僞造變造ノ刑ニ處ス

手形裏書ノ日附ニ斯ノ如キ嚴重ナル規定ヲ設クルハ裏書人ノ詐僞ヲ防グナリ例ヘバ甲者五月十五日ニ乙ヨリ負債ノ爲ニ破產ノ申渡ヲ受クルニ當リ他ニ丙ニ對シテ貸金アリ此時此貸金ハ無論金主乙ノ手ニ歸スヘキモノナルモ甲ハ奸策ヲ施コシ俄カニ破產前ノ日附ヲ以テ丙ニ宛テタル手形ヲ振出シテ

振出ノ前日附ト裏書ノ前日附トノ差違

交付ノミニテ轉付

之ヲ丁ニ渡シ置キ破産處分ノ終リタル後之ヲ受取ラバ金主乙ハ其貸金ニ對シテ權利ヲ行フヿヲ得ザルヘシ是レ甚ハダ危險ナル故之ヲ禁スルナリ而メ手形振出ノ前日附ハ之ヲ禁セズメ特リ裏書ノ前日附ノミ之ヲ禁スルハ不權衡ナルニ似タリ然レ𪜈實際ニ於テ振出ノ前日附ハ裏書ノ前日附ヨリモ危險少ナシ何トナルバ既ニ破産ノ有樣ニ陷リタル微力者ハ如何ニ前日附ヲ爲シテ振出ヲ爲スモ世人ハ之ヲ信用セザル故容易ニ瞞着セラレテ受取ル者少ナカルヘシ之ニ反シ裏書ノ場合ニハ其人假令破産ニ迫ル𪜈其人ヨリ前ニ己ニ數人ノ裏書人アル片ニハ他ノ裏書人ヲ信用シテ之ヲ受取ルヿナシトセズ是レ破産者ハ詐僞ニ依リテ不正ノ金ヲ得故意ニ金主ヲシテ損害ヲ被ムラシムルモノナリ故ニ法律ハ振出前日附ハ禁ゼサルモ裏書ノ前日附ハ之ヲ禁スルナリ

第七百二十五條　無記名式ニテ振出シ又ハ白地ニテ裏書讓渡ヲ爲シタル爲替手形ハ交付ノミヲ以テ之ヲ轉

付スルヿヲ得

是レ乃チ上來說クガ如ク手形ノ流通最トモ簡易ナル方法ニシテ始メヨリ唯ダ手形持參人ニ支拂フヘキヿヲ命ジテ其持參人ノ誰タルヿヲ問ハザル無記名式カ又ハ記名スルモ其當初第一回ノ署名捺印ノ外ハ最後ニ支拂ヲ受クルマデ何等ノ記載ヲモ爲スヿナク自在ニ流通スルヿ無記名式ト同一ナラシムル所ノ白地裏書ハ皆恰カモ紙幣ト同ジク唯ダ之ヲ授受スルノミニテ所有權ヲ移轉スルモノナリ

滿期後ノ裏書讓渡

第七百二十六條　爲替手形ハ滿期後ト雖トモ裏書讓渡ヲ爲スコトヲ得又代理若クハ擔保ノ爲メ裏書讓渡ヲ爲スコトヲ得

手形仕拂ノ滿期トハ元來此時ヨリ漸ヤク支拂フヘキ義務ノ始マルモノニテ其前ニハ支拂ノ義務ナキ也故ニ日附拂ノ手形ナレバ其日附ノ前後トモ讓渡スコトヲ得一覽後日附拂ナレバ又其一覽前ニテモ一覽後ニテモ之ヲ讓渡ス

ヲ得ルナリ是レ其滿期後期滿効ノ生ズルマデ支拂ヲ求ルコトヲ得ヘケレバナリ

代理裏書

裏書ニ正當裏書白地裏書ノ外代理ト擔保トアルコトハ前ニ述ベタリ代理裏書トハ讓受人ニ手形ノ所有權ヲ移轉スルニアラズ唯ダ裏書人ノ代人ト爲テ支拂ヲ受ルヿヲ委任シタルニ過ギザルナリ故ニ普通ニ裏書ニ要スル所ノ條件ヲ具備セザルモ可ナリ尤トモ代理裏書ニモ讓渡人ノ氏名ハ必ラズ之ヲ記入セザル可ラザル也今代理裏書ト他ノ正當裏書トノ効果ノ差違ヲ見ルニ代理裏書ニハ其所有權ノ前所持人ニ存スルハ勿論ナレ𪜈其前所持人ニシテ破產スルトキハ讓受人ハ其支拂ヲ受ルノ權ナシ何トナレバ代理委任ハ本人ノ破產ニ依テ解除スルヲ以テナリ又支拂人ハ其手形ノ前所持人ニ對シ主張シ得ヘキ總テノ權利ハ其現所持人ニ對シテモ之ヲ主張スルヲ得ヘシ元來手形ノ性質トシテ甲ハ手形ヲ乙ニ充テヽ振リ出シ之ヲ丙ニ渡スニ當リ丙ハ甲ノ負債ニ對シテハ別ニ貸金アル故甲ニ對シテ相殺ヲ求ムルヿヲ得ル場合ニモ手形所

代理裏書ト正當裏書ノ効果ノ差違

持人ニ對シテハ其相殺ヲ求ムルヿヲ得ズシテ手形ハ一旦之ヲ乙ニ支拂ヒタル後甲ニ對シテハ別ニ請求セザルベカラザルヲ常トス然ルニ此場合ニハ支拂人丙ハ振出人甲ニ對シテ受取ルヘキ債權アルヲ理由トシ手形ノ支拂ニ對シ相殺ヲ求ムルヿヲ得セシム何トナレバ此ノ場合ノ所持人ハ單ニ代理人ナルヲ以テ委任者ノ有セサル權利ヲ有スル能ハザレバ其ノ委任者ニ對シテ提出セラルヽ相殺ノ要求ハ之ヲ拒ムヲ得ザルニ由ルナリ又代理者ナル所持人ノ破產シタル場合ニ於テ裏書人ハ其裏書シタル手形ヲ取戻スヿヲ得ベシ何トナレバ破產ニ因テ代理委任ハ消滅スレバナリ佛國ニテハ代理裏書ニ依テ手形ヲ所持スル者正當裏書ヲ爲シテ所有權ヲ移轉スルヲ得ルヤ否ノ議論アリ而シテ舊時ハ何人モ自已ノ有スルヨリ大ナル權利ヲ移轉スル能ハスト爲シ代理裏書ニテ得タル所持人ニ正當裏書ノ權ナシト說キタレ氏近時ハ之ヲ爲シ得ルト決ス其故ハ代理裏書ニテモ支拂人ヨリ支拂ヲ受クル權アル上ハ亦支拂ヲ受ルト同一ノ金圓ヲ裏書ニテモ得ザルヘカラズ此場合ノ裏書ハ代理

擔保裏書

期限内ニ呈示及ビ拒証書ヲ作成スルヿヲ得ザリシ𪜈

裏書ニヨル所持人タル資格ニテ爲スニアラズ當初ノ眞正ナル所持人ノ代理トシテ正當裏書ヲ爲スト見做スト云フナリ

次ニ擔保裏書トハ手形ノ所有權ヲ移轉スルノ効力ナク唯ダ擔保ノ爲ニ其手形ヲ質入スルヲ謂フ乃チ手形ノ裏面ニ或ル事ノ爲ニ此手形ヲ擔保トシテ何某ニ渡スト記載スルナリ故ニ全ク手形ヲ質入スルニ過ギザレバ手形所持人ハ之ガ爲ニ決シテ其所有權ヲ掌握スルニアラザル也故ニ此種ノ裏書ハ實際ニ之ヲ見ルヿ少ナシ何トナレバ讓受人ナキ時ニテモ必ラス質入ヲ爲サヽルモ割引ニ由テ金ヲ得ルノ道アレバナリ

第七百二十七條　支拂ノ爲メニスル呈示及ビ拒證書ノ作成ヲ事情ニ因リテ正當時期内ニ爲スコトヲ得サル爲替手形ノ裏書讓渡ハ滿期後ノ爲替手形ノ裏書讓渡ニ同ジ

本條ハ特別ノ事情アリテ支拂ヲ受クル爲ニ其手形ヲ提示スルヿヲ得又支拂

ヲ拒絶セラレタル爲ニ拒證書ヲ作ルヿヲ得ザル場合ニ於テ手形所持人ヲ保護スル規定ナリ而シテ事情ニ因リテ正當時期內ニ爲スヿヲ得ザル場合トハ時日及ビ距離ナリ例之バ大坂ニテ支拂フヘキ爲替ヲ東京ニ於テ其支拂期日又ハ其前日等ニ讓渡シ爲ニ大坂ニ送致スルノ餘日ナキ片ハ其讓受人ハ支拂期日ニ大坂ニ於テ提示ヲ爲スヲ得ズ又其支拂ヲ受ケザルガ爲ニ拒證書ヲ作ラントスルモ支拂期日ニ後ルヽヿ久シケレバ其効ナカルヘシ何トナレバ支拂期日ニ提示シタルニアラザレバ拒證書ノ効ナケレバナリ而シテ眼前ニ之ヲ爲スヿヲ得ザルノ事情アルヿヲ知ナガラ其裏書讓渡ヲ爲ス人ハ此等ノ處置權ヲ放棄シタルモノト見做スモ可也何トナレバ自已ノ罪ニ歸スヘキ他人ノ措置ヨリ已レニ權利ヲ生ズルノ理由ナケレバナリ然レ𪜈此ノ處置權ノ放棄ハ該讓渡人及其讓渡後ニ再ヒ支拂期日ヲ過キタル爲替ヲ讓渡シタル者ニ對シテノミ其効アルモノナリ其故ハ後ノ讓渡人ハ前ノ讓渡人ト其事情ヲ同フスレバナリ而シテ振出人及該讓渡以前ノ裏書人ニ其放棄ノ効力ヲホサズ何

滿期後ノ裏書讓渡

トナレバ裏書期日後ノ裏書ニ關係ナケレバナリ

第七百二十八條　滿期後ノ爲替手形ノ裏書讓渡ハ其裏書讓渡人ノ權利及ビ義務ノミヲ裏書讓渡人ニ轉付スルモノトス然レ𪜈裏書讓受人ハ滿期後ニ爲替手形ノ裏書讓渡ヲ爲シタル各人ニ對シテ如何ナル方式ニモ羈束セラレス且獨立シタル償還請求權ヲ取得ス

既ニ前條ニ於テ滿期後ニテモ期滿効ニ罹ラザル間ハ裏書讓渡ヲ爲スヿヲ得ルヿヲ定メタレバ其ノ滿期後ノ讓渡ノ効果ハ普通ノ裏書讓渡ト如何ナル差異アルカヲ定メザルヘカラズ然ラズンバ期限ト云フヿハ毫モ之ヲ定ムルノ必要ナキニ至ルヿアレバナリ故ニ本條ニ於テ滿期後ノ裏書讓渡ハ普通ノ讓渡ニ比シテ大ニ其權力ヲ減少セシムルヿヲ規定セリ而メ他ノ塲合ニハ爲替ノ裏書讓渡ハ自已ノ有スル權利ヨリモ大ナル權利ヲ轉付スルヲ得ルモ此塲合ニハ自已ノ權ヨリ大ナル權利ハ毫モ之ヲ轉付スルヿヲ得ザルナリ

代理又ハ擔保裏書ノ目的明記

第七百二十九條　代理ノ爲メ又ハ擔保ノ爲ニスル裏書讓渡ハ其目的ヲ爲替手形ニ記載セサルトキハ第三者ニ對シテ眞ノ裏書讓渡タリ

代理裏書又ハ擔保裏書ノ事ハ第七百二十六條ノ下ニ詳述セリ而メ若シ其旨ヲ明記セザレバ第三者ハ普通ノ裏書讓渡ト見做ズヨリ外ナシ之ニ反シ之ヲ明記シタル効果ニ關シテハ以下ノ二條ニ於テ之ヲ定ム

代理裏書明記ノ効果

第七百三十條　代理ノ爲メニスル裏書讓渡ニシテ其目的ヲ明記シタルトキハ其裏書讓受人ニ裏書讓渡人ノ權利及ビ義務ヲ行フ權殊ニ更ニ眞ノ裏書讓渡ヲ爲ス權ヲ付與スルモノトス

但其手形ニ眞ノ裏書讓渡ヲ爲スコトヲ得サル旨ヲ記載シタルトキハ此限ニ在ラス

代理裏書明記

第七百三十一條　擔保ノ爲メニスル裏書讓渡（質入爲

ノ効果

替手形寄託爲替手形）ハ其目的ヲ記載シタルトキト雖モ眞ノ裏書讓渡タリ然レ𪜈各爲替債務者ハ爲替手形ヲ以テ擔保シタル債務ヲ支拂ヒ又ハ其他ノ方法ヲ以テ之ヲ消却シタリトノ抗辨ヲ裏書讓渡人ニ對シテ爲スコトヲ得

代理裏書擔保裏書ハ皆一種ノ裏書ナリト雖トモ元來變体ノ裏書ナルヲ以テ若シ其旨ヲ明記セザレバ正則ナル普通ノ裏書ト見做サルヘク其ノ變則ナルヿヲ明記シテ始メテ代理又ハ擔保ノ裏書タルヿヲ得ルモノナリ而メ擔保裏書ハ其ノ擔保タルヿヲ明記スルモ代理ニハアラズメ眞ノ裏書ニ等シク質ニ取リ又ハ寄託ヲ受ケタル者ハ恰カモ正當ニ讓受ケタルガ如ク之ヲ處分スルヲ得然レ𪜈其爲替ノ支拂人ハ質入人ノ負債ヲ返濟シ又ハ其他ノ方法ニテ其ノ債務ハ既ニ償却シタルヿヲ証明シテ支拂ヲ拒ムヲ得ヘキナリ

裏書讓渡ノ効

第七百三十二條　裏書讓渡ハ各裏書讓渡人ノ順序カ裏

カ

書讓渡人ニ至ルマテ間斷ナキトキニ限リ裏書讓受人ノ爲メ効力アリ又代理又ハ擔保ノ爲メ裏書讓渡シヲ爲シタル爲替手形ハ裏書讓渡人ニテモ裏書讓渡人ニテモ更ニ裏書讓渡ヲ爲スコトヲ得

裏書讓渡ハ甲ヨリ乙ニ讓渡シ乙ヨリ丙、丙ヨリ丁ト順次ニ之ヲ爲スモノニメ其ノ順序明瞭ニ接續シ居ルトキハ最後ノ讓受人ハ支拂人ヨリ支拂ヲ受ル能ハザルトキハ自己ヨリ前ノ讓渡人又ハ當初ノ裏書人ニ對シテ償還ヲ求ムルヿヲ得ルモノナリ然リ而メ例之ハ戊ナル所持人ハ丁ナル讓渡人ニ要求シ丁ハ丙ニ要求スヘキコトハ順當ナルモ若シ丁ト乙トノ間何人ノ手ニ渡リ丁ハ如何ニシテ之ヲ得タルカ明瞭ナラザルトキハ是レ乙ト丁トノ間ニ間斷アルモノナリ此場合ニハ漸次始メニ溯リテ要求スルノ効力ヲ失フモノトス又代理裏書ノ完全ナル裏書讓渡ヲ爲スヿヲ得ルヤ否ニ關シテハ前ニ曾テ之ヲ説ケルガ如ク佛國ニテハ舊時之ヲ爲スヲ得ズトノ説アリシモ今ハ之ヲ爲スヲ得セシムルヿ各國ノ制ニ〆我國ニモ之ヲ是認シ又擔保ノ爲ニ裏書セルモノハ元來他ノ債務ノ保證ノ爲ニ之ヲ裏書シテ讓渡シタルニ過ギザレバ又其裏書人ハ更ニ他ノ人ニ對シテ裏書讓渡ヲ爲スコトヲ得ヘシ又代理裏書人ヨリ讓受ケタル者モ完全ノ所有權ヲ得タル者ナレバ更ニ之ヲ讓渡スノ權アルハ勿論擔保ノ爲ニ讓渡サレタル手形モ亦其讓受人ニ於テ更ニ讓渡ヲ爲スヿノ得ヘキナリ

裏書讓渡禁止ノ効果

第七百三十三條　裏書讓渡ノ法律上ノ効力ハ爲替手形ニ裏書讓渡ヲ禁スル旨ヲ記載シタルカ爲メ之ヲ失フコト無シ但之ヲ禁シタル者ニ對スル償還請求權ハ之カ爲メニ消滅ス

爲替手形ハ元來裏書ヲ以テ移轉流通シ得ルガ爲ニ其ノ金融ヲ圓滑ニシ正貨授受ヲ省畧スルノ功用ヲ全フスルモノナリ故ニ何人モ此ノ法律ガ附與セル所ノ性質ヲ禁遏スルコトヲ得サルハ勿論ナリ然レ𪜈當初手形ヲ振リ出スト

キニ之ヲ裏書移轉スヘカラズト禁止スルコトアラバ是レ私ノ契約ナルガ故ニ手形所持人若シ其ノ契約ニ違背シ强テ之ヲ讓渡シタルトキハ其讓受人ヨリ振出人ニ對シテ償還ヲ請求スルコトアルモ裏書人ハ之ヲ拒ムヲ得ヘシ乃ハチ普通ノ塲合ニ手形所持人ハ支拂人ニ對シテ支拂ヲ求メ若シ拒絶セラレタルトキハ裏書讓渡人若クハ當初ノ裏書人ニ對シテ償還ノ請求ヲ爲スコトヲ得ヘキモノナルモ此ノ塲合ニハ唯ダ支拂人ト裏書讓渡人ニ對スル權利アルノミニシテ當初ノ振出人ヘハ請求權ナキモノトス

第三欵　引受

引受トハ手形ノ所持人ガ其手形ノ滿期日前ニ其支拂ヲ支拂人ニ示シ支拂人ハ之ニ對シ劵面記載ノ金額ヲ支拂フヘキコトヲ承諾スルヲ云フ此ノ引受ハ爲替手形ノ支拂ニハ必要ノコトニシテ支拂人未ダ此ノ支拂ヲ引受ケザル間ハ其手形ニ對シ毫モ義務ヲ負ハズ手形所持人モ亦其支拂ヲ强ユルコトヲ得ズ唯ダ此ノ塲合ニハ振出人又ハ裏書人ニ對シテ償還ヲ求ムルヲ得ルノミ然レドモ

一旦之ガ引受ヲ爲ストキハ自カラ之ヲ支拂フヿヲ承諾セルモノニシテ故ナク之ヲ取消スヿヲ得ズ此引受ヲ得ルガ爲ニ手形所持人ガ支拂人ニ之ヲ提供スルヲ稱シテ呈示ト云フナリ

第七百三十四條　爲替手形ノ所持人ハ其手形ニ別段ノ記載ナキトキハ滿期日前ニ引受ノ爲メ支拂人ニ之ヲ呈示スルコトヲ得若シ支拂人其引受ヲ爲サヽルトキハ其翌日拒證書ヲ作ルコトヲ要ス

他所拂爲替手形振出人ハ所持人ニ於テ引受ノ爲メ其引受ノ呈示ヲ爲スベク若シ爲サヽルトキハ償還請求權ヲ失フ可キ旨ヲ記スルコトヲ得

手形ノ支拂ヲ受ケントスルニハ先ヅ豫メ支拂人ニ對シ此ノ手形ハ引受ルヤ否ヲ問合ハスヲ要ス而ノ此ノ引受ノ爲ニ要スル呈示ハ滿期日ノ前ナレバ何レノ日ニテモ之ヲ爲スヲ得ルヿヲ通例トス而シテ其ノ呈示ヲ爲シタルニ當

リ支拂人之ガ引受ヲ拒ミタルトキハ是レ其手形ハ支拂人ヨリ一應支拂ヲ受ル見込ナキニ至ルモノナルヲ以テ其ノ拒絶セラレタルヿヲ證スル拒ミ證書ヲ作リ之ニ因リ振リ出人又ハ裏書讓渡人ニ對シテ償還ヲ求ムルコトヲ得セシムル也

他所拂ノ支拂ハ其支拂人二人ニ分レ乃ハチ甲者引受ケ乙者之ヲ支拂フガ如キヿ多シ蓋シ他所拂手形ノコトハ第七百二十一條ノ下ニ於テ說クガ如ク引受人ノ住地ニ銀行等ノアラズシテ他ノ地ニテ支拂フコトアルヘク斯ノ如ク對手人多キ者ニハ一層嚴密ノ規定ナケレバ或ハ支拂ノ必行ヲ期スヘカラザルヿアルヲ以テ振出人ハ豫メ手形ニ引受ヲ得ザレバ償還請求權ナシト定ルヲ得セシムル而シテ普通ノ手形ハ必ズシモ引受ヲ求ムルノ義務ヲ所持人ニ負ハセザルモ他所拂ノニ手形ハ振出人ヲ〆所持人ニ此ノ義務ヲ負ハシムルヲ得是レ引受アリタル所ノ手形ハ未ダ之ナキ者ニ比スレバ世人ノ信用厚クシテ流通力大ナルヲ以テ手形タルノ目的ヲ達スルニ便ナレバナリ而〆既ニ此

ノ引受ヲ求ムヘキ義務ヲ負ヒナガラ之ヲ爲サヾリシハ所持人ノ過失ナルヲ以テ人ハ自已ノ怠慢ノ爲ニ生ズル損失ヲ他人ニ負ハシムルヲ得ザルノ原則ニヨリ其ノ支拂ヲ受ケザルトキニ於テ更ニ振出人ニ對シテ償還請求ヲ爲スコヲ得ザラシムル也

一覽後定期拂手形ノ引受呈示期限

第七百三十五條　一覽後定期拂ノ爲替手形ハ別ニ短キ呈示期間ノ記載ナキトキハ日附後遲クトモ二ケ年内ニ引受ノ爲メ之ヲ呈示ス可シ若シ之レヲ呈示セサルトキハ振出人及手形讓渡人ニ對スル償還請求權ヲ失フ

支拂人カ方式ニ依レル引受ヲ拒ミ若クハ引受ノ日附ヲ爲スコトヲ拒ムトキハ其翌日拒證書ヲ作ルコトヲ要ス此場合ニ於テハ拒證書作成ノ日ヲ以テ呈示ノ日ト看做ス若シ拒證書ヲ作ラサルトキハ滿期日ハ呈示

期間ノ末日ヨリ起算ス

一覽後定期拂ノ爲替手形ハ殆ド之ヲ一覽スルマデハ無期限ナルモノニシテ之ヲ一覽シタル後始メテ何月何日ニ支拂フヘキノ期限ヲ定ルモノナリ然レドモ若シ際限モナク之ヲ流通セシメテ最後ニ支拂人ガ呈示ヲ受ケ之ガ引受ヲ拒ムコトアル頃ニハ既ニ振出人ハ破産シテ償還能力ヲ有セザルガ如キヿナシトセズ故ニ遲クモ當初手形面ノ日附ヨリ二ケ年以內ニ引受ノ爲メニ呈示セシメ若シ之ヲ呈示セズシテ而シテ後日支拂人其引受ヲ拒マバ所持人ハ何レニ對シテモ償還ヲ得ザルヿアラシム是レ日附後二ケ年內ニ引受ヲ求メザル一覽後定期拂ノ手形ニハ振出人裏書讓渡人ヲシテ償還義務ノ免責時効ヲ得セシムル也

前項ニ反シ支拂人ニ引受ヲ求ムルモ支拂人之ヲ承諾セザルトキニハ其呈示ノ翌日拒證書ヲ作ラザルヘカラズ而シテ拒證書ヲ作ルトキハ即日振出人又ハ裏書人ニ對シテ償還ヲ求ルヲ得レドモ之ヲ作ラザルトキハ呈示ノ末日ヨリ

引受人ノ支拂義務

起算シテ滿期ニ至ルマデ償還ヲ求ムルヿヲ得ズ故ニ一覽後三ケ月定期拂ノ手形ニシテ一月一日ニ呈示ヲ爲シ引受ヲ拒マレテ其翌日ニ拒證書ヲ作レバ一月三日ヨリ償還ヲ請求シ得ルモ之ヲ作ラザレバ四月一日マデ償還ヲ請求スルヿヲ得ザル也而シテ此ノ引受ノ方式ハ第七百三十七條ニ於テ之ヲ定ム

第七百三十六條　引受ハ支拂人カ爲替資金ヲ受取リタルト否トヲ問ハス爲替手形ノ所持人ニ對シテ滿期日ニ爲替金額ヲ支拂フ義務ヲ支拂人ニ負ハシム又所持人ニ引受ノ旨ヲ記シタル爲替手形ヲ還附シタル後ハ強暴又ハ詐欺ノ場合ヲ除ク外之ヲ取消スヿヲ得ス

本條ハ引受ノ効果ヲ定メタルモノニシテ即ハチ支拂人ニ於テ呈示セラレタル手形ヲ支拂フヘキ旨ヲ承諾セルトキハ茲ニ支拂ノ義務ヲ生シ必ズシモ之ヲ支拂フヘキ爲替ノ資本ヲ振出人ヨリ受取タルト否トヲ問ハザル也又一旦引受ケタル後ハ故ナク之ヲ取消スヿヲ得ズ唯ダ強迫暴行等ノ爲ニ止ヲ得ズ引

受ケタルカ又ハ欺カレテ引受ケタルモノニ限リ後日其引受ヲ取消スコヲ得セシムルナリ

引受ノ方式

第七百三十七條　引受ハ支拂人カ爲替手形ニ引受ノ旨ヲ記シテ署名捺印ヲ爲シ又ハ署名捺印ノミヲ爲スニ因リテ成ル此方式ニ依ラザル引受ノ効力ハ第八百五條ノ規定ニ從フ

本條ハ引受ノ方式ヲ定メタルノミ而メ此ノ方式ニ依ラザルモ苟クモ引受ヲ爲シタルトキハ是レ爲替資金ヲ受取リタルモノト推測ヲ下スモノナルコハ第八百五條ノ規定スル所ナリ

不完全ノ引受

第七百三十八條　即日ニ引受ヲ爲サス又ハ條件若クハ其他ノ制限ヲ以テ之ヲ爲シタルトキハ引受人ハ其引受ノ爲メ當然羈束セラルヽモ所持人ハ之ヲ拒ミタリト看做スコトヲ得若シ爲替金額ノ一分ニ付テノミ引

受ヲ為シタルトキハ他ノ部分ニ付テハ其引受ヲ拒ミタリト看做ス

引受ハ呈示セラレタル即日ニ之ヲ為スヘキモノニシテ亦其ノ呈示セラレタル手形ノ趣旨ヲ變更セズシテ引受ヲ為スヘキヲ通則トス故ニ其呈示ノ日ニ引受ケザルカ又ハ手形ニ條件ヲ附シ例ヘバ為替資金ヲ受取リタランニハ支拂フヘビトカ又ハ劵面金額ノ半數ヲ支拂フヘシト云フガ如キ引受ハ呈示人ニ於テ之ヲ拒マレタルモノト見做シテ拒證書ヲ作成シ直チニ振出人又ハ裏書讓渡人ニ對シテ償還ヲ求ムルコヲ得ヘシ然レ𪜈持參人ニシテ處置此ニ出デズ假令呈示日ヨリ後レテ引受ルモ又ハ手形ノ趣旨ヲ變更シテ引受ルモ之ヲ拒絶ト見做サヽルトヤハ引受人ハ其引受ケタル責任ヲ盡サヽル可ラズ而シテ為替ノ金額百圓ノ内五十圓又ハ七十圓ト唯ダ其ノ一部ヲ引受ケタルトキハ其他ノ部分ハ拒絶セラレダリト見做シテ直チニ償還ノ請求ヲ振出人又ハ裏書讓渡人ニ為スヲ得ル也

拒證書作成ノ通知

第七百三十九條　支拂人カ引受ノ全部若クハ一分ヲ拒ミタルトキ又ハ第七百三十七條及ビ第七百三十八條ノ規定ニ依リテ引受ヲ拒ミタリト看做スベキトキハ所持人ハ拒證書ノ作成ヲ遲延ナク振出人又ハ裏書讓渡人ニ通知スベシ若シ此通知ヲ爲サヾルトキハ之ヲ受ケサリシ者ニ對シテ償還請求權ヲ失フ

振出人及裏書讓渡人ノ擔保義務

又右ノ通知ヲ爲シタル所持人ハ振出人又ハ裏書讓渡人ニ對シテ爲替金額及ビ拒證書ノ費用並ニ戻爲替ノ費用ヲ滿期日ニ支拂フコトニ付テノ擔保ヲ求ムル權利ヲ有シ各裏書讓渡人ハ自ラ擔保ヲ爲シタルト否トヲ問ハズ前者ニ對シテ右同一ノ權利ヲ有ス但拒證書ノ交付ヲ受クルニ非サレバ擔保ヲ供スル義務ナシ

當事者及其後

當事者ノ一人カ爲シタル通知及ビ其受ケタル擔保ハ

者ノ連帶資格

其後者總員ノ爲メニモ效力アリ

本條ハ法文甚ハダ長シト雖トモ要スルニ前後三項ニ區別シ其第一項ハ前諸條ニ定ルガ如ク引受ヲ拒絶セラルヽカ又ハ引受ノ拒絶ト見做スヿヲ得ル場合ニハ手形所持人ハ直チニ拒證書ヲ作リ其旨ヲ振出人又ハ裏書讓渡人ニ通知スヘキモノトシ若シ其通知ヲ怠レバ償還請求權ヲ失フモノ也畢竟振出人又ハ裏書人ハ若シ其ノ爲替手形ニ付支拂ハレザルトキハ自カラ之ヲ償還スヘキ第二ノ義務ヲ負フモノナルモ普通ニハ支拂人ニ於テ支拂フモノト信シ居ルヲ常トシ若シ其支拂ヲ拒マレタルトキニハ其通知アレバ自カラ其償還ノ爲ニ要スル金圓ヲ準備セザル可ラズ然ルニ此ノ通知ナクシテ突然償還ヲ求メ來ルトキハ準備金ニ欠乏ヲ感ズヘク亦然ラザルモ支拂ニハ元來債權アルヲ以テ之ニ對シテ手形ヲ振リ出スモノナルニ之ガ支拂又ハ引受ヲ拒ムトキハ別ニ其ノ債權ニ對シテハ之ガ催促ノ道ヲ求メザル可ラズ然ルニ引受拒絶ノ通知ナケレバ之ヲ知ルヲ得ザルヘシ是レ其ノ通知ナケレバ償還義務ヲ免

カレシメ所持人ヲメ償還ヲ得ル爲ニハ必ラス通知スルノ義務ヲ負ハレヌタル所以ナリ引受ハ前ニモ說クガ如ク支拂フヘキノ承諾ナル故引受ヲ拒ムハ取リモ直ホサズ支拂ノ拒絕ト見ルヿヲ得ヘシ

手形ニメ其引受ヲ拒マレタルトキハ所持人ハ當初ノ振出人又ハ裏書人ニ對シテ滿期ニ至リ償還ヲ求ムルヿヲ得ルモ之ヲ得ルガ爲メニハ前項ノ如ク拒證書ノ作成ヲ要シ此ノ作成ハ普通ニ公證人役場ニ至リテ之ヲ爲スモノナルガ故ニ別ニ公證人ノ手數料等ノ費用ヲ要スヘク亦此等ノ拒證書ヲ作リ且ツ之ヲ通知シタル後ハ更ニ其ノ償還ヲ得ヘキ債權ノ爲ニ振出人又ハ裏書人ニ對シテ逆サマニ爲替ヲ發スルコトヲ得ルモノニメ之ヲ戾爲替ト云ヒ之ヲ爲スニモ亦多少ノ經費ヲ要スヘシ而メ凡テ此等ノ經費ハ當初ノ爲替手形ノ不良ナルヨリ生ズル附帶ノ經費ナルガ故ニ若シ其ノ手形ニメ引受ヲ拒マレタルガ爲メニ此等ノ經費ヲ要セバ其ノ經費マデヲモ償還スヘキヿハ振出人裏書人ノ豫メ擔保スル所ナラザルヘカラズ然ラズンバ萬一手形ノ引受ヲ拒マ

ルヽヿヲ恐レテ甘ンシテ手形ヲ受取ルモノナカルヘケレバ也故ニ所持人ハ振出人及ビ裏書讓渡人ニ之ヲ請求スルノ權アルヘク隨テ亦裏書人ハ自已ヨリ前ニ裏書讓渡ヲ爲セル者ニ對シテ之ヲ請求スルノ權アリ尤トモ此等ノ擔保ハ支拂人ニ於テ引受ヲ拒ミタルヨリ始メテ生スル義務ナルガ故ニ引受拒絕ノ確證タル拒證書ヲ渡サルヽニアラザレバ未ダ之ガ擔保ヲ爲スノ義務ナキ也

爲替ニ幾回モ裏書讓渡ヲ爲ストキハ振出人甲ヨリ乙丙丁戊ノ裏書ヲ經テ己ナル所持人ノ手ニ移リ庚ナル支拂人ノ引受ヲ拒マルヽヿアルヘシ而シテ此ノ拒絕ノ旨ヲ通知スルヿハ己ハ甲乙丙丁戊ニ對シ戊ハ甲乙丙丁戊ニ對シ其他乙丙丁モ皆自已ノ前位者ニ對シテ爲ス義務アリ又前位者ハ其反對ニ各後位者ニ對シテ擔保ヲ爲スノ義務アリ而メ斯ク前位者ヨリノ擔保義務後位者ヨリノ通知義務ハ皆連帶ナルガ故ニ其內ノ一人ニ對シテ之ヲ爲セバ他ノ各當事者ニ對シテモ其効力アリトスル也

振出人及裏書讓渡人ノ擔保ニ代ヘル方法

第七百四十條　振出人及ヒ裏書讓渡人ハ擔保ヲ爲スニ換ヘテ前條ニ掲ケタル一切ノ金額ヲ即時ニ所持人ニ支拂ヒ又ハ即時ニ供託所ニ寄托スルコトヲ得

前條ニ定ルガ如ク振出人又ハ裏書讓渡人ハ手形ガ引受ヲ拒マレタルトキニ其支拂金額及ヒ拒証書ノ費用並ニ戻爲替ノ費用ヲ滿期日ニ支拂フノ擔保ヲ爲スベキ義務アルモ畢竟其擔保トハ之ヲ辨償スベキコトヲ受合フノ謂ナレバ即時ニ現金ヲ以テ支拂ハヾ勿論擔保ヲ爲スヲ要セザルヘキ也又タ之ヲ直接ニ手形所持人ニ支拂ハズトモ之ヲ供託所ニ托シテ滿期日マデ預ケ置クコトヲ得供託所ヘ託スルハ雙方協議ノ上之ヲ託スモノナレバ一方ノ隨意ニ取リ出スコトヲ得ザルガ故ニ所持人モ安心シテ擔保ニ代フルヲ得ヘケレバナリ

前ノ擔保又ハ寄託ノ解除

第七百四十一條　擔保又ハ寄託ハ後ニ至リ爲替手形ノ引受アリタルトキ又ハ爲替金額若クハ償還金額ノ支拂アリタルトキ又ハ所持人カ時効若クハ懈怠ニ因リテ

引受ヲ拒マレタル後ニ支拂フタル者ノ所持人ニ對スル權利

爲替手形上ノ權利ヲ失ヒタルトキハ其生シタル費用ヲ引去リテ之ヲ還附スルヿヲ要ス

振出人又ハ裏書讓渡人ガ擔保ヲ供シ又ハ供託所ニ一切ノ金額ヲ寄託スルヿハ畢竟手形ニ引受ナキガ爲ニ起ルモノ故其後ニテモ引受アレバ所持人ハ之ヲ還附スヘキヿ勿論ナルヘク又支拂人ヨリ爲替金額ヲ支拂フカ若クハ振出人裏書讓渡人等ガ償還金額ヲ支拂フカ又ハ所持人ガ滿期日マテニ受取ラズソ遂ニ時効ニ罹ル等ノヿアレバ主タル爲替上ノ債權消滅スルガ故ニ之ガ從タル擔保ノ契約モ解除セラレ隨ツテ其擔保物ハ之ヲ還附セザル可ラズ唯ダ此ノ場合ニ擔保ノ爲ニ要シタル費用ノミハ引去ヲ得ヘキナリ

第七百四十二條　第七百四十條ノ規定ニ從ヒテ爲替金額及ヒ費用ヲ所持人ニ支拂ヒタル者ハ其所持人ニ對シテ裏書讓渡ヲ求メ且爲替手形ト共ニ受取證ヲ記シタル償還計算書ノ交附ヲ求ムルコトヲ得

第七百四十條ニ定ルガ如ク振出人及ビ裏書讓渡人ハ擔保ノ代リニ現金ヲ拂フヿアルヘク此ノ時ニハ所持人ガ爲替上ノ權利ハ全ク消滅シ之ヲ受ケ繼グモノ振出人ナルトキニハ其爲替上ノ關係ハ絶無ニ歸スレド若シ裏書讓渡人ガ此等ノ金額ヲ拂フテ其權利ヲ受繼ギタルトキハ更ニ其ノ賠償ヲ振出人又ハ自已ヨリ前位ノ裏書讓渡人ニ求ムルコトアルヘキガ故ニ其時ノ證據ト爲スㇾ爲メニ受取證並ニ償還計算書ヲ所持シ居ルヿノ便利ナルヿアルヘケレバ之ヲ求ムルヿヲモ得セシムル也

第四欵　榮譽引受

手形ニメ引受ヲ拒マル丶トキハ其手形ノ性質不良ナルモノト見做サルヘク爲ニ其振出人ノ信用ヲ減殺シ榮譽テモ毀損スルヿアルヘキナリ故ニ振出人ガ手形ノ振出ヲ爲スノ當初支拂人ト同地内ニ於テ別ニ振出人ノ榮譽ノ爲ニ支拂ヲ爲スヘキ所ノ豫備支拂人ナルモノヲ設ケ之ヲ手形面ニ掲ケ置クヿアリ而メ此ノ場合ニ若シ名宛ノ支拂人ニシテ支拂ヲ爲サズ又ハ引受ヲ拒ミタ

引受ヲ拒マレタル手形ヲ豫備支拂人ニ呈示

豫備支拂人ナラザル第三者ノ參加

ルトキハ手形所持人ハ即時ニ之ヲ豫備支拂人ニ呈示スルヲ要ス而メ此場合ノ豫備支拂人又ハ之レナキトキニ他ノ第三者ガ之ヲ引受ルハ振出人又ハ裏書讓渡人ノ榮譽ノ爲ニスルモノナルガ故ニ名ケテ榮譽引受ト云フナリ

第七百四十三條　支拂人ガ引受ヲ拒ミタル爲替手形ニ同地ニ於ケル豫備支拂人ヲ揭ケタルトキハ其爲替手形ヲ拒證書ト共ニ引受ノ爲メ遲延ナク豫備支拂人ニ呈示スベシ

是レ豫備支拂人アル場合ニ正當ノ支拂人ガ引受ヲ拒マバ直チニ豫備支拂人ニ呈示スヘキコヲ手形所持人ニ命令シタルノミ

第七百四十四條　豫備支拂人ヲ揭ケサルトキト雖ドモ支拂人及ビ第三者ハ拒マレタル爲替手形ヲ振出人又ハ裏書讓渡人ノ榮譽ノ爲ニ引受クルコトヲ得然レトモ所持人ハ此ノ如キ參加ヲ許諾スル義務ナシ

二人以上ノ參加人アルトキ

豫備支拂人ハ勿論振出人ノ榮譽ノ爲ニ之ヲ設ケ置クモノナレバ支拂人ノ引受ナキトキハ更ニ代テ之ガ引受ヲ求ムヘキハ勿論ナルモ若シ其豫備支拂人ヲ定メ置カザルトキニテモ他ノ第三者ニシテ自己ノ知己ヨリ振出シ又ハ裏書讓渡セル所ノ支拂ノ引受ヲ拒マルヽヿアルヲ見テ其ノ名聲ヲ毀損スルヿヲ氣ノ毒ニ思ヒ自カラ代ツテ引受ヲ爲サンコトヲ申込ムコトヲ得然レ圧此等局外者ノ參加シ來ルコトヲ手形所持人ニ於テ希望セザルトキハ其參加ヲ拒絶スルヿヲ得ヘシ是レ初メヨリ設ケ置キタル豫備支拂人アル塲合ハ勿論所持人ハ其豫備支拂人ヲ拒ムヿヲ得ザルモ後日ニ至リ他ノ未聞不見ノ人ノ來リ加ハルヿハ之ヲ望マザルヿアルヘケレバナリ

第七百四十五條　二人以上ノ參加人アルトキハ最トモ多數ノ義務者ノ榮譽ノ爲ニ引受ヲ爲ス者ヲ以テ榮譽引受人トス若シ受榮譽者ヲ記載セサルトキハ振出人ヲ受榮譽者ト看做ス

榮譽引受ノ効果

前條ノ如ク第三者ヨリ振出人又ハ裏書讓渡人ノ榮譽保護ノ爲ニ引受ヲ爲サンヿヲ申出ル所ノ人乃ハチ法文ニ所謂參加人二人以上アルトキハ何レヲ採用スベキカト云フニ多數ノ義務者ニ代ハルモノヲ重ンゼザル可ラズ多數ノ義務者トハ例ヘハいハ振出人甲ノ榮譽ノ爲ニ引受ケシト云ヒろハ裏書讓渡人乙ノ爲メニシはハ裏書讓渡人丙丁二人ノ爲ニスルモノナルトキハはノ引受ハ最トモ多數ノ爲ニスルモノナル故之ヲ採用ス亦榮譽引受人ハ一人ナルモ其恩澤ヲ被ムルヘキ受榮譽者乃チ振出人裏書讓渡人多數ナルトキハ何人ノ爲ニスルヤ明瞭ナラザルヿアルベシ而メ此ノ場合ニ誰ノ爲ニ引受ルカヲ明定セザルトキハ振出人ノ爲ニスルモノト推定ス故ニ振出人ノ爲ニアラズメ他ノ裏書讓渡人ノ爲ニスルモノナル片ハ必ラズ其旨ヲ明記セザル可ラズ

第七百四十六條　豫備支拂人ノ引受其他所持人カ許諾シタル參加人ノ引受ハ受榮譽者及ビ其後者ニ擔保ヲ

同上

供スル義務ヲ免カレシム

第七百四十七條　榮譽引受ハ支拂人カ支拂ヲ爲サヽルトキニ於テ參加人ニ滿期後爲替金額ヲ支拂フ義務ヲ負ハシム

此二條ハ乃ハチ榮譽引受ノ効果ニシテ實ニ參加人ガ榮譽引受ケヲ爲ス目的ハ前條ノ如ク二受榮譽者ヲシテ第七百三十九條ノ擔保義務ヲ免カレシムルニアリ又手形所持人ガ榮譽引受ニ滿足スルハ後條ノ如ク支拂人ガ支拂ヲ爲サヽルトキニ於テ榮譽引受人代ツテ之ガ支拂ヲ爲スニヨル而シテ榮譽者及ビ其後者トハい振出人ろはにほノ裏書讓渡人アルトキハいろはにハほノ後者ニシテにハいろはノ後者ナリ

榮譽引受ノ方式

第七百四十八條　榮譽引受ハ參加人爲替手形ニ之ヲ記載シテ署名捺印シ且ツ拒證書若クハ其附箋ニ之ヲ記載スルコトヲ要ス

拒證書ヲ受榮譽者ニ送附

是レ榮譽引受ヲ爲ス所ノ方式ナリ參加人ニシテ榮譽引受ヲ爲サントスルヤ他ニ之ヲ證スル方法ナキ故其手形面ニ記載シ且ツ此場合ニハ支拂人ニ於テ支拂ヲ拒ミタルヨリ生ズルモノナル故拒證書ヲ作成セバ其證書又ハ其附箋ノ上ニモ自カラ振出人又ハ裏書讓渡人ノ榮譽ノ爲ニ之ヲ引受ル旨ヲ記載セシム

第七百四十九條　拒證書ハ拒證書費用ノ辨償ヲ受ケタル上之ヲ參加人ニ交附シ參加人ハ遲クモ拒證書作成ノ翌日受榮譽者ニ榮譽引受ヲ爲シタル旨ヲ通知シテ拒證書ヲ送附スルコトヲ要ス若シ此事ヲ怠ルトキハ此ニ因リテ生スル損害ニ付キ責任ヲ負フ

手形所持人其手形ヲ支拂人ニ呈示シテ支拂ヲ拒マレタル片ハ公證人ニ囑托シテ拒證書ヲ作ルヿ普通ノ順序ナリ而メ之ヲ爲スニハ公證人ノ手數料等ヲ要ス然ルヲ此際受榮譽者ノ爲ニ榮譽引受人出ルトキハ所持人ニメ其引受ニ

受譽者及其前者ノ擔保ヲ求ムル權

満足スレハ其拒證書作成ニ要シタル經費ノ賠償ヲ得テ該拒證書ヲ引渡スモノトス而ソ引受人之ヲ受取ルヤ其ノ榮譽引受ヲ爲シタルノ通知ト丶モニ該拒證書ヲ受榮譽者ニ送リ以テ其ノ手形ハ支拂人ノ爲ニ拒マレタルコ及ビ之ガ爲ニ榮譽引受ヲ爲シタルコヲ知ラシムルヲ要ス若シ然ラズンバ受榮譽者ハ果シテ該手形ノ拒マレタリヤ否ヲ知ルコ能ハズソ榮譽引受ノ通知ヲ爲スモ其ノ眞僞ヲ判定シ難キコアルヘケレバナリ故ニ此ノ際榮譽引受ヲ爲セル所ノ參加人ヲソ必ラズ通知ヲ爲サシメ若シ之ヲ怠レバ之ガ爲ニ生ズル損害ハ自ラ之ヲ負擔セシム

第七百五十條　受榮譽者及ビ其前者ハ擔保ヲ求ムル權利ヲ有ス然レトモ所持人ハ第七百四十四條ニ依リテ榮譽引受ヲ許諾セサルトキニ非レバ之ヲ有セズ

第七百四十四條ニ定ルガ如ク手形所持人ニ於テ榮譽引受ヲ拒ミタルトキハ其受榮譽者及ビ其前者例ヘバ甲振出人乙及ビ丙裏書讓渡人アルキニ丙ノ榮

保証者ノ連帯義務

譽ノ爲ニ引受ケントスル者アルトキニハ丙者及ビ其前者ナル乙ト甲トニ對シテモ所持人ヲシテ最早償還請求ヲ爲サヾルノ擔保ノ爲サンコトヲ求ムルヲ得蓋シ此場合ニ所持人ハ元ヨリ榮譽引受ヲ強ヒラルヽノ義務ナシト雖ドモ特ニ引受ケントト申出ルモノアルモ尚ホ拒ミテ之ヲ受ケザル𪜈ハ榮譽引受ヲ許スノ本旨ニ違ヘバナリ

第五欵　保證

爲替義務ハ劵面ニ署名セル爲替義務者ノ署名ノ外ニ更ニ其ノ債務履行ノ安全ヲ保証シテ第三者ノ署名スルコアラハ一層其ノ爲替ノ信用ヲ鞏固ニシ其流通ヲ圓滑ニスベシ故ニ法律ハ此ノ保証ノ制ヲ設ケテ之ヲ爲スコヲ許スナリ

第七百五十一條　爲替手形ニ於テ爲替債務者ノ署名ニ自己ノ署名ヲ添フル第三者ハ其債務者ト連帯シテ義務ヲ負フ

別ニ書面ヲ以テスル保證

保證契約ノ制限

第七百五十二條　前條ノ義務ヲ負擔スルニハ別ニ書面上ノ陳述ヲ以テスルコトヲ得

第七百五十三條　爲替保證ノ義務ハ明示ノ契約ヲ以テ之ヲ制限スルコトヲ得然レトモ其制限ハ契約ヲ爲シタル當事者間ニノミ効力アリ

爲替ノ上ニ義務者トヽモニ署名セルモノハ自カラ義務者タルヿヲ証明セルモノト推定スルヿヲ得ベク第三者モ亦之ヲ信用シテ其手形ヲ授受スベキガ故ニ其署名者ハ實際ノ義務者ト連帶シテ責ヲ負フベキモノトス而メ債權者若シ眞ノ義務者ヲ措キテ先ヅ其副署シタル保証人ニ係リテ支拂ヲ求ムルモ之ヲ拒ムヲ得ス乃チ此場合ハ通常ノ債務ノ保証人ト同一ノ地位ニ立ツガ故ニ債權者ニ對シテ先ヅ其本人ヲ訴フベシト云フ先訴ノ抗辯ヲ爲スヿヲ得ザルナリ而メ保証者ガ此保証ヲ爲スヿハ普通ニ爲替面ニ署名スルヲ常トスレトモ亦時トシテハ別ニ其保証ノ旨ヲ書面ニ認メテ以テ保証ヲ爲スコトヲ得

支拂フベキ貨

是レ爲替義務ハ專ラ表面上ヨリ發スト云フ原則ノ例外ナルモ爲替ノ信用ヲ固フシ流通ニ便スル爲ニ許ス所ノ特別法ナリ而シテ其保証義務ニハ條件ヲ附シテ劵面額ノ何分マデトカ又ハ本人ノ支拂ハザルトキニ支拂フベシ等ノ制限ヲ爲スヲ得ベキモ其制限ハ契約ヲ爲セル當事者間ニ有効ナルノミニシテ第三者ニ對シテハ毫モ効力ナキモノトス

第六欵　支拂

支拂ハ爲替ノ終局ノ目的ニシテ畢竟此ノ支拂アルガ爲メニ手形モ安全ニ流通セラレ貨幣ノ授受ヲモ省畧スルコトヲ得ルナリ然レドモ支拂ヲ爲スニモ其ノ支拂フベキ貨幣又ハ支拂ヲ爲スベキ期日場所幷ニ支拂ヲ爲ス方法等ハ之ガ規定ナケレバ區々ニシテ支拂ノ効用ヲ爲サヾルコトアルベシ是レ本欵ノ設アル所以ナリ

第七百五十四條　爲替金額ハ爲替手形ニ記載シタル貨幣ヲ以テ之ヲ支拂フベシ若シ特ニ貨幣ノ種類ヲ表示

幣

支拂ハ滿期日ニ於テス

セサルトキハ支拂地ニ於テ商人間ニ流通スル貨幣ヲ以テ支拂ヲ爲ス意思ナリト推定ス

種々ノ貨幣ノ價格ハ常ニ同一ナル割合ヲ有スルモノニアラズシテ甚ハダシキトキハ銀貨一圓ト紙幣壹圓五拾錢ト相對スルガ如キ例アリ故ニ此場合ニ銀貨ヲ以テ受取リタル債務ニ對シテ紙幣ヲ以テ支拂フトセハ債權者ハ非常ノ損失ヲ被ムルベシ故ニ豫ジメ支拂ニ用フベキ貨幣ノ種類ヲ爲替面ニ記載シ置キ之ヲ以テ支拂フコト最トモ便利ナリトス而〆此場合ニハ其ノ記載シタル種類ノ他ノ貨幣ヲ以テ支拂フヿヲ得ザル也然レ𪜈若シ此ノ記載ナキトキハ支拂地ニ於テ商人間ニ通用セラルヽ貨幣ヲ以テ支拂フコトヲ承諾セルモノト見做スナリ

第七百五十五條　支拂ハ第七百七十八條ノ場合ヲ除ク外ハ支拂人カ引受ヲ爲シタルト否トヲ問ハス滿期日ニ支拂人ノ方ニテ之ヲ受クルモノトス

支拂恩惠日

支拂恩惠期日ハ之ヲ許サス然レトモ其他慣習ノ支拂日ハ之ヲ遵守スルコトヲ要ス

第七百七十八條ハ後ニ示スガ如ク他所拂ノ手形ノコトナリ而メ其ノ場合ハ之ヲ例外トシ其地普通ノ場合ニハ支拂人ノ方ニ赴キテ支拂ヲ受クベキ者トス是レ爲替ノ他ノ貸借ト異ル所ナリ他ノ場合ニハ債務者ヨリ歩ヲ枉ゲテ債權者ニ詣リ借金ヲ返濟スルコト常ナルモ爲替ノ場合ハ全ク之ニ反ス而メ支拂ノ場所及期日ハ必ズ之ヲ爲替面ニ確定スルモノニシテ假令雙方ノ約束ヲ以テスルモ之ヲ變更スルコトヲ得ズ何トナレバ所持人支拂人ノ外ニ償還義務者モ亦之ニ關係ヲ有スレバナリ故ニ苟クモ其爲替面ニ定メタルコトニ戻ルトキハ償還義務者ニ對シテ償還要求權ヲ失フヘキナリ

爲替ハ其爲替面ニ記載セル滿期日ニ於テ支拂フヘキモノニシテ之ヨリ前ナルコト能ハズ亦遲ルヽコト能ハザルヲ常トシ別ニ地方ニ慣習ナキトキハ支拂ニ恩惠期日ヲ設ルヲ許サズ支拂恩惠期日トハ支拂期日ノ後若干日間債權者ノ

滿期日ノ休日ナル時

一覽拂爲替手形ノ滿期日

恩惠ヲ以テ支拂ノ猶豫ヲ與フル日限ヲ云フナリ

第七百五十六條　滿期日カ一般ノ休日ニ當ルトキハ其後ノ營業日ヲ以テ支拂日トス

爲替手形ノ滿期日會タマ大祭日日曜日等一般ノ休日ナルトキハ之ヲ算入セズシテ其次ノ營業ヲ爲スベキ最近ノ日ヲ以テ支拂日トナス也

第七百五十七條　一覽拂爲替手形ハ呈示ノ日ニ滿期ト爲ル若シ日附後二ケ年內ニ呈示ヲ爲サヽルトキ又ハ二ケ年內ノ呈示期間ヲ其手形ニ定メサルトキハ日附後二ケ年ヲ以テ滿期ト爲ル若シ正當ノ時期ニ呈示ヲ爲サヽルトキハ所持人ハ振出人及ヒ裏書讓渡人ニ對スル償還請求權ヲ失フ

一覽拂爲替手形ハ元來期限ヲ定メス何時ニテモ持參人ヨリ之ヲ支拂人ニ呈示スル時ハ實ニ支拂ノ期限ナリ是レ一覽拂ノ名アル所以ナリ然レトモ假令期

債權者カ滿期日ニ受取ヲサルトキ

限ヲ定メザレバトテ何年ノ際限モナク流通セシムルトキハ其間ニ仕拂人又ハ振出人裏書讓渡人等ノ盛衰興亡アリテ意外ノ損害ヲ被ムル者アルモ知ル可ラザルガ故ニ其期限ヲ日附後二ケ年ト定メ是レヨリ永ク通用セシメズ假令之レヲ移轉セント欲スルモノアルモ其所持人ヲシテ償還請求權ヲ失ハシム

第七百五十八條　債權者カ爲替金額ヲ滿期日ニ受取ヲサルトキハ支拂人ハ債權者ノ費用及ヒ危險ニテ其金額ヲ供託所ニ寄託スルコトヲ得此塲合ニ於テハ支拂人ハ甚シキ怠慢ニ附テノミ責任ヲ負フ

債權者ガ爲替金額ヲ受取ラザレバトテ債務者タル支拂人ハ故ナク自己ノ支拂義務ヲ免カルヽモノニアラズ故ニ其ノ支拂フベキ金額ハ之ヲ供託所ヘ寄托シ債權者來リ求メバ之ヲ渡スベシト依賴シテ其責任ヲ免ルヽヿヲ得而メ此ノ塲合ニ供託所ニ於テ其金員保管ノ爲ニ要スル費用ハ勿論萬一供託所ノ

火災地震等ノ避クベカラザル災害ニ罹リテ其ノ託シタル金員ノ滅失スルコトアルモ是レガ損失ハ債權者ニ負ハシメ支拂人ハ自己ノ過失ノ爲ニ斯カル災害ニ罹レルヿノ証跡明瞭ナルトキニアラザレバ最早關係ナキモノトス

滿期日前ノ支拂

第七百五十九條　債權者ハ滿期日前ニ支拂ヲ受クル義務ナシ若シ滿期日前ニ支拂ヲ爲シタルトキハ債務者其危險ヲ負擔ス

既ニ手形ノ滿期日ヲ定メ置ク上ハ債權者ニ於テ其以前ニ支拂ヲ求ムルヲ要セズ然ルニ强テ債務者ノ方ヨリ未ダ其期限ノ來ラザルニ先チテ之ガ支拂ヲ爲ストキハ若シ他日ソレガ爲ニ損失ヲ生ズルヿアルモ債務者自カラ之ガ損失ヲ負擔セザルベカラス

支拂ノ効果

第七百六十條　債務者ハ滿期ノ時又ハ後ニ所持人ニ支拂ヲ爲スヲ以テ其責ヲ免カル但其際債務者ニ甚シキ怠慢アリタルトキハ此限ニ在ラズ

支拂終レハ債務者ノ義務ヲ免カルハ固ヨリ當然ノコトス然レ𪜈若シ債務者ニ甚シキ怠慢アリテ人違ヒノ支拂ヲ爲スカ又ハ正當ノ手形ニテモ少シク注意スレバ眞正ノ所持人ニアラザルコノ明カナルニ此ノ注意ヲ爲サズシテ支拂ヲ爲シタルガ如キ怠慢アルトキハ支拂アリト雖ドモ其責ヲ免カレサルコトアルナリ

第七百六十一條　支拂ハ受取証ヲ記シタル爲替手形ノ交付ト引換ニ非レバ之ヲ受クルコトヲ得ズ

債權者ハ一分ノ支拂ヲ拒ムコヲ得ズ但一分ノ支拂ノ場合ニ在テハ爲替手形ニ其支拂ヲ記入シ且ツ其支拂ニ付テノ別段ノ受取証ヲ債務者ニ交付スベシ

支拂アルトキニハ其手形中ニ受取リタル旨ヲ記シテ支拂人ニ渡シ之ト引替ニ金額ヲ受取ルベキモノトス其手形中ニ受取證ヲ記スルハ他日再タビ其ノ手形ヲ使用セザランガ爲ナリ而シテ假令支拂人其ノ爲替ノ金額ヲ一時ニ支

拂フ丁能ハズソ唯ダ一部分ダケヲ支拂ハント求ムルトキニモ之ヲ拒ムヲ得ズ何トナレバ支拂人ノ支拂ハザルダケハ他ノ振出人裏書讓渡人ニ對シテ償還請求ヲ爲スベキモノナルガ故ニ其償還義務者ハ支拂人ガ拒ミタル支拂ニ對シテ義務ヲ負フベク支拂人ガ一部分ニテモ支拂ハントスルヲ受ケズシテ强テ振出人又ハ裏書讓渡人ニ償還ヲ請求セントスルハ不當ナレバナリ而シテ斯ク一部分ノ支拂ノ爲ニハ手形ヲ盡ク渡ス能ハザルガ故ニ其一部分ノ受取ヲ手形中ニ記入シ且ツ別ニ受取證ヲ記シテソレダケヲ支拂人ニ渡スモノトス

一個ノ爲替ニ數通ノ手形アルトキノ支拂

第七百六十二條　爲替手形ヲ數通ニシテ振出シタルトキハ債務者ハ其中ノ孰レニ依リテ支拂ヲ爲スモ此ニ因リテ其責ヲ免カル然レトモ裏書アル一通又ハ支拂ノ引受ヲ記シタル一通ヲ所有者トシテ占有スル第三者ノ權利ヲ妨ゲズ

第七百十條及ヒ第七百十一條ノ規定ハ一爲替手形ノ數通ノ引渡及喪失ニモ之ヲ適用ス

一ノ債權ニ對シテ便宜ノ爲ニ數通ノ爲替手形ヲ振出シ之ニ一號二號三號等ノ番號ヲ附シ其内ノ一通ニ支拂ヲ受ケタルトキハ他ヲ無効トスル旨ヲ記スルヿヲ得ベク此場合ニ於テ一通ノ手形ニ仕拂フトキハ他ノ手形ハ無効ニシテ假令其數通ノ手形ヲ一時ニ纏メテ之ヲ渡サヾルモ可ナリ然レ𪜈裏書讓渡ニ因テ得タル所持人ハ其ノ所持ニ正當ノ原因ヲ有スルモノニシテ之ニ支拂ヲ爲サヾルトキハ其人ノ權利ヲ害スルコト大ナルノミナラズ此ノ如キトキハ手形流通ノ圓滑ヲ妨止スベキガ故ニ其ノ權利ハ之ヲ保存セシメザル可ラズ且ツ支拂人ノ引受ヲ爲シタル者ハ勿論之ガ權利ヲ保護セザルベカラズ何トナレバ支拂人ニシテ第一號ニ引受ヲ記シナガラ第二號ニ支拂フトモ第一號ノ所持人ノ權利ヲ滿足スベカラザルハ言ヲ俟サレバナリ而シテ此際引受ナキ一通ノ手形ニ支拂フニハ此他ノ手形ニ支拂ヲ乞ハサルベシトノ擔保ヲ供セシ

ムルヿハ次條ニ於テ之ヲ定ム

第七百十條ハ怠慢ナクシテ取得シタル手形小切手ニ對シテハ別ニ其ノ手形ノ代金ヲ渡スノ責ナキヿ第七百十一條ハ盜取又ハ紛失ノ手形ノヿヲ定メ而シテ本條ニ規定スル一爲替ノ上ニ手形數通ヲ振出ストキニモ亦前ノ此等ノ規定ニ變更ヲ及ボサズトナスナリ

數通手形中ノ引受ナキ一通ニ支拂ヲ爲ストキノ擔保

第七百六十三條　引受人ハ一爲替手形ノ數通中ニテ其引受ヲ記セサルモノニ對シテハ擔保ヲ供セシメタル上ニ非レハ支拂ヲ爲ス義務ナシ引受ヲ記シタル爲替手形數通アル場合ニ在テハ之ヲ合セテ引渡サヽルトキモ亦同シ若シ擔保ノ提供ヲ爲スニ拘ハラス引受人カ支拂ヲ拒ムトキハ所持人ハ拒証書ヲ作ルコトヲ得

一ノ爲替ニ數通ノ手形アルトキハ前條ニ定ル如ク引受ヲ記シタル手形所持人ハ他ノ手形ニ支拂アリテモ尚ホ其ノ引受ラレタル手形ニ要求權アルガ故

正當ニ所持人ニ爲ス支拂ノ差押

ニ此ノ要求ヲ免ルヽガ爲ニハ引受ナキ他ノ手形ヲ支拂フトキニ於テ此ノ一通ニ支拂ヲ受レバ他ニハ再ビ決シテ支拂ヲ要求スベカラザルヿノ擔保ヲ爲サシムルヿヲ要ス而シテ亦數通ニ引受ヲ爲シテ而ソ其各通ヲ一纏メトセズ唯ダ其内ノ一通ニ支拂フトキモ亦此擔保ヲ爲サシムルヿヲ得ベキハ勿論ナリ而ソ所持人ノ方ニテ斯ク擔保ヲ供セルモ支拂人尙ホ之ヲ支拂ハザルトキハ其支拂ヲ拒ミタルモノト見做シ拒證書ヲ作ルヲ得ル也

第七百六十四條　滿期ノ時又ハ後ニ於テ爲替手形上ノ正當ノ所持人ニ爲ス支拂ハ其所持人カ破產宣告ヲ受ケタル場合又ハ第七百十條及ヒ第七百十一條ノ場合ニ限リ裁判所ノ命令ヲ以テノミ之ヲ差押フルコトヲ得

所持人ガ滿期ノ時又ハ其後ニ於テ手形ノ支拂ヲ受クベキ權利ハ何人ノ爲ニモ妨ゲラルヽヿナカルベキ完全ナル權利ナリト雖ドモ然レ圧其所持人ニシ

前條以外ノ故障又ハ債務者ノ知ラサル人ニ爲ス支拂

テ破產ノ宣告ヲ受クルトキハ其ノ財產ハ債主一同ヘ配當セザルベカラザルモノナルガ故ニ此際所持人ノ其手形金員ヲ受取リテ竊カニ自カラ消費シ了ルヿアルヲ慮リ其ノ債主保護ノ爲ニ裁判所之ヲ差押フルナリ其他第七百十條手形占有者カ手形又ハ小切手ノ引渡ヲ求ムル訴ヲ起シタル場合アルニ當リ之ニ對シテ抗辨シ得ベキ事實ト同一ノ事實ニ因リテ請求セラルヽ片カ第七百十一條ノ盜取又ハ紛失ニ係ル手形ニ關シテハ亦裁判所ニ於テ之ヲ差押フルヿアルナリ蓋シ此場合ハ手形ノ眞正ナル權利者ヲ保護スルガ爲ナリ

第七百六十五條　支拂ニ對シ前條以外ノ方法ヲ以テスル故障又ハ債務者ノ知ラサル人ニ爲ス支拂ニ付テハ第四百條ノ規定ヲ適用スルコトヲ得

商法第四百條ニ於テハ差圖證券ノ發行人ハ呈示人ノ眞僞ヲ調査スルノ義務ナク唯ダ惡意ヲ以テ爲シタルトキ若クハ怠慢ヲ以テ爲セルトキニノミ責ヲ負フヿヲ定メタリ故ニ今此ニモ其規定ヲ適用シ支拂人ハ一々手形ノ所持人

故障アル手形ノ支拂ヲ求ムル方法

ノ眞僞ヲ調査スルノ義務ナク裁判所ノ差押ヲ受ケタル場合ノ外ハ假令破產者ニ支拂フモ又ハ盜取若クハ拾得ニヨリテ占有スル所持人ニ支拂フモ苟クモ其支拂ヲ爲シ終レバ既ニ其義務ナシトセリ是レ手形ハ一種ノ紙幣ト同シク流通移轉ノ神速ヲ貴ブモノニシテ若シモ支拂人ガ惡意ナクシテ支拂フモ尙ホ責任ヲ免レズトセバ人々手形ノ支拂ヲ危ブンテ之ヲ爲ス者ナキニ至ルベケレバナリ

第七百六十六條　第七百十條及ビ第七百十一條ノ場合ニ在テハ爲替手形ニ付キ自己ノ所有權ヲ疏明シ且ツ裁判所ノ命令ヲ得タル者ハ判決ノ確定前ニ擔保ヲ供シテ爲替金額ノ支拂ヲ求メ又ハ擔保ヲ供セズシテ爲替金額ヲ供託所ニ寄託スルヲ求ムルコトヲ得此寄託ノ場合ニ在テモ第七百五十八條ノ規定ヲ適用ス

前ニ第七百十條ノ下ニ於テ手形占有者ノ權利ヲ保護シテ正當ニ取得シタル

カ又ハ甚シキ過失ナクシテ取得シタル者ハ假令自己ノ前位者ハ不正ノ手段ヲ以テ取得シタリシモノナリシトモ之ガ引渡ニ應ズルノ義務ナキコトヲ定メテ以テ手形ヲ見ルコト殆ンド通貨ト同一ナラシメタルモ若シ擔保裏書等ノ場合ニハ其ノ占有者ノ取得ハ債權擔保ノ爲ニスルモノナルガ故ニ正當ナリシモ其債務ヲ履行シ終リタルトキハ擔保ニ供シタル手形ハ眞ノ所有者ヨリ引渡ヲ求ムルトキニ之ニ應ゼサル可ラズト定メ又第七百十一條ニ於テハ盜取又ハ紛失ノ手形及小切手ハ權利者ニ於テ民事訴訟手續ニヨリ無効トスル手續ヲ爲スヲ得セシメタリ而シテ此等ノ場合ニ權利者ニシテ其ノ權利アリト裁判所ニテ判決セラレタルトキハ假令未ダ其裁判ノ確定セサルモ相當ノ擔保ヲ供シテ支拂ヲ求ムルカ又ハ供託所ニ寄託センコトヲ求ムルノ權ヲ得セシムルハ是レ裁判確定マデ手形ノ支拂又ハ供託所ヘ寄託ヲ爲サシムルコトヲ得ズトセバ或ハ義務者ノ資産ノ變更スル危險アルヲ慮ル者ナリ而メ浮沈盛衰ノ倏忽ナルハ商人ノ常体ナルガ故ニ之ヲ慮ルト又商業ノ性質タル迅速ニ

支拂人ノ支拂拒絶
拒證書ノ作成及其通知

取引ノ決了ヲ望メバナリ

第七百六十七條　支拂人カ正當ノ理由ナクシテ滿期日ニ爲替金額ノ支拂又ハ寄託ヲ拒ムトキハ所持人ハ其次ノ業日ニ拒証書ヲ作リ且所持人カ償還請求ヲ爲サントスル者ニ拒証書ノ作成ヲ通知スルコトヲ要ス然レトモ所持者ハ爲替手形ニ明記アルニ因リテ拒証書作成ノ義務ヲ免カルヽコトヲ得

支拂人ハ滿期日ニ至レバ必ラズ支拂ヲ爲スベク若シ債務者ガ之ヲ受取ラサル片ハ供託所ニ該支拂金ヲ寄託シテ以テ其ノ責任ヲ終ルモノナリ然ルニ支拂人ニ於テ此ノ支拂モナサズ又寄託ヲモ爲サヽルトキハ手形所持人ハ支拂ヲ拒マレタルモノトナシ乃ハチ拒證書ヲ作ルベク且ツ其旨ヲ振出人又ハ裏書讓渡人ニ通知スルヲ要ス是レ此等ノ人ニ對シテハ若シ支拂ヲ得ザルトキハ償還ヲ請求スルコトアルベキモノナレバナリ畢竟支拂ヲ拒絶セラルヽト

榮譽支拂

キニハ常ニ拒證書ヲ作ルヲ要スルモノニシテ又支拂人ノ死去若クハ倒産シタルトキト雖モ異同アルヿナシ何トナレハ是レ併セテ償還義務者ノ爲メニスル事實ノ公證ナレバナリ然レ𪜈當初無拒證書又ハ無費用等ノ語ヲ爲替劵面ニ記載シテ以テ此ノ拒證書ヲ作ルノ責ヲ免スルヿアルナリ其ノ業日ノ翌日ト定メタルハ該證書ナルモノハ日曜日及休日ヲ除キ支拂日ノ翌日ニ於テ之ヲ作ルベキモノナルニヨル而シテ斯ク定メタルハ是レ支拂人ニ考慮ノ餘暇ヲ與ヘ以テ變則ノ場合ニ於テ必要ノ處置ヲ施スヲ得セシムルカ爲ナリ

第七欵　榮譽支拂

既ニ前ニ第四欵ニ於テ支拂人支拂ヲ爲サヽル片ニ振出又ハ裏書讓渡人ノ榮譽ノ爲ニ引受ルヿアル旨ヲ規定セリ而シテ之ヲ引受ルトキハ隨テ之カ支拂アルハ當然ノ事トス本欵ノ規定即チ是ナリ

第七百六十八條　拒マレタル爲替手形ハ振出人又ハ裏書讓渡人ノ榮譽ノ爲メ榮譽引受人支拂人又ハ第三者

榮譽支拂ヲ受クル爲ノ呈示

拒證書ニ附記及其交附

之ヲ支拂フコトヲ得

是レ第七百四十四條ノ豫備支拂人又ハ支拂人及ヒ第三者ガ拒マレタル爲替手形ヲ振出人又ハ裏書讓渡人ノ榮譽ノ爲ニ引受クルヿアルト同シク此ニハ實際ニ其支拂ヲ爲スコトアルヲ定メタルナリ

第七百六十九條　豫備支拂人其他ノ參加人ノ引受ヲ記シタル爲替手形ハ拒証書作成ノ後直チニ榮譽引受人ニ支拂ノ爲メ之ヲ呈示スベシ

本條ハ別ニ說明ヲ要セザルベシ

第七百七十條　榮譽支拂若クハ其拒絕又ハ其提供ハ何レノ場合ニ於テモ之ヲ支拂拒証書又ハ其附箋ニ記載ス可シ

其拒証書ハ爲替手形ト共ニ拒証書費用ノ辨償ヲ受ケタル上之ヲ榮譽支拂人ニ交付ス

當初手形ノ支拂ヲ拒ムトキハ拒證書ヲ作ルカ又ハ別ニ附箋シテ其旨ヲ記スルコトハ前ニ定ル所ノ如シ而シテ榮譽引受ハ其拒マレタル後ニ之ヲ爲スモノナルガ故ニ其ノ榮譽支拂ヲ爲シタルトキハ其旨ヲ拒證書又ハ附箋ニ記シ若シ又榮譽引受ヲ爲シナガラ之ガ支拂ヲ拒絕スルカ又ハ之ガ支拂ヲ爲サンコトヲ申出ルトキハ其旨ヲ拒證書ニ記載ス可キモノトス而メ此等ノ拒證書又ハ附箋ハ榮譽支拂人ニ於テ支拂ヲ爲ストキハ支拂ト同時ニ之ヲ引キ替フベキモノトス何トナレバ是レ榮譽支拂人ガ受榮譽者ノ爲ニ支拂フタル所ノ證トナルベキモノナレバナリ

榮譽支拂人ハ所持人ノ權利義務ヲ承繼ス

第七百七十一條　榮譽支拂人ハ引受人振出人及ビ裏書讓渡人ニ對シ所持人ノ權利ヲ承繼ス但其權利ヲ主張スルニハ所持人ト同一ノ義務ヲ履行スルコトヲ要ス

榮譽支拂ハ元來支拂ノ義務ナカリシ者ガ受榮譽者ノ爲メニ所持人ニ對シテ其ノ權利ヲ全フセシムルモノナルガ故ニ更ニ該手形ノ本來ノ義務者一同ニ

榮譽支拂ノ効果

對シテハ自カラ所持人ノ權利ヲ受ケ繼キテ之ヲ主張スルコトヲ得ルハ當然ナリ若シ然ラズンバ本來ノ義務者ハ毫モ爲ス所ナクシテ其義務ヲ免カレ榮譽支拂人ハ故ナクシテ唯ダ他人ノ爲ニ義務ノミヲ負擔スルノ有樣トナリ何人モ亦榮譽支拂人トナル者ナカルベケレバナリ然リ而メ榮譽支拂人ハ支拂後所持人ニ代テ自カラ其權利ヲ行フガ爲ニハ所持人ガ宜シク支拂ヲ受ル爲ニ要スル所ノ手續例ヘバ支拂ヲ受ルニハ必ラズ手形ニ受取證ヲ記シテ之ヲ交附スベク一部ノ支拂ノ爲ニハ別ニ受取證ヲ渡スベキガ如キ義務ヲ負フ

第七百七十二條　榮譽支拂ハ受榮譽者ノ後者總員ヲシテ責ヲ免カレシム

例ヘバ甲者ノ振リ出シタル手形ニシテ乙丙丁戊己ノ五人ノ裏書ヲ經テ庚ノ手ニ所持セラレ辛ナル支拂人ノ支拂ヲ拒ミ壬ナル榮譽引受人アリテ裏書讓渡人丁ノ爲ニ榮譽支拂ヲ爲ストキハ其ノ後者ナル戊巳ノ責ヲ免カレシメ其後ニ償還ノ責ヲ負フ者ハ甲乙丙ノミトス何トナレバ辛ハ支拂ヲ拒ミタレバ

責任ナク丁ハ受榮譽者ナレハ責任ナク而シテ手形償還ノ連帶責任者ノ後者タル己ヨリ戊丁丙乙ト溯ホルモノナルニ之ニ對シテ權利ヲ主張スル者其ノ順序ヲ追ハズ己戊ヲ措テ丁ナル者ニ義務ノ履行ヲ求ムルトキハ是レ自カラ擇ミテ己戊ノ義務ヲ釋放シタルモノト見做スナリ故ニ他人カ後者ヲ措テ前者ノ榮譽ノ爲ニ支拂ヲ提供シ所持人之ヲ承諾シテ其ノ支拂ヲ受ケタルトキニモ後者ノ總員ハ之ガ爲ニ其責任ヲ免カルヽモノトス

二人以上ノ榮譽支拂ヲ提供スル者アル時

第七百七十三條　榮譽支拂ヲ提供スル者二人以上アルトキハ支拂人ヲ以テ榮譽支拂人トシ之ニ次テハ最トモ多數ノ義務者ヲシテ責ヲ免カレシムル者ヲ榮譽支拂人トス

是レ第七百四十五條ニ於テ二人以上ノ榮譽引受人アル場合ト同一ノ理由トス

所持人榮譽支

第七百七十四條　所持人ハ榮譽支拂ヲ受クルコトヲ拒

拂ヲ受ルヿヲ拒ム結果

ムニ因リテ受榮譽者及ヒ其後者ニ對スル償還請求權ヲ失フ

所持人ハ榮譽支拂ヲ受レバ乃ハチ自巳ノ權利ヲ全フシ了ルモノナリ然ルニ强テ自ラ其支拂ヲ受ケサルハ是レ自カラ其ノ受榮譽者ニ對シテ權利ヲ放棄スルモノトス且ツ受榮譽者ノ支拂ヲ受レバ受榮譽者ノ後者總員ハ皆其義務ヲ免カルベキモノナルヿハ第七百七十一條ニ規定スル所ナリ然ルニ若シ所持人之ヲ受ルコトヲ拒ムトキハ是レ自ラ求メテ其ノ受榮譽者ノ後者ノ責任ヲ免除スルヿヲ妨クルナリ而メ此等ノ者ハ所持人ノ故意ノ爲ニ永ク羈束セラルベキ者ニアラザルガ故ニ所持人之ヲ拒ムモ尙ホ其責ヲ免カレシム若シ然ラズンバ榮譽支拂ヲ爲スモ毫モ其目的ヲ遂クルヿ能ハズシテ受榮譽者又ハ其後者ハ强テ自カラ直接ニ所持人ノ要求ニ應ゼザルベカラズ爲ニ取引ノ圓滑ヲ缺クコト大ナルベケレバナリ

第八欵　償還請求

振出人及ヒ譲渡人ハ手形支拂ノ第二ノ義務者ナリ

償還請求權

爲替手形ハ普通ニ支拂人ニ於テ支拂ヲ爲スガ爲ニ便利ヲ金融市場ニ與フルモノナレドモ若シ夫レ其ノ支拂人ニシテ支拂ヲ爲サヾルトキニ更ニ之ニ代リテ支拂ヲ爲スベキ第二ノ義務者アルニアラズンハ人々ハ安心シテ其ノ手形ヲ授受スル者ナカルベキナリ是レ其ノ支拂人ノ支拂ヲ拒ムトキニ更ニ振出人又ハ裏書讓渡人ニ對シテ償還請求ノ權アル所以ナリ而シテ此ノ制アルガ爲ニ手形ニハ振出人カ支拂人カ若クハ裏書讓渡人中ニ一人ノ信用鞏固ナルモノアランニハ其ノ手形ハ頗フル圓滑ニ流通セラルヽコヲ得ベキ也

第七百七十五條　支拂人カ滿期日ニ爲替手形ノ支拂ヲ爲サヾルトキハ所持人ハ振出人及ヒ裏書讓渡人ニ對シ爲替金額及ヒ其利息並ニ支拂ニ因リテ生シタル一切ノ費用ニ付キ償還請求權ヲ有ス

是レ乃チ所持人ノ權利ヲ保護シテ以テ假令支拂人カ支拂ヲ爲サヾルコトアルモ敢テ損害ヲ被ムルノ危險ナキコトヲ得テ安心シテ手形ヲ所持セシムル

償還請求ノ爲ニ要スル手續及支拂拒證書作成

支拂拒證書ヲ作ルヘキ場合

引受人ニ對スル爲替權利保全

モノナリ蓋シ此制ナクンバ安心シテ手形ヲ受取ルモノナカルベケレバ也

第七百七十六條　所持人ハ爲替手形ヲ滿期日ニ支拂ノ爲メ呈示ス可シ若シ支拂ヲ爲サヾルトキハ滿期日ノ次ノ業日ニ支拂拒証書ヲ作ル可シ但第七百六十一條第二項ニ掲ケタル一分ノ支拂ノ場合ニ於テモ亦同シ

第七百七十七條　支拂拒証書ハ既ニ引受拒証書ヲ作リタルトキニモ債務者カ死亡シ又ハ破産宣告ヲ受ケ又ハ其所在ノ知レサルトキニモ之ヲ作ル可シ

第七百七十八條　引受人ニ對シテ爲替權利ヲ保全スルニハ滿期日ニ於ケル呈示及拒証書ノ作成ヲ要セズ然レトモ他所拂爲替手形ハ他所拂人若シ他所拂人ノ記載ナキトキハ支拂人ニ其ノ爲替手形ヲ支拂フ可キ地ニ於テ支拂ノ爲メ之ヲ呈示ス可シ若シ支拂ヲ爲サヽ

ルトキハ同地ニ於テ拒証書ヲ作ル可シ

所持人ガ償還ノ請求ヲ爲サントスルニハ必ラズ滿期日ニ支拂ヲ拒マレタルノ事實無カル可ラズ而シテ其支拂ハ支拂人ヨリ持參スルモノニアラズシテ先ヅ所持人ヨリ呈示スルヲ要ス斯ク滿期日ニ呈示シ而シテ其支拂ヲ拒マレタルトキハ其翌日若シ祭日又ハ休日ナルトキハ之ヲ除キタル翌日ニ於テ支拂拒證書ヲ作ルヲ要ス是レ支拂拒證書ハ支拂ヲ拒マレタル事實ノ公正證書ナレバナリ

拒證書ハ前ニ引受ヲ拒マレタル斥ニモ之ヲ作ルヲ要スレトモ引受ケハ滿期日ニ之ヲ爲スニアラザルガ故ニ假令前ニ引受ヲ拒ミタレバトテ必ズシモ滿期日ノ支拂ヲ爲ス能ハザルニアラズ故ニ前ノ塲合ニハ尙ホ少シク所持人ノ希望ノ存スル所アリ然レ氏今ヤ支拂ヲ拒絶セラルヽ斥ハ所持人ハ亦必ラズ他ニ其ノ權利ヲ滿足スルノ道ヲ求メザルベカラザル也而ノ債務者カ死亡シ又ハ破産シ若クハ失踪セル時ニモ必ラズ他ニ向テ償還ヲ求メザル可ラザル

満期日前ノ支拂拒証書作成

ガ故ニ之ガ拒證書ヲ作ルヲ要ス
一旦支拂ヲ引受タル人ニ對シテ爲替ヲ受取ランコトヲ欲スル場合ニハ其ノ滿期日ノ呈示ヲ要セズ是レ前ノ引受呈示ヲ以テ引受人ハ既ニ之ヲ承知シ居ルベキ筈ナレバナリ又拒證書ヲ作ルヲ要セズ何トナレバ引受人自カラ拒ミタル事實ハ之ヲ證明セザルモ自カラ之ヲ知ルベケレバナリ然レ𪜈支拂地ト支拂人ノ住所ト異ル場合ニハ假令支拂人之ヲ熟知スルモ支拂地ニ於ケル支拂人ノ爲ニ代テ支拂フ所ノ者或ハ其ノ引受又ハ拒ミタルコトヲ知ラザルヿナシトセズ故ニ此ノ場合ニハ其ノ支拂人ノ代理者ニ對シテ呈示シ且ツ支拂ヲ得ザルトキハ拒證書ヲモ作ルコトヲ要ス

第七百七十九條　引受人カ破產宣告ヲ受ケ其他資力ノ確ナラサルニ至リタル場合ニ於テ爲替支拂ノ爲メ十分ナル擔保ヲ供セサルトキハ所持人ハ滿期日前ニ支拂拒証書ヲ作リテ償還請求ヲ爲スコトヲ得

支拂拒證書ハ普通ニ滿期日ニ至リ支拂ヲ受クル爲ニ呈示シタル後其支拂ヲ拒マレテ始メテ作ルベキモノナルモ若シ引受人カ破産スルトキハ眼前ニ其ノ支拂ヲ受ルノ權ヲ失フガ故ニ之ニ對スル擔保ヲ得ルニアラザレバ滿期日前ニ拒證書ヲ作リ之ヲ證トシテ償還ノ請求ヲ爲スコトヲ得セシム

所持人ノ償還請求權

第七百八十條　所持人ハ振出人及ヒ裏書讓渡人ノ各員又ハ總員ニ對シ償還請求ヲ爲スコトヲ得又償還請求ヲ受ケタル裏書讓渡人ハ其前者ニ對シテ同一ノ權利ヲ有ス

手形所持人ハ此ノ償還請求權アルガ爲ニ支拂人ノ身元不鞏固ニテモ倘ホ安心シテ手形ヲ所持スルモノ也然ラズンバ如何ニ信用ニ富ム所ノ豪商又ハ大銀行ニテ振出若クハ裏書讓渡シタル手形ニテモ支拂人ノ信用ナキ手形ハ流通スルヿ能ハザルニ至ル可レバナリ而シテ裏書讓渡人ニ於テ請求ニ應シ償還ヲ爲シタルトキハ其ノ所持人ノ權利ヲ承繼スルガ故ニ更ラニ自己ヨリ前

償還義務ハ拒証書作成ノ通知ヲ得テ起ル

位ノ裏書讓渡人又ハ振出人ニ對シテ此ノ償還請求權ヲ得ルモノトス若シ然ラズンバ裏書讓渡ヲ爲スモノナキニ至ル可レバナリ

第七百八十一條　償還請求ヲ爲ス者ハ第七百三十九條ノ規定ニ依リテ引受拒証書作成ノ通知ヲ爲シタルニ拘ハラズ尙ホ其償還請求ヲ爲サント欲スル前者ニ書面ヲ以テ其請求及ビ支拂拒証書作成ノ通知ヲ爲スコトヲ要ス其通知ハ所持人ニ在テハ拒証書ヲ作リタル日ノ翌日之ヲ爲ス可シ但裏書讓渡人ノ通知ハ其後者ノ爲メニモ効力アリ

是レ第七百三十九條ニ於テ償還請求ヲ爲サントスル者ニ拒證書作成ノ通知ヲ爲スベキコトヲ要スルノ理由ト同一ナレバ再ビ贅セズ而シテ甲振出人乙丙丁戊己ノ裏書讓渡人アルトキニ所持人ハ振出人又ハ丙丁戊巳ノ裏書人ノ何レニ對シテモ先ヅ償還請求ヲ爲サント欲スル者ニ對シ拒證書作成ノ通

知ヲ爲スガ故ニ裏書讓渡人自カラ償還ヲ爲シテ而シテ更ニ自己ヨリ前位者ニ償還ヲ請求スルカ又ハ始メヨリ自己ノ責任ヲ前位者ニ移サントスルニモ必ラズ其ノ拒證書作成ノ事ヲ前位者ニ通知セザルベカラズ然ラズンバ所持人ヨリ通知ヲ受ケタル者ノ外他ノ者ハ之ヲ知ラザレバナリ償還ノ責ニ任ズベキ者ハ必ラズ通知ヲ受ケサル可ラズ是レ償還義務ハ拒證書作成ノ爲ニ起ルニアラズシテ其通知ヲ受ケテ始メテ起ルモノナレバナリ

償還義務ノ連帶

第七百八十二條　前者ニ對シテハ償還請求ヲ爲シタルモ此カ爲メニ其後者ハ償還義務ヲ免レズ

償還ノ請求ハ振出人裏書讓渡人ノ何レニ對シテモ爲スヲ得レドモ其ノ何レヨリモ償還ヲ得ザル間ハ其ノ請求ヲ受ケタル者ノ後位者モ未ダ償還義務ヲ免レズ故ニ振出人ニ請求シテ償還ヲ得サルトキハ更ニ裏書讓渡人ニ對シテ請求スルコトアルベキモノトス

拒証書作成ノ

第七百八十三條　拒証書作成ノ義務免除ニ因リテ拒証

義務免除及其効果

書作成ノ權利及ヒ償還請求權ハ消滅セス然レトモ此場合ニ於テ其ノ免除ヲ爲シタル者ノ後者ニ在テハ其免除ヲ爲シタル者ニ對シ謄本ヲ以テ爲替手形ノ送附ヲ爲スト同時ニ書面ニテ償還請求ノ通知ヲ爲スヲ以テ足レリトス

償還請求ヲ爲サントスルニハ前述ノ如ク拒證書ヲ作成シテ之ヲ通知スルヲ要スレドモ若シ償還義務者ニ於テ其拒證書ノ作成義務ヲ免除スルトキハ必ラズシモ之ヲ作ラザルモ可ナリ然レ𪜈元來之ヲ作ルコトハ所持人自己ノ隨意ニ爲スヲ得ル者ナルガ故ニ償還義務者ヨリ拒證書作成ノ義務ヲ免除スルニ關セズ自ラ之ヲ作ルノ權ハ依然トシテ存シ且ツ其ノ償還請求ノ權ハ勿論變更スル所ナシ唯ダ此ノ場合ニ拒證書ノ作成義務ヲ免除シタル所ノ者（乃ハチ償還義務者）ニ對シテハ拒証書ヲ要セズ唯ダ爲替手形ノ謄本ヲ送附シ之ト同時ニ書面ニテ償還請求ノ旨ヲ申送レバ請求ノ手續ヲ履行シタルモノト

ス

償還請求ノ起訴

第七百八十四條　償還請求ノ訴ハ償還請求權ヲ得タル者ヨリ償還請求ヲ受クベキ者ニ對シ時效期間中何ニテモ之ヲ起スコトヲ得

償還請求權ハ普通ニ支拂滿期日後ニ拒証書作成ノ通知ニヨリ發生スル者ニメ其時ヨリ後三ヶ年ノ滿了ニ因リテ時效ニ罹ルモノトス故ニ其ノ時效前ニ在テハ何時ニテモ償還請求ノ訴ヲ起スコトヲ得ルナリ

償還請求權ノ安固

第七百八十五條　償還請求權ハ支拂人カ爲替資金ヲ受取リタリトノ抗辨ノ爲メニ効力ヲ失フコト無シ然レトモ爲替資金ヲ供スル義務アル者ニ對シテハ其者カ爲替資金ヲ供セサリシトノ抗辨ヲ爲スコヲ得

振出人カ爲替手形ヲ支拂人ニ宛テヽ振出スニハ普通ニ支拂人ニ對シ爲替資金ヲ渡シタルコトヲ原則トシ假令實際ハ振出人未ダ爲替資金ヲ渡サヾルモ

苟クモ手形ヲ振出ス以上ハ爲替資金ヲ渡シタルモノト推測ス然レドモ手形支拂人ニ於テ其支拂ヲ拒ムトキハ其償還責任ハ振出人ニ歸シ實際ハ既ニ其ノ爲替資金ヲ支拂人ニ渡シタリト云フモ其事ハ振出人ト支拂人トノ間ノ關係ニ止マリ第三者ハ之ヲ問ハズシテ唯ダ支拂人ガ支拂ヲ拒ミタルノ事實ヲ以テ直チニ償還ノ責任ヲ振出人又ハ裏書譲渡人ニ歸ス是レ手形所持人ハ振出人ト支拂人間ノ關係ヲ知ルニ不便ナルヲ以テ之ヲ保護スル也然レ𪜈此事ハ唯ダ手形所持人ヲ保護スルノミニシテ爲替資金ヲ供スベキ義務者ヲ保庇スルニアラサルガ故ニ支拂人ハ實際爲替資金ヲ受取ラザリシコトヲ論証シテ自巳ノ責任ヲ逃ルヽヿヲ得ル也

償還ノ請求ヲ爲シ得ル金額

第七百八十六條　償還請求ハ左ノ額ニ付キ之ヲ爲スコトヲ得

第一　爲替金額及ヒ滿期日ヨリ起算シタル百分ノ七ノ利息

第二　拒証書ノ費用其他必要ナル立替金

第三　戻爲替ヲ振出シタルトキハ其費用

爲替ノ支拂人ヨリ支拂ヲ拒マレタルトキニ於テ其ノ爲替金額ヲ振出人若クハ裏書讓渡人ニ對シテ要求スルヿヲ得ルハ前ニ既ニ説ク所ノ如シ而シテ唯ニ其爲替金額ノミナラズ此ニハ之ニ附帶ノ費用及利子ヲ計算シテトモニ要求シ得ルヿヲ明言セリ乃チ第一ハ滿期日以後百分ノ七ノ利息ト第二ハ拒証書ノ費用例ヘバ公証人ノ手數料ノ類及其他必要ナル立替金トハ拒証書作成ノ爲ニ實際免レザル所ノ費用ニシ例ヘバ裁判所又ハ公証人役塲ノ往復費若クハ裁判所又ハ公証人ナキ時ノ証人立會費ノ類ナリ又第三ノ戻爲替トハ曾テ説クガ如ク爲替ノ支拂人ノ爲ニ拒マレタルトキニ更ニ其振出人又ハ裏書讓渡人ニ宛テヽ逆サマニ爲替ヲ振出スノ謂ニシテ之ガ爲ニ或ハ銀行ノ手數料又ハ之ニ類スル費用ヲ云フ

第七百八十七條　償還請求權ヲ得タル者ハ償還義務者ノ

償還義務者ノ

動產假差押

ニ對シ償還金額ヲ限トシテ其動產ノ假差押ヲ裁判所ニ申立ルコトヲ得

然レトモ償還請求ノ訴ヲ十四日內ニ起サヽルトキハ其差押ハ無効ト爲ル

所持人ハ引受人ニ對シテ右同一ノ權利ヲ有ス

(四)手形ノ支拂ヲ拒マルヽトモ尙ホ他ニ振出人又ハ裏書讓渡人ナル第二ノ義務履行者アルトキハ權利者ハ安全ニ其權利ヲ保有スルコトヲ得ベシ然レトモ其ノ第二ノ義務者ニシテ其ノ義務ヲ怠ルトキニ於テハ權利者亦其ノ救濟ヲ求ムルノ道ヲ失ハントス故ニ此際法律ノ權利者ヲ保護スルコト甚ハダ切ナリ蓋シ償還義務者ニシテ償還義務ヲ怠ルトキハ權利者之ヲ裁判所ニ訴ヘテ以テ救濟ヲ求ムルコトヲ得ルト雖ドモ其ノ裁判確定シテ執行ヲ爲スノ間ニ義務者ハ既ニ破產シ又ハ其財產ヲ隱慝シテ損害ヲ爲替權利者ニ被ムラシムルコト無シトセズ故ニ此場合ニ權利者ヲシテ其ノ權利ヲ實際ニ全フセシメ

ソガ爲ニ其ノ償還金額ニ相當スルダケハ義務者ノ動產ヲ假ニ差押エンコトヲ裁判所ニ請求スルヿヲ得セシム然レドモ斯カル差押ハ義務者ヲ拘束スルコト大ナルガ故ニ二週間後ニ至ルモ尙ホ其ノ訴訟ヲ起サヾレバ徒ラニ義務者ヲ苦ムルノミナルヲ以テ其差押ヲ無効トスル也而シテ此ノ如ク假差押ヲ爲スハ特ニ償還請求ノ權ヲ有スル者ノミナラズ手形ノ引受人ガ支拂ヲ爲スコトヲ怠ルトキニ於テモ所持人ハ尙ホ此ノ權ヲ行フコトヲ得是レ手形支拂人未タ引受ケザル間ハ其手形ニ對シ必ラズシモ支拂フノ義務アルニアラザレドモ一旦之ヲ引受ケタル以上ハ既ニ完全ナル支拂義務者トナルモノナルガ故ニ死亡破產等ノ塲合ノ外ハ之ガ支拂ヲ拒ムヿヲ得ズ若シ之ヲ拒ムトキハ裁判所ニ訴ヘテ破產ノ處分ヲ受クベキモノナリ而シテ此ノ際財產ヲ隱匿シテ所持人ノ權利ヲ害スルコトアルヲ慮カリ又其ノ動產ヲ差押ヘテ權利ヲ保固スルノ道ヲ所持人ニ與ヘタルナリ

第七百八十八條　償償義務者ハ爲替手形拒証書及ヒ受

取証ヲ記シタル償還計算書ノ交付ヲ受クルニ非サレバ支拂ヲ爲ス義務ナシ

手形ノ支拂ヲ得ザルニ及デ始メテ振出人裏書人又ハ保証人ノ償還義務ヲ生ズト雖𪜈其ノ支拂ヲ拒マレタリト云フ事實ノ証據ナケレハ未ダ其ノ償還ノ義務ヲ生セズ所謂証據トハ何ソヤ爲替手形ノ拒証書ヲ引キ渡サレ且ツ償還スベキ爲替金額及ビ其費用等ヲ受領セル旨ヲ記シタル受取証ヲ引渡サルヽニアラザレバ之ヲ償還スルノ義務ナシトス是レ償還義務者ハ甲振出人乙丙丁等ノ裏書讓渡人アルトキニ其ノ後者タル丁ハ甲乙丙ニ丙ハ甲乙ニ遞次自己ガ償還セル金額及ビ其他ノ諸費用トモ更ニ償還ヲ求ムルコトヲ得ベキモノニシテ之ガ証據ト爲スガ爲ナリ而シテ此ノ際爲替ニ受取ヲ記スルハ必要ニ非ズ別ニ受取ヲ記シタル償還計算書ヲ與フルトキハ足ルモノトス

第七百八十九條　爲替義務者ハ償還金額ノ支拂ト引換ニテ受取証ヲ記シタル爲替手形及支拂拒証書ノ交付

有スル權利

ヲ所持人ニ求ムル權利アリ

前條ニハ償還義務者ト言ヒ本條ニハ爲替義務者ト云フ宜シク混同スルコナキヲ要ス償還義務者トハ振出人裏書讓渡人保證人ヲ謂フモノニシテ爲替義務者トハ此等ノ者ノ外ニ引受人ヲモ包含ス故ニ此ノ場合ニ其範圍ハ前ノ場合ヨリ廣キナリ畢竟爲替ナル者ハ振出人裏書人支拂人皆連帶ノ義務ヲ有スルカ故ニ假令支拂ヲ拒マレタル後ト雖ドモ此ノ連帶義務者ハ總テ皆何人ニテモ進ンデ自カラ償還センコトヲ申出ルヲ得ル也故ニ一旦自カラ支拂ヲ拒ミナカラ又自カラ償還ヲ爲サンコトヲ申出ルヲ得是レ償還義務タルガ爲ニアラズシテ爲替義務タルガ爲メナリ而シテ此等總テノ爲替義務者ハ其ノ償還ヲ爲ストキニハ之ト引替ニ拒證書及ビ爲替中ニ受取ヲ記シテ之ヲ受取ルヲ要ス其拒証書ヲ要スルハ償還ナル者ハ拒証書アリテ始メテ生ズルモノナレバナリ而シテ受取ヲ記シタル爲替証書ヲ要スルコトアルハ支拂ヲ爲シタルモノ其ノ支拂ニヨリ所持人ノ權利ヲ得ルコト參加人ノ榮譽支拂ノ場合ト

拒証書ノ二種

同一ナル結果トナルガ爲ナリ然レドモ此ノ支拂ヲ爲シタル者ハ自巳以後ノ裏書人ニ對シテ償還要求權ヲ有スルニアラズシテ唯タ自己以前ノ者ニ對シテノミ之ヲ有ス而シテ引受人ガ當初支拂ヲ拒ミナガラ此ニ至テ償還ノ支拂ヲ爲セルトキニハ唯ダ振出人ニ對シテ償還請求權ヲ有スルノミニシテ他ノ裏書人ニ對シテハ此權ナシ是レ裏書人ヨリハ毫モ其依賴ヲ受ケタルコトナケレバナリ然レドモ裏書人ハ引受人ニ對シ爲替ノ支拂ヲ要求スルコトヲ得ベキモノトス

第九欵　拒証書作成

拒證書ハ之ヲ分テ二種トナス曰ク引受ノ拒證書曰ク支拂ノ拒證書是ナリ而シテ支拂ノ拒證書ハ支拂人カ手形支拂ノ滿期日ニ至リ正當ノ理由ナクシテ支拂又ハ寄託ヲ拒ムトキ其次ノ業日ニ手形所持人則チ被拒者ニ於テ之ヲ作成スルモノニシテ引受ノ拒證書ハ支拂人カ引受ノ全部又ハ一分ヲ拒ミタルトキ其翌日ニ於テ手形ヲ呈示シタル被拒者ノ之ヲ作成スベキモノナリ斯クノ

拒証書ヲ作ル人

如ク此二種ノ拒證書ハ互ニ其性質ニ少差アレ𪜈之ヲ作成スル方式ニ至テハ二種相共ニ同一トス本欵ノ各條ニ規定スル處ノ方式即チ是ナリ

第七百九十條　拒証書ハ裁判所ノ役員又ハ公証人之ヲ作ルモノトス若シ其地ニ此等ノ人ナキ𪜈ハ唯被拒者ニ於テ証人二人ノ立會ヲ以テ之ヲ作ル可シ但其証人ハ成年ノ男子ニシテ成ル可ク商人タルヿヲ要ス

本條ニ依テ之ヲ見レハ拒證書ヲ作ル可キ人ハ（第一）裁判所ノ役員（第二）公證人（第三）被拒者ノ三人ナリ而シテ裁判所ノ役員及ヒ公證人ハ自巳ノ職權ヲ以テ之ヲ作成スルモノナレ𪜈被拒者ハ如何ナル場合ニモ自ラ擅ニ之ヲ作成スル權利ナシ故ニ被拒者自ラ拒證書ヲ作成スル場合ニハ本條之ニ二箇ノ制限ヲ附シ（第一）裁判所ノ役員モ公証人モ共ニ之レ無キ場合ニ限ル（第二）縦令此場合ト雖モ二人ノ証人ノ立會ヲ以テスルニ非サレハ之ヲ作ルヲ得スト爲セリ是即チ被拒者ハ十分ニ支拂ノ有無ヲ確カメズシテ濫リニ拒

拒証書ヲ作ル場所

拒証書ヲ官署ニテ作ル場合

証書ヲ作ル弊ヲ防カン爲メニ設ケタル制限ナリ而シテ此場合ニ被拒者ノ立ツ可キ証人ハ必スシモ商人ノ資格アルヲ要セサレ𪜈成ルベク丈ケ商人タルヲ必要トシ且必ズ成年ノ男子ニアラサレハ之ヲ証人ト〆立會ハシムルヲ得ス何トナレハ未成年者又ハ婦ノ如キ無能力者ヲ立會ハシムルモ更ニ其事ノ確實ヲ保証セシムル効力アラサレハナリ

第七百九十一條　拒証書ハ拒者ノ營業場若シ營業場ナキトキハ其住居ノ内若クハ傍ニ於テ之ヲ作ル可シ但拒者不在ナルトキ又ハ臨席ヲ肯セス若クハ來入ヲ拒ムトキト雖モ亦同シ

若シ已ムヲ得サル場合アルトキハ裁判所又ハ公証人役場ニ於テ拒証書ヲ作ルコトヲ得

第七百九十二條　拒者ノ營業場及ヒ住居ノ知レサル場合ニ於テ支拂地ノ官署ニ問合ヲ爲スモ尚ホ知ルコト

ヲ得サルトキハ拒証書ハ其官署内ニ於テ之ヲ作ルコトヲ要ス

第七百九十三條　法律上定メタル場所ノ外ニ於テハ拒者ノ承諾アルモ拒証書ヲ作ルコトヲ得ス

拒証書作成ノ場所ノ制限

此三ケ條ハ拒証書作成ノ場所ヲ規定ス今左ニ之ヲ列示セン

第一　拒者ノ營業場○支拂人ノ支拂ヲ拒絶スル情況ヲ知ルニハ先ツ其營業場ヲ以テ最良ノ處トス故ニ被拒者カ拒証書ヲ作成スルニモ成ルベク拒者ノ營業場内ニ於テスルヲ必要トスル所以ナリ

第二　拒者ノ住居内又ハ其傍○營業場ノ設ケナキ場合ニハ拒者ノ住居内ニ於テ作ルベキモノナレ圧若シ拒者ガ不在ナルカ臨席ヲ肯ンセザルカ或ハ被拒者ノ來入ヲ拒ムヿモ無シトセス此場合ニハ其住居内ニ於テモ作ル能ハサルカ故ニ其傍ラニ於テ作リタル拒証書ハ之テ有効トス

第三　裁判所又ハ公証人役場○是レ拒者ノ營業場モナク又其住居内若クハ

傍ニ於テモ作ル能ハサル已ムヲ得サルノ場合ニ限ル故ニ被拒者ハ先ツ其已ムヲ得サル事實ノ証明ヲ爲サヾル可ラサルナリ

第四　支拂地ノ官署內○拒者ノ營業場又ハ住居ノ知レサルトキハ被拒者ニ於テ一應其支拂地官署（區役所又ハ町村役場ノ如シ）ニ問合ヲ爲シ之カ調査ヲ請求スヘシ然ル上ニテ猶ホ知ルコトヲ得サルトキハ其官署內ニ於テ之ヲ作成スルモノトス是實ニ拒証書作成ノ最後ノ場所ナリ

拒証書ハ必ス其支拂滿期ノ翌日ニ於テ作ル可キモノニシテ若シ被拒者ガ此作成ヲ怠レハ手形所持人則チ被拒者ノ振出人又ハ裏書讓渡人ニ對スル償還要求權ヲ失ハシムルモノナルコトハ前款中ニ詳述セリ而シテ其拒証書ガ果シテ有効ニ作成サレタルヤ否ヤヲ知ルハ大ニ之ヲ作成シタル場所ノ如何ニ關スル者ナルカ故ニ若シ支拂人タル拒者承諾アルトキト雖モ被拒者ハ前ニ示シタル四ケノ場所外ニ於テ拒証書ヲ作ルヲ得ス縱令之ヲ作ルトモ更ニ其効力ヲ生スルモノニアラサルナリ

拒証書ヲ作ル時

第七百九十四條　一般ノ休日ニハ拒証書ヲ作ルコトヲ得ス然レトモ通常取引時間外ニ於テ之ヲ作ルハ妨ナシ

拒証書ヲ作ルベキ時ハ支拂ノ拒絶ヲ受ケタル翌日ナリ然レ圧其翌日ガ若シ一般ノ休日（大祭日及日曜日ノ如シ）ニ相當スルトキ・更ニ其翌日ニ作ルベキモノニシテ休日ニハ之ヲ作ルヲ得ス尤トモ本條末段ニハ右ノ法則ヲ少シク寬ニ適用シ「通常取引時間外ニ於テ之ヲ作ルハ妨ナシ」ト規定ス然レ圧是只被拒者ニ幾分ノ自由ヲ與ヘタルニ止リ之ヲ命令シタル法文ニアラサルヲ以テ假令被拒者ニ於テ一般休日ノ通常取引時間外ニ拒証書ヲ作成セサルモ決シテ拒証書作成ノ義務ヲ怠リタルモノトシテ其償還要求權ヲ失ハシムル理由ト爲スヲ得ス

又法文ニ所謂通常取引ノ時間ナルト否トハ何ヲ以テ其區域ヲ定ムルノ標準トナスベキ乎ニ至テハ我國今日ノ實際上一言ニテ之レヲ判定スルヿ頗ル難

キノミナラズ本條ニモ汎博ナル意義ノ文字ヲ示シタルノミナレバ立法者モ亦之ヲ以テ事實ノ判定ニ一任シ裁判官ノ決スル處ニ委ヌルノ精神ナルベシ

拒証書ニ記載スヘキ事項

第七百九十五條　拒証書ニハ左ノ諸件ヲ記載スルコトヲ要ス

第一　爲替手形ノ全文但最後ノ裏書ニ至ルマデ遺漏ナク記載ス可シ

第二　拒者ノ臨席又ハ不在

第三　引受支拂又ハ擔保ノ要求及ヒ拒絶幷ニ拒絶ノ理由

第四　右要求及ヒ拒絶ノ日幷ニ場所

第五　榮譽引受又ハ榮譽支拂アルトキハ其旨

第六　年月日、場所及ヒ臨席總員ノ署名捺印

若シ拒者カ署名捺印スルコトヲ欲セス又ハ署名捺印スルコト能ハサルトキハ其旨ヲ証書ニ明記ス可シ

本條ハ拒証書ニ記載スベキ種々ノ事項ヲ明示ス今一々之カ説明ヲ爲スノ必要アラサレ𪜈兎モ角是等ノ事項ヲ記スルト否トハ拒証書ヲシテ有効ナラシムルト無効ナラシムル大關係アルヲ以テ被拒者ハ諸レヲ忽セニスベカラサルナリ

第七百九十六條　第七百九十一條乃至第七百九十四條ノ規定ハ引受又ハ支拂ノ爲メニスル呈示爲替手形數通ノ要求其他本章ノ規定ニ從ヒ或人ノ方ニテ爲ス可キ行爲ニモ之ヲ適用ス

上來ノ規定ヲ他ノ場合ニ適用

手形所持人ハ其支拂テ引受ケシムル爲メ滿期日前ニ支拂人ニ呈示シ又支拂要求ノ爲メ或期間ニ於テ必ス其手形ヲ支拂人ニ呈示スヘク若シ之ヲ怠レバ自已ノ償還要求權ヲ失フコトアリ（第七百三十五條及第七百五十七條等參照）

手形ノ自己占有内ニアラザル場合

是等ノ場合ニモ第七百九十一條乃至第七百九十四條ニ記スル拒証書作成ノ場所時日等ニ關スル規則ヲ適用スルモノトス故ニ先ツ支拂人ノ營業場ニ呈示シ營業場ナキトキハ住居ニ呈示シ住居ノ不明ナルトキハ支拂地ノ官署ニ問合ヲ爲シ猶知レサレハ其官署ニ呈示スベシ此他手形數通ノ要求ヲ爲ス場合（第七百六十二、三兩條參照）及ヒ本章ノ規定ニ從ヒ一方ニ於テ爲スベキ總テノ行爲ニ付テモ亦之ヲ同一ニ適用スベシ例ヘハ所持人ヨリ爲スヘキ擔保ノ要求又ハ振出人及ヒ裏書讓渡人ノ爲スベキ擔保ニ換ユル金額ノ寄託ノ如キハ其一ナリ

第七百九十七條　第七百十條及ヒ第七百十一條ノ場合ニ於テハ其情況ヲ拒証書ニ明示シ且成ル可ク詳細ニ爲替手形ノ旨趣ヲ記シテ爲替手形ノ全文ニ代フ

第七百十條ニ記シタル如ク爲替手形ヲ正當ノ方法ニ依リ且甚シキ怠慢ナクシテ取得セル占有者アル場合及ヒ第七百十一條ニ定メタル如ク手形ヲ盜取

セラレ又ハ紛失シ若クハ滅失シタル場合ニ在テハ第七百九十五條第一號ニ記載スル如ク拒證書ニ爲替手形ノ全文ヲ記スルヲ得ス何トナレハ其手形ハ既ニ他人ノ手ニ移リ自己ノ占有内ニアラサルヲ以テナリ故ニ此場合ハ拒證書ニ手形ヲ失ヒタル情況ヲ明示シ且成ルヘク其失ヒタル爲替手形ノ趣旨ヲ詳細ニ記載シテ爲替手形全文ノ記載ニ代フベシト規定シタル所以ナリ

拒証書作成吏員ノ義務

第七百九十八條　裁判所ノ役員又ハ公証人ハ其作リタル拒証書ノ全文ヲ日々帳簿ニ記入シ且被拒者ノ求ニ因リテ數通ニ之ヲ作ル義務アリ

其費用

拒証書作成ノ費用ハ被拒者之ヲ立替フルコトヲ要ス

拒証書ノ作成ハ大ニ手形關係人ノ權利ニ關スルモノナルヲ以テ法律ハ其錯誤又ハ紛失等ヲ豫防センカ爲メ其全文ヲ日々帳簿ニ記入スルノ義務ヲ裁判所役員又ハ公証人ニ負ハシメタリ又拒証書ヲ作ルベキ職權ヲ有スル公吏ハ通常ハ一通ノミヲ作レバ足レリト

雖モ若シ被拒者ヨリ請求ヲ受ケタルトキハ數通ノ拒證書ヲ作ラサル可ラサルノ義務アリ夫レ既ニ之ヲ以テ法律上ノ義務トスレバ如何ナル場合モ被拒者ノ請求ヲ拒ム能ハサルハ言ヲ俟タス

拒證書作成ノ費用ハ支拂人若クハ振出人裏書讓渡人等ノ負擔スベキモノナレ𪜈元來被拒者ガ償還要求權ヲ行フ爲メニ作リタルモノナルニ依リ一旦之ヲ立替ヘサル可ラズ但シ後ニ至リテ其償還ヲ受クベキヿハ勿論ナリ

第十欵　戻爲替手形

戻爲替手形ノ性質

爲替手形ノ所持人ハ支拂人ヨリ支拂ヲ受ケサル場合ニハ振出人若クハ爲替手形ノ裏書讓渡人等ニ對シ資金ノ償還ヲ請求スルヲ得ルハ勿論ナレトモ之ヲ請求セシニハ必ス訴訟ヲ爲サヾル可ラス訴訟ヲ爲スニハ多クノ時間ト手數ト費用トヲ要スルノ煩雜アリ故ニ此煩雜ヲ避クル爲ノ簡易方法トシテ此戻爲替手形ノ制ヲ定メタルナリ

戻爲替手形ヲ

第七百九十九條　所持人ハ償還金額ニ付キ各償還義務

振出ス場合

者ニ對シテ戻爲替手形ヲ振出スコトヲ得

本條ノ記スル處ト前ニ一言シタル處ヲ參照セハ戻爲替手形ノ性質ノ大畧ハ之ヲ知リ得ヘキモ猶之ヲ詳カニ説明セン爲メ茲ニ一例ヲ示スヘシ例ヘハ甲者アリ乙者ヲ以テ支拂人ニ指定シタル手形ヲ作リ之ヲ丙者ニ振出シ丙者ハ又此手形ニ裏書シテ丁者ニ讓渡セリ而シテ丁者ハ其手形ノ滿期日ニ至リ乙者ニ向テ支拂ノ要求ヲ爲シタルニ乙者ハ支拂ヲ拒絶セリ此ニ於テカ丁者ハ其翌日拒證書ヲ作成シタル後乙者ヨリ支拂拒絶ヲ受ケシ本爲替ノ資金及ヒ乙者ニ要求シタル際ニ費セシ費用且自ラ將サニ振出サントスル戻爲替ノ諸費用ノ償還ヲ受クルカ爲メニ（甲）振出人若クハ（丙）裏書讓渡人ノ一人ニ對シ新ニ手形ヲ振出スノ行爲ヲ稱シテ戻爲替手形ノ振出シト云フ

戻爲替手形ノ費用額

第八百條　戻爲替手形ノ費用ノ額ハ仲買人手數料、仲立人手數料、郵便稅、印紙稅、及ヒ支拂地ヨリ償還義務者ノ住地ニ宛テ振出シタル一覽拂爲替手形ノ相場ニ

戻爲替手形ニ添フヘキ書類

因リテ定マル

右ノ相場ハ戻爲替手形ヲ遞次振出ス場合ト雖モ本爲替手形ノ支拂地ヨリ振出地ニ宛テタル一覽拂爲替手形ノ相場ヲ超ユルコトヲ得ス此二箇ノ相場ハ仲立人ノ認證ヲ受クルコトヲ要ス

前條ニ於テ戻爲替手形ノ費用モ戻爲替ノ金額中ニ包含シ本爲替ノ資金ト共ニ償還ヲ受クベキヿヲ言ヒタリシカ本條ハ其費用ノ額ヲ定ムルヿヲ詳細ニ規定セリ然レ圧法文頗ル明瞭ニシテ特ニ說明ヲ要セザルベシ

第八百一條　戻爲替手形ニハ拒マレタル爲替手形、拒證書、償還計算書、及ヒ前條ノ二箇ノ相場認証書ヲ添フ可シ

戻爲替ヲ振出シテ償還ヲ要求セントスル支拂ノ拒絕ヲ受ケシ爲替手形ノ所持人ハ本條ニ記シタル種々ノ證書ヲ戻爲替ニ添フルコトヲ要ス蓋シ是等ノ

戻爲替手形支拂人ノ更ニ振出權

書類ヲ添ヘサルトキハ其所持人カ果シテ支拂人ヨリ拒絕セラレシヤ否ヤ又支拂ノ拒絕ヲ受ケタル後チ法律ノ規定ニ從ヒ有效ナル拒證書ヲ作リシヤ否ヤ等ヲ知ルヲ得サルノミナラス之ヲ受ケタル振出人及ヒ裏書讓渡人ハ何程ノ金額ヲ償還スヘキヤヲモ知ルヿヲ得サレハナリ

第八百二條　戻爲替手形ヲ支拂ヒタル者ハ其前者中ノ一人ニ宛テ更ニ戻爲替手形ヲ振出スコトヲ得

爲替手形所持人カ支拂人ヨリ支拂ノ拒絕ヲ受ケタル爲メニ前數條ノ規則ニ從ヒ其裏書讓渡人ニ戻爲替ヲ振出シ裏書人ハ其要求ニ應シテ前爲替所持人ニ之ヲ償還シタリトセハ此裏書讓渡人ハ更ニ又自己ニ讓渡シタル前ノ裏書人ニ戻爲替ヲ振出ス可ク若シ自己ヨリ以前ニ裏書讓渡人アラサレハ直チニ其振出人ニ向テ戻爲替ヲ振出シ自ラ償還セシ高ヲ更ニ償還セシムルノ權利ヲ有ス是即チ本條ニ記載スル場合ナリ然レ𪜈振出人ニ至テハ最早何人ニ向テモ戻爲替ヲ振出スヲ得ス何トナレハ自己ヨリ以前ノ地位ニ在ル者ハ一人

爲替資金提供義務者

爲替資金ニ換用シ得ルモノ

モ之レナケレバナリ

第十一款　資金

第八百三條　振出人又ハ自己ノ計算ニテ爲替手形ヲ振出サシメタル者又ハ明示シテ爲替資金ヲ供スル義務ヲ負ヒタル裏書譲渡人ハ支拂人ニ對シテ爲替資金ヲ供スル義務ヲ負フ

第八百四條　現金支拂ノ外爲替資金義務者カ支拂人ニ對シテ有スル債權又ハ信用ハ之ヲ爲替資金ニ充ルコトヲ得

爲替手形ノ振出人等ハ支拂人ニ對シ爲替金額ヲ辨償スルノ義務アルヲ以テ從テ此義務ヲ盡ス方法ヲ支拂人ニ提供スル義務アリ若シ之ヲ提供セサレハ支拂人ハ支拂ヲ拒絶スルヲ以テ振出人等ハ其義務ヲ盡スヲ得ス而メ自已ノ義務ヲ支拂人ニ盡ス方法ハ支拂人ニ爲替資金ヲ供スルニ在リ然レトモ其爲

引受ハ爲替資

替資金ヲ供スルニハ必スシモ現金ヲ以テ支拂人ニ交付スルノミニアラス或ハ支拂人ニ對シテ有スル債權ヲ以テ爲替資金ニ充ツルヿヲ得ベク又或ハ若干ノ有價物ヲ供シ若クハ他ノ信用手形ヲ供シ此辨濟ヲ受ケテ爲替資金ニ充ツルヿモ得ベク或ハ單ニ振出人等カ支拂人ニ對シテ有スル信用ノミヲ以テ爲替資金ヲ供シタルト全一ニ見做スヿアリ此爲替資金ヲ供スルノ義務アルモノハ通常ハ其爲替手形ノ支拂ヲ委任シタル振出人ナリトス然レトモ他人ノ指圖ニ依リ爲替ヲ振出シタルトキニ爲替資金ノ義務者トナルハ其振出人ニアラズシテ之ヲ振出サシメタル差圖人ナリ此他又裏書譲渡人カ爲替資金ノ義務者トナルヿアリ然レトモ之ハ通常ノ場合ニアラズシテ其裏書譲渡人ガ明カニ爲替資金ノ義務者トナルベキ旨ヲ陳ベタルトキニ限ル要スルニ爲替資金ノ義務者ト爲ルハ第一ニ振出人第二自已ノ計算ニテ爲替ヲ振出サシメタル差圖人第三裏書譲渡人ナリトス

第八百五條　方式ニ依ラサル引受ト雖モ其引受ニ依リ

金ヲ受ケタル推測ヲ受ク

爲替資金ヲ供シタル推測ナキ場合

テ引受人カ爲替資金義務者ヨリ爲替資金ヲ受取リタリトノ推定ヲ生ス但參加引受ヲ爲シタルトキハ此限ニ在ラス

第八百六條　爲替資金義務者ト所持人トノ間ニ在テハ爲替手形ノ引受ニ依リテ爲替資金ヲ供シタリトノ推定ヲ生セス

引受ノ方式ハ第七百三十七條ニ於テ說明シタル所ナレ圧若シ此方式ニ依ラズシテ引受ヲ爲シタルトキハ何等ノ効力ヲモ生セサルモノナル乎ト云ニ決シテ然ラズ即チ本條ノ規定ニ依リ苟クモ支拂ヲ爲シタル者ハ爲替資金義務者ヨリ其資金ヲ受取リタルモノト推定セラルヽノ効果ヲ生スルナリ蓋シ方式ニ從フト否トヲ問ハス自ラ支拂ヲナシタルモノハ所持人ニ對スル爲替手形ノ支拂ヲ認諾シタルモノナリ故ニ若シ未タ資金ヲ受取ラサル者ナレハ其支拂ヲ拒絕スヘキ筈ナルニ之ヲ拒絕セズシテ認諾シタルハ必ス資金ヲ受取リ

タルベシト推定スベキハ當然ノ事ナレバナリ乍去其支拂人ハ第三者カ振出人又ハ裏書讓渡人ノ榮譽ノ爲メ參加引受ヲナシタル塲合（第七百四十四條參照）ハ右ノ推定ヲ適用スルヲ得ス何トナレバ此塲合ハ未タ爲替資金ヲ受取リタルニ非サレ𪜈若シ所持人ニ對シテ支拂ヲナス者ナキニ於テハ之ガ爲メ振出人又ハ裏書讓渡人ノ信用ヲ失墜セン丆ヲ憂ヒ好意ヲ以テ引受ケタルニ過キサレハ引受ノ一事ノ爲メ資金ヲ受取リタル者ト推定スルヲ得サレハナリ

又爲替資金義務者ト所持人トノ間ニハ右ノ推定ヲ適用スルヲ得ス何トナレハ所持人ハ爲替資金ノ義務者ト爲替支拂人トノ間ノ關係ニ立入ルヲ得サルヲ以テ假令支拂人ニ於テ支拂ヲナストモ實際果シテ爲替資金ノ義務者ヨリ資金ヲ供シタルヤ否ヤヲ知ルヲ得サレハナリ故ニ爲替資金ノ義務者ガ所持人ニ對スル擔保ノ責任ヲ免レントスルニハ單ニ支拂ノ引受アリタル丆ヲ証明スルノミナラズ必ズヤ實際ニ爲替資金ヲ提供セシ丆ヲモ併セ証明セサル

為替資金ノ請求權主張者

支拂人ニ代リテ支拂ヲ爲セル者ノ權

可ラズ是即チ第八百六條ヨリ生スル結果ナリ

第八百七條　爲替手形ノ支拂ヲ爲シタル支拂人ハ爲替資金ノ請求權ヲ爲替ノ原則ニ從ヒテ主張スルヿヲ得」

若シ爲替資金ノ義務者ヨリ未ダ資金ヲ受取ラサル支拂人ガ所持人ニ支拂ヲ爲シタルトキハ其後ニ於テ爲替資金ノ請求權ヲ行フヲ得ルハ勿論ナレ圧此場合ニハ第八百五條ノ推定ヲ破ル申立ヲ爲スモノナレハ必ス証據法ノ普通原則ニ依リ資金ヲ受取ラサル以前ニ於テ支拂ヒタル旨ヲ支拂人ヨリ証明セサル可ラサルモノトス

第八百八條　支拂人ニ代ハリテ爲替手形ノ支拂ヲ爲シタル者ハ支拂人又ハ償還義務者ニ對シ所持人ノ權利ヲ主張スルコトヲ得

本條ハ支拂人カ支拂ヲ爲サヾル場合ニ他ノ第三者ガ權利者ニ代ハリテ所持人ニ支拂ヲ爲シタルトキ其支拂ヲ爲セル第三者ノ有スル權利ハ當初ノ所持

人ガ有シタル權利ト同一ナルヿヲ規定セルノミ

振出人ト裏書譲渡人ノ連帯責任

第八百九條　振出人及ヒ裏書譲渡人ハ爲替資金ヲ供シタルモ爲替手形ノ引受及ヒ支拂ニ付キ連帯ノ責任ヲ免カルヽコトヲ得ス然レトモ其責任ハ別段ノ契約ヲ以テ其契約者間ニ於テノミ之ヲ制限シ又ハ廢止スルコトヲ得

振出人及ヒ裏書譲渡人ハ一タヒ爲替資金ヲ支拂人ニ供スル以上ハ最早何等ノ義務ヲモ有セサル如クナレ𪜈本條ニ依レハ猶手形ノ引受及ヒ支拂ニ付テ連帯ノ責任ヲ免ルヲ得スト規定ス是一ニ爲替手形ノ信用ヲ鞏固ナラシムル爲ニ過キズ何トナレハ若シ一旦爲替資金ヲ供セル振出人及ヒ裏書譲渡人ハモハヤ何等ノ責任モナキモノトセハ支拂人ヨリ引受若クハ支拂ヲ拒マレタル爲替手形ノ所持人ハ常ニ自ラ其損失ヲ負擔セサル可ラズ若シ夫レ爲替手形ノ性質ニシテ如此危險甚シキモノトセバ何人モ容易ニ之ヲ受取ルモノナ

支拂人ノ引受又ハ支拂ヲ拒ミタルヨリ生ズル負擔

キニ至リ終ニハ商業ニ尤モ必要ナル信用ハ地ヲ拂フテ其影ヲダモ留メサルノ結果ヲ見ルニ至ルベシ是實ニ憂フベク恐ルベキヿトス故ニ本條ニ於テハ既ニ爲替資金ヲ供シタル振出人及ヒ裏書讓渡人ニモ猶ホ連帶ノ責ヲ負ハシメ以テ所持人ノ危險ヲ擔保シ爲替手形ノ信用ヲ失ハサラシメンヿヲ期圖シタル所以ナリ但シ特約ヲ以テ其責任ヲ制限シ若クハ廢止スルハ自由ナリト雖モ此特約ノ效力ハ決シテ契約者外ニ及フ者ニアラサルヿヲ注意スベシ

第八百十條　支拂人ハ爲替資金ヲ受取リタルトキハ勿論假令之ヲ受取ラサルモ振出人其他ノ爲替資金義務者ニ對シ爲替手形ノ引受及ヒ支拂ノ義務ヲ明示ニテ負擔シタルトキハ引受若クハ支拂ヲ爲サヽルニ因リテ振出人其他ノ爲替資金義務者ニ生セシメタル損害ニ付キ責任ヲ負フ但此損害ニ付テノ請求ハ豫メ之ヲ支拂人ニ通知スルコトヲ要セス

爲替資金ヲ受取リタル爲替手形ノ支拂人ニシテ若シ其引受又ハ支拂ヲ拒絶スルニ於テハ自已ノ義務ヲ履行セサルモノナレハ之カ爲メ生シタル結果ハ一切之ヲ負擔スヘシト雖モ若シ資金ノ交付ヲ受ケサル支拂人ハ支拂又ハ引受ノ拒絶ヲナストモ更ニ其責任ヲ負フヿナシ何トナレハ支拂人カ資金交付ヲ受ケサル前ハ未タ支拂ノ義務ヲ生セサルヲ以テナリ然レ𪜈此決定ハ只通常ノ場合ニノミ適用スヘキモノニシテ若シ支拂人カ爲替資金ノ義務者ニ對シ引受又ハ支拂ノ義務ヲ明示ニテ負擔シタル場合ハ之ヲ適用スルヲ得ズ蓋シ特別ナル場合ハ縱令未タ資金ヲ受取ラサル前ト雖𪜈既ニ自ラ義務ヲ負擔シタルヲ以テ資金ヲ受取ラサルヲ口實トシ自已ノ責任ヲ免ルヲ得サレハナリ從テ斯クノ如キ明約ヲナシタル支拂人ハ如何ナル場合ト雖モ若シ自ラ引受又ハ支拂ヲ爲サヽル爲メニ生セシメタル損失アレハ義務不履行ノ責任ヲ負ヒ其損失ヲ負ハシメタル爲替資金ノ義務者ニ對シ之ヲ賠償セサル可ラサルナリ

以上ニテ手形ノ第一種タル爲替手形ヲ說明シ了レリ以下其二種タル約束手形ノ⼀ニ移リテ簡單ニ說明セン

第二節　約束手形

約束手形ト云ヒ爲替手形ト云フモ其基本ハ共ニ商業上ノ信用ニ關スルモノニシテ性質上ヨリ之ヲ見レハ大ナル差違アラス然レ𪜈左ノ三點ニ於テハ互ニ其差違アルモノト云ベシ

第一　爲替手形ニハ必ス振出人支拂人所持人ノ關係アレ𪜈約束手形ハ所持人ト振出人アルノミニシテ別ニ支拂人ナルモノナシ何トナレハ約束手形ハ何人ニテモ之ヲ所持スルモノニ對シテ振出人自ラ支拂ヲ爲スベキ⼀ヲ約諾スルニ過キサレハナリ

第二　爲替手形ハ振出人ノ指圖ニテ振出ス⼀ヲ得レ𪜈約束手形ハ指圖ニテ振出スコトヲ得ス

第三　手形ノ支拂ヲナスハ必ス其契約セルヨリ以外ノ場所ナレ𪜈約束手形

約束手形ニ記載スヘキ要件

ハ振出ノ場所ニ於テ支拂ヲ爲スヿアリ

第八百十一條　約束手形ニハ左ノ諸件ヲ明瞭詳密ニ記載スルコトヲ要ス

第一　振出ノ年月日及ヒ場所

第二　支拂金額但文辭ヲ以テ記ス可シ

第三　受取人ノ氏名又ハ其指圖セラレタル人ニ支拂フ可キ旨

第四　滿期日

第五　約束手形ト引換ニテ支拂ヲ爲ス可キ旨

第六　振出人ノ署名捺印

本條ハ約束手形ニ記載スベキ種々ノ事項ヲ列記セリ之ヲ爲替手形ニ記載ス可キ事項ト比較スルニ只支拂人ノ姓名ナキ一點ニ於テ差違アルノミ是即チ前ニ説明スル如ク約束手形ニ在テハ振出人自ラ支拂人トナルヿヲ約束シタ

差圖式禁止

支拂ノ場所

ルモノニシテ彼ノ爲替手形ニ於ケルカ如ク別段ニ支拂人ナルモノアラサルニ因ル

第八百十二條　約束手形ハ振出人ノ指圖ニテ之ヲ振出スコトヲ得ス

爲替手形ハ第七百十七條ニ記載スル如ク振出人ノ指圖ニテ第三者ニ之ヲ振出サシムルコヲ得レトモ約束手形ハ必ス振出人自ラ振出スベキモノニシテ自已ノ差圖ニテ振出サシムルコヲ得ス是二者ノ間大ニ異ル一點ナリ

第八百十三條　約束手形ニ別段ノ支拂地ヲ掲ケサルトキハ振出ノ場所ニ於テ其支拂ヲ爲スコトヲ要ス

爲替手形ニ在テハ其性質上必ス振出地ト支拂地ト相異ルモノトス從テ爲替手形ニハ其支拂人及支拂ノ場所ヲ記載セサル可ラズ然レトモ約束手形ハ之ニ異リ必スシモ支拂地ト振出地ト相異ルコヲ要セス故ニ若シ其手形面ニ支拂地ヲ特別ニ記載セラレタルトキハ素ヨリ之ニ從フベキハ勿論ノコナレト

モ若シ斯クノ如キ特別ノ記載アラサル場合ハ本條ニ依リ振出ノ場所ニ於テ之カ支拂ヲ爲サヾル可ラズ是亦爲替手形ト相異レル一點ナリ

支拂ノ時

第八百十四條　約束手形ノ振出人ハ其振出ニ因リテ滿期日ニ支拂ヲ爲ス義務ヲ負擔ス

振出人ニ對スル爲替權利保全

振出人ニ對シテ爲替權利ヲ保全スルニハ引受ヲモ支拂ノ爲メノ呈示ヲモ拒証書ノ作成ヲモ要スルコト無シ然レトモ一覽後定期拂ノ約束手形又ハ他所拂人ヲ掲ケタル約束手形ニ在テハ其振出人ニ關シテモ第七百三十五條及ヒ第七百七十八條ノ規定ヲ適用ス

本條第一項ハ約束手形ノ振出人ハ其滿期日ニ於テ手形面記載ノ金額ヲ支拂フベキ義務アルヿヲ明示ス故ニ爲替手形支拂人ト全ク其滿期日前ニ在テハ支拂ノ要求ヲ受ルモ之ヲ拒絕スルヲ得ベク又滿期前ニ支拂ヲ爲シタルトキハ之カ爲メ生スル損失ノ危險ヲ振出人ニ於テ擔當セサル可ラサルナリ

第二項ハ又爲替手形ト約束手形ノ差違アル点ヲ列記セリ即チ爲替手形ノ所持人ガ振出人ニ對スル償還要求權ヲ保全セントスルトキハ滿期日前ニ支拂ノ引受ヲ爲サシメ又滿期日ニ至レハ支拂ヲ爲サシメン爲メ一定ノ期間ニ手形ノ呈示ヲ爲シ若シ支拂人之ヲ拒絶スルトキハ其翌日拒證書ヲ作成セサルベカラズト雖モ約束手形ノ受取人ハ斯クノ如キ手續ヲ爲サヾルトモ振出人ニ對スル權利ヲ失フヿナシ是亦約束手形ノ場合ニハ振出人ト支拂人ト仝一ナルヨリ生シタル差違ニ外ナルサルナリ然レトモ若シ其約束手形ニシテ一覽後定期拂ノ場合ナルカ又ハ他所拂人ヲ定メタル場合ニハ前ニ述ヘタル法則ノ例外トス故ニ若シ一覽後定期拂ノ約束手形ヲ有スルモノニ爲替手形ノ引受ニ關スル第七百三十五條ニ從ヒ日附後遲クトモ二ケ年内ニ引受ノ爲メ振出人ニ呈示シ振出人カ支拂ノ引受ヲ拒ミタル場合ハ其翌日拒證書ヲ作成セサル可ラス又他所拂人ヲ揭ケタル約束手形ノ所持人ハ第七百七十八條ニ從ヒ他所拂人ニ其手形ヲ支拂フ可キ地ニ於テ支拂ノ爲メニ之ヲ呈示ス

為替手形ノ規定ニ適用

小切手ト爲替手形ノ差違

ベク若シ又支拂ヲ爲サヽルトキハ全地ニ於テ拒證書ヲ作ラサル可ラズ故ニ若シ是等ノ格別ナル約束手形所持人ニシテ前述ノ手續ヲ怠ルトキハ振出人ニ對スル權利ヲ失フモノトス若シ夫レ法律カ如此例外ヲ設ケタル理由ノ如キハ右兩條ニ於テ説明シタル理由ト全一ナルヲ以テ今再ヒ此ニ贅セス

第八百十五條　右ノ外爲替手形ニ關スル規定ハ性質上抵觸セサルモノニ限リ約束手形ニモ之ヲ適用ス

本條ハ別段説明ヲ要セズシテ明瞭ナリ

第三節　小切手

爲替手形又ハ約束手形ヲ振出スハ前二節ニ於テ詳述スル如ク種々ノ方式條件等ヲ要シ從テ多クノ手數ト費用トヲ要スルヲ以テ多額ノ取引ヲ爲スニハ格別ナレ圧若シ然ラズメ少額ノ取引ヲナス場合ニハ適當セズ是法律カ本節ヲ以テ便宜ナル小切手ノ制ヲ設ケタル所以ナリ

元來小切手ハ銀行ニ預ケ金ヲ有スル者ヨリ其ノ預リ主ニ對シテ或ハ金額ヲ

自已又ハ他人若クハ其差圖シタル人ニ拂渡スベキ旨ヲ記シタル支拂命令ナリ故ニ其外形ハ粗ボ爲替手形ト大差ナキモ其性質ハ大ニ異ル所アリ今此小切手ト爲替手形トノ差異ヲ述ベンニ第一爲替手形ハ資本ノ運轉ヲ便ニシテ正貨授受ノ爲ニスル運送費及ビ運送ノ危險ヲ避ルヿト信用融通ノ器械ト爲テ未ダ期限ノ來ラザル貸附資本ヲモ受取リテ使用スルヿヲ得ルナリ而メ小切手ハ其前者ノ利益ハ之ヲ有スルモ後者ハ無シ何トナレバ前ニ預ケ金ヲ爲シ置キ必要アル每ニ之ヲ引キ出スモノニ過サレバナリ第八百十六條第二ニ爲替手形ノ振出人ハ其支拂ノ期日マデニ支拂人ニ支拂資本ヲ渡シ置ケバ可ナリト雖ドモ小切手ノ振出人ハ前ニ渡シ置キタル資本ニ對スルニアラズンバ振出スヲ得ザルナリ第三爲替手形ニハ一覽拂一覽後定期拂又ハ定期拂日附後定期拂等ノ數種アルモ引出小切手ハ唯ダ一覽拂アルノミ（第八百十七條）第四爲替手形ハ振出地ト支拂地ヲ同フセザレドモ小切手ハ異地ニモ同地ニモ振出スヲ得第五爲替手形ハ其振出ノ原因乃チ何品ヲ受取リタリトカ又

ハ何品ノ代價トシトカ明記スルヲ要スレ𪜈小切手ニハ此事ナシ第六爲替手形ハ指圖式ニテ振出スヲ要スルモ小切手ハ記名無記名指圖式等ノ何レニ依モ可ナリ唯ダ小切手ハ所持人式ヲ用ルヲ最𪜈多シトス第七指圖式小切手ハ裏書ナクシテ流通スルヲ得ルモ爲替手形ハ正當裏書ナケレバ所有權ヲ移轉スルヿヲ得ズ若シ白地裏書ニテ之ヲ有ス場合ハ是レ手形所持人代理者ト爲テ受取ルモノニシテ眞ノ所有者ト爲テ受取ルニアラズ第八一覽拂ノ爲替手形ノ呈示ハ日附後二ケ年內ヲ限ルモ（第七百三十五條）小切手ハ振出ノ日ヨリ三日以內ニ支拂ノ爲ニ呈示スルヲ要ス（第八百十八條）總テ此等ハ爲替手形ト引出小切手トノ差違ナリ然レ𪜈其他ノ規定例ヘバ振出人裏書人ノ間ニ成立セル連帶責任支拂ヲ拒絶スル所ノ拒ミ証書及ビ支拂ヲ拒マレタルガ爲ニ更ニ振出人ニ對スル償還要求手續ノ如キハ小切手ト爲替手形ト其揆ヲ一ニシ又爲替手形ト約束手形ノ間ニハ辨濟期限、裏書、連帶保証榮譽支拂、拒証書、所持人權利義務、戻爲替又ハ利息等ニ關スル規定ハ異ル所ナキナ

小切手ノ性質

リ猶ホ此等ノコトハ各本條ヲ見バ明瞭ナルベシ

第八百十六條　小切手ハ寄託其他ノ方法ニ因リ銀行ニ對シテ繼續スル信用ヲ有スル者カ其銀行ニ依頼シ之ヲシテ記名セラレタル人又ハ指圖セラレタル人若クハ所持人ニ呈示ヲ受ケ次第或ル金額ヲ支拂ハシムル証券タリ

小切手ノ振出方式

第八百十七條　小切手ニハ年月日ヲ記シ振出人署名捺印ス可シ、又小切手ハ一覽拂トスルニ非サレハ之ヲ振出スコトヲ得ス其他銀行ト明示又ハ默示ニテ約定シタル振出ノ方式ハ之ヲ遵守スルコトヲ得ス

前條ハ小切手ノ綿密ナル義解ヲ揭ゲ毫モ間然スル所ナシ後條ハ又其方式ヲ定メタルモノナレ圧是亦法文簡明ニシテ多言ヲ要セザルヘシ

第八百十八條　小切手ハ裏書ヲ以テ之ヲ轉付スルコト

ヲ得若シ白地ニテ裏書讓渡ヲ爲シタルトキ又ハ無記名式ニテ振出シタルトキハ交付ニ因リテ之ヲ轉付スルコトヲ得

小切手ノ移轉

小切手ハ前既ニ述ヘタル如ク商業ノ迅速ト便宜トヲ目的トシテ振出スモノナレハ其轉付ノ方法ノ如キモ亦成ルベク之ヲ簡便ナラシメサルベカラス故ニ本條ニ於テモ其趣旨ヲ採用シ小切手ノ轉付ハ裏書又ハ單純ナル交付ノミニ因テ之ヲ爲シ得ヘキヿト定メタルナリ

小切手ノ支拂期及時効

第八百十九條　小切手ハ引受ヲモ拒証書ヲモ要スルヿ無シ又小切手ハ日附後三ケ年ヲ以テ時効ニ罹ル若シ小切手ノ振出ノ日ヨリ三日内ニ支拂ノ爲メ呈示セス又ハ送附セサルトキハ所持人ハ遲延ノ結果ヲ負擔ス

爲替手形ノ所持人カ其支拂ヲ受ケントスルニハ先ツ其滿期日前ニ支拂引受ノ爲メ之ヲ呈示シ若シ引受ヲ肯ンセサルトキハ其翌日ニ於テ所持人ハ拒證

書ヲ作ラサル可ラス然レトモ如此煩雜ノ法則ヲ小切手ニ適用スルモノト爲サバ終ニ小切手ヲ發行スル目的ニ反スル結果トナラン故ニ小切手ニハ更ニ此等ノ手續ヲ要セサル者トナス然レトモ小切手ノ所持人ハ振出ノ日ヨリ三日內ニ支拂ノ爲メ必ス之ヲ呈示シ若クハ送附スルヿヲ要シ若シ之ヲ怠リタル所持人ハ後日其遲延ノ爲ニ生シタル損失ノ結果ヲ負擔セサル可ラス其故ハ小切手ナルモノハ一時只貨幣ノ代用ヲ爲サシムルニ止リ永久ニ保存スベキモノニアラズ去レバコソ其振出及ヒ轉付ノ方式モ最モ簡便ヲ旨トスルナリ然ルニ振出ノ日ヨリ久シキ日數ヲ經過スル迄之ヲ放棄シテ支拂ノ呈示及ヒ送附ヲナサヾレバ之ガ爲メ往々取引ノ誤謬ヲ來シ其證券ノ信僞ダモ判然セサル如キニ至ル恐アリ故ニ法律ハ小切手ノ所持人ニ成ル可ク速ニ呈示セシメンヿヲ希望シ前陳ノ制裁ヲ設ケタルニ外ナラズ

又小切手ハ三年ヲ以テ時效ニ罹ルモノトス故ニ若シ振出ノ日ヨリ三年以上ヲ經過セシ小切手ヲ送附シ又ハ呈示スルモノアルモ銀行ハ之ヲ支拂フベキ

責任ヲ免ルヽモノトス

小切手ノ償還請求權

第八百二十條　呈示ノ上ニテ支拂ヲ受ケサルトキハ日附後十日内ニ所持人ハ裏書讓渡人若クハ振出人ニ對シ裏書讓渡人ハ其前者若クハ振出人ニ對シテ支拂請求權ヲ有ス然レトモ振出人ニ對シテハ振出人カ信用ヲ有セス又ハ信用ヲ消盡シ又ハ依賴ヲ取消シタルトキハ右期間ノ滿了後ト雖モ支拂請求權ヲ有ス
振出人ハ爭アル場合ニ在テハ其小切手帳ヲ裁判所ニ差出ス義務アリ

小切手ノ所持人カ其支拂ヲ受ケンタメ銀行ニ呈示スルモ其支拂ヲ拒絶セラレタルトキハ支拂ニ付キ擔保ノ責任アル振出人又ハ裏書ヲ以テ己レニ讓渡シタルモノニ償還ヲ要求スル權アリ然レトモ之ヲ要求スルニハ必ス日附後十日内タルヿヲ要ス故ニ若シ其期間ヲ空シク過クルトキハ最早償還ヲ求ム

ルコトヲ得ス然レトモ振出人カ其銀行ニ信用ヲ有セサルカ又ハ從來有シタル信用ヲ失ヒタルカ若シクハ支拂ノ依賴ヲ取消シタル等ノ爲メニ銀行ニ於テ支拂ヲ拒絕シタル場合ニハ其振出人ニ對スル償還ノ請求ハ十日ノ期限後ト雖モ猶之ヲ行フヲ得ヘシ何トナレハ此三ケノ場合ノ如キハ皆振出人ノ一身ヲ以テ擔保ノ責ニ當ルヘキ場合ナルニ依リ若シ十日ノ期間滿了セシ一事ヲ口實トシ之カ責任ヲ免ルヽモノトセハ振出人ハ不當ノ利得ヲ受ケ所持人ハ不正ノ損害ヲ受クルカ如キ結果ニ至ルヲ以テナリ

何レノ場合ト雖モ小切手ニ關スル爭訟ノ生セシ場合ニ振出人ハ其小切手帳ヲ裁判所ニ出スノ義務アリ既ニ之ヲ以テ一ノ義務ナリトセハタトヘ自己ノ不利益トナル場合ニモ猶之ヲ出スコトヲ拒絕スルヲ得ス

小切手支拂ノ制限

第八百二十一條　振出人又ハ所持人ハ小切手ニ橫線ヲ附シ其橫線內ニ特ニ銀行ノミニ支拂フ可キ旨ヲ記載スルコトヲ得

支拂ヲ受ル方式

第八百二十二條　小切手支拂金ヲ受取ル時受取証ヲ記シテ之ヲ交付スルコトヲ得ス

小切手取引ノ不正ノ制裁

此兩條ハ說明ヲ要セスシテ明瞭ナルベシ

第八百二十三條　日附ヲ爲サス若クハ虛僞ノ日附ヲ爲シテ小切手ヲ振出シ裏書讓渡シ若クハ之ニ受取証ヲ記スルカ又ハ日附ナキ小切手ヲ受取リ支拂ヒ若クハ之ニ受取証ヲ記スル者又ハ相當ノ信用ナクシテ小切手ヲ振出シ若クハ正當ノ理由ナクシテ依賴ヲ取消ス者ハ小切手金額ノ百分ノ十ノ過料ニ處ス若シ刑法上ノ刑ニ處ス可キ行爲アルトキハ併セテ其刑ニ處ス
前項ノ過料ニ付テハ第二百六十一條第一項ノ規定ヲ適用ス

小切手ハ殆ンド貨幣ノ如ク流通スルノ用ヲ爲スモノナレバ從テ重大ノ信用

海商ニ關スル法規ノ性質

ヲ附セサル可ラズ然ルニ之ヲ振出シ又ハ轉附スル方法等ハ彼ノ爲替手形約束手形ノ如ク綿密ナル方式ヲ必要トセサルガ故ニ十分法律ノ規定ヲ以テ制裁ヲ加フルニアラサレハ之カ信用ヲ紊亂スルガ如キ行爲ヲナスモノ無シトセズ是本條ニ於テ苟クモ小切手ノ信用ヲ害スル行爲アルモノハ過料ニ處シ且其行爲ニシテ刑法上ノ犯罪ヲ構成スルモノハ（多ク詐欺取財、私書僞造罪ノ如シ）刑事ノ罰ヲ併セ科スベキモノト規定シ豫メ其害ヲ防キタル所以ナリ此塲合ノ過料ニ付テハ裁判所ノ命令ヲ以テ之ヲ科ス但其命令ニ服セサルモノハ即時抗告ヲ爲スヲ得ベシ（第二百六十一條第一項參照）

第二編　海商

世運ノ未ダ幼稚ナル時ニハ各人ノ嗜好モ亦甚ダ單純ナルガ故ニ一國ノ内ニ產スル所ノ物品ヲ以テ能ク滿足スルモ其ノ嗜好ノ漸ク高尚ニ進ムヤ必ラズ廣

ク宇内ノ各國ト交通シ有無相通シテ以テ需要供給ヲ符合セシムルニ至ル於此カ水力ヲ假リ船舶ヲ往來シテ以テ海商ヲ行フノ必要ヲ生ズ本篇ニ定ル所ノ法律ハ乃チ專ラ此等船舶及ヒ航海上ノ事ニ付キ人民ノ遵守スヘキ規則ノ集合ナリ而シテ航海ハ幾ント皆海商ヲ爲スヲ以テ其目的トスルカ故ニ海商法ハ旅客ノ運送、漁獵、國土發見又ハ遊娯ノ爲メニ爲ス所ノ艤裝等ヲモ包含スルモノナリト雖モ其主トスル所ハ海上運送ノ事ニ關ス何トナレバ航海ハ其目的ノ如何ヲ問ハズ海商法上ノ要項ニシテ縱令ヒ商業ヲ爲スヲ以テ目的トセサル者モ常ニ之ヲ商業ト見做スヘケレハナリ例ヘハ猶ホ爲替又ハ支拂切手ハ商ノ爲メニセザル時ト雖𪜈之ヲ認メテ商事トスルカ如シ故ニ實際ニ於テハ軍艦ヲ除クノ外凡テノ船舶ハ殆ント皆ナ海商即チ海上運送ニ供スルモノナリ之ヲ以テ遊娯ノ爲ニ航海ヲ爲サシメカ其船長海員並ヒニ其船舶ニ關スル契約及海損等ニ就テモ亦之ヲ眞ノ商船ト同一ノ原則ニ依ラシメザルヘカラス獨國商法（第四百三十七條）カ航海ヲ以テ利益ヲ營ムヲ目的トスル船

船ニ限リタルハ蓋シ狹隘ニ失スルモノト言フベキ也

船舶ノ定義

第一章 船舶

船舶トハ形体、器械ノ装置及ビ其形体ノ大小如何ヲ問ハズ人ト物トヲ積載シ海洋ヲ航行スルカ爲メニ木材ト鐵材トヲ以テ造ラレタルモノヲ云フ此語ハ此モノヲシテ航海ノ用ニ充タシムルカ爲メニ之レニ附屬スル所ノモノト合シテ一体ヲ爲スカ故ニ單ニ船舶ナル名詞ノミヲ契約書中ニ記シ他ニ之ヲ說明セザル時ハ啻ニ船身ノミナラズ船具即チ帆檣舵碇等其他諸般ノ附屬物ヲモ包含セルモノト解セサルヘカラザルナリ

日本ノ船舶及其權利

第八百二十四條　日本人民ノ所有ニ專屬シ又ハ日本ニ主タル營業所ヲ有シ且日本ノ裁判權ニ服從スル會社其他ノ法人ニシテ合名會社ニ在テハ總社員合資會社ニ在テハ少クトモ社員ノ半數株式會社ニ在テハ取締役ノ總員其他ノ法人ニ在テハ代表者ノ總員カ日本人

民ナルモノノ所有ニ專屬スル商船其他ノ海船ハ日本ノ船舶ニシテ日本ノ國旗ヲ揭クル權利ヲ有ス

本條ハ船籍ノ屬スル所ヲ定メ且ツ國旗ヲ揭クルノ權利アル船舶ノ事ヲ定ム抑モ國際法上ニ於テハ船舶ノ屬籍ヲ以テ之ヲ所有スル人ノ屬籍ニ從フ者ト爲セリ本條ハ即チ此原則ヲ認メタルモノナリ佛國ハ船舶ノ所有權ノ一半以上其國人ニ屬スルトキハ之ニ佛國船タルノ資格ヲ與ヘ伊太利ニ在テハ船舶ノ所有權三分二以上國人ニ屬セザル時ハ之ニ國旗ヲ揭クルノ權利ヲ與ヘズ今我國ニハ其規定ヲ一層嚴ニシ法人ニ在テハ之ヲ代表スルモノ總員其他ノ人ニ在テハ其所有者悉ク日本人民ナラザレバ即チ國旗ヲ揭クルノ權利ヲ與ヘズトナス故ニ之ヲ他國ノ規定ニ比スルトキハ酷ナリトノ批難ハ免レ得サルカ如シ

今船舶カ國旗ヲ揭クルノ權利ヲ有スルト否トニヨリ生スル結果ヲ言ハンニ此結果タル甚タ重大ナリ何トナレバ船舶ニ揭クル所ノ旌旗ハ其船舶ノ何レ

船舶ノ測度

船藉証書ノ登記

ノ國ニ屬スルカヲ示スモノナルガ故ニ關稅ノ徴收及ビ其額ノ國ニヨリテ異ナル所ニハ日本ノ國旗ヲ掲クル權利ノナキ船ハ日本ノ船舶ト看做サレズ從テ日本ノ船ト同額ノ關稅ヲ收ムルノ權利ヲ有セズ日本ノ船カ關稅ヲ免除セラルヽ場合ニモ仍ホ關稅ヲ徴收セラルヽコトヲ免ガレザレバナリ又國際法上ヨリ觀察ヲ下スモ此事甚重要ナリ何トナレバ日本ノ國旗ヲ掲ケザル船ハ日本ノ交際官又ハ其陸海軍兵ノ保護ヲ受クルノ權ヲ有セズ日本ノ船舶ガ治外法權ヲ有スル國ニ至ルモ此恩惠ニ浴スルコト能サレバナリ

第八百二十五條　總テ日本船舶ハ航海ノ用ニ供スル以前ニ法律命令ニ從ヒ職權アル者ノ測度ヲ受ク可シ若シ其積量十五噸以上ナルトキハ管海官廳ヨリ船籍證書ヲ受ケタル後船籍港ヲ管轄スル裁判所ニ於テ船舶登記簿ニ登記ヲ受ク可シ

端船其他擄櫂ノミヲ以テ運轉シ又ハ主トシテ擄櫂ヲ

以テ運轉スル船ニハ本編ノ規定ヲ適用セズ

船籍證書トハ船舶ノ所有者ニ日本ノ當該管廳ヨリ渡サル、書付ニシテ日本ノ國旗ヲ掲クルノ權ヲ得、此權ヲ有スルニヨリテ生スル所ノ諸般ノ利益ヲ享有シ得ルヿヲ認證スルモノナリ而シテ本條ノ趣旨ハ之ヲ二箇ニ縮約スルヲ得ベシ曰ク船舶ノ測度曰ク船籍證書ノ登記即チ是ナリ是レ船舶ノ適否及其屬籍ニ就キ始メヨリ公認ヲ受ケシムルカ為ニ必要ナリ何トナレバ船税上納ノ義務又ハ運送及ビ保險ノ如キ最モ船舶ニ重大ナル契約ヲ締結スルニハ之ヲ以テ標準トスルノ外他ニ標準ニ取ルベキモノナケレバナリ

登記スベキ義務アル船舶ハ稍大ナルモノニ限ルコトハ各國皆ナ其揆ヲ一ニス而シテ此法律ニ於テハ十五噸以下ノ船ニ登録ヲ為スノ義務ヲ免ゼリ蓋シ思フニ此以下ノ船舶ニ在テハ殆ド沿海ヲ離ルヽヿナク又其船ノ屬籍上ニ關スルコト甚タ僅少ナレバ之レニ大船ト同一ノ考量ヲ費スヲ要セズト思料シタルニ由ル端舟其他櫓櫂ノミヲ以テ運轉シ又ハ主トシテ櫓櫂ノミヲ以テ運

船舶登記簿ニ登記スベキ事項

轉スル舟ニハ此篇ノ規定ヲ及ホサヽルヿト爲セル所以ハ海上法ハ航海ヲ爲ス船舶ノヿニ就キ規定ヲ爲ス法律ナルニ此等ノ小舟ハ航海ノ用ニ適セサルモノナレバナリ

第八百二十六條　船舶登記簿ニハ左ノ諸件ヲ登記シ且年月日ヲ記ス可シ

第一　船名及ヒ船籍港

第二　船舶構造ノ時及ヒ其地ノ知レタルトキハ其時及ヒ地又船舶カ日本ノ船籍ニ歸シタルトキハ其時及ヒ事情

第三　官ノ測度證書ニ基キタル船舶ノ種類、大小、積量及ヒ詳細ナル記載

第四　船長ノ氏名及ヒ國籍

第五　一人又ハ數人ノ所有者ノ氏名住所及ヒ詳細

ナル記載又船舶ノ所有權ニ付所有者ノ股分ノ割合及ヒ所有權取得ノ合法ノ原因

本條ハ船舶登記簿ニ登記スヘキ諸項ヲ定メタルモノニシテ各國皆ナ其規定ヲ同フスルトコロナリ英獨法律ニ於テハ船長ノ氏名ヲ掲ケス然レ𪜈船長タルモノ船舶ト大ナル關係ヲ有シ且多クハ永年其職ニ任スルヲ以テ例トスルモノナレハ他人ヲシテ周ク其資格ヲ知ラシムルハ最モ肝要ナリトス是レ本條ニ於テ船長ノ氏名ヲ掲クヘキコヲ特記シタル所以ナリ

第八百二十七條　登記ハ一人若クハ數人ノ所有者又ハ委任狀ヲ有スル代人ノ陳述書ニ依リテ之ヲ爲ス其陳述書ニハ必要ナル證明書ヲ添フルコトヲ要ス

登記ヲ爲シタルトキハ其登記ト同文ノ船舶登記證書ヲ作リテ之ヲ所有者ニ交付ス

登記ノ方式

船舶ニ國旗ヲ掲クルノ權利ヲ與フルモノハ法律ナリ故ニ船籍證書及ヒ船

船舶附屬物ノ所有權

船登記證書ノ交付アリテ其確認ヲ經サル間ハ此權利モ亦起ラサルモノトス

第八百二十八條　船舶ノ所有權ハ別段ノ契約アルニアラザレバ航海ノ爲メニスル總ベテノ艤裝物殊ニ桅檣、帆具、機關、碇錨、船用器具、端舟、貯蓄品及ビ糧食ノ所有權ヲ包含ス但船長又ハ海員ノ一身ニ屬スル所有物ハ此限ニ在ラズ

船舶ノ沈沒シタル片登記ノ取消ヲナスヲ要スル所以ノモノハ實物ナキ登記簿ヲ保存スルノ必要ナキニ由ルナリ又日本ノ船舶タル資格ヲ失ヒタル場合トハ賣買讓渡シノ方法ニヨリ船舶ヲ外國人ニ移轉シタル片ノ如キヲ云フ此時ニ於テ尙ホ登記ヲ取消サズ且船舶登記證書ヲ還納セシメサルコト、セハ之レヲ濫用スルノ弊アリ是レ本條ノ規定ヲ要スル所以ナリ此船舶登記簿ハ民事上ニ於ケル不動產書入質登記簿等ノ如ク其登記シタル事項ニ付キ確定ノ權利ヲ生スルモノニアラザルナリ若シ其登記シタル事項ニシテ實際ト齟

聽スル所アル片ハ故障ヲ申立ツルヿヲ得ルノミナラズ其記入ヨリシテ確定ノ權利ヲ發生スルモノニアラサレバ外観上ハ日本人ノ所有ニ屬スル船舶ノ如クニ登記シ日本ノ國旗ヲ揭クルモ若シ外國人ガ其ノ所有者タルニ於テハ其登記ノ如何ニ係ラズ日本船舶タルノ資格ヲ有セズ

登記シタル事實ノ變更

第八百二十九條　登記シタル事實ニ變更ノ生ズルトキハ船舶登記簿及船舶登記證書ニ其附記ヲ受ク可シ

登記シタル船名ハ管海官廳ノ許可ヲ受クルニ非レハ之ヲ變更スルコトヲ得ズ

登記ノ要タル第三者ヲシテ船舶及ヒ其權利義務ノ關係ヲ詳知セシムルニ在ルヲ以テ若シ其事實ニ變更ヲ來シタル片ハ之レヲ其登記簿ニ附記セザルベカラズ是レ登記ハ事實ニ符合スルヲ以テ緊要ナリトスル所以ナリ法律ガ玆ニ船名變更ノ自由ヲ禁シタル所以ノ者ハ能ク航海ニ堪ヘサル船舶ニ新タナル名ヲ付シ運送ノ用ニ供シ又保險ヲ得ントスルノ詐術ヲナス者ア

船籍假証書

ランコヲ慮レルナリ

第八百三十條　船籍港外ニ於テ日本人民、會社其他ノ法人カ船舶ヲ取得シタルキハ其船籍港ニ到着スルマテハ外國ニ在テハ其取得ノ地若クハ其近傍ニ駐在スル日本領事、內國ニ在テハ地方官廳ヨリ假證書ヲ受ケ之レヲ船籍證書及ヒ船舶登記書ニ更フルコヲ得此場合ニ於テハ領事又ハ地方官廳ハ其證書ノ謄本ヲ管海官廳又ハ船籍港ヲ管轄スル裁判所ニ遲延ナク送付スルコヲ要ス

前項ノ證書ノ効用ハ領事ヨリ交付シタルモノハ一ケ年地方官廳ヨリ送付シタルモノハ半ケ年ヲ以テ限リトス

本條ハ日本境土外ニ於テ取得シタル船舶モ其取得シタル時ヨリ直チニ日本

船舶タル權利義務ヲ有シ且ツ日本ノ國旗ヲ掲揚スルコヲ得ル權利ヲ公認シタルモノニシテ其權利ヲ付與スルニハ普通ニ船籍證書ヲ有セサルヘカラサルモ船舶ノ船籍港ニ到着セサル間ハ之ヲ如何トモスルコト能ハザルガ故ニ船籍證書及ビ船舶登記證書ニ代ルベキ假證書ヲ與フルコト爲セルハ必要上權宜ニ從ヘル者ナリ而シテ此證書タル固ヨリ假證書タルヲ以テ日本ノ船籍港ニ到着セル以上ハ其地ノ官衙ニ到リテ眞ノ登記證書ヲ換付セラレンコヲ請ハザルベカラズ

船籍証書ノ再下附

第八百三十一條　船藉證書又ハ船舶登記證書ノ喪失シ毀損シ又ハ用ユヘカラザルモノト爲リタルトキハ之ニ換ヘテ新ナル船藉證書、船舶登記簿若クハ前條ノ假證書ノ交付ヲ求ムルコトヲ得

船舶ガ内外ノ國旗ヲ掲クル權ナクシテ之

第八百三十二條　船舶カ國旗ヲ掲クル權利ヲ有セスシテ之ヲ掲クルトキハ千圓以下ノ罰金ニ處ス又事情ニ從

ヲ掲ケタル處罰

船籍証書ヲ得ザル前ニ國旗ヲ掲揚セル處罰

ヒ殊ニ不正ノ船舶証書又ハ船舶登記証書ヲ用井タルトキハ其船舶ヲ沒收ス

日本ノ船舶カ外國ノ國旗ヲ掲ケテ外國ノ國旗ヲ冐シタルトキハ前項同一ノ罰ニ處ス但敵ヲ避クル塲合ハ此限ニアラズ

第八百三十三條　日本ノ船舶カ船舶証書及ヒ船舶登記証書ノ交付前ニ國旗ヲ掲ケ其他本章ノ規定ニ違フトキハ百圓以下ノ罰金ニ處ス

此數條ニ類スル規定ハ英獨法律ニ於テモ亦見ル所ナリ而シテ特ニ茲ニ掲ケタル者ハ國際上ノ犯罪ト通常違警罪トノ區別ヲ明カニセントスルノ主旨ニ出テタルモノナリ今夫レ外國ノ屬籍ヲ冐シタルトキハ國際上ニ關係ヲ及ホシ其結果外國ニ損害ヲ加ヘ國權ヲ傷アリ或ハ爭鬪ノ媒介タルヿナキニアラス故ヲ以テ殊ニ之レヲ嚴罰ニ處スルナリ而シテ此犯罪ヲ罰スルニ當リ善意

ニ出ルト惡意ニ出ルトニ隨ヒ其船舶ヲ沒收スルト否トノ區別ヲ爲スヘキカト云フ問題ニ對シテハ英法ハ其何レヲ問ハス沒收スルコトヽ爲セリ只敵ノ襲擊ヲ免カレ或ハ戰爭權ヲ施行スル片ノミハ此例外トス而シテ本法ニ於テハ其事情ニ由リ罰ニ輕重ヲ附スルノ規定ヲナセリ蓋シ至當ト云ヘシ

第二章　船舶所有者

船舶ノ何物タルカハ既ニ前章ニ之ヲ定メ而ソ本章ハ其ノ船舶所有者ノコヲ定ム然レドモ所有者ノ何者タルカヲ知ルニハ先ヅ所有權ノ如何ナルモノナルカヲ知ルヲ要ス何トナレバ所有者トハ所有權ノ屬スル人ヲ謂フ者ナレバナリ而シテ所謂所有權トハ民法財產篇中ニ定ル所ナルガ故ニ此ニハ之レヲ細說セザルモ一言以テ之ヲ蔽ヘバ乃ハチ所有權トハ不羈專獨ノ方法ヲ以テ或物ヲ處分シ收益シ使用シ得ル所ノ一ノ利益及能力ナリ去レバ船舶所有者トハ船舶ノ上ニ於テ自己ノ隨意ニ其ノ船舶ヲ處分シ之ヲ使用シ又之ヨリ生ズル利益ヲ收得スルノ能力ヲ有スル者ヲ云フナリ

船舶ニ關スル契約ノ方式

第一節　船舶所有權ノ取得及ビ移轉

船舶ハ他物ノ爲ニ動カサレヲ其所在ヲ變移シ得ベキモノ也而ノ凡ソ自働タルト他働タルトヲ論セス其所在ヲ變シ得ベキモノハ動產ナルカ故ニ船舶モ亦一種ノ動產タリ然ラバ則チ動產ヲ支配スベキ法則ヲ以テ之ヲ支配スベキモノトス然レトモ其性質上船舶ハ他ノ動產ニ比シテ其價格貴ク其形體モ大ニ且ツ定繫所ト名クル法律上一定ノ所在地ヲ有スルガ故ニ不動產ト同視シテ之ヲ處スルヿ多シ然レ氏是レ其ノ本然ノ性質ニアラズ唯ダ法律ノ規定ニヨリテ然ラシムルノミ故ニ別ニ法律ノ規定スルヿナキ場合ニ於テハ宜ク之ヲ動產ト見ザルベカラザルナリ

第八百三十四條　商船其他ノ海船ハ之ヲ動產トス但本法ニ例外ヲ定メタル場合ハ此限ニアラズ

是レ乃ハチ今前項ニ說キタル所ナリ

第八百三十五條　船舶構造ノ契約及ヒ賣買其他ノ權利

行爲ニ因リテ船舶ノ全部若クハ股分ヲ取得スル契約ハ特ニ作レル契約証書ヲ以テスルニ非レバ之ヲ取結ブコトヲ得ズ

相續結婚其他此類ノ事由ニ因レル船舶所有權ノ移轉ハ公正ノ証書ヲ以テ之ヲ証スルコトヲ要ス

本條ニ由レバ船舶ノ搆造及ビ其全部又ハ一部ノ取得ヲ爲ス契約ハ特ニ證書ヲ作爲シテ爲スニアラザレバ即チ成立スルコト能ハザルナリ思フニ是レ船舶ハ假令動産ナリト雖𪜈其物尊ク其價貴キガ故ニ其手續ヲ丁重ナラシメ以テ紛議ヲ未ダ生セサルニ防過セント欲セルニ因レルナルベシ雖然證據ノ爲メニ證書ノ作爲ヲ命ズルハ格別、契約成立ノ要素トシテ之ヲ要求セルカ如キハ外形ノ法式ニ拘泥スルノ嫌ナシトセズ

第二項ハ相續結婚又ハ此等ニ類スル事由ヨリ自然ニ所有權ノ移轉ヲ致セル場合ニ就キ規定ヲ爲セルモノナルモ此處ニハ證書ハ證據ノ爲ニ要求セルニ

普通ノ賣却權
船長ノ賣却權

過ギサレハ此證書ヲ作爲セサルモ爲ニ所有權ノ移轉ヲ妨クルヿハアラザルナリ而シテ實際相續ノ場合ノ如キハ證書ノ作爲ヲ爲シ能ハサルヿ多カルベケレバ之ヲ契約成立ノ條件トシテ證書ノ作爲ヲ命セザルカ如キハ固ヨリ正當ニ相違ナキモ結婚ノ場合ノ如キハ常ニ證書ノ作爲テ爲シ得ルモノナルガ故ニ平常ノ場合ニ於テ證書ノ作爲ヲ契約成立ノ條件トシテ要求スルノ必要アラバ此場合ニ於テモ亦之ヲ要メザルベカラズ然ルニ之ヲ相續ノ場合ト同ジク本條初項ノ例外ニ於ケルハ我レ其何ノ故ナルカヲ知ルヿ能ハサルナリ或ル事ヲ爲セル自然ノ成果トシテ船舶ノ所有權ヲ移轉セシムル場合モ所有權ノ移轉ヲ目的トシテ爲セル所爲ニヨリテ所有權ノ所在ニ變動ヲ來ス場合モ所有權ヲ移轉スル事實ハ則チ同一ナルニ等シク證書ノ作爲ヲ爲シ得ル同一ノ場合ヲ異ナル規則ニテ支配スルカ如キハ蓋シ何人モ其所爲ノ矛盾セルヲ怪シムナルヘシ

第八百三十六條　船舶ハ其所有者タラザル者ニ在テハ

所有者ノ明示、船長ニ在テハ明示ノ委任ヲ受ケサルモ避ク可ラザル必要アリテ官ノ証認ヲ經タル場合ニ於テハ特ニ競賣ヲ以テ有効ニ之ヲ賣却スルコトヲ得

物ハ凡ベテ所有者又ハ所有者ノ委任ヲ受ケタル者ニアラザレバ有効ニ賣却スルコト能ハザルハ勿論ナルベシ而シテ此原則ハ固ヨリ容易ニ之ヲ屈撓スベカラズト雖モ船体ノ破損甚ダシク其用ニ堪エズ或ハ之ヲ修理スレバ倘ホ用ユルヲ得ルモ其費用甚タ多クシテ之ヲ支出スルニ途ナク而シテ所有主船舶ノ所在地ニアラザル爲ニ之ト通信往復スルノ便ヲ欠キ又ハ通信スルニ暇ナキ場合ノ如キ時ニ於テモ倘ホ普通ノ原則ヲ墨守セシムルハ其當ヲ得タリモノト云ベカラズ是レ則チ本條末段ノ規定アル所以ナリ而メ此際船長カ船ノ賣却ヲ爲スニ先チ官ノ認證ヲ得サル可ラザルコトヽセルモノハ船長ヲシテ叨リニ賣却ノ權能ヲ使用セシメザルガ爲メニシテ又所有權不侵ノ原則ノ貴トブベキ所以ヲ知ルニ足ルベシ其競賣ノ方法ニ出デザルベカラズトセル

取得時効

船舶附屬物ハ船舶所有權ニ伴フ

ハ賣却ノ此方法ハ最モ能ク高價ニ賣ルコトヲ得ルニ由ル

第八百三十七條　船舶ノ取得時効ノ期間ハ二十ケ年トス但船長ハ時効ニヨリテ船舶ヲ取得スルコトヲ得ズ

船舶ハ動産ナルニ相違ナシト雖モ平生航海ノ用ニ供セラルヽモノナルカ故ニ所有者ノ手ヲ離ルヽコト多キヲ以テ之レカ卽成時効ヲ援唱スルコトヲ得セシメズシテ二十年ノ時効ニ非ザレバ則チ之ヲ獲得スルコト能ハザルモノト爲セルモノナリ而シテ船長ハ船ニ付キ所有者ニ對シ責任ヲ負ハサルベカラザルモノナレバ其支配内ニ在ル船舶ヲ時効ニテ得セシムベキニ非ズ故ニ如何ニ永キ時間、船舶ヲ占有スルモ時効ヲ唱ヘテ其返還ヲ所有主ニ對抗スルコト能ハザルナリ

第八百三十八條　船舶ノ所有權ハ別段ノ契約アルニ非レバ航海ノ爲ニスル總テノ艤裝物殊ニ桅檣帆具機關碇錨船用器具端舟貯蓄品及ヒ糧食ノ所有權ヲ包含ス

但船長又ハ海員ノ一身ニ屬スル所有物ハ此限ニアラズ

之ヲ以テ單純ノ船舶ノ保險ヲ爲セル者ハ特リ船体ノミナラズ凡テノ艤裝物ノ損失高ヲモ償ハザル可ラズ又單純ニ船舶ノ賣買ヲ爲セルモノハ船體ト共ニ其凡テノ艤裝物ヲ買主ニ引渡サヽル可ラザルナリ然レﾄﾞ船ニ屬セズ船長及ビ船員ニ屬セル物件ハ船ニ就キ爲セル契約ノ項中ニ入ラザルナリ

航海中ノ讓渡ノ効果

第八百三十九條　航海中ニ船舶ヲ讓渡シタルトキハ其航海ヨリ生スル利益及ビ損失ハ別段ノ契約アルニ非レバ取得者ニ移ル

此規定ハ英佛二國ノ法律ガ共ニ等シク認ムル所ノモノニシテ運送賃ハ船舶所有者ノ船舶ニ係ル義務ニ充ルコトアリ(第三章規定)且ツ運送契約ナルモノハ其性質不可分的ノモノナレバ運送賃ハ運送ノ時間又ハ路程ノ割合ニ應シテ拂フベキ者ニアラズ運送ヲ爲シ了レル後、到達ヲ爲セル地ニ於テ引渡

任意賣却强制賣却及必要賣却ノ各効果

ヲ爲セル後ニ請求シ得ベキモノニシテ而シテ又荷主ノ要償ハ船舶ヲ對手トスルモノニシテ今設例セル塲合ニ於テハ買主ニ對スルモノナレバ契約ヲ成セル後ノ運送ノコトニノミ止メズ全運送ヲ以テ船舶ニ附屬セルヽノト見做シ特約アルニアラザレバ航海ヨリ生ズル利得及ビ損失ヲ取得者ニ屬セサルコトヽ爲スモ不當ナリト云フベカラザルナリ

第八百四十條　任意ニ爲ス船舶ノ賣却ハ船舶債權者ノ債權ニ對シテ船舶ノ負擔スル責任又ハ其賣買價額ノ負擔スル責任及ヒ讓渡人ノ一身上ノ義務ニ變更ヲ生スルコト無シ强制賣却又ハ必要賣却ノ塲合ニ在テハ船舶ノ負擔スル責任ハ當然賣買價額ニ移ル

船舶ハ船ニ就キ賣主ノ負フタル義務ノ辨償ニ當ル者ナリト雖圧其義務タル船ノ負ヘル者ニアラズ其身ニ之ヲ負ヒ船ヲ以テ之ヲ擔保セラルヽニ過ザル者ナレバ船ノ賣却ハ未タ以テ其負ヘル義務ノ釋免ヲ來スヘキニ非ザルナリ

故ニ船ノ所有主船ヲ賣レル片ハ債主ハ船ニ就キ又ハ其代價ニ就キ要求ヲ爲スコトナク賣主タル所有主ノ他ノ財産ニ就キテ辨償ヲ求ムルコトヲ得ザル可ラズ

船舶ニ對スル債權ハ登記ヲ爲スベキモノタレバ何人モ之ヲ知ルヲ得ベク又知ラザル可ラザルモノナリ故ニ船舶ノ賣却セラレタル後ト雖圧債權者ハ第三取得者ノ現有スル船舶ニ付キ債權ヲ執行スルヲ得ベシ况ンヤ未ダ船ノ所有者タリシ船ノ賣主ニ辨償セラレザル船ノ代價ニ於テオヤ

第二節　船舶所有者ノ權利及ヒ義務

本節ノ規定ヲ設ケタル所以

船舶ノ所有權ハ前ニ説ケル如ク他ノ所有權ト別ニ異ナルヿナケレハ其屬スル者ノ權利ト義務トハ一般普通ノ原則ニ循ハザルベカラザルモ航海ノ事タル一般普通ノ法則ニ依ルヘカラサルモノアリ又其適用ノ變態ニ係ルモノナキニアラス故ニ我立法者ハ特ニ一節ヲ設ケテ船舶ヲ有セルモノヽ權利ト義務トニ關シテ規定ヲ爲セルナリ然レトモ特例ノ存セサル限リハ通則ニ依ル

二人以上ノ所有者アルトキ

ヘキハ法理ナルカ故ニ本法ニ明文ナキモノハ皆普通一般ノ法則ニ循フモノトス

第八百四十一條　船舶ノ所有權ガ二人以上ノ股分所有者ニ屬スルトキハ航海ニ關スル一切ノ業務ニ付キ其代理トシテ船舶管理人ヲ置クコトヲ要ス

通常ノ原則ニ背キ一船舶ニシテ二人以上ノ股分所有者ニ屬スル片ハ航海ニ關スル一切ノ業務ニ付キ代理權ヲ有スル船舶管理人ヲ置クベキコトヲ命セル所以ノモノハ船舶ノ股分所有者ハ合名會社ヲ成セルモノニアラズ稍ヤ株式會社ノ株主ニ類シテ各同一ノ地位ニ立ツモノナレバ甲ノ乙ニ代リテ事ヲ爲スヲ許サズ之レニ加フルニ股分所有者ハ其持部ノ賣却ヲ爲スコト自由ナレバ股分ノ賣却ニヨリ終始所有者ノ交替アルベク而シテ人心ハ一ナラズ其面ト共ニ異ナルモノナレバ甲ノ爲サント欲スル事モ乙之ヲ爲スヲ欲セザルヿアルベク丙ノ好ム所丁必シモ拒マザルヲ保セザルガ故ニ股分所有者ノ各人

所有者ノ船長及海員ノ行爲ノ上ニ於テ負フ責任

ニ就キ契約ヲ締結スルカ如キハ殆ント全ク不能ノコトニ屬スベケレバ之ヲ放任シ置タトキハ大ニ經濟上ノ妨害ヲ釀スベキニ由ルナリ

第八百四十二條　所有者ハ船長及ヒ海員ノ職務施行ニ關スル行爲ニ付テハ船舶及ビ運送賃ヲ以テ責任ヲ負フ若シ船長カ同時ニ所有者ナルトキハ船長ハ無限責任ヲ負フ然レトモ股分所有者ナルトキハ過失ノ爲メ自己ニ不分ノ責任ノ歸セサルトキニ限リ其股分ノ割合ニ應シテ責任ヲ負ヒ尙ホ不足アルトキハ其不足額ニ對シテ無限ノ責任ヲ負フ

船長及ヒ海員ハ船舶所有者ノ代理人ニシテ船舶所有者ハ船長及ビ海員ノ委任者タリ而シテ人ハ其代人ノ爲セル行爲ニ就テハ(其所爲ニ付責任テ負フベキ時ニ限リ)自己ノ行爲ノ如クニ自巳ノ有スル凡テノ財産ヲ以テ其責ニ任セザル可カラザルハ法理ノ大則ナレバ船舶ノ所有者ヲシテ船長及ビ海員

ノ職務施行ニ關スル行爲ニ付キ船舶及運送賃ヲ以テ責任ヲ負フニ止メ其他ノ財産ヲ以テハ其責ニ任ズルヲ要セシメザル本條ノ規定ニ付テハ其理由ヲ説明セザル可ラザルナリ然レ𪜈此規則ハ別ニ深遠ナル道理アリテ存スルニアラス船長及ビ海員等ノ職務施行ニ關スル行爲ハ其結果甚ダ大ナリ而シテ此等ノ人々ハ常ニ所有者ト遠ク隔離シ居ルモノナルヲ以テ所有者ニ於テハ一々其行爲ヲ監視シ能ハザルノ情狀アリ故ニ法理上ヨリ言ヘバ代理人タルニ相違ナキモ事實上ニ於テハ他ノ代理人ト稍々其趣ヲ異ニスル所アリ然ルニ其行爲ニ就キ無限ノ責任ヲ負ハセンカ酷ニ失スルヿナキ能ハズ是レ此ノ寬裕ノ規則ヲ制定セル所以ナリ故ニ法理ヲ以テ之ヲ説明シ得ベキモノナラサルナリ

船舶ノ所有者ヲ寬待セル本條ノ規則ハ右ノ如キ理由ニ基テ設ケラレタルモノトセバ船長ニシテ所有者ヲ兼ヌルモノニハ此寬待ヲ爲ス可ラザルヿハ言ハザルモ明カナルベシ何トナレバ此者ハ他人ノ爲セル規約其他ノ行爲ニ就

キテ責任ヲ負フニアラズ己レガ自ラ為セル行為ニ對シテ其責ヲ負フモノナレバ之ニハ酌量スベキモノ一モアルヿナケレバナリ然レ𪜈船長ガ唯股分所有者タルニ過サル片ハ其股分ノ割合ニ應ズル丈ケニ其責任ノ程度ヲ止メサルベカラサルハ勿論ナリ何者自己ノ股分割合以外ニ出テハ自己ノ為メニ為セルニアラズ他人ヲ代表シテ為セルモノナレバ代表セラレタル他人ニ於テ其責ニ任セザルベカラザレバナリ而シテ船長ニシテ股分所有者タルモノ股分ノ割合ニ應シテ責任ヲ負ヒ尚ホ不足ヲ生ズル片ハ其不足額ハ之ヲ何人ノ負擔ト為スベキカ股分所有者タル船長ハ自ラ好ンテ其行為ヲ為セルモノニシテ而シテ他ニ股分所有者アルコトナク船ノ全部ノ所有權己レニ在ル片ニハ其所為ニ付無限ノ責任ヲ負ハザル可ラズ故ニ其不足額ハ之ヲ股分所有者タル船長ニ負ハシメザルベカラザルナリ若シ夫レ船長ニ過失アリテ不分ノ責任之ニ歸スル場合ニ於テハ己レノ過失ニヨリ生セシメタル結果ヲ他人ニ分擔セシムルカ如キハ法理ノ許ス所ニアラザレバ船長獨リ其責ニ任ゼザル

船長ノ任免權

ベカラズ

第八百四十三條　所有者ハ船長ヲ任シ又隨意ニ之ヲ免スルコトヲ得又書面ノ契約アルニ非レバ船長ニ對シテ損害賠償ノ責ニ任セズ

船長カ非常ニ重大ナル權力ヲ有シ或ル場合ニ於テハ所有者ト協議セズメ船舶ノ賣却ヲナシ又ハ之ヲ抵當トスルコトヲ得或ヒハ自已ノ所爲ニヨリテ少クモ船舶ノ運送賃ノ合計額ニ滿ルマテ所有者ヲシテ責ヲ負ハシムルヲ得ベク實ニ所有者ヨリ重大ナル資産ヲ任セラレ居ルノミナラズ旅客海員等貴重ナル人ノ生命マテヲモ託セラレ居ル者ナリ即チ其職分ハ全ク信用ヨリ成ル者ト謂ハザルベカラズ故ニ些少ト雖モ不信ヲ抱クヿアルニ於テハ所有者ハ之ヲ免ズルヿヲ得ベキナリ又船長ノ有スル權力ハ此ノ如ク大ナル者ナレバ之ヲ罷免スルニ就テモ之ヲ容易ナラシメザルベカラズ若シ否ラザレバ急速ノ場合ニ時日ヲ遷延スルノ虞アリテ所有者ハ爲メニ非常ノ損害ヲ受クルコ

罷免セラレタル船長ノ權

トヲ免カレザラントス而メ本條末段ニ於テ書面ノ契約アルニアラサレバ船長ニ對シテ損害ヲ賠フニ及ハズト爲シ以テ船長ヲシテ當事者双方ノ意思ガ損害ヲ償フニ在ルヿ確實ニシテ而メ其ノ証明ヲ爲シ得ルトキニ限リ損害ノ賠償ヲ所有者ニ要ムルヲ得セシメシモノハ要スルニ職務ノ罷免ヲシテ一層容易ナラシメントト欲セルニ外ナラザルナリ

第八百四十四條　船長カ同時ニ股分所有者ナル塲合ニ在テ其意ニ反シ罷免セラレタルトキハ自己ニ屬スル股分ノ價額ノ支拂ヲ求ムルコトヲ得但其價額ハ鑑定人ノ鑑定ニ從フ

其意ニ反シテ罷免セラレシ股分所有者タル船長ニ鑑定人ノ鑑定シタル股分ノ價額ノ支拂ヲ求ムルヿヲ許シ以テ股分所有者タルノ資格ヲ脱却スルコトヲ許セルモノハ罷免ハ船長ヲシテ其心ヲ不快ナラシメ之ヨリシテ些少ノコトニテモ不和ヲ生スルニ至ルコトナキヲ保セズ且ツ其股分所有者トナルコ

トヲ肯セシモノモ船長タルノ地位ヲ得ンカ爲ニ出シモノナラント推測セルニ由ルナリ

二人以上ノ股分所有者ノ議決權

第八百四十五條　二人以上ノ股分所有者ノ間ニ在テハ船舶ニ關スル總テノ事件ハ議決權ノ過半數ヲ以テ決定ス其過半數ハ各所有者ノ股分額ニ從ヒテ之レヲ算ス

船舶競賣ノ議決

過半數ノ決議ヲ得タルニ至ラザルトキハ議決權ノ半數ノ決議ヲ以テ船舶ノ競賣ヲ求ムルコトヲ得

議決ノ不同意

或ル股分所有者カ必要ナル新支出ニ同意セサル𪜈ハ其所有者ハ自己ノ股分ヲ他ノ股分所有者ニ委付シテ賦課金ノ義務ヲ免カルルコトヲ得但股分額カ賦課金ヲ超ユルトキハ其超過額ノ支拂ヲ受クルコトヲ得

本條第一項ハ説明ヲ要セザルベシ而シテ其第二項ニ於テ過半數ノ決議ヲ得

ザル時ニ議決權ノ半數ヲ以テ決議シ以テ船舶ノ競賣ヲ求ムルコトヲ股分所有者ノ各自ニ許セルモノハ共有ナルモノハ物ノ改良發達ヲ妨グルコト多キニ居ルガ故ニ其所有者ノ間ニ共同一致ノ行ハレザル時ニ於テハ其共同ヲ解クヲ以テ最モ宜シト思料セルニ由ル又會議ニ於テ多數ノ爲ニ制セラレタル股分所有者ハ船舶ノ所有權ニ賦課セラレタル新支出ハ之ヲ無限ニ負擔セザル可ラザルカ此支出ハ議決セル事業ノ成跡ヨリ生ズル利得ヲ以テ之ヲ償フヲ得ベキモ併シ之ヲ償ヒ得ルニ至ル迄ノ間ハ其支出ヲ負擔シ居ラザルベカラズ故ニ一時ハ資産ノ上ニ輕カラザル負擔ヲ爲スモノト言フベシ況ンヤ計畫ノ齟齬セル爲メニ期セル利益ヲ得ルコト能ハザルヿアルベク然ラザルモ貧困ニシテ到底支出ニ耐ヘサル股分所有者ノアラザルナキヲ保セズ斯カル支出ハ多數ノ爲ニ制セラレタル股分所有者ニ於テ無限ニ之ヲ負ハザルベカラザルカ倘シ條理ヨリシテ之ヲ言ヘバ固ヨリ然リト謂ハザルベカラザルモ斯クテハ實際ノ情狀ヲ顧ミザル苛酷ノ處置タルヲ免レザルカ故ニ新支出ニ同意ヲ

爲サヾル股分所有者ニ其有スル股分ヲ他ノ股分所有者ニ委スルニヨリ義務ヲ免カレ得ルコト、ナセリ余ハ其規定ノ甚ダ可ナルヲ認ムルト雖股分額カ賦課金額ヲ超過セル片ニ其超過額ノ支拂ヲ受ルヿヲ不同意ノ股分所有者ニ許セルヿニ就テハ一言之ヲ攻撃セザルベカラズ不同意ノ股分所有者ハ幾分カ恕スベキ情狀ノアルモノニハ相違ナキモ倘ジモ道理上ヨリ之ヲ考フル時ハ無限ニ費用ノ負擔ヲ爲サヽルベカラザルモノナルニアラズヤ又賦課額ガ股分額ニ超過セル片ト雖、其超過額ノ負擔ヲ爲スニ及バザルヿヲ我立法者ハ規定セルニ非ズヤ果シテ然レバ股分額カ賦課額ニ超エシトキト雖、倘其超過額ノ支拂ヲ求ムルコトヲ不同意ノ股分所有者ニ許サズシテ始メテ同意者ト不同意者トノ間ニ權衡ヲ得ルモノト言ハザルベカラズ然ルニ我立法者ハ股分額カ賦課額ニ超過セルトキニハ其超過額ヲ不同意ノ股分所有者ニ要求スルコトヲ得セシメタリ是レ豈ニ恩惠ニ失スル處置ニアラズヤ故ニ余輩ハ此點ニ就テハ我國ノ制ヲ非難セザルベカラズ

船舶所有者ノ航海ヨリ生スル利益請求權

股分所有者ノ讓與權

第八百四十六條　各船舶所有者ハ總テノ費用及ヒ損失ヲ扣除シタル後ニ非サレハ航海ニヨリ生ズル利益ヲ請求スル權利ナシ

船舶ノ所有者ハ船長及ビ海員ノ職務施行ニ關スル行爲ニ付テハ船舶及ビ運送賃ヲ以テ責任ヲ負フモノナルガ故ニ總テノ費用及損失ヲ扣除シテ餘剩アルニ非ザレバ航海ニ因リテ生ゼル利得ノ要求ヲ爲スコトヲ得セシム可ラズ否ラズンバ所有者ハ他人ヲ損シテ以テ不義ノ富ヲ得ルノ結果ヲ生ズルニ至ルベキナリ

第八百四十七條　股分所有者ハ他ノ股分所有者又ハ船舶管理人ノ承諾ヲ受ケズシテ何時ニテモ自己ノ股分ヲ自由ニ讓渡スコトヲ得

己レノ權利ハ己レノ意思ニ隨テ之ヲ處分シ得ルハ法理ノ大則ナリ故ニ股分所有者ハ他ノ股分所有者又ハ船舶管理人ノ同意ナキモ其欲スル時ニ己レノ

股分ノ所有權ヲ移轉スル者アルトキ殘餘者ノ爲シ得ル權利

有スル股分ノ讓渡ヲ爲スコトヲ得ザル可ラズ

第八百四十八條　船舶股分ノ所有權ノ移轉ニヨリテ船舶カ其國籍ヲ失フトキハ他ノ股分所有者ハ右ノ股分ヲ自己ノ計算ニ引受ケ又ハ其股分ヲ所有スル資格アルモノニ競賣センコトヲ求ムル權利アリ但自己ノ計算ニ引受クル場合ニ在テ已ムヲ得サルトキハ裁判上ノ手續ヲ以テ其股分ノ額ヲ定ム

會社々員ノ變更ニ因リ船舶カ其國籍ヲ失フトキハ會社ハ其社員ノ持分ヲ之ヲ所有スル資格アルモノニ競賣センコトヲ求ムル權利アリ

船舶股分ノ所有權ノ移轉ニ因リ船舶カ其國籍ヲ失フ場合ニ於テハ他ノ股分所有權ノ利害ニ關係スルコト甚タ大ナルモ自巳ノ有スル股分ヲ賣ラント欲スル股分所有者ハ其股分ヲ所有スル資格アル者ニ之ヲ賣ルモ又其他ノ者ニ

之ヲ賣ルモ別ニ利害ヲ異ニスルヿナク叚シヤ異ニスルヿ之レアリト假定スルモ其額ハ極メテ些少ナルベク極メテ微細ノコトハ法律上ニ於テハ全ク之レナキモノト同一視スルカ故ニ斯ル場合ニ於テハ其股分ヲ賣ラントスル所有者ノ所有權ニ制限ヲ加ヘ他ノ股分所有者ニ特權ヲ與ヘテ其利益ヲ保持セシムルモ强チ之ヲ不當ナリト言フベカラザルナリ

第二章　船舶債權者

人ノ其資產ヲ構成スル權利ハ分ツテ二ト爲ス物權及ヒ債權是レナリ物權トハ人ノ直接ニ物上ニ有スル權利ヲ謂ヒ債權トハ人カ直接ニ他人ニ對シテ有スル權利ヲ謂フ故ニ物權ハ物ト其物ノ上ニ權利ヲ有スル人トノ二要素ヨリ成リ債權ハ二人ノ人乃チ其一ハ原動的權利者ニシテ權利ヲ要求スル者ト他ノ一ハ被動的權利者即チ權利ヲ要求セラルヽ義務者ト且ツ其ノ義務ノ目的ト爲ルベキ爲シ又ハ爲サヾルノ行爲トノ三要素ヨリ成ル者トス而メ物權ハ物上ニ存スル權利ナルガ故ニ物ノ所在ニ追隨スルヲ得ルモ人ニ對スル權利

船舶カ負フヘキ責任

ハ一定ノ人ニ對スルニ非ザレバ之ヲ行フコト能ハザルガ故ニ人ノ無資力ハ忽チ其權利ニ影響シ之ヲシテ殆ド有名無實タラシムルコトアルナリ故ニ本節ニ所謂船舶ノ債權者トハ人カ船舶ニ關シ人ニ對シテ有スル所ノ權利ナリト謂フベシ故ニ此ノ債權ハ他ノ人カ直接ニ人ニ對スル權利トハ異ニシテ船舶及ビ未ダ受取ラザル運送賃ニ就テハ他ノ之ニ關係ナキ衆債主ニ先ツノ特權ヲ有スルモノナリ是レ船舶債權者ハ普通ノ對人債權ニ異ル所トス

第八百四十九條　船舶ハ第三者ノ占有ニ在ルトキト雖トモ其附屬物及ヒ未收ノ運送賃ト共ニ左ニ揭クル債權ノ爲メ以下ノ順序ニ從ヒテ責任ヲ負フ

第一　船舶ノ强制賣却及ヒ其賣却金ノ分配ニ係ル裁判上其他ノ費用、强制賣却ノ開始以來及ヒ附屬物ノ堅守並ニ保全ノ費用

第二　船舶航海ノ諸稅即チ港稅、噸稅、燈臺稅其他

ノ稅

第三　入港以來船舶及ヒ附屬物ノ保全ノ費用、水先案內料及ヒ挽船料

第四　最後ノ航海中ノ共同海損及ヒ救援、救撈其他救助ニ付テノ費用

第五　最後ノ雇入契約期間中其契約ヨリ生スル船長及ヒ海員ノ債權

第六　最後ノ航海中船舶ノ需用ノ爲メ船長ノ爲シタル借入ニ付テノ債權及ヒ同一ノ目的ノ爲メ船長ノ賣却シタル積荷、船長ニ渡シタル物若クハ給シタル勞役ニ付テノ求償權

第七　未タ航海ヲ爲サヽル船舶ノ賣却、搆造又ハ艤裝ヨリ生スル債權並ニ勞役賃及ヒ最後ノ航海

ノ爲メニスル修繕艤裝又ハ糧食準備ヨリ生スル債權但出港セサル前ニ限ル

第八　船舶ノ構造又ハ艤裝ノ爲メノ消費貸ヨリ生スル債權及ヒ船舶カ未タ引渡サレサル間ハ自己ノ計算ニテ構造セシムル者ノ爲シタル代價割拂ニ付テノ債權

第九　最後ノ航海又ハ最後ノ保險料支拂期間ニ係ル船舶及ヒ附屬物ノ保險料ニ付テノ債權

第十　船長又ハ海員ノ過失ニ因リテ積荷若クハ旅客ノ旅荷物ヲ引渡サス又ハ之ニ損害ヲ加ヘタルヨリ生スル債權

第十一　船舶ノ衝突其他船長又ハ海員ノ過失ノ場合ニ於ケル損害賠償ニ付テノ債權

第十二　船舶登記簿ニ登記シタル債權但其登記ノ日附ノ順序ニ從フ
第十三　右ノ外船舶ノ所有者又ハ賣却者ニ對スル總テノ債權
同一號內ニ於ケル二人以上ノ債權者ハ同一ノ割合ヲ以テ辨償ヲ受ク但第十二號ノ場合ハ此限ニ在ラズ

本條ハ即チ船舶ノ保全又ハ航海ニ關スル債權者ノ特權ノコトヲ規定セルモノナリ而メ其特權ハ法律ノ恩惠ニヨリテ始メテ存ス故ニ法律ナケレハ特權ナシ又特權ハ之ヲ有セサル普通債主ヲ辨濟ヨリ排斥スルモノナルカ故ニ債務者ノ資產力負債ノ全部ヲ償フニ足ラサル時ニ於テ始メテ其効用ヲ見ルナリ畢竟船舶ノ債主ニ此特權アルハ船ノ製造保存若シクハ其航海上ノ利益ヲ保護シタル債主ニ對シ之ニ報酬スルニアリ盖シ他ノ債主ハ此ノ恩澤ニ因ラザレハ一モ得ル所ナキ者ナレハ其恩澤ヲ與ヘシ所ノ債主ニ特別ノ賠償ヲ

與フルハ其當ヲ得タルモノニシテ殊ニ汎ク此事ハ航海ヲ發達セシムルノ利益アリ而シテ今本條ノ第一號第二號ニ記セルモノヽ如キハ國庫ニ對スル普通ノ特權ナリ然レトモ其他ノモノハ特別ノ理由ニ基クモノナリ畢竟其第一ヨリ第四ニ至ルノ諸債權ハ船舶ノ價格ヲ負債主タル所有者ノ資産中ニ保全スルガ爲ナリ抑モ負債主ノ資産ノ減少ヲ防キ債權者ノ共同抵保物件ヲ保全スルトキハ債主ヲシテ將サニ失ハントスル所ノ利益ヲ全フセシムル者ナルガ故ニ其ノ益セラレタル者ヨリ先キニ辨濟ヲ受クルモ不可ナカルヘシ之ヲ以テ此等ノ債權ヲ有スル者ガ前後人ヲ異ニシテ數人アルニ於テハ其最後ニ債權者ト爲レル者ヲシテ先ツ辨償ヲ得セシム何者先キニ債權ヲ得シ者ハ己レカ他ノ債主ノ共同抵保物ヲ保全シタルガ爲ニ優先權ヲ得ル如ク他ニ人アリテ負債者資産ノ減盡ヲ防キ以テ更ラニ自己ノ特權ヲ保全スルトキハ又其人ヲシテ自己ニ先ツテ特權ヲ行ハシメサルベカラズ是レ此等ノ債主ニ特權ヲ附與セラレシ所以ノ理ニ適合スルナリ請フ以下其各項ニ付キ逐次其理由ヲ言ハン

第一　此種ノ費用ハ凡テノ債主ヲシテ其要求ヲ滿足セシムルモノナレハ之レガ辨濟ヲ得ル爲メニ第一ノ地位ヲ與フルハ至當トス何者其ノ債主ニシテ此必要ノ費用ヲ供セシニアラザレバ則チ之レヲ得ルコト能ハサレバナリ

第二　是レ航海上ノ利益ノ爲メニスルモノニシテ港灣ノ修築其他航海ノ用ニ供スル設備ノ保存又ハ創設ハ主トシテ此等ノ稅ニテ支辨セラルヽモノニシテ而シテ燈臺ノ下ヲ通過シテ港內ニ出入スルモノハ之レカ爲メニ其支出ヲ爲スヘキハ理ノ當然ナリ是レ實ニ船ノ生存ニ關係ヲ有スルモノタリ

第三　挽船料トハ船舶ヲ無難ニ海上ヨリ港內ニ挽入ンカ爲メニ曳ク所ノ勞働ニ對シ拂フ所ノ報酬ナリ此挽船料ナルモノハ暴風又ハ暴雨等ノ爲ニ或ヒハ又船体ニ損所ヲ生セル如キ場合ニ必要アルモノニシテ船ヲ安穩ニ航海セシムル水先案內ト共ニ必要ノ事タリ而シテ入港以後船舶及其付屬物ノ保全ノ爲メニ費用ヲ要セルモノハ是レ亦物ヲ保維シテ以テ衆債權者ノ利益ヲ計リタルモノナレハ衆債主ニ先チテ辨濟ヲ受クルノ權利ナカルヘカラザルナ

リ

第四　救撈トハ取也其意ハ水中ニ入テ物ヲ取ルノ謂也マタ共同海損トハ積荷中ノ一部ヲ助ケンカ爲メニ他ノ一部ヲ海中ニ投棄セル其損失ヲ償ハンカ爲メニ船舶積荷主ノ支拂ハザルベカラザル共擔金ヲ言フ要スルニ本號ニハ最後ノ航海中船舶及積荷ノ全部或ヒハ一部ヲ海難ヨリシテ救助スルカ爲メニ支出セル諸費用ニ就テノ債權ヲ言ヘルモノニシテ此等ノ費用ハ積荷及船舶ノ全部又ハ一部ヲ保全セシメテ以テ衆債主ノ利益ヲ計リタルモノナルカ故ニ衆債主ハ此等ノ債權ヲ有スルモノガ完全ニ辨濟ヲ得シ後ニアラザレバ辨償ヲ得セシムベカラザルナリ乃ハチ第四ニ於ケル債權者ノ有スル特權ハ第三ノ債權ノ爲ニ保護セラルヽモノナリ

第五　此種ノ債權ニ優先權ヲ與フル所以ノモノハ船長及海員等ハ能ク勤メテ以テ安穩ニ航海ヲ終リ之ニ因テ衆債主ヲシテ船舶上ニ於ル債權ヲ行フコトヲ得セシメタルノ効アルニ由ル加之海員及船長ノ職務ヲ尊敬シテ以テ航

海ノ發達ヲ計リシコトモ亦其一原由トス而シテ此債權ヲシテ第四ノ債權ニ先タヽシメサリシハ當時若シ該債主ノ救助アリシニアラスンハ船長海員トモニ皆海上ニ溺レテ魚服ニ葬ラルヽノ危難ヲ免レザリシモ知ル可ラザレバナリ而シテ亦之ヲ前後ノ契約期間中ノ債權ニ限リタルハ若シ然ラザルトキハ影響ヲ他ノ債主ニ及ボスコト多ク爲メニ辨償ヲ受クルヿ能ハザルガ如キ者ヲ生センコトヲ慮ルナリ

第六　船舶ハ必要止ヲ得ザル時ニハ船舶ノ爲ニ負債ヲ起シ勞役ヲ約シ又ハ商品ヲ賣却シ又ハ之ヲ抵當ト爲スヿヲ得ルノ權ヲ有ス而シテ斯クシテ得タル金員及勞働ハ債主一般ノ抵當物品ヲ保全シ其船舶ヲシテ之ヲ賣拂フヿヲ得ベキ港灣ニマデ達セシメタルモノナレバ此金員及勞働ハ實ニ衆債主ニ著大ノ利益ヲ與ヘタルモノナリ是レ此ノ債權ヲシテ衆債主ニ先タヽシメタル所以ナルヘシ

第七　本項ハ稍ヤ前數項ト其理由ヲ異ニス何トナレバ前數項ハ債主ノ共同

抵保物ヲ保全シテ衆債主ノ利益ヲ計レルガ爲ニ優先權ヲ付與セルモノナルモ本項ノ債權ハ衆債主ノ共同抵保物ヲ增加セルニヨリテ優先權ヲ得タルナリ蓋シ衆債主ノ共同抵保物ヲ保全シテ利益ヲ與ヘタル者ニ優先權ヲ付與スルコニノ正當ナラバ共同抵保物ヲ增加シテ利益ヲ與ヘタル者ニモ優先權ヲ附與シテ可ナルベキ也

第八　是レ亦間接ニ共同抵保物ヲ增加シタルモノナリ

第九　每航海保險契約ヲ結ベル時ニ其最後ノ航海ヲ限トシ一年又ハ二年ト期限ヲ定メタル時ハ其最後ノ保險期ヲ限トノ船舶及其附屬物ノ保險料ニ特權ヲ與フル所以ハ畢竟海上保險ノ事ハ航海ノ爲ニ甚ダ必要ナル故之ヲ幇助ノ其發達ヲ計レルナリ且ツ船舶ノ海難ニ罹ル時ニハ其保險料ハ債主ノ權ニ移轉スルガ故ニ保險ハ債主ニ大利益アルヲ以テナリ

第十　此特權ハ船舶ヲ以テ默諾ニテ荷主ノ要償權ヲ行フ爲ノ抵當ト爲スト ノ理由ニ基クモノナルモ畢竟法律ノ恩惠ト言フテ可ナリ

第十一　此事獨逸商法ニ倣ヘリ然レトモ元來債主ノ共同抵保ニハ毫モ益スル所ナキニ之ニ優先權ヲ與フルハ稍ヤ非難スベキ所アルガ如シ

第十二　是レ不穩當ナガラ近世ノ法律ニ於テ人ノ呼デ船舶抵當ト稱スル所ノモノナリ元來船舶ハ不動産ニアラズト雖圧此ニ之ヲ抵當ト爲スコトヲ許セルモノハ他ノ動産ノ如ク取締ノ困難ナルモノニアラザルガ故ニ之ヲ許シテ以テ信用融通ノ一新元素ヲ增シ之ニ因テ商業上ノ便益ヲ計リタルナリ蓋シ此特權ハ抵當ノ原理ヨリ發シ債權ノ原由ニ基キタル者ニアラザレバ其辨償ヲ受クルノ順序ハ登記ノ順序ニ依ラザル可ラザルナリ

第十三　本項ノ權利ハ船舶ニ關スル債權ノ中ニ就テ之ヲ見レバ普通ノ權利ニシテ優先ノ語ヲ加フベカラザルニ似タレ圧（其故ハ之レヨリ以下ニ位スル所ノ債權ナルモノアラザレバナリ）船舶ニ關セザル他ノ債權ト比シテ之ヲ視ルトキハ一ノ優先權タルヲ失ハサルナリ何者、船舶ニ關セザル債權ヲ有スル債主ハ船舶ニ關スル債權ヲ有スル債主ト相抗競シテ以テ船舶、其附屬

運送賃ノ負擔スル責任

物及未收納ノ運送賃ヨリ辨濟ヲ受ケント要ムルノ權利ヲ有セザレバナリ而メ通常一般ノ債主ハ負債主ノ有スル總テノ財産ニ付キ相抗競シテ平等ニ辨濟ヲ受クベキハ法理ナリ然ルニ船舶ニ關セル債主ト然ラザル債主トヲ區別シ船舶ニ關スル債權者ハ一般債主ニ利益ヲ爲サヾルモノト雖仍ホ船舶、其付屬物及未收納ノ運送賃等ニ付キ船舶ニ關係ナキ債權ヲ有セルモノニ先チテ辨濟ヲ受クルノ權利ヲ與フルガ如キハ不穩當ト云ハザル可ラザル也

第八百五十條　運送賃ノ負擔スル責任ハ最後ノ航海ノ運送賃ヲ以テ限トシ一航海ノ爲メ又ハ一航海中ニ生シタル債權ニ對シテハ其航海ノ運送賃ヲ以テ限トス

運送賃ハ船舶ニ關スル諸債權ノ爲メニ責ヲ負フ者ナルコトハ余ノ右ニ述シカ如クナレ圧然レトモ運送賃ハ其如何ナルモノタルヲ問ハズ皆悉ク船舶ノ債主ノ要求ヲ保スルモノニアラズ只其要求ニ關係ヲ有スルモノニノミ限ラザルヘカラズ是レ一航海ノ爲メ又ハ一航海中ニ生シタル債權ニ對シテハ其

登記セザル債權ニツキ船舶又ハ運送賃ノ負擔スル責任

航海ノ運送賃ヲ以テ限トストノ規定ヲナセル所以ナリ而シテ前第一號ノ債權ノ如ク敢テ航海ニ關係ヲ有セサルモノヲ最後ノ一航海ニ係ル運送賃ニ制限セル所以ノモノハ特權ヲ擴張スルトキハ他ノ債主ノ損失ヲ受クル甚タシキニ至ルヲ以テナリ

第八百五十一條　登記セサル債權ニ付キ船舶又ハ運送賃ノ負擔スル責任ハ任意ノ讓渡ノ塲合ニ在テハ船舶カ讓渡人ノ債權者ノ異議ヲ受クルコト無ク取得者ノ名義及ヒ計算ニテ船籍港ヨリ新ニ航海ヲ爲シ且其發航以來少クトモ六十日ヲ經過シタル後消滅ス

本條任意ノ讓渡ノ塲合ニ在テハノ語ハ其裁判處分上ノ讓渡ノ塲合ハ此限ニアラザルコトヲ示スモノナリ而ノ法律ハ此塲合ヲ第八百四十條ニ規定セリ本條ハ只契約上ノ賣却ノ塲合ニ於ケル特權ノ消滅スヘキ原由ヲ示セルノミトス畢竟法律カ本條ニ規定スル原由ノアルトキニ特權ノ消滅ヲ致サシムル

船舶ニ對スル債權ノ登記

モノハ債主ハ船舶ノ賣却セラレタルコトヲ知リ之レニ對シテ要求ヲ爲シ得ルノ地位ニ在リナカラ之レヲ行ハサルハ特權ノ棄擲ヲ爲セルモノト推測スルニ由ル加之船舶ノ他人ノ手裡ニ歸セル後ニ特權ヲシテ永ク存セシムルハ事ノ當ヲ得タルモノニアラサレハナリ

第八百五十二條　船舶ニ對スル債權ノ登記ハ第八百五十七條ノ場合ヲ除クノ外ハ登記ヲ受ケタル船舶ニシテ特ニ作レル抵當證書ニ依ルニ非サレハ之ヲ許サス

登記ヲ受ケタル船舶ニ非サレハ抵當トスルコトヲ許サヽルモノハ登記セラレサル船舶ハ積量十五噸以下ノミナルカ故ニ（第八百二十五條）其船舶タル甚タ小ナリ斯ル小船舶ニ抵當ヲ爲スコトヲ許スモ格別信用融通ノ補アルヲ見ズト立法者ノ思料セルニ由ル第八百五十七條ノ場合ハ船舶ノ搆造中ニ係ルヲ以テ之ヲ除クナリ又船舶ヲ抵當ニ入ルヽカ爲メニ特ニ證書ヲ作ルコトヲ要セシモノハ之ヲ船舶登記薄ニ明記シテ以テ公示ヲ爲スニ必要ナレハナ

リ

登記事項

第八百五十三條　登記ハ船舶登記簿ニ之ヲ爲ス又其登記ニハ左ノ諸件ヲ包含スルコトヲ要ス
第一　債權者及債務者ノ氏名、住所
第二　債權ノ額及ヒ其合法ノ原因
第三　抵當證書ノ年月日
第四　登記ノ時日

債權者、債務者、債權ノ額、債權ノ合法ノ原由及ヒ抵當證書ノ年月日ハ一債權ヲ他ノ債權ト區別スルカ爲メニ必要ニシテ而シテ債權者、債務者ノ氏名住所ハ人違ヒナカラシメサルカ爲メナリ登記ヲナセル時日ハ時効ノ成否ヲ知ルカ爲メニ必要ナリ

登記証書

第八百五十四條　登記ヲ爲シタルトキハ登記證書ヲ交附ス若シ其前ニ登記シタル債權アルトキハ其債權ヲ

モ併記スヘシ此證書ハ裏書ヲ以テ之ヲ讓リ渡スコトヲ得其証書讓渡ハ船舶登記簿ニ登記ヲ受クルニ非レバ第三者ニ對シテ其効ヲ有セズ

船舶ハ一所ニ常住スルモノニアラザルガ故ニ其船舶ニ對スル債權モ又一定ノ地ニ於テノミ行フベキモノト制限スルコトヲ得ズ是レ債權ノ登記ニハ登記ノ證ヲ與ヘ隔地遠方ニ於テモ其登記證ヲ證據トシテ其權利ヲ流通移轉スルコトヲ得セシメタル所以ナリ

登記シタル債權ノ消滅

第八百五十五條　登記シタル債權ハ債權者ノ書面上ノ承諾又ハ裁判所ノ判決ニ依リテ消滅ス此場合ニ於テハ登記證書ヲ裁判所ニ還納シ裁判所ハ其證書ニ債權消滅ノ旨ヲ記スベシ

船舶ニ關スル債權ノ有無存否ハ第三者ノ利害ニ關スルコト大ナルカ故ニ其存在ヲ公示セザルベカラザルト等シク其消滅モ（登記セルモノニ限リ）亦公

船舶債權者ノ船舶競賣權

示セザル可ラズ而シテ之レヲ公示スルニハ消滅ヲ證スル所ノ書面ナカルベカラザルガ故ニ債權者口上ノ承諾ハ登記セラレタル債權ノ消滅ヲ證スコト能ハズ則チ本條ノ規定アル所以ナリ

第八百五十六條　船舶債權者ハ其債權ノ證據完全ナルトキニ限リ裁判所ノ命令ニ依リテ船舶ノ競賣ヲ爲スコトヲ得但法律上ノ優先權ハ此カ爲メニ妨ケラルヽコトナシ

船舶ニ關スル債權ヲ有スルモノハ之ヲ登記セルト否トニ拘ラス皆船舶ヲ賣却シテ以テ辨濟ヲ得ント求ムルコトヲ得ルモノナルコトハ第八百四十九條第十三號ノ規定ニヨリテ明カナリ只此條ニ規定スル處ノ順序ニ從ハザルベカラザルノミ故ニ今船舶ニ對スル債權ヲ有スルモノアリテ完全ニ其權利ノ存在ヲ證明シ船舶ヲ賣却シテ以テ其辨濟ヲ受ケント求ムルモノアルトキハ各債權者ニ要求ヲ届出テシメ法律ニ循テ賣拂代金ヲ各債權者ニ分配スルガ

構造中ノ船舶ニ對スル債權者ノ權利

爲メニ裁判所ノ干渉ヲ必要ナリト爲ス乃チ本條第一項ノ規定アル所以ナリ其第二項ノ場合ニ於テ船舶ノ股分ニ付テノミ債權ヲ得タルモノハ其股分ノ額ニシテ船舶ノ全部ノ額ノ半ヲ超過セルトキニ船舶全部ノ競賣ヲ求ムルコトヲ許セルモノハ股分所有者ノ間ニ於テハ船舶ニ關スル凡テノ事件ハ多數決ヲ以テ之レヲ行フコトヲ得ルニ由ルナリ(第八百四十五條)

第八百五十七條　船舶債權者ノ權利ハ構造中ノ船舶ニ對シテモ之ヲ行フコトヲ得

構造中ノ船舶ノ登記ハ其登記ヲ受クルニ至ルマテハ將來船籍ヲ定ムヘキ地ノ裁判所ニ相當ノ明告ヲ爲スヲ以テ之ニ代フ

未タ製造終ハラザル船舶ノ爲メニ負債ヲ起スコトヲ許サヽルモノハ船舶ヲ抵當ニ入ルヽコトヲ許セル商法ノ規定ト其目的ヲ同フスルモノナリ船舶ハ之ヲ搆造スルニ巨額ノ金員ヲ要シ而シテ製造ヲ了ルマテハ何等ノ收入モナ

船舶ノ沈沒又ハ老朽セルトキノ債權者ノ權利

スコト能ハザルカ故ニ其所有者ニ之ヲ抵當ニ爲スコトヲ得セシメ以テ金ノ融通ニ便益ヲ與フルハ船舶製造ノ事ヲ盛ンナラシメ海商ヲ擴張スルニ於テ極メテ必要ノ事トス

第八百五十八條　船舶カ沈沒シ又ハ航海ノ用ニ耐ヘザルニ至ルトキハ船舶債權者ノ權利ハ救助セラレタル部分若クハ尙存在スル部分又ハ其賣得金及ヒ被保險額ニ移ル

船舶債權者ノ債權ハ其債權ヨリ獨立シテ之レヲ保險ニ付スルコトヲ得

船舶ハ歲月ノ經過ニ伴フテ老朽シ漸ク航海ニ堪ヘザルニ至ルハ勿論又時トシテハ海難ノ爲ニ覆沒破壞ノ危險アルベキモノトス而メ若シ船舶ノ債權者ヲメ此等ノ老朽又ハ海難ノ爲ニ其ノ債權ヲ消滅セシムヘカラザルガ故ニ苟クモ其ノ船舶ノ遺骸又ハ遺產トモ云フベキ保險金アラバ之ニ對シテ債權ヲ

船舶發航ノ用意整フタル後ノ不覊

行ハシムルコト當然ナルベキナリ

第八百五十九條　船舶ハ發航ノ準備ヲ終リタル時ヨリシテ債務ノ爲メニ差押ヘラルヿナク又其乘組員ハ引留メラルヽコトナシ但其爲サントスル航海ノ爲メニ負ヒタル債務ニ付テハ此限ニアラズ

航海ハ荷主船客等ノ利益ニ關係ヲ有スルコト甚タ重大ナルカ故ニ出航ノ準備已テニ了リタルノ時ニ於テハ船舶ノ債主ニ船舶ノ差押ヘヲナスヲ許シ又ハ乘組員ヲ引留メ其出航ヲ妨グルカ如キハ之ヲ爲スコトヲ許ス可ラザルナリ然ラズンバ少數ノ利益ノ爲メニ多數ノ利益ヲ犧牲ニ供セザルヘカラサルニ至リ國家社會ノ公益ヲ傷フ尠ナカラサルヘシ是レ本條ノ規定ノ因テ起レル所以ナルカ如此規定ヲ設ケズ發船ニ垂ントシタル船舶モ其債主ノ爲メニ自由ニ差止ムルヿヲ許ス片ハ債主ノ爲ニモ亦不利タルヲ免カレサルヿアルヘシ何トナレバ發航ヲ差止メ爲ニ荷主船客等ニ損害ヲ被ラスコトアルニ於

テハ此等ノモノハ船ノ所有者ニ係リテ其賠償ヲ得ント要ムベキガ故ニ船舶所有者ノ爲ニ已レト抗競シテ辨濟ヲ得ベキ數多ノ新債權者ヲ增加スベケレバナリ固ヨリ海難等ノ爲メニ其船舶ノ覆沒毀壞スルヿアリテ再ビ差押ヲ爲スノ機ヲ得ルコト能ハザルコトアルベキモ船舶カ發航ノ準備ヲ爲シ了ラサル迄ノ間ニハ差押ヒヲ爲シ得ルニ充分ノ時日アリ且ツ之ヲ前知シ得ルモノナルニ此間ニ差押ヒヲ爲サヾルハ自己ノ過失ト謂ハザルベカラズ而シテ過失アルモノハ其過失ヨリ生ズル不利ナル結果ヲ負ハザルベカラサルカ故ニ發航ノ準備已ニ成レル船舶ニハ直接ト間接トヲ問ハズ船舶ノ妨ケヲ爲スノ權利ヲ其債權者ニ許サヾルナリ

本條ノ規定ニハ一ノ除外例アルコトヲ明言セリ乃チ船舶ガ其航海ノ爲メニ爲セル負債ノ爲ニハ差押又ハ乘込員ノ引留ヲ爲スコトヲ得ルコト即チ是レナリ法律ニ於テ此例外ヲ設ケタル所以ノモノハ此場合ニ於ケル債權者ハ他ノ債主ニ異ナリテ船カ爲サントスル其航海ノ爲メニ債權ヲ獲得セルモノナ

船長

ルカ故ニ發航ノ準備ヲ了ルガ爲メニ債權ヲ得ルコトモアルベク其以前ニ於テハ差押ヲ爲スニ充分ナル時日ヲ有セザルコトアリテ其性質ハ他ノ航海ノ債ヲ與ヒタル債主ト異ナル所アレバナリ

第四章　船長及海員

船長ハ一船ニ長トシテ船舶航行ノ指揮ヲ司トリ海員積荷ノ監督ニ任スルモノナリ即ハチ船舶カ靜穩無事ニ其航海ヲ了リテ豫期ノ地ニ達スル爲ニハ利害ヲ有スル所ノ各人ノ代理者ナリト言ハサルベカラス故ニ船長ハ第一ニ船ノ所有者ニ對シテハ其所有權ニ關スルヿニ付テ其艤裝即チ豫期ノ航行ヲ爲ス爲ニ船舶ニ要スル諸種ノ器具ヲ裝置シ第二ニ海員ヲ組織スル所ノモノニ對シテハ監督指揮ノ任ニ當リ又ハ積荷ノ事ニ付テハ荷主ニ對シテ相當ノ注意ヲ加フルノ任ヲ有シ乃チ其各種ノ人ニ對シテ代理者タルナリ斯ク船長ハ數十萬金ヲ費シテ造ラレタル船舶ニ長トシテ數百萬金ノ貨財ヲ預カリ無數ノ人ヲ共ニ居ラシメ而シテ板子一枚ノ下ハ地獄ナル海洋ヲ航シ、屋ヲ倒シ

海員

本ヲ拔クノ暴風、山ノ如ク丘ノ如キ怒濤ヲ侵シテ萬里ノ遠キニ達シ其安全無事ヲ計ラサル可カラサルモノナレバ通常代理者ヲ處スルノ法則ハ固ヨリ之レニ適セズ之ヲ以テ各國ノ法律皆ナ之レカ爲メニ特別ノ規定ヲ爲サヽルモノナシ本法又其期定ニ倣ヒ特ニ之カ爲メニ一章ヲ塞ケリ此規定ニ因ルトキハ船長ハ實ニ非常ノ權力ヲ有スルモノナリ故ニ又非常ノ義務モ之ニ伴フテ存ス乃チ船長ノ有スル特別ナル地位ハ此特別ナル權利ト義務トヲ生セシメタルモノト云フヘシ

海員トハ船中勤務ノ爲メニ雇入レラレ船長ノ指揮ノ下ニ服スル凡テノ人ヲ言フ按針者、技師、機關師、水夫、火夫、厨夫、給事等皆是レナリ

船ニハ固ヨリ船長ナカルヘカラザルモ船長ノ力獨リ船ヲ海洋ニ浮ベ激浪怒濤ヲ衝テ萬里ノ異邦ニ達シ得ヘキニアラサレバ此等ノ海員ハ航海上誠ニ必要ノモノト云フヘシ故ニ叨リニ其雇ヲ辭スルヲ許スヘカラス於此乎、避ケテ役ヲ取ラサルモノニハ制裁ヲ科スルノ必要生ス又此レ等モノハ郷土ヲ離

船長其他船舶指揮者ノ用フベキ注意ノ程度

レテ遠ク異邦ニ至ルモノナレハ航海先ニ於テ濫リニ雇ヲ解クヘカラズ若シ之レヲ解クコトアルニ於テハ之ヲ救フノ方法ヲ取ラサルヘカラス又海洋ニ處シテ業ヲ執ル所ノ此雇人ハ通常ノ雇人ニ關スル規則ヲ適用スヘカラザルモノニ在リテ存ス是レ則チ立法者ヲシテ特ニ之カ爲メニ一節ノ規定ヲ爲サシムルニ至リタルモノナリ

第一節　船　長

第八百六十條　船長其他ノ船舶指揮者ハ其職務ノ執行ニ當リ些少ナル過失ニ付テモ責任ヲ負ヒ特ニ積荷ニ付キ及旅客ノ安全並ニ其旅荷物ニ付責任ヲ負フ

些少ナル過失ト雖、尚船長ニ其責任ヲ免レシメザルハ各國ノ法律皆一轍ニ出ツル所ナリ蓋シ船長ハ給料ヲ受クルノ代人ニシテ其職權ノ重大ナルコト尋常代理ノ比ニアラズ而シテ其委任セラレシ利益ノ廣大ナルノコトハ物ノ比スヘキナシ是レ即チ法律カ此ノ少過失ト雖モ其責ヲ免セズ以テ輕忽怠惰不測ノ禍ヲ惹起スルカ如キコトナカラシメントスル所以ナリ本條ハ其他ノ船舶指揮者ト云ヘルカ故ニ船ノ指揮ヲ爲セルモノハ船長ニアラザルモ船長ト同一ニ論セラレザルベカラズ是レ甚タ其宜シキヲ得タルモノナリ何トナレバ船長ナラザルモ船長ノ職ヲ掌ルニ於テハ船長ト同一ノ注意ヲ用井ザル可ラザレバナリ

或ル行爲ニ於ケル船長ノ責任ノ減少及其加重

第八百六十一條　船長ハ或人ノ指圖ヲ受ケテ爲シタル行爲ニ付テハ其人カ其情況ヲ知リタル𪜈ニ限リ其人ニ對シテ其責任ヲ免カル

船長カ其特別ナル職務上ノ義務ニ背反スル𪜈ハ不可抗力又ハ意外ノ情況ニヨリテ惹起シタルニ非ラザル災害ニ付責任ヲ負フ

船長ハ海員トシテ其職務ノ鑑定人タレバ當サニ守ラサル可ラザルコトハ嚴ニ之ヲ守ラサルベカラズ故ニ若シ人アリ船長ニ指圖ヲ與ヘテ或事ヲ爲サシ

發航前船長ノ爲スベキ注意

ムルモ或事情アリテ其施行ノ却テ損害ヲ釀ス源タルヲ知ルニ於テハ之ヲ爲サヾルノ注意ヲ取ラザル可ラズ是レ即チ其人ガ其情況ヲ知リタルトキニ限リ人ノ指揮ヲ受ケテ爲シタル船長ノ行爲ニ責ヲ免カレシムル所以ナリ然レドモ指圖ヲ傳ヘタルモノニ於テ能ク其事情ヲ知リ故ラニ其指圖ヲナシタルモノナリトセンカ責ヲ船長ニ歸スヘキモノニアラズ故ニ此場合ニ於テノ行爲ニ付テハ船長ハ其責任ヲ負ハサルモ可ナリ然レドモ此場合ト雖、船長ノ責ヲ免カルヽハ其指圖者ニ對シテノミ然ルモノナルコトヲ知ラザルヘカラズ蓋シ如何ニ人ガ指圖ヲ爲シタレバトテ其爲スベカラザルコトヲ爲シテ人ニ損害ヲ加ヘタルモ之ヲ賠ハズシテ可ナルノ道理ハ之レアルヿ無レバナリ

第八百六十二條　船長ハ航海ノ際船舶ノ航海ニ耐ルト船舶ノ艤裝海員ノ具備糧食ノ準備並ニ積荷ノ配置ノ適當ナルコト必要ノ底荷ヲ具備スルコト過分ノ積荷ヲ爲サヾルコト及ビ過分ノ旅客ヲ載セサルコトニ付

注意ヲ爲ス可シ

是レ船長ガ宜シク航海ノ發程前ニ爲スベキ所ノ注意ノ要項ヲ定メテ其ノ責任ヲ明定セルモノナリ勿論船長ノ航海前ノ責任ハ之ニ止ラザルモ是レ實ニ其ノ重要ナルモノニシテ必ラズ爲サヾル可ラザル所ノ注意ナリトス其ノ項目ハ別ニ說明ヲ要セザルベキナリ

乘組員ノ編成船舶ノ艤裝及運送契約ノ取結ヒニ付テ船長ノ有スル權利

第八百六十三條　船長ハ海員ヲ撰擇シテ雇入レ乘組員ヲ編成シ船舶ヲ修繕シ艤裝シ及ヒ運送契約ヲ取結ブ權利ヲ有ス然レ𪜈此等ノ事項ニ關シテハ船舶所有者又ハ其代人ノ指圖ニ從フコトヲ要ス

船舶ヲ航海セシムルニ付テノ指圖ハ固ヨリ船舶ノ所有者又ハ其管理人ノ權內ニ在リト雖、然レ𪜈又船長ハ航海ノ業ニ關スル諸般ノ事ニ付テハ船舶所有者ノ代理人ト見ザルベカラザルカ故ニ其指圖ノアラザル𪜈ハ船舶ノ航海ニ關スル諸事ニシテ船舶ヲ指揮スル者ノ職權內ニ屬スルコトハ船長自ラ獨立シテ處分スルコヲ得セシメサルヘカラズ而シテ船舶所有者ガ船舶及其航海ノ事ニ付キ已レ自ラ指圖ヲ與ヘザルノ點ヨリ之ヲ見ルモ此等ノコハ之ヲ宜シキニ取計フヘク船長ニ委任セルモノト言フベキナリ

船長ノ備ヒ置ク可キ書面

第八百六十四條　船長ハ航海ノ際船籍證書、船舶登記證書、航海日誌、海員名簿、税關ノ納税受取證書、運送契約並ニ積荷ニ關スル書類及ヒ旅客名簿ヲ船中ニ備フ可シ

本條ノ義務ヲ船長ニ命ズルモノハ要スルニ警察上ノ秩序ヲ保維スル必要ニ基ケルモノナルモ又海上及ビ外國ニ於ケル船舶積荷ノ權利上ノ安寧ニ係リテモ甚ダ必要アルニ因ル何トナレバ法律上ノ書類ヲ有セザル船舶ハ差留メニ遭フテ其航海ヲ繼ク能ハザル等幾多ノ困難ヲ蒙ルコアレバナリ然バ則チ此等ノ書面ハ船舶ノ發航ニ要スル乘組員及ビ艤裝ト共ニ航海ノ爲メニ必要ノモノト言ハザルベカラズ

日誌管掌者及之レニ記スヘキ諸件

第八百六十五條　航海日誌ハ船長ノ監督ヲ受ケテ一等役員之ヲ掌リ船舶、海員、旅客及ヒ積荷ニ關スル總テノ情況並ニ事故殊ニ左ノ諸件ヲ日日之ニ記載ス
第一　船舶ノ發航地、立寄地、通航地ノ名、
第二　風候、天氣及ヒ潮流、
第三　進航シタル線路及ヒ經過シタル距離
第四　測知シタル經度及ヒ緯度
其他時宜ニ因リテ左ノ諸件ヲモ記載ス
第一　海水ノ深度温度及ヒ漏水ノ度
第二　水先人又ハ挽船ノ雇入
第三　船舶會議ノ決議
第四　海員ノ變更
第五　總テノ災害、特別ノ事故並ニ船舶内ノ犯罪

船長ハ終始船中ニ居ラザル可ラズ又遅延ナク航海ヲ了ラザル可ラズ

及ビ懲戒處分

日誌ハ船舶カ發航ヨリ歸航マテノ間ニ於テ經歴セル諸種ノ事項ヲ記入スルモノニシテ殊ニ船長ノ其職務ヲ盡セルヤ否ヤヲ見ルベク又事變ニ際シテ船舶ニ對シ且ツ海員乘客等ニ對シ日々ノ航海ノ經歴其他船舶內ノ犯罪及懲戒處分等ニ對シ船長ノ施爲セル行爲ノ如何ヲ知ル爲ニ最モ必要ナルモノナリ日誌ノ記スル處ニヨリ船長カ爲スヘクシテ爲サズ爲スヲ要セザル事ヲ爲シ損害ヲ積荷又ハ乘客等ニ被ラシムルニ於テハ船長ハ其責ヲ辭スルヿ能ハザルナリ日誌ノ要ソレ如此ナル時ハ本條カ之レニ記スヘク列記セル各種ノ事項ハ別ニ之ヲ言ハザルモ明ラカナルベシ

第八百六十六條　船長ハ航海ノ始メヨリ終ニ至ルマテ自ヲ船中ニアリ且其委任ヲ受ケタル航海ヲ遅延ナク又迂路ヲ取ラズシテ爲スコトヲ要ス

船長ハ船舶中ノ帝王ナリ其航海ヲ爲スニ付テハ其乘組員ニ命令ヲ傳ヘ船舶

ノ進退、積荷ノ積卸、乘客ノ上陸又ハ乘組ニ付キ適宜ニ施爲スル所ノ權ヲ有ス故ニ船長ノ服スヘキ此等ノ職務ハ其船ニ居ラザレバ完全ニ盡ス丁能ハザルナリ故ニ發航ヨリシテ歸航スルマテ終始船中ニ居ラザル可ラズ

報告書ヲ呈出ス可キ船長ノ義務

第八百六十七條　船長ハ到達地ニ到着ノ後二十四時內ニ其地ノ管海官廳ニ出頭シテ撿閱證ヲ受クル爲メ航海日誌ヲ差出シ同時ニ報告ヲ爲スコトヲ要ス其報告ニハ姓名、頓數、積荷、發航ノ地及時、經過シタル線路風候天氣、及ヒ海流若シ死亡其他ノ災害若クハ船舶ノ現狀ニ變更アルトキハ其事由及ヒ航海中ニ生シタル著シキ事故ヲ包含ス此報告ヲ爲ス前ニハ荷卸ヲ爲スコトヲ得ス但急迫ナル場合ハ此限ニアラズ

沿岸航海ニ付テハ本條ノ規定ヲ適セズ

報告書ヲ呈出セシムルノ用ハ船長ノ航海中ノ責任ヲ嚴ニシ航海日誌ノ登記

航海中避難港ニ入リタル時ニ船長ノ爲ス可キ義務

チ監査シテ以テ他日ノ爲メニ證據ノ設備チ爲スニアリト又故ニ此書ノ中ニハ其船名噸數等チ記シテ以テ他船ト異ナルノ點チ示シ其積メル所ノ物、其發程ノ時ヨリ其着港スル迄經歷セル所ノ線路風候天氣潮流等凡テ航海中ニ經歷セル諸種ノ事項並ニ事變及其事由チ明記セザルベカラズ此報告書チ差出スニ先チ荷卸シチ爲ス丁チ許サヾルモノハ荷物ノ脫漏チ爲サシメズシテ以テ荷主ト稅關トノ利益チ保護セント欲スルニヨルナリ

第八百六十八條　航海中ニ避難港ニ入ルコトノ必要トナリテ入港シタルトキハ船長ハ遲延ナク其港ノ管海官廳ニ出頭シ入港ノ事由及ヒ情況ニ付テノ報告チナシテ筆記チ受クルコトチ要ス其筆記ハ公文トナシテ船舶所有者ニ又求メニ因リテ其他ノ利害關係者ニ其者ノ費用ニテ之チ交付ス

船長ハ迂路チ廻ラス遲延ナク航海チ了ラザルヘカラザルノ義務チ負フモノ

ナヨカ故ニ其達セント欲スル港口ヨリ他ノ港口ニ入ルコトアルニ於テハソレヨリ生ズル損害ニ付責ヲ負ハサルヘカラス之ヲ免カルヽハ只ダ不得止ニ出デヽ寄港セヨ塲合ノミトス故ニ直接ノ監査、他日ノ證據ノ爲メニ寄港ノ旨ト其事由ヲ官ニ告知セサルヘカラサルナリ

船舶ノ拋棄ヲ爲ス時船長ノ爲スヘキ義務

第八百六十九條　船長ハ航海中ニ危險ノ生シタルキハ役員其他重立タル海員ト評議ヲ爲シタル塲合ノ外ハ如何ナル事情アルモ船舶ヲ放棄スルコトヲ得ズ其船舶ヲ放棄スル塲合ニ於テハ船長ハ最後ニ去ル可ク且成可ク人命書類、貨物及ヒ船舶ヲ救助スル責任ヲ負フ

船舶ヲ放棄スルヿタル船舶ト積荷トヲ失フノ結果ヲ惹起コスヿ殆ント其常ナリ之ヲ以テ船舶ヲ放棄スルニ付テハ評議ヲ爲サシメ輕々シク獨斷專決セシムヘカラス盖シ重大ノ結果ヲ生スルヿハ愼重ノ注意ヲ用ヰサルベカラ

船舶拋棄ノ場合ニ於テ船長ノ爲スペキ報告

サルナリ而シテ評議ノ結果之ヲ拋棄スルニ付テモ其救ヒ得ヘキモノハ之ヲ救ハサルヘカラサルカ故ニ必要貴重ノモノヨリ先キニ全フシ得ヘキ丈之ヲ全フセザルヘカラス而シテ其船長ニ最後ニ船ヲ去ルヘキコトヲ命ゼルモノハ船ト積荷ト海員其他ノ人トニ付キ始末ヲ爲サヽルヘカラザル責任ヲ負フモノナルニ由ル

第八百七十條　船舶其他船舶拋棄ノ場合ニ在テハ船長ハ遲延ナク最近ノ管海官廳ニ出頭シテ其事由及ヒ情況ヲ報告ス可シ其官廳ハ報告ヲ認定シ若クハ補充スル爲メ海員及旅客ヲ訊問シ其他必要ナル調査ヲ爲スコトヲ得

本條ノ規定ハ第八百六十八條ト其理由ヲ同フス故ニ別ニ言ハズ

航海中必要ノ場合ニ於テ食物ニ對シテ有

第八百七十一條　船長ハ航海中必要ナル場合ニ在テハ役員ト評議ヲ爲シタル後船舶ニ存在スル總テノ食料

スル船長ノ特權

ハ何人ニ屬スルヲ問ハス乘込人ノ需用ノ爲メニ之ヲ處分スルコトヲ得但其價額ヲ賠償スルコトヲ要ス

所有權不可侵ノ原則ハ容易ニ之ヲ侵スベカラズト雖𪜈危急必要ノ場合ニ於テハ時ニ權道ヲ用ヒテ之ヲ奪ヒ其之ヲ消費セル代リニ所有者ニ賠償ヲ爲スコヲ以テ滿足セザル可ラス然ラズンバ空シク數十又ハ數百ノ人命ヲ失フノ慘況ヲ見ルニ至ラントス正理ハ尊敬セザルベカラザルモ正理ヲ守リテ如此ニ至ルハ權宜ニ合ヘルモノト言フヘカラザルナリ是レ本條規定ノ依テ起ル所以トス

船舶ノ修繕又ハ其他ノ必要ナル需用ノ爲メ船舶積荷ニ對シ船長ノ有スル特權

第八百七十二條　船長ハ航海中船舶ノ修繕其他必要ナル需用ノ爲メ他ニ其費用支辨ノ途ナキ場合ニ於テ船舶所有者若クハ其代理人現在セルトキハ豫メ役員ト評議ヲナシ且管海官廳ノ認可ヲ得タル後船舶ヲ抵當トナシ又ハ積荷ノ全部若クハ一分ヲ質入シ若クハ賣

卸スルコトヲ得其積荷ヲ質入シ若クハ賣却シタルトキハ積荷所有者ハ其積卸ノ地及時ニ於ケル代價ニ應シテ損害賠償ヲ求ムル權利アリ

本條モ亦變故ニ處スル船長ノ特權ヲ規定セルモノ也蓋シ船舶ニシテ其必要ナル修繕ヲ加フルヿ能ハズ其他欠ク可ラザル需用ヲ充ス能ハザルアラバ船舶ハ其航海ヲ終ルヿ能ハズ是レ其船舶物ノ爲メニ不利益ナルノミナラズ積荷乘客等モ不利ヲ蒙ムルヿアルハ勿論ナルベシ故ニ船長ニ或ル特權ヲ與ヘテ此不得已場合ニ處スル途ヲ得セシメサル可ラズ是レ本條ノ規定ノ依テ起ル所以ナリ然レ𪜈船舶所有者ハ其船舶ノ負ヘル債務ヲ辨償スルニヨリ其船舶ヲシテ債務ヲ免カレシムルヲ得、又荷主ハ賠償ヲ得テ其蒙ル損害ヲ回復スルヿヲ得ヘキガ故ニ船舶又ハ積荷ヲ抵當ニシテ船舶ノ必要ナル需用ニ充テラルヽモ此已ムベカラル場合ニ在テハ苦情ヲ鳴ラスベカラザルナリ況ヤ己レモ亦此權宜ノ處分ニヨリテ利益ヲ受ルモノナルニ於テヲヤ然レ𪜈此等ノコタル通常ノ原則ト相距ル甚ダ遠シ之ヲ以テ法律ハ此權利ヲ濫用スルノ弊ヲ抑ヘンガ爲メニ役員ト評議ノ末、管海官廳ノ認可ヲ受クヘキモノト爲セルナリ此鄭重ナル法律ノ注意ハ蓋シ船長ノ詐欺ト其權利ノ濫用トヲ防キ所有權不可侵ノ原則ニ對スル此一大例外ヲシテ正當ナラシムルヲ得ベシ

船長ノ船舶所有者ニ對シテ報告及ヒ計算ヲ爲スノ義務

第八百七十三條　船長ハ航海ヲ始ムル際及ヒ終リタル後又求アルトキハ何時ニテモ船舶所有者ニ報告ヲナシ及ヒ計算ヲ爲スコトヲ要ス

他人ニ代リテ事ヲ執ルモノハ其委任者ノ爲メニ報告ヲ爲シ計算ヲ爲スノ義務アルコハ別ニ言ヲ待タズ船長ハ船舶所有者ニ代リテ船舶ニ關スル諸般ノ事項ヲ處理スルモノナルカ故ニ委任者タル船舶ノ所有者ヨリ求メラレタル片ハ固ヨリ、其發航ノ準備ヲ了レル時モ亦其航海ヲ爲シ了レル時ト同シク報告ト共ニ計算ヲ爲シテ以テ船舶ニ關スル諸般ノ事項ヲ其所有者ニ報道セザルベカラズ

船長等ノ私カニ貨物ヲ積載スルノ禁及ビ之レヲ破ルノ制裁

第八百七十四條　船長及ヒ海員ハ船舶所有者ノ承諾ナクシテ自己ノ計算ニテ貨物ヲ船舶ニ積入ルヽコトヲ得ス之ニ違フトキハ船舶所有者ハ運送賃ト貨物ヨリ生シタル利益トヲ自己ノ有ニ歸スルコトヲ得

船長及海員ハ船舶ノ航海ヲ爲スヘキ義務アルモ自己ノ爲メニ船舶ヲ使用スルノ權利アルコトナシ船長及海員等ニ船舶ヲ使用セシムルヲ許サンカ己レ等ノ利ヲ計ルニ切ナル爲メ其委託セラレタル責任ヲ完全ニ盡サヽルニ至ルハ蓋シ免カレサルヘキ也故ニ之ヲ防カサル可ラズ本條ハ此禁制ヲ犯セル制裁トシテ貨物ノ運送賃ヲ拂ハシメ且爲メニ得タル利得ヲ失ハシムルコトナセリ此制裁ハ船長又ハ海員等カ私カニ積載シタル貨物ヨリシテ利益ヲ得サリシトキハ其拂フ所ノモノハ只僅カニ運送賃ノミナルカ故ニ甚タ輕キニ失スルノ觀アレトモ亦タ獨逸又ハ白耳義ノ制ノ如ク常ニ最高又ハ二倍ノ運賃ヲ拂ハザル可ラスト爲ス所ノ法律ハ船長海員等ニ於テ投機ニヨリ此等ノ額ヨリ一

層多クノ利益ヲ期スルヿヲ得ルニ於テハ之ヲ破ルノ恐レアリ故ニ我邦ノ此規定ハ彼ニ比スレバ勝レルモノト云フベシ畢竟船長等ノ私カニ貨物ヲ積載スルモノハ利益ヲ網セント欲スルノ僥倖心アルニ由ル故ニ貨物ヨリ生ズル一切ノ利益ヲ奪却スルヿトスルニ於テハ本條ノ規定ハ其効ヲ有セシムルニ充分ナルヘケハレナリ

第二節　海員

海員ノ雇入又ハ雇止ハ海員名簿ニ登記セザル可ラズ

第八百七十五條　海員ノ雇入又ハ雇止ヲ爲シタルトキハ其他ノ管海官廳ニ於テ海員名簿ニ登記シ若クハ其登記ヲ削除ス可シ

海員ノ雇入ヲ爲セシトキニ海員名簿ニ登記セシムル者ハ其契約ヲ確實ニシ後日ニ紛議ヲ生シテ以テ航海ヲ爲スカ爲メニ妨害ヲ來スカ如キヿナカラシメントノ用意ニ外ナラサル也、其雇止メノ時ニ登記ノ削除ヲ命ズルモノハ雇入ノ時ニ登記ヲ爲セルノ結果ニ因ル者ニシテ即チ登記ト事實ト一致セシメン

海員雇入ノ條件ヲ定ムル標準

ガ爲メナルニ過キス

第八百七十六條　海員雇入ノ條件ハ海員名簿ノ旨趣、別段ノ契約又ハ商慣習ニ因リテ定マル

海員ハ非常ノ服務ノ爲メ特別ノ報酬ヲ請求スルコトヲ得ス

海員名簿ハ海員雇入ノ手續、海員ノ給料其他ノ要求等ヲ記スルモノナルカ故ニ通常ハ海員雇入契約ノ旨趣ヲ判定スルノ標準ト爲ルベシ然レ𪜈或ヒハ之ヲ紛失スルカ或ヒハ其記載ノ盡サヽル所アリテ海員名簿ノミニテハ海員雇入ノ條項ヲ知ル能ハザルヿアルベク其個々ノ海員ト特別ノ規定ヲ爲セル時ノ如キハ特別ニ他ノ書面ヲ以テ之ヲ結ブヿアルヘキニヨリ海員雇入ニ付テノ條項ハ海員名簿、別段ノ契約等ニヨリテ之ヲ知ルヘク其知レザル時又ハ盡サヾル時ニ於テハ商慣習ニ因リテ之ヲ判セサルベカラス

本條ノ末項ニ於テ海員ニ非常ノ服務ノ爲メニ特別ノ報酬ヲ求ムルコトヲ許

十分ノ理由ナクシテ海員ヲ雇止セル場合ノ海員ノ權利

サヽルモノハ航海ノ爲メタル危險災難等ノ爲ニ非常ノ勞働ヲ爲シ海員相互ニ助ケ合サルヘカラサルヿ多ク而シテ如此事ハ海員ノ皆豫知セサルヘカラサル所ニ係レバナリ

第八百七十七條　十分ナル理由ナクシテ雇止セラレタル海員ハ既ニ受取ルヘキニ至リタル給料ノ外尚其雇止ノ爲メニ失ヒタル給料ノ半額ヲ損害賠償トシテ受クル權利アリ然レドモ其額ハ一ケ月ノ給料ヲ超ユルコトヲ得ズ

禁令其他ノ處分ニ因リテ航海ヲ廢止シ停止又ハ短縮シタルハ之ヲ雇止ノ十分ナル理由ト看做ス

船長ヲ自由ニ廢シ得ルハ前ニ既ニ之ヲ定ム而メ其然ル所以ノモノハ船長ハ信用上ノ地位ニ在ル者ナリトノ理由ニ因ルトノヿモ亦前既ニ之ヲ言ヘリ然レドモ海員ハ之ニ異ナリ船長ノ如クニ信用上ノ地位ヲ有セズ壓制ヲ蒙リ易ク

シテ而シテ其教育モ又不完全ナルガ故ニ其思慮ハ淺ク隨テ法律ヲ以テ之ヲ保護スルノ必要アリ是レ本條前項ノ規定アル所以ナリ而メ法律ニ於テ其賠償ノ額ヲ一ケ月ノ給料ニ超ユルヿヲ許サヾルモノハ一ケ月ノ餘裕アレバ其間ニ他ニ口ヲ搜索スルニ充分ナリト思料セルニ由ル

本條末項ハ十分ノ理由アリト看得ル塲合數個ヲ例示シタリ皆ナ己レノ所爲以外ニ出テヽ航海ヲ禁止シ停止シ又ハ短縮セル時ニ係ル此等ノ塲合ヲ海員ノ解雇ニ充分ナル理由ト爲シ得ルヿハ多言ヲ要セザルベシ

右ノ海員カ發航セル港マテ無賃ニテ送還ヲ求メ得ル權利及ヒ船長ノ此請求ヲ承諾シタリト看做シ得ル塲合

第八百七十八條　航海中充分ナル理由ナクシテ雇止セヲレタル海員ハ發航シタル港マテノ無賃送還ヲ請求スルノ權利アリ

船長カ其海員ヲメ發航シタル港ニ航行スル船舶ニ於テ相當ノ職務ニ就カシメタルトキハ右ノ請求ニ應シタルモノトス

外國ノ救助ナク海員ヲ放置セシムルハ普通ニ是認セラレタル原則ナリ而シテ解雇セラレタル海員ニ與フル前條ノ賠償ハ更ラニ雇ハレ口ヲ搜索スルマテノ飮食ノ費用ヲ見積レルモノニ過キズサレバ之レヲ外國ニテ雇止ニ遭ヒシ不幸ナル海員ノ、歸鄕ノ爲メニ要スル高額ナル旅費ニ充當セザルヘカラズトセハ其額ヤ不充分ナリト言フベシ之ヲ以テ解雇セラレタル海員ニ無賃送還ヲ求メ得ルノ權利ヲ附與セルハ其宜シキニ合ヘルモノトス而シテ本條末項ニ於テ船長ノ爲セル或ル所爲ニ付キ解雇セラレタル海員ノ無賃送還ノ請求ニ應シタルモノナリトノ一ノ推定ヲ下セリ盖シ船長ニ於テ海員ノ爲セル無賃送還ノ請求ヲ諾セルニ非サルヨリハ其者ニ職務ニ服スルヿヲ命スルノ理ナケレハナリ故ニ此推定ハ能ク事實ニ適セルモノト言フベシ

海員カ增給ヲ求ムルノ權利ヲ有スル場合

第八百七十九條　定リタル航海ノ爲メニスル雇入ノ場合ニ在テハ海員ハ其航海ノ延長シタルトキハ割合ニ應シテ增給ヲ受クルノ權利アリ

船舶カ航海ヲ了

ル前ニ沈沒又ハ航海不能力ト爲レル時ニ海員ノ給料ノ上ニ及ホス影響

第八百八十條　船舶カ航海ヲ終ラザル前ニ沈沒シタルキハ海員ハ給料ノ請求權ヲ失フ但海員ノ勞働ニヨリテ救助シタル船舶若ハ積荷ノ部分ニ付テハ此限ニアラズ

船舶カ掠奪セラレ又ハ修繕ノ効ナキモノト爲リタル場合ニ於テハ海員ハ既ニ受取ルヘキニ至リタル給料及ビ發航シタル港マテノ無賃送還ヲ請求スルヿヲ得

第八百七十八條第二項ノ規定ハ前項ノ場合ニ於テモ之ヲ適用ス

航海ヲ了ルノ前ニ船舶ノ沈沒セル時ニハ海員ヲシテ給料ノ請求權ヲ失ハシメシ所以ノモノハ之ヲシテ船ノ救揚ニ盡力セシメンヿ欲スルニ因ル佛法ノ主義ニ倣ヘルモノナルモ船舶ノ所有者ハ保險金ヲ以テ常ニ其損ヲ償フヿヲ得ルニ海員ヲシテ其勞力ヲ盡セルノミニテ其報酬ヲ受クルヿヲ得セシメザ

ルハ盖シ其當ヲ得タルモノナラザルベシ而メ其可否ハ之ヲ措キ船ノ航海ヲ了ル前ニ沈沒セル時ニハ海員ヲシテ給料ヲ求ムルノ權利ヲ失ハシムルノ理由右ノ如クナリトセバ海員ノ勞働ニヨリテ救得タル船舶積荷等ノ部分ニ付テハ此限ニアラザルハ別ニ之ヲ言フヲ須井サルナリ

海員カ船舶又ハ積荷ノ碎殘物ノ救撈ニ從ヒタル時ニ有スル給料ノ請求權

第八百八十一條　給料ノ請求權ハ海員カ船舶又ハ積荷ノ碎殘物ノ救撈ニ從事シタル日數ニ付テモ成立ス

就役後疾病ニ罹リ又ハ傷痍ヲ蒙ムリタル海員ノ有スル治療請求ノ權利

第八百八十二條　就役後疾病ニ罹リ又ハ傷痍ヲ被リタル海員ハ三ケ月ヲ超ヱサル期間看護及ビ治療ヲ請求スル權利アリ但自己ノ過失ニ因リテ疾病又ハ傷痍ヲ惹起シタルトキハ此限ニ在ラズ

雇人《やといにん》其雇期限ノ中ニ疾病ニ罹リ又ハ傷痍ヲ蒙ムルコトアリトモ之カ爲メニ雇契約ハ終ルヘキモノニアラス然レ圧雇人ニ治療看護ノ費用ヲ請求スルノ權利ヲ與ヘタル本條ノ規定ハ之ヲ普通法ノ一例外ト見ザルヘカラス法律カ

海員死亡後ニ其給料ヲ求ムル權利ニ屬スル人及其額並ニ海上又ハ外國ニ於ケル葬式費用ノ負擔者

斯ル例外ノ規定ヲ必要ナリト感セルモノハ海員ハ其職務ノ性質ヨリシテ身体ニ變故ヲ蒙ムリ易キト且ツ航海中ハ救助ナク之レヲ放置スベカラザルニ由ルモノナリ故ニ海員カ自ラ求メテ苦痛ヲ負フヘキ所爲ヨリシテ誘起セル疾病又ハ傷痍ニ付テハ固ヨリ治療及ヒ看護ヲ求ムルノ權利ヲ付與スベカラサルナリ例ヘバ放蕩ノ爲ニ梅毒ニ感ジタルノ類ナリ

第八百八十三條　海員カ就役ノ后死亡シタルトキハ其死亡ノ日マテノ給料ハ其相續人ニ歸シ又船舶ノ防禦ノ際死亡シタルトキハ全航海ニ付テノ給料全額カ其相續人ニ歸ス

海上又ハ外國ニ於テ爲ス葬式ノ費用ハ船舶所有者之ヲ負擔ス

海員ノ約セル全額ノ給料ハ航海ヲ了ルマテノ勞力ニ對スル報酬ナリ故ニ之レヲ了ルニ先チ死セル時ハ其死セルマテノ給料ヲ得セシムルニ止メサルヘ

カラズ而シテ其船舶ヲ防禦スルカ爲メニ死去セル時ニ全航海ニ付テノ給料全額ヲ附與スル所以ノモノハ船ノ爲メニ航海ヲ了ルマテ勞力ヲ供スル能ハサル不幸ナル地位ニ至レルニ因ル
人ノ死スレハ其有セシ權利ト義務ハ其相續人ニ移ルハ通常ノコトナルカ故ニ海員ニシテ死シ權利義務ノ主体タルコト能ハザルニ至ル時ニ其相續人ニ移ルヘキハ論ヲ待タズ而シテ海上又ハ外國ニ於テ死亡セル海員ノ葬式ノ爲ニ要スル費用ヲ船舶所有者ノ負擔ト爲セルモノハ執務ノ爲メ知人ナキ異域ニ於テ死亡セル海員ヲ慰メンカ爲メノミ

海員ノ恣ニ船ヲ離ルヽ能ハザルコト及ヒ其遁走セル時ニ蒙ムルヘキ制裁

第八百八十四條　海員ハ就役ノ後ハ船長又ハ其代人ノ許可ヲ受クルニ非レバ船舶ヲ離ルヽコトヲ得ズ
海員遁走シタルトキハ地方官廳ニ依頼シ强制シテ復役セシムルコトヲ得復役セシムルコトヲ得サル場合ニ在テハ其海員ハ既ニ受取ル可キニ至リタル給料及

本節ノ規定ヲ船長ニモ適用スヘキノ規定

ヒ 其遺留物ヲ請求スル權利ヲ失フ

海員ハ就役ノ爲メニ雇ハレシモノニ〆而シテ雇契約ノ成レル上ハ之ヲ實踐セザル可ラザルノ義務ヲ已レニ負フカ故ニ許可ナク叨リニ船ヲ離レテ役務ニ差支ヲ生セシムヘカラズ又雇契約ノ成レル上ニ於テハ恣ニ一方ノ意思ノミニテ之ヲ破ルヿ能ハザレバ海員カ遁逃スルヿアリトモ復役セシムルノ權力ヲ船長ニ有セシメザルヘカラズ然レ圧海員役務ニ就クヿヲ肯セズ復役セシムルヿ能ハザル場合ナキニ非ズ此場合ト雖圧海員ニ全ク其義務ヲ免カレシムヘキニアラザレバ法律ハ其制裁トシテ受取ルベキニ至レル給料ト其遺留物トヲ請求スルノ權利ヲ失フヿト爲セリ然レ圧此制裁ハ人ト時トニヨリテハ所爲ノ同一ナルニモ係ラズ多少輕重ノ差異アルヘケレバ公平ヲ得タルモノトハ言フベカラサルナリ

第八百八十五條　本節ノ規定ハ船長ニモ之ヲ適用ス但別段ノ規定アルトキ又ハ性質上當然反對ノ生ズルトキ

船長ノ有スル懲戒權

ハ此限ニアラズ

海員ト船長トハトモニ船長ノ雇人ナル故ニ二者同一ナル点ニ附テハ共ニ之ヲ適用シ重複ノ規定ヲ避ケタルモノナリ

第八百八十六條　海員ノ義務背反殊ニ不從順及ビ抵抗ハ船長懲戒權ヲ以テ之ヲ制止ス

船舶ハ陸地ト異ナリテ船内ニテ起レル事件ニ付一々官衙ノ處分ヲ仰ク能ハザルノ事情アリテ存ス而メ乘組人ノ不從順及抵抗ハ航海ノ上ニ妨ヲ來スガ故ニ各國ノ法律皆ナ船長ニ特權ヲ與ヘテ以テ此等ノ事ニ對スル處分ヲ爲スコトヲ許サヾルモノナシ本條ノ規定ハ亦之レニ倣ヘルモノニ外ナラザルナリ此ノ如キハ船ト積荷ヲ保護スルガ爲メニハ甚ダ重要ノモノタリ船長ハ此特權ヲ有スルガ故ニ船内ノ秩序ヲ保維シ其義務ヲ整理シ船舶積荷及乘客ノ安全ニ必要ナル百般ノ處置ヲ爲ステ得ヘキモ若シ此特權ヲ行用セルコトアルニ於テハ之ヲ日誌ニ記シ置カサルヘカラズ

運送契約ノ由來

第五章　運送契約

往時ニ在リテハ運送契約營業者甚タ稀レニ、商人ハ皆各自ニ船舶ヲ有シ自ラ之ヲ艤裝シテ以テ物價ヲ一方ヨリ他方ニ轉セシガ故ニ船舶ハ之レニ積載スル所ノ貨物ト同一ノ人ニ屬シ又運送契約ナルモノハアラザリキ何者、運送契約ハ荷物ト船トノ所有者ヲ異ニスルニ非サレハ則チ其存在ヲ想像スルヿ能ハザレハナリ然レ𪜈今日ノ如ク商業益發達シ且ツ大取引ノ行ハルヽニ至リテハ資金ヲ要スルヿ甚タ多ク此兩者ヲ併セ有シテ商業ヲ營ムヿハ甚タ難シトス殊ニ人々皆分業シテ其長スル所ニ力ヲ致スハ却テ自己ヲ利スルノ捷徑タルヲ覺知シ商ニ工ニ農ニ皆ナ其支派ヲ繁クスルニ及ンデハ運送ノ契約ヲ以テ物貨ノ移轉ヲ爲スコト却テ其常例トナレリ而シテ此事タル洵トニ海商法中ノ主要事項ニ屬ス卽チ立法者ノ茲ニ一章ヲ特設シ詳密ナル規定ヲ爲セル所以ナリ

第一節　船舶賃貸借契約

船舶賃貸借契約ノ定義

船舶賃貸借契約トハ旅客又ハ貨物ヲ一方ヨリ他ノ一方ニ運送スル爲メニ船舶ノ所有者又ハ之ニ代テ事ヲ執ル所ノモノヨリ船ノ全部又ハ一部ヲ賃貸スル契約ヲ云フ而シテ其船舶ヲ賃貸スルモノハ之レヲ賃貸人ト曰ヒ之ヲ借リ受ルモノ之ヲ賃借人ト曰フ

船舶賃貸借契約ノ方式

第八百八十七條　航海ノ爲メニ船舶ノ全部若クハ一分ヲ賃貸借スル契約ハ書面ニ作リテ當事者各自ニ其一通ヲ所持スルコトヲ要ス

貸主ノ有スル荷物積換ノ權

賃貸人ハ航海前又ハ航海中已ムヲ得サル場合ニ於テハ賃借人ノ不利ト爲ラザルトキニ限リ契約書ニ記シタル船舶ヨリ他ノ船舶ニ自費ヲ以テ運送品ヲ積換ユルコトヲ得

本條ハ航海ノ爲メニスル船舶賃貸借ノ方式ヲ定メタルモノナリ然レドモ是レ契約成立ノ爲メニ然ルニアラズ蓋シ此種ノ契約ハ多ク貴重ノ價額ニ關スル

カ故ニ一ニハ人証ノ危険ヲ避ケ一ニハ証拠ヲ具備シテ紛議ノ生出ヲ防過セルニ外ナラズ船舶賃貸借ノ契約ハ陸地運送契約ト異ニシテ必ラズ契約ノ目的ト爲セル船舶ヲ指定スルモノトス蓋シ積荷到達ノ時日ノ如キ又其安全無事ノ如キ海上危険ノ大小ハ一ニ船舶ノ強弱如何ニ因レバナリ

其地ノ慣習ニ依ル損害賠償

第八百八十八條　繋船場、碇泊期間、超過碇泊期間ト超過碇泊ニ付テノ損害賠償トハ別段ノ契約アルニ非レバ其地ノ慣習ニ依リ之ヲ定ム

繋船場碇泊期間超過碇舶ニ付テノ損害賠

船舶ニシテ宜シク寄港スベカラザル所ニ寄港シ又ハ當サニ解纜スベクシテ解纜セズ爲ニ船舶ニ損害ヲ生ジタルトキニハ宜ロシク其ノ損害ヲ賃借人ヨリ貸主ニ賠償セザル可ラズ而シテ其額ニハ他ニ契約スルコト無レバ其地ノ慣習ニ依ルト云ナリ

第八百八十九條　碇泊期間及ヒ超過碇泊期間ノ計算ニハ一般ノ休日及ビ風雨其他天然若クハ法律上ノ妨害

賃ヲ定ムル標準

超過碇泊期間ノ中ニ算入セラレザル日

時限ヲ以テ運送賃ヲ定メタル時ニ時限ノ起算方

航海ヲ始ムル前又ハ航海ノ中途ニ於ル到達地トノ交通貿易ガ禁セラレシ時ニ於ケル當事者ノ地位

ニヨリテ荷積又ハ荷卸ヲ妨ケラレタル日ヲ算入セズ

第八百九十條　月又ハ其他ノ時限ヲ以テ運送賃ヲ定メタルトキハ其時限ハ別段ノ契約アルニ非レバ航海ヲ始ムル日ヨリ之ヲ起算ス

此ノ二條ハ讀デ字ノ如シ說明ヲ要セザルベシ

第八百九十一條　航海ヲ始ムル前ニ到達地トノ貿易及ビ交通ノ禁止セラレタルトキハ契約ハ解除シタルモノトス但此カ爲ニ當事者ノ中孰レニモ損害賠償ヲ求ムル權利ヲ生スルコトナシ

航海中ニ右ノ禁止ニ因リテ船舶カ歸航セサルヲ得サルトキハ往返航海ノ爲メニ賃借シタルトキト雖モ往路ノ運送賃ニ限リ支拂フコトヲ要ス

右二箇ノ場合ニ於テハ荷積及ヒ荷卸ノ費用ハ賃借人

到達港ガ封港又ハ閉鎖セラレタル片ニ船長ノ爲スベキヿ

ノ負擔トス

到達地ト交通貿易ヲ爲スヿヲ禁止セラレシ時ハ航海ハ其目的ヲ失フカ故ニ之ヲ爲スヿ能ハザルノ地位ニ至レル者ト言ハザルヘカラズ是レ對手人ノ意思ニヨラズシテ契約ノ履行スベカラザルニ至リタルモノニシテ此場合ニ契約ノ解除スルハ當然ナリ而シテ本條第二項ハ航海中ニ交通貿易ノ禁止セラレタルニヨリ船舶ノ歸航セザルヘカラザルニ至レル時ハ借主ハ往返航海ノ爲メニ賃借シタル時ト雖圧往路ノ運送賃スラ之ヲ支拂フニ及バサルヿトナセルモノナリ

第八百九十二條　到達港カ封港又ハ其他ノ處分ニヨリテ閉鎖セラレタル片ハ船長ハ別段ノ指圖ヲ受ケサルカ又ハ受ケタル指圖ヲ實行スル能ハザルニ於テハ賃借人ノ利益ヲ謀リ最近ノ港ニ入港スルカ又ハ發航ノ港ニ歸航スルコトヲ要ス

不可抗力ニ因レル航海一時ノ阻碍ハ契約ノ効力ヲ消滅セシメズ

封港及之レト同視スヘキ處分即チ例ヘハ港灣ヲ塞キ船舶ノ之レニ入ルヲ妨ルカ如キ場合ニ於テ船長ハ特別ノ指圖ヲ受ケシ時ハ固ヨリ其指圖ニ從ハザルヘカラザルモ其指圖ヲ受ケサリシカ又ハ之ヲ受ケタルモ之ニ依ルコト能ハザリシ時ハ通例ハ最近ノ港ニ入ル可シ何者是レ借主ノ爲メニ最モ利益ナリト視ルコトヲ得レバナリ然レ𪜈又歸航スルヲ以テ却テ利益ナルコトナシト云フベカラズ故ニ船長ハ時宜如何ヲ斟酌シテ借主ノ利益ナル方向ニ向テ運動セザルヘカラズ

第八百九十三條　不可抗力ニ因リテ航海ノ起始又ハ繼續カ一時妨ケラレタルトキハ契約ハ仍ホ効力ヲ有シ當事者ノ孰レニモ損害賠償ヲ求ムル權利ヲ生スルコトナシ然レ𪜈賃借人ハ自費ヲ以テ積荷ヲ處分スル權利ヲ有ス

一時ノ阻碍ト永久ノ阻碍ヲ問ハズ自己以外ノ力ニ原因シテ來レル結果ハ之

ヲ約務者ノ所爲トモ過怠トモ言フ𠀋能ハサレハ約務者ハ固ヨリ其結果ニ付テ責任ヲ負ハザルモ者シ約務執行ノ一時ノ阻碍ハ之ヲ約務ヲ執行スル𠀋能ハザルノ地位ニ至レルモノト言フヲ得ザレバ爲メニ債務者ノ爲スベキ責務ヲ免除スル𠀋能ハザルナリ故ニ損害賠償ヲ要ムルノ權利ハ當事者ノ何レニモ生セズ契約ハ依然其効力ヲ保持スヘシ借主カ此塲合ニ於テ其託セル積荷ヲ自由ニ處分シ得ル𠀋ハ所有者ノ通例爲シ得ル權利ノ執行ニ過キザレバ固ヨリ他人ノ之ヲ制シ得ヘキ所ニアラザルモ之カ爲メニ貸主ニ損害ヲ加ヘシムベカラズ故ニ借主ニ於テ積荷ヲ取除テ賣却サルヽモ仍ホ全額ノ運賃ヲ拂ハサルヘカラズ又代リテ他ノ物ヲ積込メル時ハ之ヲ積込ムニ就テノ費用ヲ支拂ハサルベカラサルナリ

積荷ヲ始ムル前ノ契約解除

第八百九十四條　荷積ヲ始ムル前ニ在テハ賃借人ハ運送賃ノ半額ヲ支拂ヒテ契約ヲ解除スルコトヲ得若シ碇泊期間ニ一モ積荷ヲ引渡ササルトキハ契約解除ト

看做サレ又運送賃ノ半額ヲ支拂フコトヲ要ス

積荷ヲ始ムル前ニ在リテハ未タ船ヲ使用セザルモノナレバ商業ノ方向ヲ轉シテ積載ヲ止ムルヿヲ得ルモ賃貸人ハ其欲シタル荷物ヲ得サリシ爲メニ一旦期シテ待チタル賃錢ヲ得スシテ損失ヲ受ルヿアルベキガ故ニ此場合ニハ賃錢ノ半額ヲ得セシムルナリ

賃借人ノ過失ニ因リ積荷ヲ失フタル時ノ運送賃

第八百九十五條

賃借人ハ其過失ニ因リテ積荷ヲ沒收セラレ又ハ差押ヘラレタルトキハ運送賃ノ全額ヲ支拂ヒ且此カ爲メニ生シタル損害ヲ賠償スルノ義務アリ

賃借人ハ自己ノ過失ノ爲メニ其積荷ヲ沒收セラレ又ハ差押ヘラルヽコトアリトモ其ノ運送賃ハ勿論之ヲ拂ハザルベカラス何トナレバ運送者ハ運送ヲ爲スヘキ行爲ハ盡トク履行シ其ノ豫期ノ到達地ニ達セシムルヿヲ得ザリシハ畢竟賃借人ノ自カラ求メタルモノニシテ運送者ノ與リ知ル所ニアラザレ

借主ガ積荷ノ全部ヲ積込サル時ニ於ケル當事者双方ノ地位

バナリ故ニ此場合ニ沒收又ハ差押ノ爲ニ特ニ經費ヲ要スルヿアラバ賃借人ハ之ヲ負擔セサルベカラザル也

第八百九十六條　船長ハ賃借人カ約定シタル積荷ノ全部ヲ積込マサルトキト雖契約ヲ解除セサルニ於テハ航海ヲナス權利ヲ有シ義務ヲ負フ此場合ニ於テ運送賃ノ全額ニ對スル擔保ヲ缺クトキハ更ニ其擔保ヲ求メ又積荷ノ不充分ナル爲メニ損害ヲ生シタルトキハ其賠償ヲ求ムルコトヲ得

借主ニシテ毫モ積荷ヲ供セサリシ時ハ船ハ其目的ヲ有セサルカ故ニ固ヨリ航海ヲ爲スヿ能ハザレバ此場合ニハ解約ノ申込ノアリシモノト見ルモ可ナリ然レ圧幾分カ貨物ヲ積込ミタルトキハ最早航海ヲ爲スコトヲ得ベキナリ故ニ發航期限ノ至レル時ハ船長ハ積荷ノ全部ニ至ルヲ待タス只其一部ノミニテ發航スルヲ得ヘク又借主ニ於テモ其發航ヲ求ムルヲ得ヘシ而シテ此場

他ノ積荷ヨリ得タル收入又ハ航海ヲ止メタル爲ニ節シタル費用ハ之ヲ運送賃ヨリ扣除スルコト能ハズ

合ニ於テモ借主ハ己レノ自由ナル所爲ヲ以テ濫リニ人ノ權利ヲ毀損スルコト能ハザルガ故ニ運送賃ノ全額ハ固ヨリ之ヲ支拂ヒ且積荷ノ少量ナルヨリ生ズル損害例ヘバ底荷ヲ積入レ其他船舶ノ安全ヲ計ルカ爲メニ爲セル費用ヲ辨償セザルベカラザルハ論ヲ待タズ此際貸主ハ積荷ノ少量ナルヨリ運送賃ノ全額ニ對スル擔保ニ不足ヲ生ズル時ハ之ヲモ請求スルヲ得ベシ蓋シ貸主ハ運送賃ヲ求ムルカ爲メニハ運送セル積荷ノ上ニ留置權ヲ有スルカ故ニ積荷ノ多少ハ運送賃ノ擔保ノ上ニ直接ノ影響ヲ及ホスベケレバナリ

第八百九十七條　他ノ運送品ニ付得タル收入及ヒ航海ヲ止メタルニ因リテ減シタル費用ハ運送賃ヨリ之ヲ扣除スルコトヲ得ス但第九百五條第二項ノ場合ハ此限ニアラズ

積荷ヲ爲シ得ベキニ之ヲ爲サザルモノハ船舶ノ使用權ヲ拋棄セルモノト言ザルベカラズ故ニ假令ヒ船長又ハ船ノ所有者ガ他ノ積荷ヲ爲シテ利益ヲ得

或ヒハ又航海ノ費用ヲ節シテ其定額ヲ剩スヿアルモ借主ニ於テ之ヲ自己ノ拂フベキ借賃ノ中ヨリ扣除シ得ザルハ明ラカナリ然レ𪜈第九百五條第二項ノ塲合ハ船長ガ借主ノ承諾ヲ得テ他ノ運送品ヲ以テ積荷ノ不足ヲ補充セル時ナルヲ以テ本條ノ例外トス

航海賃貸借契約ニ關スル原則ノ適用

第八百九十八條　船舶賃貸借契約ニ關スル原則ハ貨物運送ノ外ナル目的ヲ以テ航海スル爲メノ船舶賃貸借契約ニモ之ヲ適用ス

船舶ニ關シテ賃貸借ノ契約ヲ結ブハ多クノ塲合ニ於テハ貨物ノ運送ノ爲メナルモ他ノ目的即チ兵隊ノ運送、漁業、探見、其他學術上ノ研究航海ノ爲メニ之ヲ爲スナキニアラズ盖シ世ノ開明ニ赴クニ從ヒ此種ノ目的ノ爲メニ船舶ノ賃借セラルヽヿ頻煩ナルベキハ自然ノ事ナルベシ

第二節　船荷證書

船荷証書

船荷証書トハ曾テ前編陸地運送ノ部ニ於テ陳ヘタル運送狀ト其性質ヲ同フ

シ船長カ荷物ヲ受取レル証トシテ交付スル書付ナリ故ニ船荷証書ニシテ船長ヨリ渡サヽルヽニ於テハ更ニ運送契約ノ存在ヲ双方ニ對シテ証明スルノ効アルモノトス何トナレハ船荷証書ハ船長カ荷物ヲ受取レルコトヲ証明スル書面ナルカ故ニ借主ヨリ運送スヘキ貨物ヲ船長ニ渡セルコヲ推定スルヲ得ベク且ツ船長ハ之ヲ受取リ了ルニ非サレハ其受領書タルヘキ船荷証書ヲ作リテ渡スモノニ非サレハ船荷証書ノ成レル時ハ即チ相互ヒニ運送契約ノ部分ヲ執行シタルモノト言ハザルヘカラザルナリ

船荷証書ノ定義及ヒ之レニ記スヘキ諸件

第八百九十九條　船荷證書ハ船長カ運送ノ爲メニ受取リタル運送品ニ對シテ發ス可キ受取證券ニシテ左ノ諸件ヲ包含ス

第一　船名及國籍

第二　船長ノ氏名

第三　船舶賃借人ノ氏名及ヒ積荷受取人ノ指示

第四　荷積港及到達港
第五　貨物ノ種類、數量及ヒ各箇運送品ノ員數、記號、番號、外包ノ方法
第六　運送賃ニ付テノ約定
第七　年月日
第八　交付シタル船荷證書

船荷證書ハ求ニ應シ幾通ニテモ之ヲ交付ス可シ其中ノ一通ニハ船長ノ手許ニ備置ク爲メ賃借人署名捺印シ他ノ各通ニハ船長署名捺印スルコトヲ要ス

船荷証書ハ或人ニ宛テ又ハ指圖式若クハ無記名式ニテ之ヲ發スルコトヲ得

本條ハ船荷証書ノ定義ト之ニ記入スベキ要件ヲ定メタルモノニシテ其定義ニ關シテハ前段既ニ之ヲ說明セリ而シテ其記入要件ハ一々說明ヲ要セザルベシ

船荷証書ヲ發スヘキ時限及ヒ借主カ船長ニ交付スル書面

第九百條　船荷証書ハ荷積ヲ終リタル後二十四時間内ニ之ヲ發スルコトヲ要ス
積込タル貨物ニ付テノ關税受取書及ヒ關税明細書ハ右同一ノ期間ニ賃借人之ヲ船長ニ交付スルコトヲ要ス

此規則ハ双方ノ利益ヲ計ルニ出タルモノナリ何者、荷主ハ船荷証書ヲ更ラニ他ニ交付シ又ハ荷物ノ保険ヲ受クルガ爲メ又船長ハ航海ヲ始ムルヿニ付テ徒ラニ延滯セヲルヽノ恐アラザレバナリ而メ船長ハ航海ヲ爲スニ必要ノ書類ヲ設備シ置カザル可ラザル義務アルモノナルカ故ニ關税受取証及税關明細書等ヲ有セサレバ發航ヲ爲スヿ能ハザルナリ

船荷証書ノ信憑力
積荷ニ付テ船長ノ有スル責任

第九百一條　規定ニ從ヒテ發シタル船荷証書ノ旨趣ハ當事者相互ノ間及ヒ當事者ト保險者トノ間ニ於テ完全ナル証據トナルモノトス然レ𪜈反對ノ証據ハ之ヲ

擧ルコトヲ得

船長ハ外包ノ儘ニ又ハ閉蓋シタル容器ノ儘ニ受取リタル運送品ノ種類及ヒ數量ニ付テハ明約アルニ非サレハ責任ヲ負フコトナシ但運送品ヲ受取人ニ引渡ス時ニ於テ其外部ニ毀損アルトキハ此限ニアラス

喪失又ハ毀損ニ付テノ責任ハ第四百九十三條ニ掲ケタル情況ニ因ル外尚ホ火災、盜難、其他過失ニ出テサル事故ニ因リテ消滅ス

過失ニ付テノ責任ハ契約ヲ以テモ之ヲ免カル、コトヲ得ス

船荷証書ハ船長ニ對シ充分ノ信憑力ヲ有ス何者、船長ハ其証書ニ記スルカ如クニ積荷ノ取扱ヒヲ爲スコトヲ承諾シ其証トシテ之ヲ借主ニ渡セルモノナレハナリ又此証書ハ契約者ノ間ニモ充分ノ証明力ヲ有ス何者其証書ハ契

約者ノ協議ニヨリテナレルモノナレバナリ而シテ此証書カ保険者ニ對シテモ証明ノ力アル所以ノモノハ保険者ノ保険契約ヲ締結スルハ此船荷証書ヲ見之レニ付テナスモノナルカ故ニ異議ナク保険ノ契約ヲ結ヘルトキハ之ヲ認諾セルモノト謂フヲ得ベケレバナリ

船長ハ運送人ノ一種類ニ過キザルカ故ニ之ヲ運送人ト同一ニ論シ其責任ノ如キモ亦同一ニセザルヘカラズ而シテ今此條ノ規定ヲ以テ之ヲ第四百九十三條ノ規定ニ比スルトキハ船長ハ運送人ヨリ輕キ責任ヲ負フモノトス何者、船長ハ自己ノ過失ニ出テザルモノニ付テハ一切其責ヲ負ハザルモ運送人ハ不可抗力ニ原因セルモノニアラサレバ自己ノ過失ニ出テザルモノト雖𪜈其責ニ當ラザルヘカラザレバナリ是レ海上ノ危險ハ陸上ノ危險ニ比シ之ヲ避ルニ難易ノ差違アリトナスモノナルベシ

運送品引渡

第九百一條　船長ハ到達港ニ於テ運送賃、附帶費用、海損並ニ立替金ノ辨償及ヒ受取証書ヲ受ケテ船荷証書

所持人ニ運送品ヲ引渡ス義務アリ若シ二人以上ノ船荷証書所持人カ申出テナスキハ運送品ヲ公ノ倉庫ニ寄託シ又ハ裁判所ノ命令ニ依リテ之レヲ他人ニ寄託スルコトヲ要ス

船荷證書窮局ノ目的ハ之ト引換ニ貨物ヲ受取ルニアリ本條ノ規定ハ乃チ此ノ船荷證書ト引替ニ運送品ノ引渡ノ事ヲ定メタルモノナリ

第三節　運送賃

運送貫額ノ算定

第九百三條　運送賃ノ額ハ契約又ハ時價ニ依リテ之ヲ定ム其契約上ノ額ハ船舶賃貸借契約書又ハ船荷証書ヲ以テ之ヲ証明スルコトヲ要ス

單獨海損及附帶費用

單獨海損及ヒ附帶費用ハ契約又ハ商慣習ニ依リテノミ之ヲ計算スルコトヲ得

佛國商法ハ運漕契約ヲ以テ通漕賃銀ヲ知ルノ標準ト爲スモ特ニ契約ノ存セ

ザリシ場合ニハ荷物ノ積入ヲナストキニ習用セラレタル運送賃ヲ拂ハサルヘカラサルモノトス此規定ハ甚タ必要ナリ蓋シ數多ノ滊船或ハ其一部ハ鐵道ヲ用フルカ如キ種々ノ連續シタル運送業ニ在テハ豫メ運送賃ノ幾許ナルカヲ定ムルコト能ハサルコト多ケレバナリ而シテ運送賃ハ船舶證書ノ中ニ記サヽルヘカラザルモノナルカ故ニ之ヲ證明スルニハ船荷證書ヲ以テセザルベカラズ

船舶ノ積載力ノ明告ニ付キ船長ノ有スル責任

第九百四條　船長ハ現實ノ積料ニ超ヘタル積量ヲ明告シタルトキハ此ニ因リテ賃借人ニ加ヘタル損害ヲ賠償スル義務ヲ負ヒ且割合ニ應シテ運送賃ヲ減スヘキモノトス但其明告カ官ノ測度証書ト符合シ又ハ錯誤ヨリ出テタル差カ四十分ノ一ヨリ多カラザルトキハ此限ニアラズ

船舶ノ荷物ハ其容量即チ積載力ニ稱ハサルヘカラズ其積載力ニ過不及アル

積荷ニ過不足ノアリタル時ニ借主ノ負ベキ義務

トキハ甚ハダ危險ナルガ故ニ其積載力ノ幾許ナルカヲ明細ニ知ルハ荷主ノ爲ニ利益タルヤ疑ヲ容レサルナリ之ヲ以テ船長ヲシテ船ノ積載力ヲ明告セシメ而シテ其陳告ノ不當ナル片ニハ錯誤ニ出テタルト詐欺ニ出テシトヲ問ハズ荷主ガ爲メニ蒙リタル損失ヲ償ハシム然レ圧人ハ多少ノ錯誤ナキヿ能ハズ故ニ些細ナル錯誤ハ荷主ニ損失ヲ加フル程ニモ非サレバ船長ノ爲セル明告實際ノ積載力ト四十分一以内ノ差アリシ位ニ過キサルトキニハ船長ハ其爲セル事實ニ違ヘル陳告ニ付責ヲ負フヿナシ殊ニ船長カ官ノ測度証書ニ記セル積載力ヲ告ケ而メ其測度證書ニ錯誤アリシ場合ハ勿論責任アラザルナリ

第九百五條　船舶賃借ノ場合ニ於テハ賃借人ハ積荷ノ全部ヲ引渡サヽルトキト雖モ運送賃ノ全額ヲ支拂フ義務アリ又餘分ノ積荷ニ付テハ割合ニ應シテ運送賃ノ增額ヲ支拂フコトヲ要ス

船長ハ賃借人ノ承諾ヲ得テ他ノ運送品ヲ以テ積荷ノ不足ヲ補充スルコトヲ得其補充ヨリ生スル運送賃ハ賃借人ニ歸ス

船舶ヲ借リ受ケタル上ハ之レニ充分ノ積荷ヲ爲スト否トハ借主ノ都合ナリ然レ𪜈借主ハ其都合ニヨリテ貸主ニ損失ヲ負ハシムヘキノ理由ナケレハ假令全部ノ積荷ヲ爲サヽリシ𪜈ト雖𪜈運送賃ノ全部ハ必ズ之ヲ支拂ハザルベカラズ之ニ反シテ積荷カ契約セルヨリ多分ナリシトセンカ賃錢ナシニ人ニ屬スル船舶ヲ使用スル能ハザルカ如ク賃錢ノ額ニ過キテ人ノ船舶ヲ使用スルヿ能ハザルカ故ニ割合ニ應シテ運送賃ノ增額ヲ支拂ハザルヘカラズ船長カ賃借人ノ承諾ヲ得、他ノ運送品ヲ以テ積荷ノ不足ヲ補ヘル時ニ其運送賃ノ借主ニ歸スル所以ハ第八百九十七條ノ說明ヲ參看ス可シ

借主ガ積荷ノ取戻シヲ爲シ得ル場合

第九百六條　各箇ノ積荷ハ航海ヲ始ムル前ニ在テハ賃借人運送賃ノ半額ト取戻シニ因リテ生スル費用トヲ

支拂ヒテ之ヲ取戻スコトヲ得航海ヲ始メタル後ニ在テハ運送賃ノ全額ト取戻ニ因リテ生スル費用トヲ支拂フコトヲ要ス但其取戻シカ船長ノ過失ニ因ルトキハ第九百八條ノ規定ニ從フ

船舶賃貸借ノ場合ニ於テ既ニ幾部カ其荷物ヲ積込ミタル時ハ全部ノ運送ヲ支拂フニ非サレハ荷主タル借主ハ契約ヲ解クヿ能ザルモ(第八百九十四條)箇々ノ積荷ノ場合ニ於テハ既ニ積込タル後ニモ尚ホ運送賃ノ半額ト取戻シニヨリテ生スル損失即チ他ノ代リノ荷物ヲ補充ノ爲メニ積込ム所ノ費用等ヲ支拂フニ於テハ荷物ノ取戻シヲ爲スヿヲ得セシム

第九百七條 船長ノ承諾ヲ得ス又ハ虛僞ノ明告ヲ爲シテ船舶ニ積込ミタル運送品ハ船長之ヲ陸揚シ又ハ之ニ最高ノ運送賃ヲ付スルコトヲ得又其運送品カ船舶若クハ他ノ物ヲ危險ナラシムルトキハ之レヲ海中ニ

借主カ窃カニ詐欺ノ陳告ヲ爲シテ荷物ヲ積込メル時ニ船長ノ有スル權力

船カ國籍ヲ有

投スルコトヲ得

船長ニ本條ノ規定ノ如キ權力ヲ與フルハ船長ノ承諾ヲ得スニ積込タル荷物ニ對シ制裁ノ爲メ又ハ他ノ荷物ノ危險ヲ防グ爲ニ必要ナリトス蓋シ竊カニ積メル運送品カ船ノ積載力ニ超ヘ或ヒハ爆發又ハ發火シ易ク爲ニ船或ハ他ノ積荷ノ爲メニ危險ニシテ而シテ之ヲ發見セルハ航海ノ途中ニアリテ直チニ之ヲ陸揚スルヿ能ハザル時ニハ船長ハ之ヲ海中ニ投スヘキ權利アリ又其義務アルモノナリ然レ圧其陸揚ヲ爲シ得ル塲合ニ於テハ濫リニ人ノ物品ヲ毀壞スル能ハサルカ故ニ之ヲ陸上ニ揚ゲ且之ヲ保有スルニ付相當ノ注意ヲ爲サヾルヘカラズ若シ亦其荷物アルモ別ニ船ノ積載力ヲ超ユルノ憂アラサル片ニハ最高ノ運送賃ヲ付シテ之ヲ運送スルヿヲ得ヘシ此塲合ニ荷主ヲシテ最高ノ運送賃ヲ拂ハシムルモノハ其竊カニ積込ミタルノ所爲ヲ疾ムニ因レルモノナリ

第九百八條　船舶カ航海ノ用ニ耐ヘサルトキ又ハ契約

セサル時及航海ニ不能ナル時ニ借主ノ有スル權力

ニ揭ケタル國籍ヲ有セス若クハ之ヲ失ヒタルトキハ賃借人ハ契約ヲ解除スルコトヲ得又船長ハ運送賃ノ請求權ヲ失ヒ且賃借人ニ被ラシメタル總テノ損害ヲ賠償スルコトヲ要ス

船舶カ國籍ヲ有セサル時ハ戰爭ノ際沒收ニ遭フノ恐アリ又關稅若クハ特權等ノ爲メニ荷主ノ爲メニ甚ダ必要ナリ故ニ船舶ニ國籍ナキトキハ借主ニ契約ヲ解除スルヿヲ得セシム

又船舶カ脆弱ニシテ航海ニ適セサル場合ニ於テハ其危險ハ更ニ大ナリ故ニ此場合ニ於テモ亦右ト同一ニ論スルモノトス而メ此等ノ二箇ノ場合ハ之レヲ知ラス又ハ之レヲ告ケサルハ過失常ニ船長ニ在ルカ故ニ船長ハ運送賃ノ請求ヲ爲シ得サルノミナラズ爲メニ借主ニ蒙ラシメタル凡テノ損害ハ之ヲ償ハザルヘカラザルナリ

船カ途中ニ修

第九百九條　船舶カ航海中ニ生シタル破損ノ爲メ修繕

繕ノ爲メニ時日ヲ費ス時ニ借主ノ爲シ得ル權能

滯泊ノ費用

ヲ要スルトキハ賃借人ハ運送賃ノ全額ヲ支拂ヒテ契約ヲ解除スルコトヲ得

若シ船舶ヲ相當ノ期間ニ修繕スルコトヲ得サルトキハ賃借人ハ船長カ他ノ船舶ヲ以テ之レニ換ヘサルトキニ限リ其地マテノ運送賃ヲ支拂ヒテ契約ヲ解除スルコトヲ得

本條ハ船舶發航ノ時ニハ航海ニ耐フルノ狀況ヲ具ヘテ出テシモ後ニ修繕ヲ要スルニ至レル場合ヲ規定セルナリ而メ事情ニヨリ船舶ヲ相當ノ期間內ニ修繕シ了ルヿ能ハズ又他ノ相當ナル船ヲ以テ之レニ換ヘテ荷物ノ運送ヲ爲スヿ能ハサル時ニハ借主ハ價ノ變動シ易キ商品ヲ積ミ込ミ空シク時日ヲ遷延セシムベカラサル故此ノ場合ニハ借主ニ解約ノ權ヲ與フルナリ

第九百十條　第八百九十三條ノ場合ニ於テハ滯泊ノ費用ハ共同海損ノ原則ニ從ヒテ之ヲ定ム

遲延ニヨリテ惹起セル損失ノ負擔者

物ノ喪失スルコトアリトモ借主ハ仍ホ全額ノ運送賃ヲ支拂ハザル可ラザル場合

蓋シ不可抗力ニ基ケル滯泊ハ人力ヲ以テ避ケ得ザル變災ナルカ故ニ之ヲ契約者ノ一人ノミニ負ハシムルハ不當ナルベシ

第九百十一條　航海前航海中又ハ到達港ニ於テ賃借人又ハ船長ノ惹起シタル遲延ノ費用ハ其ノ遲延ヲ惹起シタル者之レヲ負擔シ且此レニ因リテ生シタル損害ヲ賠償スルコトヲ要ス

損害ハ其損害ヲ惹起シタル者之ヲ負擔スベキコト普通ノ原則ニシテ亦自己ノ所爲ヲ以テ他人ニ損害ヲ被ムラシメタル者ハ之ヲ賠償セサル可ラザルコトモ亦法律ノ大則ナリ

第九百十二條　賃借人ノ過失、物ノ性質又ハ事變ニ因リテ喪失シタル運送品第八百七十二條ニ從ヒテ賣却シタル運送品又ハ共同ノ危險ヲ救フ爲メニ船中ニ投シタル運送品ニ付テハ運送賃ノ全額ヲ支拂フコトヲ

船カ難破坐礁膠砂又ハ掠奪セラレタル時

要ス然レ𪜈船中ニ投シタル塲合ニ於テハ其運送賃ハ共擔辨濟ノ義務ヲ負擔ス

物ノ貸借契約ニシテ完成セル上ハ運送賃ヲ拂フノ義務荷物ヲ運送スルノ義務契約者ノ雙方ニ生シ一方ノ義務ハ他ノ一方ノ義務ヲ以テ其發生ノ原因トナスモ然レ𪜈一方ノモノカ自巳ニ責ヲ歸スヘカラザル原由ヨリシテ義務ヲ盡スヿ能ハザルニ至レル時ト雖𪜈原由ナキ他ノ一方ノ義務ハ依然存在シ義務者ハ之ヲ誠實ニ盡サヾル可ラズ故ニ船舶賃貸借ノ契約ノ塲合ニ於テ運送品カ物ノ性質又ハ事變等船長ノ過失ニ歸スルヿ能ハザル原因ノ爲メニ喪失セバ船長ハ其ノ運送ヲ爲スノ義務ヲ免カルヽ時ト雖𪜈借主ハ其負ヘル運送賃ヲ拂フノ義務ヲ誠實ニ盡サヾルヘカラサルナリ況ンヤ借主自身ノ所爲ニ因リテ運送品ノ喪失セル塲合ニ於テヲヤ

第九百十三條　船舶ノ難破、坐礁膠沙又ハ掠奪ニ因リテ失ヒタル運送品ニ付テハ運送賃ヲ支拂フコトヲ要

ニ借主ノ賃錢ヲ拂フノ義務ノ上ニ及ホス影響

セス且別段ノ契約アルニ非サレハ豫メ支拂ヒタル運送賃ハ之ヲ償還スルコトヲ要ス

救助セラレ又ハ贖戻サレタル運送品ニ付テハ之ヲ到達港ニ運送セサルトキハ船舶ノ難破坐礁膠沙又ハ掠奪ノ地ニ至ルマテノ運賃ヲ支拂フコトヲ要ス

本條ハ前條ニ規定セル場合即チ運送品カ其性質又ハ事變等ノ爲メニ滅失セル場合ト其ノ規定ノ同ジカルベキニ似タレ𪜈立法者ハ前ト異ニシテ運送賃ヲ支拂フノ義務ヲ借主ニ免レシメ既ニ拂渡セルモノト雖𪜈之ヲ取戻スヿヲ許セリ而シテ今其理由ヲ聞クニ船長ハ某事件ヲ了ルヿ即チ其託セラレタル運送物ヲ到達地ニ於テ引渡スノ義務アル者ナルニ之ヲ引渡サヾル片ハ即チ其契約ヲ履行セサリシモノト謂ハサルベカラサルニ由ルト云フ惟フニ船長ハ某事件ヲ了ルノ義務ヲ負ヘ而シテ其負ヘル義務ノ如クニ到達地ニ於テ物ノ引渡シヲ爲ス能ハサリシトハ雖トモ其事タルヤ之レヲ爲サヾリシニアラスシ

運送賃ノ負擔者

テ之ヲ爲ス能ハサリシニ因ルモノナルニ其ノ爲ス能ハサリシ所爲ニ付テ且ツ過失ナク又責ムヘキ所以スラモアラサルモノニ對シ責任ヲ負ハシムルハ酷ナリト云フヘシ

救助セラレ又ハ贖ヒ戻サレタル運送品ニ付テハ之ヲ到達港マテ運送セザル時ハ船舶カ難破シ又ハ掠奪セラレタル地ニ至ルマテノ運送賃ヲ拂ハザルヘカラザルコト爲セルモノハ借主ハ之レニ因リテ幾分カ利益ヲ得タルニヨリ幾分カ運送賃ヲ拂ハザレハ人ノ損失ニヨリ己レヲ利スルニ至ルベシト云フニアレ圧借主ニ全部ノ運送賃ヲ拂フノ義務ヲ有セシメタルノ点ハ到底前ト同シキ批難ヲ受クルヲ免カルヽ能ハザルベキナリ

第九百十四條　積荷受取人ヨリ運送賃ヲ受取ルコトヲ得ス又運送品ヲ賣却スルモ仍ホ之ヲ得ルコト能ハザルトキハ賃借人ハ其運送賃ニ付キ責任ヲ負フ

船長ハ運送賃ヲ得ルカ爲メニハ運送品ノ上ニ留置權ヲ有スルモノナルカ故

ニ荷物受取人ノ運送賃ヲ支拂ハサルヿアルニ於テハ積荷ノ賣却ヲナシテ其辨濟ニ充ツルヲ得ルモ尚ホ全キ辨濟ヲ得サルニ於テハ借主ハ契約ノ對手タルカ故ニ之レニ同シク請求シ得ヘキハ論ヲ待タザルナリ

船長カ運送賃其他ノ債權ノ爲メニ有スル優先權

第九百十五條　船長ハ運送品ヲ引渡シタル後十四日間ハ所有者ノ破産シタルトキト雖モ運送賃其他ノ債權ノ爲メ運送品ニ付優先權ヲ有ス其ノ占有カ第三者ニ移リタルトキハ此限ニアラズ

是レ運送品ヲ受取リテ現ニ之ヲ占有シナガラ其ノ運賃ヲ拂ハズシテ破産シタルトキニハ他ノ債主ハ其運送品ノ爲ニ大ニ利益ヲ得テ運送人ノミハ他人ノ爲ニ嫁衣ヲ製スルガ如キ不利ヲ見ルガ故ニ此ノ優先權ヲ與ヘテ以テ滿足セシメント欲スルナリ

借主ハ運送賃ノ減額ヲ求ムルノ權ナシ

第九百十六條　運送賃ノ減額ハ運送品ノ喪失、情況、ノ變更又ハ其他ノ事由ノ爲メニ之ヲ求ムルコトヲ得

船長自カラ運送品價額損失ノ責ヲ負ヒシトキ

ズ

此ニ所謂情況ノ變更又ハ其他ノ事由トハ船ガ到達港ニ着ケル時運送賃ノ著シク低落シ或ハ又運送品ノ價カ大ヒニ低落セルカ如キヿヲ指スナリ

第九百十七條　運送品ノ價額ノ損失ニ付キ船長其責任ヲ負ヒタルトキハ運送品ヲ船長ニ委付シテ運送賃ニ換フルコトヲ得

船長ハ賃銀ヲ得ルノ目的ヲ以テ他人ノ物品ノ運送ニ從フモノナレバ其目的ハ勿論金銀ニアリ而〆人ハ權利者ノ承諾ヲ得ルニアラサレハ約シテ負ヘル所ノ物ヨリ他ノ物ヲ以テ己レノ義務ノ辨濟ニ充ツルヿ能ハサルガ故ニ借主カ運送品ヲ委付シテ運送賃支拂ノ義務ノ免除ヲ得ルヿ能ハサルハ辨ヲ待タサルナリ

其本條ニ於テ船長カ運送品ノ價額賠償ニ付キ責任ヲ負ヘル時ニ物品ヲ委付〆運送賃ニ代フルヿヲ得セシムルハ一ニ損失ヲ受ケタル荷主ノ便益ヲ計ル

ニ由ル故ニ荷主タル借主ハ此權利ヲ行フト否トハ其意ノ欲スル所ニ〆之ヲ行ヘル時ト雖圧倘シ其價ノ運送賃ニ超過セル時ハ其增セル部分丈ケハ之レヲ要求スルヲ得ヘシ

第四節　旅客運送

旅客運送

旅客運送ノ丁ハ第一篇第八章ノ第八節ニ於テ既ニ詳ニ之ヲ規定シタルニ今亦本節ニ於テ再ヒ之ヲ規定スルハ重複ノ嫌ナシトセス然レ圧前者ノ規定ハ陸地ト內海ノ旅客運送ノミニ關スル者ナルガ故ニ遠洋航海ノ旅客運送ハ之ヲ同一視スル丁能ハザル者アリ何トナレハ遠洋航海ノ塲合ニハ旅客ノ生命財產ト共ニ一船ノ內ニ存シ彼ノ內地又ハ內海ノ如ク何所ニモ寄港シ又ハ下車シテ其身體財物ヲ置ク丁ヲ得ベキ塲合ト大ニ異ナル者アレバ也

旅客運送契約ニ旅客ノ氏名ヲ揭ケタル時

第九百十八條　旅客運送契約ニ旅客ノ氏名ヲ揭ケタルトキハ旅客ハ船長ノ承諾ナクシテ航海ノ權利ヲ他人ニ轉付スルコトヲ得ス

船中ノ秩序ニ關シテハ旅客皆船長ノ指圖ニ從ハザルベカラズ

船中ノ賄

船長ハ定時ニ

船長ハ甲者ヲ運送スルコヲ約シタルニ甲者ハ其權ヲ乙者ニ讓ル片ハ是レ對手人ノ變更ナリ對手ノ變更ハ雙方ノ承諾ニヨルニアラザレハ其効ナキナリ

第九百十九條　旅客ハ船中ノ秩序ニ係ル船長ノ指圖ニ服從スル義務アリ

大洋ヲ航スル船舶ハ陸上ニ於ケルカ如ク國家警察ノ權ヲ及ボス能ハス故ニ各國皆ナ國中ノ秩序ニ關スルコニ付テハ警察ノ權ヲ以テ船長ニ附與ス

第九百二十條　航海中旅客ノ賄ハ反對ノ契約又ハ慣習アルニ非サレハ運送賃ニ包含スルモノトス若シ反對ノ契約又ハ慣習アル場合ニ於テ旅客カ食物ノ缺乏ヲ告クルトキハ船長ハ相當ノ代價ニテ之ヲ給スル義務アリ

本條ハ說明ヲ要セズメ可ナルベシ

第九百二十一條　旅客カ乘船地又ハ航海中ニ於テ定時

乗船セサル旅客ヲ待ツノ義務ナシ

發船前ニ航海ヲ廢止セル時

ニ乗船セサルトキハ船長ハ之ヲ待ツ義務ナク旅客ハ運送賃ノ全額ヲ支拂フ義務アリ

乗船スヘキ時刻ニ乗船セサルハ乗船セサル者ノ過失ニシテ而メ船長ハ濫リニ航海ヲ遲延スルヿ能ハザルモノナルカ故ニ旅客ニシテ定時ニ乗船セサルヿアリ圧之レヲ待ツヲ要セザルナリ而シテ定時ニ乗船セサルガ爲メニ乗船セサルヿ能ハサリシ時ト雖圧商ホ約セル運送賃ノ全部ヲ支拂ハサルヘカラルノ理由ハ第九百十二條及ヒ其次條ノ說明ヲ參看セハ明カナルヘシ

第九百二十二條　發船前ニ航海ヲ廢止スル場合ニ於テハ左ノ規定ニ從フ

第一　旅客ハ解約ノ申込ミヲナシテ航海ヲ止メタルトキハ運送賃ノ半額ヲ支拂フコトヲ要ス

第二　旅客カ死亡疾病其他一身ニ係ル已ヲ得サル事情若クハ不可抗力ニ因リテ航海ヲ妨ケラレタ

ルトキハ運送賃ノ四分一ヲ支拂フコトヲ要ス然レモ旅客ハ尙ホ次回ニ發船スル船舶ヲ以テ航海スルヲ擇フコトヲ得但同一ノ定常航路ニ由ルトキニ限ル

第三　船長ノ過失ニ因リテ航海ヲ廢止シタルトキハ旅客ハ旣ニ支拂ヒタル運送賃ヲ取戻ス外尙損害賠償ヲ請求スルコトヲ得

第四　船舶ニ係ル已ムヲ得サル事故又ハ不可抗力ニ因リテ航海ヲ妨ケラレタルトキハ雙方ニ損害賠償ノ責ヲ生スルコト無クシテ契約ハ當然廢棄ニ歸ス但支拂ヒタル運送賃ハ別段ノ契約ナキトキハ之レヲ償還スルコトヲ要ス

本條ハ航海ヲ廢止スル場合四個ヲ擧テ各別ニ規定ヲ爲シタレハ余ハ其各個

旅客ヨリ解約ヲ申込ミタル時

旅客ニ不得止事情アリテ發航ヲ止メタルトキ

ニ付簡單ニ一言スヘシ

第一ノ場合ニ於テハ旅客ハ運送賃ノ半額ヲ支拂フテ其ノ責任ヲ免カルヽヲ得ト爲セルモ法理上ヨリ觀察スレバ非難スベキ所アリト言フベシ蓋シ運送契約ノ成ルヤ當事者雙方ニ確然義務ヲ生シ何レモ其一已ノ意思ノミヲ以テハ之ヲ減少シ又ハ變更スルヿ能ハサルモノナルニ此場合ニ於テ立法者ハ旅客一已ノ意思ニヨリテ其拂フベキ運送賃ノ義務ノ額ヲ減少スルヲ許シタレバナリ固ヨリ此場合ニ於テハ旅客ハ毫モ航海ヲ爲サヾルニハ相違ナキモ其之ヲ爲サヾルハ旅客ノ勝手ニ出テシ者ナレハ之ヲ以テ其負ヘシ義務ノ額ヲ減少セントスル理由ト爲スヿ能ハザルベキナリ第二ノ場合ハ旅客ニ已ムヘカラサル事情アリテ航海ヲ爲スヿ能ハザリシ場合ナレバ之ヲ前ノ場合ニ比スル時ハ大イニ旅客ノ寛侍セラルヽヲ見ル乃チ前者ハ運送賃ノ半額ヲ拂ハザルヘカラサルモ此場合ニハ僅カニ四分一ヲ拂フニヨリテ其責ヲ免カルヽヲ得ルナリ第三及第四ハ別ニ説明ヲ要スルヿナシ故ニ贅セス

發航後ニ航海ヲ廢止スル塲合ニ依ルベキ規定

第九百二十三條　發航後ニ航海ヲ廢止スル塲合ニ於テハ左ノ規定ニ從フ
第一　旅客カ航海中ニ解約ノ申込ヲ爲シテ航海ヲ止メタルトキハ運送賃ノ全額ヲ支拂フコトヲ要ス
第二　船長カ航海ノ續行ヲ拒ミ其他旅客ノ航海ヲ止メタルコトニ付キ過失ノ責ヲ負フトキハ旅客ハ已ニ支拂ヒタル運送賃ヲ取戻ス外尙損害賠償ヲ請求スルコトヲ得
第三　旅客カ其一身又ハ船舶ニ係ル已ムヲ得ザル事故又ハ不可抗力ニ因リテ航海ヲ妨ケラレタルトキハ既ニ航海シタル路程ニ應ズル運送賃ノミヲ支拂フ義務アリ但船長カ契約上ノ旅客ノ權利ヲ害スルコトナク他ノ同樣ナル船便ヲ以テ航海

ヲ遂クルヿヲ申入レタルトキハ此限ニアラズ
海上災害其他ノ災害ノ爲メニ死亡シタル旅客ノ相續人ハ運送賃ヲ支拂フコトヲ要セス然レﾄﾓ既ニ支拂ヒタル運送賃ノ償還ヲ請求スルヿヲ得ス

本條第一乃至第三ノ塲合ハ既ニ前節及ビ本節ノ處々ニ於テ詳論シタレハ茲ニ贅セス唯ダ其末項ニ爲セル規定ニ就テ一言スベシ法律ハ曰ク海上災害其他ノ災害ノ爲メニ死亡シタル旅客ノ相續人ハ運送賃ヲ拂フヲ要セス既デニ拂ヒシ運送賃ノ償還ヲ請求スルヲ得ズト是レ何等ノ理由ニ基ケル者ナルカ惟フニ此ノ如キ災害ノ塲合ニ於テハ船長ノ運送ヲナスヘキ義務ヲ免カルヽハ疑ヲ容レス何者船長ハ責ヲ己レニ歸スベカラザル原因ノ爲メニ運送スヘキ目的物ヲ失ヒタレバナリ(不能執行ハ義務消滅ノ一因ナリ)然レﾄﾓ旅客ノ方ニハ義務消滅ノ原因ハ生セサルナリ成程旅客ハ死亡シタルカ故ニ義務ノ主體タルコト能ハサルモ其義務ハ旅客ノ身上ニ附屬シ他人ノ代リテ之レヲ

船舶ノ發航ヲ遲延セル時ニ旅客ノ爲シ得ル權能

盡スヿヲ得ベキガ故ニ相續人ハ之レヲ繼承シテ盡サザルベカラザルナリ然ルニ法律ハ之ヲ免ゼリ是レ其ノ理由ヲ發見スルニ苦ム所ナリ

第九百二十四條　原因ノ如何ヲ問ハス船舶カ發航ヲ遲延シタルトキハ旅客無代價ノ止宿若シ運送賃ニ賄ヲ包含スルトキハ船中ニ於ケル賄ヲモ請求スルコトヲ得然レ𪜈其遲延ノ甚タシキトキハ旅客ハ契約ヲ解除シテ既ニ支拂ヒタル運送賃ヲ請求スルコトヲ得其他遲延カ船長ノ過失ニ因ルトキハ尙ホ損害賠償ヲ請求スルコトヲ得

前項ノ規定ハ航海中立寄港ニ於テ生シタル同一ノ場合ニモ之レヲ適用ス然レ𪜈運送賃ノ償還ハ未タ航海セザル路程ニ應シテノミ之レヲ請求スルコトヲ得

天災又ハ事變ノ爲メニ船長カ發航ヲ遷延セル時ト雖、旅客ヲシテ無代價ノ止宿又ハ船中ニ於ケル賄ノ請求ヲ爲サシムル所以ノモノハ旅客運送ノ契約ハ旅客ヲ或ル場所ヨリ他ノ場所ニ成ヘキ丈ケ速キ時間ヲ以テ運送スヘキヿヲ約セル者ニシテ而シテ航海ニ於テハ天災其他ノ事情ノ爲メニ發航ヲ妨ケラルヽカ如キヿハ往々ニシテ之レアルモノナルカ故ニ之レヲ豫期シテ運送賃ヲ定メタルモノナルヘシト法律ノ推定セルニ由ルナリ而シテ其遲延カ甚タシキ場合ニ於テハ契約ノ解除ヲ求ムルヿヲ旅客ニ許セルモノハ此事タル固ヨリ法律ノ原則ニ背クニハ相違ナキモ之ヲ以テ旅客ノ旅行ヲ抑制スルガ爲ニ生スル所ノ損害ニ比スレハ僅少ニシテ幾ント之ヲ顧ミルニ足ラサレバナリ

船ノ發航ヲ遲延スルモ旅客カ契約ノ解除ヲ求メ得ザル場合

第九百二十五條　前條ノ場合ニ於テ船長カ契約上ノ旅客ノ權利ヲ害スルコトナク他ノ同様ナル船便ヲ以テ航海ヲ遂クルコトヲ申入レタルトキハ旅客ハ契約ヲ解除スルヿヲ得ス

旅客ニ對シテ船長ノ有スル義務

本條ハ亦文字ノ示スガ如キノミ他ニ説明ヲ要セザルベシト信ズ

第九百二十六條　船長ハ旅客ノ安全健康ニ注意シ必要ノ食物藥劑及救助具ヲ供用ニ耐フル景狀ニテ船中ニ備フルコトヲ要ス若シ災害ノ生シタルトキハ船長ハ第一ニ旅客ヲ救助スル義務アリ且如何ナル情況アルモ此救助ヲ實行シタル後ニ非レハ船舶ヲ去ルコトヲ得ス

船中ニ於テ死亡シタル旅客ノ埋葬ハ相續人ノ費用若シ已ムヲ得サレバ船舶ノ費用ヲ以テ慣習ニ從ヒ船長之ヲ爲ス義務アリ

船ガ航海ノ途中ニ在ル時ハ陸地ニ於ケルカ如ク物ヲ需ムルニ便利ナラザルガ故ニ船長ハ其ノ發航前ニ宜シク變故ニ備フルノ設備ヲ爲サヽルベカラズ而シテ其災害ノ爲メニ船ヲ去ル時ニ際リテハ船長ハ海員ヲ指揮シテ旅客積

旅客行李ノ運送賃ハ特約ナケレハ存セス

船中ニ死セル旅客ノ行李旅用具ニ對シテ有スル船長ノ保管ノ義務

本節中ニ適用サルヘキ諸條

荷等ノ救助ニ力ヲ盡サヽルヘカラサル義務アルモノナレバ最モ後レテ船ヲ去ラザルヘカラザルナリ

埋葬ハ死者ヲ處スルノ儀式ニシテ生産結婚ト同シクマタ是レ人世ノ大事ニ屬ス禮以テ之ヲ接セザルベカラス之ヲ以テ船中ニ死セルモノアリトモ濫リニ之ヲ拋棄スルコト能ハザルナリ

第九百二十七條　船客カ船中ニ積入ルヽコトヲ得ル行李及ヒ旅用具ノ運送ニ付テハ反對ノ契約アルニ非レバ旅客運送賃ノ外特別ノ報酬ヲ支拂フコトヲ要セス

第九百二十八條　船中ニ於テ死亡シタル旅客ノ行李及ヒ旅用具ニシテ船中ニ在ルモノハ船長ニ於テ此相續人ノ爲メ適當ノ方法ヲ以テ之ヲ取扱フヘシ

第九百二十九條　本章第一節第三節及第一編第八章第八節ノ原則ハ第五百二十三條前段ノ規定ヲ除ク外本

節ノ旅客運送ニモ之ヲ適用ス

以上三條ハ故ラニ說明セザルモ明瞭ナルベシ

第六章　海損

海損ノ種類
共同海損
單獨海損

海損ニ二種アリ其一ヲ共同海損ト云ヒ其二ヲ單獨海損ト云フ共同海損トハ船舶及ビ積荷ヲ共同ノ危險ヨリ救助センガ爲メ故ラニ船舶又ハ積荷ニ加ヘタル非常ノ喪失、損害及ビ之ニ類スル非常ノ費用ヲ云フ畢竟船ト積荷ガ共同シテ之ヲ負擔スルニ由ル其二單獨海損トハ任意ニ非ラズシテ生ジ又ハ船舶若クハ積荷ノミニ生シタル喪失、損害及ビ費用ヲ云フ者ニシテ畢竟喪失、損害及ビ費用ヲ負フモノハ船舶又ハ積荷ノ所有主ノミナルニ由ル故ニ海損ヲ呼ブニ共同又ハ單獨ノ二語ヲ以テセル者ハ喪失、損害及ビ費用ヲ負擔スル者ガ船舶又ハ積荷ナルト船舶及ヒ積荷ナルトニ由ルモノトス

共同海損ノ定義及諸種ノ例示

第九百三十條　共同海損ハ船舶及ヒ積荷ヲ共同ノ危險ヨリ救助センカ爲メ故ラニ直接又ハ間接ニ船舶又ハ

積荷ニ加ヘタル非常ノ喪失損害及ヒ同一ノ旨趣ニテ支出シタル非常ノ費用タリ殊ニ左ニ掲クルモノハ共同海損ニ屬ス

第一　船舶及ヒ積荷ニ係ル危險ヲ避ケ又ハ其既ニ被フリタル危險ノ有害ナル結果ヲ避ケンカ爲メニスル避難港ヘノ入港

第二　船舶ヲ輕クスルカ爲メニスル積荷ノ投棄又ハ陸揚及ヒ此ニ因リテ船舶又ハ積荷ニ加ヘタル損害

第三　沈沒又ハ掠奪ヲ避ケンカ爲メニスル任意ノ坐礁膠砂

第四　船舶又ハ積荷ノ贖戻ノ費用及ヒ人質ニ取ラレタル者アルトキハ其贖戻ノ費用

船舶及積荷ヲ共同海損ヨリ救ヒ出スガ爲メニ費セル費用ハ喪失セル物件ヲ救ハレシ積荷及船舶ニ於テ共擔セサルベカラサル理由

第五　第八百七十二條ニ從ヒテ共同海損ヲ償フ爲メニ借入タル金額ノ利息若クハ冒險料又ハ賣却シタル積荷ノ損失其他共同海損ノ調査及ヒ計算ノ費用

本條ニハ先ツ共同海損ノ定義及ビ其ノ主要ナルモノヲ示セリ然レ圧是レ例示ノミ制限的列記ニアラサルナリ(殊ニノ語論據)故ニ此他ニ尙ホ共同海損ノ存スルコアルベシ抑モ航海ハ危險ノ業ナリ而シテ不幸ニシテ若シ其危險ニ遭ヒ滅盡毀損ヲ蒙リ又ハ積荷ヲ失フコアリ圧其如此クナリシ原由ニシテ責ヲ人ニ歸スベカラザルトキハ所有者ノ損失タルヲ免カレザルハ論ナキナリ法諺ニ曰ク物ハ所有主ノ爲メニ滅盡スト此諺ハ應サニ此塲合ニ適用スベキ者ナリ單獨海損ノ塲合ニ於テ船又ハ積荷ノ受ケタル喪失、損害及費用ヲ各所有者ガ各別ニ負ハザルヘカラザルモノト爲セルハ此理由ニ因ルナリ然レ圧船舶及積荷ヲ共同ノ危險ヨリ救ヒ出サンガ爲メニ直接又ハ間接ニ船舶又ハ積荷ヲ故ラニ犠牲ト爲セル場合ハ之レト同一ニ論ズベカラザルナリ船舶積荷ニツナガラ危險ノ中ニ埋沒セラレ避クルニ途ナキ場合ニ於テ其一方又ハ其兩者ノ一部ヲ犠牲ニ供シ以テ他ヲ濟ヒ得タリトセンカ他ノ安全ナルヲ得タルハ犠牲ニ供セラレタル物ノ恩澤ニ因ルナリ卽チ犠牲ニ供セラレシ物アルニアラザレバ濟ハルヽヲ得ザリシモノト云ハザルベカラズ一物ヲ救フガ爲メニ費サレタル費用及ビ喪失サレタル物ハ其救ハレシ物ニ對〆ハ實トニ必要ノ費用タリ必要ノ費用ハ物ノ所有主ニ於テ擔當スベキハ法理ナルガ故ニ船舶及ビ積荷ヲ共同ノ危險ヨリ救出サンガ爲メ故ラニ直接又ハ間接ニ船舶又ハ積荷ニ加ヘタル非常ノ喪失、損害、費用及ビ同一ノ旨趣ニテ支出シタル非常ノ費用ハ因テ以テ安全ナルヲ得タリシ船舶及ビ積荷ニ於テ共擔セサルベカラザルハ論ヲ待タザルナリ否ラズンバ救ハレシ船又ハ積荷ノ所有主ハ他人ノ損失ニヨリテ自己ヲ利スルニ至ルベケレバナリ

共同海損ヲ組成スル要素ハ左ノ如シ

共同海損アルカ爲メニ要スル事項

第一　其犠牲ト爲セル物ハ船舶及積荷ノ共同ノ危險ノ爲ナリシヿ

第二　其犠牲ト爲セル事ハ故意ニ出シヿ

第三　其犠牲ハ異常ノモノタルヿ

既ニ共同海損ト云フ𪜈ハ共同危險アルガ爲ニ之ヲ救援シテ生ジタル費用及損害額タルベキヿ勿論ナリ而メ此ノ共同海損ノ爲ニ或ル物ヲ犠牲トスルハ故サラニ之ヲ爲シタルモノナラザルベカラズ若シ然ラズメ之ヲ犠牲トセザルモ必ラズ滅盡スベキモノハ犠牲ニ供シタルト云フ可ラズ又犠牲ニ共シタル物ハ假令必ズシモ滅盡セズメ或ハ救ヒ得ヘキ物ニテモ之ヲ犠牲トシテ投棄スルヿノ必要ナキニ投棄シタリトテ犠牲ト爲ラズ何トナレバ他ノ物ハ之ガ爲ニ毫モ恩澤ニ浴セザレバナリ即チ犠牲ト爲リシ物ノ力ヲ假ラザルモ安全ナリシモノナレバ其ノ犠牲トセル物ノ失費ハ之ヲ償フニ及バザル也且ツ亦海損ノ犠牲ハ必ラズ畢常ノモノタルベキ所以ハ若シ初メヨリ豫期シタル

共同海損ノ處分ヲ行フニ付ヲ船長ノ爲スヘキ注

共同海損ヲ負フヘキ義務ノ程度ヲ定ムルノ標準

共同海損ノ時

費用ナルトキハ之ヲ以テ損害ヲ受ケタリト云フヿ能ハザルベキヲ以テナリ

第九百三十一條　共同海損ノ處分ヲ行フニハ船長ハ成ル可ク役員ト評議ヲナシ且評議ノ結果ヲ航海日誌ニ記載ス可シ

共同海損ノ處分ヲ行フハ重大ノヿナルヲ以テ謹愼ヲ加フベシト云フノミ

第九百三十二條　船舶及積荷ノ全部又ハ一部ヲ救助スルコトヲ得タルトキハ積荷ト船舶及ヒ運送賃ノ半分トカ到達港其他航海ノ終極地ニ於ケル其他ノ平等ナル割合ヲ以テ共同海損ヲ共擔ス

共同海損ヲ共擔スヘキ義務ノ程度ヲ定ムル標準ハ積荷ト船舶及運送賃ノ半分ガ航海ノ終極ノ地ニ於テ有スル價格ナリ而シテ所謂價格トハ純粹ノ原價ヲ云ヒ費用ヲ算入セザルヿハ九百二十六條ニ之ヲ定ム

第九百三十三條　共同海損ノ場合カ當事者ノ一方ノ過

モ過失ニ基ケルモノハ過失者ヲシテ其責任ヲ免カレシメズ

失ニ因リテ生シタルトキハ其過失ノ責任ハ共擔ノ爲メニ消滅セス

故ニ乘客荷主又ハ海員等ノ責ム可キ行爲ヨリシテ共同海損ノ處分ヲ行ハザルヘカラザルニ至レル時ニモ他ノ場合ノ如ク一旦之ヲ共擔セシムルモ之ガ爲ニ損害ヲ被リタルモノハ其責ムヘキ行爲ヲ爲セルモノニ對シテ其受ケタル損失ヲ償ハシメントヲ要求スルコトヲ得ヘシ

共同海損ノ確定及ヒ割賦ヲ爲スベキ他人及此人ノ撰定ヲ爲スヘキモノ

第百三十四條　共同海損ノ確定及ヒ割賦ハ到達港其他航海ノ終極地ニ於テ鑑定人之ヲ爲シ若シ鑑定人ノ選定ニ付爭アルトキハ官ヨリ之ヲ命ス

共同海損ハ積荷價額等ニ應シテ之ヲ負擔セシムルモノナレハ價額ヲ評定シテ之ヲ割賦スルガ爲ニハ相當ノ鑑定人ヲシテ鑑定ヲ爲サシムルヲ要ス然ラズンバ各人皆自己ノ利益ヲ主張シテ底止スル所無ルベケレバナリ

共擔義務ノ例

第九百三十五條　船舶ノ武具、食料、乘組員ノ給料、所持

品及ヒ旅客ノ旅荷物ハ共同海損ヲ共擔セス然レ𪜈其喪失又ハ損害ノ場合ニ在テハ他ノ共擔義務アルモノヨリ其賠償ヲ受ク

本條載スル所ノ諸種ノ物品ヲ共擔義務ノ規定外ニ措クハ各國法律皆之ヲ認ムル所ニシテ是レ航海ノ爲メ及ヒ旅客ノ旅行用ノ爲ニ緊要ナレバ法律カ之レヲ惠ミテ寛大ノ取扱ヒヲ爲セルニ外ナラサルナリ

喪失損害及共擔額ノ計算

第九百三十六條　喪失、損害、及ヒ共擔額ノ計算ハ棄却シタル物及ビ救助シタル物ノ實價ニ從ヒテ之レヲ爲ス然レ𪜈棄却シタル物ニ付テハ其實價カ船荷證書ニ記載シタル價額ヨリ高價ナリシトキト雖モ其記載ノ價額ノミヲ賠償ス

船荷證書其他ノ明告書ナクシテ積込ミタル貨物及ヒ甲板上ニ積込ミタル貨物ニ付テハ賠償ヲ爲スコトナ

シ但甲板上ニ積込ミタル貨物ニ付テハ沿岸小航海ノ船舶ニ非サルトキニ限ル

前項ノ場合ニ於テ救助シタル貨物ハ共擔義務ヲ免カル、コトヲ得ス

是レ第九百三十二條ニ定メタル海損ノ爲ニ共擔スヘキ價額トハ實價ノミナルヿヲ定メタルモノナリ而シテ其棄却セル物品ノ實價カ船荷證書ニ記サレタル價額ヨリモ高價ナリシ時ニモ亦其記載ノ價額ノミヲ賠償スルヿト爲シ以テ其ノ區域ヲ明瞭ニセリ船荷證書ハ雙方ノ承諾ニヨリ成レルモノナルカ故ニ荷物ノ價ヲ償フベキ場合ニハ其價ニ憑ルヘキヿヲ諾セルモノト言ハサルベカラズ加之既ニ滅ゼル物件ハ仔細ニ之ヲ調査スルヿ能ハザルカ故ニ從テ其正當ナル價額ヲ知ルヿ能ハザレバナリ而シテ其末項ニ於テ共擔義務ニ例外ヲ設ケ或ル貨物ニハ賠償ヲ爲サヽルヿヲ許セルモノハ船荷證書其他ノ明告書ニアラザル物品ハ法律ニ背キテ積込メルモノナルノミナラズ此物ハ

ハ正當ニ證明スヘキ道存セサルカ故ニ之レニ賠償ヲ求ムルコヲ許ス片ハ危險アルニヨル而シテ貨物ヲ甲板上ニ積込ムカ如キハ元來之ヲ船長ノ過怠ト言ハザルベカラズ而シテ船長ノ過怠ニヨリテ失ヒタル物ハ之ヲ過失ナキ他ノ者ヲシテ償ハシムルノ義務ヲ負ハシムヘカラサレハナリ故ニ此規定ハ之レヲ沿岸ヲ航スル船舶ニ適用セズ蓋シ此場合ニ於テハ貨物ヲ甲板上ニ積載スルハ法律ノ之ヲ許ス所ナレバ之レヲ過失ナリト言フヿ能ハザレバナリ而ノ本條ニ所謂救助シタル物トハ共同海損ノ處分ヲ行ヒタルニヨリ安全ナルヲ得タリシ貨物ノ謂ニアラズ一旦投入セラレタルモ幸ニ復タ救ハレタリシ物ヲ指スナリ

第九百三十七條　救助セラレタル船舶又ハ積荷カ其後喪失シ若クハ毀損シタル片又ハ海損若クハ救助ニ係ル債權ノ爲メ責ヲ負ヒタルトキ共擔義務ノ全ク消滅セサルニ於テハ其共擔義務ノ割合ハ初ノ海損ニ對シ

（傍注）爾後相次テ共同海損ノ起レル片ニ共擔義務ヲ執行スルノ順序

テ變更ヲ生ズルコトナシ然レ氏其共擔義務ハ後ニ生シタル喪失若クハ毀損ヲ扣除シ又ハ海損若クハ救助ニ係ル債權ヲ扣除シタル殘價額ニ從ヒテ之レヲ定ム

本條ノ假想セル場合ハ船舶積荷カ一度共同海損ノ爲メニ救ハレタルモ更ラニ復タ不幸ナル地位ニ陷リ再タビ共同海損ノ分處ヲ爲セルヲ以テ重ネテ海損ヲ償ハサルベカラサルノ義務ヲ共擔セル時ヲ云フナリ此場合ニ於テ前ノ共擔義務ニハ變更ヲ生セザルモ後ニ生シタル共擔義務ヨリ後ニ之ヲ執行スルモノト定メタル所以ハ是レ後ナル要求ヲ生セシメタル共同海損ノ効驗ヨリ前ニ生ジタル要求ヲモ行フヲ得ベク其物件ヲ保存セシメタルモノニシテ若シ後ノ救助ナケレバ前者ハ到底其要求ヲ行フコト能ハザリシナルベシト推測スルニ由ルナリ

棄却シタル物ハ其後ニ起レル海損ノ義務

第九百三十八條　棄却シタル貨物ハ其後ニ生シタル海損ノ場合ニ在テハ共擔義務ヲ負擔セス又船舶ニ對ス

ヲ負ハス

海損割賦ノ後ニ棄却シタル物ノ所有者ニ返レル時所有者ノ當事者ニ返スヘキモノ

單獨海損

ル積荷ノ共擔義務ハ積荷カ後ニ喪失シ又ハ使用ニ耐ヘサルニ至リタルトキハ消滅ス

棄却シタル後ノ海損ハ猶ホ死シタル後ノ身代ハリノ如ク毫モ前ノ棄却者ニ功徳ヲ與ヘサレバ隨テ其共擔義務ヲ負ハザル也

第九百三十九條　棄却シタル貨物カ海損割賦ノ後所有者ニ返リタルトキハ其所有者ハ救助ノ費用ト棄却ニ因リテ生シタル損害ノ額トヲ扣除シテ既ニ受取リタル割賦金ヲ當事者ニ償還スル義務アリ

此ノ如クセザレバ他ノ人ニ損失ヲ負ハシメテ己レノミ謂ハレナキ利益ヲ得ルニ至ルヘケレバナリ

第九百四十條　單獨海損ハ任意ニアラズシテ生シ又ハ船舶若クハ積荷ノミニ生シタル喪失損害及ヒ費用タリ此海損ハ各所有者各別ニ之ヲ負擔スルコトヲ要ス

反對ノ慣習ナケレバ船舶ノミノ損失ト爲ルベキモノ

物カ毀損滅失シ或ハ其他費用ヲ要スルニ至ルモ其原由ノ人ノ責ムヘキ行爲ニ基因セサルニ於テハ各所有者ハ各自別個ニ其損失ヲ負ハザル可ラス物ハ所有者ノ爲メニ盡ストノ法諺ハ此原理ヲ説明セルモノニ外ナラザルナリ

第九百四十一條　水先案内料、避水入費諸稅手數料又ハ檣帆若クハ機關ノ過度ナル使用ニ因リテ生シタル船舶ノ毀損ノ如キ航海ノ通常及ヒ臨時ノ費用若クハ損害ハ船舶ノミノ責ニ歸ス但反對ノ慣習アルモノハ此限ニアラズ

此等ノ費用ハ皆ナ普通ノ航海入費ニシテ而シテ普通ノ航海費ハ艦長ノ負擔スベキモノトス故ニ未タ海損ヲ以テハ之ヲ論スル能ハサルナリ又掠奪等ヲ免カルヽカ爲メニ帆、機關等ヲ過度ニ使用シ速力ヲ速メテ以テ船舶又ハ其付屬ノ具ニ損失ヲ生セシムルヿナキニアラザルモ船長ハ斯カル場合ニ在リテハ其有スル特別ノ方便ヲ盡シテ危難ヲ免カルヽヿヲ謀ルベキモノナレバ

寧ロ之ヲ航海中ノ常變ト見ルヘク未タ以テ海損ヲ以テ處スルニ足ラサルナリ

衝突破裂等ノ損害負擔者

第九百四十二條　衝突、破裂其他ノ事由ニヨリテ船舶及ヒ積荷ニ生シタル損害ニ付テハ自己ノ過失ニヨリテ其損害ヲ惹起シタル者責任ヲ負フ若シ其災害カ事變又ハ當事者雙方ノ過失ニ因リテ生シタルトキハ各當事者ハ己レニ受ケタル損害ヲ負擔ス

然レトモ當事者雙方ノ過失相均シカラサルトキ又ハ其災害ノ事由ヲ明カニ撿知スルコトヲ得サルトキハ損害ノ割賦ハ公平ナル酌量ニ從ヒテ之ヲ爲ス

自己ノ所爲ヲ以テ他人ニ損害ヲ與ヘタル者ハ之ヲ償ハサル可ラス然レトモ雙方ニ懈怠アリタルトキハ各自其損害ヲ負擔ス是レ英法學者ノ所謂私犯法上ノ一大原則ナリ而シテ若シ雙方過失ノ程度同ジカラザルニ其損害ノ負擔

海難ニ於テ乗組員ノ退去シ又ハ抛棄セル時ニ其船舶又ハ積荷ノ全部又ハ一部ヲ救助シ又ハ救援救撈等ニ與カリテ功ヲ爲セルモノノ有セル賃銀請求權

混同スルノ不可ナル片ハ裁判官ヲシテ公平ニ之ヲ酌量セシム

第九百四十三條　海難ニ於テ乗組員ノ船舶ヲ退去シ若クハ抛棄シタルトキ其船舶又ハ積荷ノ全部若クハ一分ヲ救助シタル者又ハ救援若クハ救撈ノ際乗組員ニ助力ヲ爲シテ其功ヲ致シタル者ハ救助賃又ハ助力賃ヲ請求スル權利アリ其賃額ハ危險ノ度費用時間及ヒ救助並ニ助力ヲ爲ス危險ト困難トヲ斟酌シテ之ヲ定ム然レトモ其賃額ハ救助シタル物ノ價額ノ三分一ヲ超エサルヲ通例トシ如何ナル場合ト雖モ半額ヲ超ユルコトヲ得ス

斯カル場合ニ勤勞セルモノニ或ル報酬ヲ與フルハ受ル者ニ益アリテ與フルモノニ損ナシ何者、此者ハ之レカ爲メニ報酬ノ額ヨリ大ナル價ヲ有スル船舶又ハ荷物ヲ失ハサルヲ得タレバナリ而シテ其報酬ヲ救ハレタル者ノ價

保險セラレタル船舶又ハ積荷カ損害ヲ受クルモ保險者ニ要求シ得サル損害額

ノ三分ノ一以下トセルハ救ハレタル物ノ所有者ニモ其救ハレタルニヨリ利益ヲ得セシメント欲セルニ因ルナリ

第九百四十四條　海損ノ爲メ保險者ニ對スル請求權ハ共同海損ノ場合ニ在テハ損害額カ船舶及ヒ積荷ノ被保險價額合計高ノ百分一以上ナルトキ、單獨海損ノ場合ニ在テハ毀損シタル物ノ被保險價額ノ百分一以上ナルトキニアラザレバ成立セス

船舶ト積荷トヲ問ハズ之ニ保險ヲ爲サシメタル時ハ其災難ニ遭遇セバ被保險者ヲシテ保險者ニ係リテ要求ヲ爲サシメテ可ナルカ如シト雖𪜈抑モ保險額ノ百分一ニ充タザル損害ノ如キハ其額極メテ僅少ニシテ其原因ヲ調査スルニ付キ要スル費用却テ要求ノ額ニ超過スルヿアルベキニ由リ徒勞タルヲ免カレザレバ無益ノ手數ヲ省カンカ爲メニ保險額ノ百分ノ一以上ノ損害カ生セシ時ニ非サレハ之テ要求スルヿ能ハストセルナリ

海損ノ場合ニ於ケル保險人ノ責任

第九百四十五條　保險契約ニ海損ノ責ニ任セザル旨ノ條款アルトキハ保險者カ凡テ海損ニ付テノ責ヲ免カルヽ但委棄ノ要件ノ存在スルトキハ此限ニアラス此場合ニ於テハ被保險者ハ委棄スルト海損請求權ヲ主張スルトノ一ヲ擇フ權利アリ

保險者ハ其擔當スヘキ條件ヲ定ムルコト自由ナルカ故ニ海損ニ付テハ責ニ當ラサルヘキ旨ヲ約シテ之ヲ免カルヽヲ得可シ其委棄ノ要件ノ存在セル場合ニ於テ然ラサルモノハ後段委棄ノ部ニ於テ説明スヘシ

第七章　冒險貸借

冒險貸借

此語ノ由來

其意義

冒險貸借トハ元來一種ノ貸借ニ外ナラザレトモ貸主ニ於テ或危險ヲ負フノ點ハ則チ大ニ普通ノ貸借ト異ナルモノナリ而シテ今之ヲ義解スレハ抵當ト爲セル物件ノ滅盡毀損ヲ貸主ノ損失ト爲シ冒險料ト名ツクル非常ニ高キ利子ヲ付セラレタル貸金ヲ船籍港外ニ於テ船長ガ借受クル契約ナリト云フ

可シ故ニ若シ其抵當ト爲セル物件ニシテ滅盡セシカ借主ハ抵當ノ義務ヲ免カルヽト同時ニ又負債主タルノ地位ヲ脱スル者ナリ冒險貸借ニ於ケル貸主ハ實ニ此ノ如キ危險ヲ負擔スル者ナルガ故ニ冒險料ト名ケラルヽ利子ハ非常ニ高價ニシテ少ナキモ二割多キハ四割乃至六割ニ至ルヿアリト云フ蓋シ危險ノ多少ニ基クナリ

此契約ハ細カニ其ノ性質ヲ窮ムレバ全ク一種ノ賭博タルヲ免カレサルナリ然レ氏船ガ航海中ニ於テ必要ノ費用ヲ得ンガ爲メニハ此非常ナル方法ニヨルニアラサレバ則チ其需用ヲ充スヿ能ハサルカ故ニ古來各國ノ立法官皆ナ認メテ之ヲ許セリ之ヲ以テ苟クモ賭博ヲ禁セザレバ則チ止ム若シ之ヲ禁ズトスレハ之ヲ制限スルヿヲ怠ル可ラザルナリ我立法者ガ船籍港ニ於テ此種ノ契約ヲ結ブヿヲ許サヽルノ意ハ即チ此意ニ外ナラサルナリ何者船籍港ハ即チ船ノ法律上ノ住所ナルガ故ニ船ノ必要ノ費用ヲ辨ズルハ此方法ニヨラザルモ他ニ之アリテ存スレバナリ

冒險貸借契約ノ性質

冒險貸借証書及其認可書ニ記スベキ諸件

冒險貸借ノ金額ガ冒險抵當物ノ價額ニ超過セル時ニ債權者ガ爲シ得ル權利

第九百四十六條　冒險貸借ハ船長カ船籍港外ニ在テ船舶又ハ積荷ノ已ムヲ得サル需用ノ爲メ債權者ニ冒險料ヲ支拂フ約束ニテ航海中冒險抵當物ニ付テノ海上危險ヲ引受ケシムル條件ヲ以テ取結フ貸借契約タリ

此契約ヲ取結フニハ第八百七十二條ノ手續ニ依ルコトヲ要ス

認可書及ヒ冒險貸借證書ニハ冒險貸借ノ事實、目的、船名、航路、冒險抵當物及ヒ其價額ヲ明記スルコトヲ要ス

冒險貸借ノ金額カ冒險抵當物ノ價額ニ超ユルトキハ債權者ハ其超過額若シ債務者ニ詐欺ノ意思アル場合ニ在テハ全金額ニ利息ヲ附シテ之ヲ取戻スコトヲ得

期望ノ利益ハ之ヲ積荷ノ價額ニ算入スルコトヲ得ス

此契約ヲ取結ブ爲ニ官ノ認可ヲ經サル可ラザルハ第八百七十二條ノ註釋ヲ參看セバ足ル可シ此契約書及認可書ニ冒險貸借ノ事實及目的ヲ記サヾルヲ得ザルハ此種ノ契約ガ船舶又ハ積荷ノ已ムヲ得サル需用ノ爲メニノミ締結スルヲ得ルカ故ナリ又其船名、航路、抵當物ヲ明記セサル可ラザルハ抵當契約ノ原則ヲ適用セルニ外ナラズ而シテ其價額ヲ明記スル所以ノモノハ貸金額ノ其價額ヲ超過スベカラザルガ爲メニ必要ナルニ由ル冒險貸借ノ金額ヲ抵當物件ノ價額ニ超エシメサルハ之ヲ裝フテ以テ賭博ヲ爲スヲ防制センガ爲メナリ故ニ冒險貸借ニシテ抵當ト爲セル物件ノ價ニ超過センカ其超過セル價丈ケハ之ヲ普通ノ貸借ト視テ判定シ海上危險ノ有リシ時ト雖モ債主ヲシテ償還ヲ求メシムベシ倘シ借主ニ詐欺ノ意アリテ之ヲ爲セルニ於テハ債主ニハ責ムベキノ點アルヿナケレバ之レニ對スル通常利子ノ要求ヲモ爲サシムルモノトス併シ期望ノ利益ハ必定ノ利益ト同ジカラス其ノ果シテ得ルヤ否ハ未定ニ屬スル故ニ之ヲ積荷ノ價額ノ中ニ算入スベカラザルナリ

冒險抵當ト爲シ得ル物及場合

第九百四十七條　船舶(附屬物ヲ包含ス)運送賃及ヒ積荷ハ之ヲ總括シ又ハ分別シテ冒險抵當ト爲スコトヲ得然レモ積荷ノミハ其需用ノ爲メニスルニ非レハ之ヲ冒險抵當ト爲スコトヲ得ス

船舶ノ冒險抵當ハ明言ナキモ其附屬物ヲ包含ス

船舶ノ冒險抵當ニハ明示ナキモ船舶ノ附屬物及ヒ航海ノ終ニ於テ得ヘキ運送賃ヲ包含ス

本條ハ冒險貸借契約ノ目的物タルヲ得ヘキモノヲ定メタルモノナリ而シテ凡ソ何種ノ契約タルヲ問ハス危險ニ罹ル憂アルモノニシテ其物件ノ確定シテ且評價シ得ヘキモノハ皆ナ其目的物タルヲ得ヘシ

重複冒險抵當

第九百四十八條　同一ノ物ヲ相異ナル需用ノ爲メニ數回冒險抵當ト爲シタルトキハ後ノ債權ハ前ノ債權ニ先ツモノトス

本條ノ趣旨ハ後ノ債主ナケレバ前ノ債主權ハ之ヲ全フスルコヲ得ザリシナ

冒險貸借証券ヲ發行スル方式

ラントノ推測ニ基クモノナリ

第九百四十九條　冒險貸借證券ハ求ニ因リテ二通以上ヲ交附シ又指圖式ニテ之レヲ發スルコトヲ得指圖式ニテ發シタル場合ニ在テハ裏書ヲ以テ轉付スルコトヲ得然レ𪜈裏書讓渡人ハ元金ノ支拂ニ付テノミ責ヲ負ヒ冒險料ノ支拂ニ付テハ明約アルニ非レハ其責ヲ負ハス

冒險貸借證券ハ他ノ流通證券、即チ爲替手形、約束手形等ト同シク裏書讓渡スルコトヲ得ルノミナラス裏書讓渡人ハ裏書讓受人ニ對シテ擔保ノ義務ヲ負フヘキナリ然リト雖𪜈此場合ニ於テハ本條ニモ明定セル如ク讓渡人ノ擔保ノ義務ニハ自ラ限界アリテ保險料ヲ支拂フ迄ノ擔保ヲ爲スモノニアラズ何トナレハ讓渡人ハ其保險料ヲ取得セサルモノナレハ未來ニ向テ期望スヘキ利益ニ過キス然ルヲ猶之ヲ擔保セシムルハ酷ニ失スルノ傾アレバナリ

冒險貸借ニ於ケル債權者ノ權利

債權者ナシテ其負擔セル海難ニ付テノ危

第九百五十條　冒險貸借金額及ヒ冒險料ハ別段ノ期間ヲ約定シタルニ非サレハ船舶ノ投錨後八日內積荷ニ付テハ其陸揚後八日內ニ之ヲ辨償スルコトヲ要ス若シ此期間ニ辨償ヲ爲サヽルトキハ債權者ハ冒險抵當物ニ對シテ質權ヲ行フコトヲ得

總テノ冒險抵當物ハ其債權者ニ對シテ連帶ノ責任ヲ負フ

是レ實ニ冒險貸借ヲ爲ス所ノ債權者ノ窮極ノ權利執行ヲ定メタルモノニシテ或ル期間ヲ過ルモ其ノ義務ヲ履行セザルトキニハ其抵當物ヲ賣却シ其代價ヲ以テ債權ニ差引キ餘剩アレハ之ヲ返シ不足アレハ更ニ請求スルヿ普通ノ質權ニ於ケルト同一ナルヲ徵セシムルナリ

第九百五十一條　航海ノ變更、他ノ船舶ニ貨物ノ積換、其他危險ノ變更ハ避ク可ラサル必要ニ出タルニ非サ

險ヲ免カレシムル場合

冒險抵當物ガ全部又ハ一部滅盡セル時ニ債權者ノ有スル地位

レハ債權者ヲシテ海難ニ付テノ責ヲ免カレシム

本條ハ說明ヲ要セザルモ明瞭ナルベキナリ

第九百五十二條　冒險貸借債務ノ辨償ハ冒險抵當物ノ全部カ航海中海上危險ノ爲メニ喪失シタルトキハ之ヲ求ムルコヲ得ス若シ毀損又ハ一分ノ喪失ノ場合ニ在テハ其殘餘ノ價額ニ限リ之ヲ求ムルコトヲ得但其海損及ヒ救助ノ費用ハ之ヲ扣除ス

前項ノ場合ニ在テハ海損ニ付テノ損害賠償ハ債權者ノ利益ニ歸ス

本條ハ冒險貸借契約ノ性質ヨリ生スル自然ノ結果ナリ夫レ借主ハ其契約ノ目的物トナシタル船舶又ハ積荷ヲ以テ其責ニ任スルモノニシテ借主全部ノ財産ヲ以テ其責ニ任スルノ意思ニテ其契約ヲ取結ヒタルモノニアラズ故ニ抵當物ノ全部若シクハ一部ガ海上危險ニ係リテ滅失毀損セルトキニハ負債主

ハ辨償スベキ義務ノ目的物件ヲ喪ヒタルガ故ニ其義務ハ自ラ消滅スベキナリ

第八章　保險

保險ノ義解

汎ク保險ト云フ𪜈ハ意外ノ事變ノ爲ニ損害ヲ被ムル者ニ對シ之ヲ償ヒ此等ノ損害ヲ被ラサリシ者ノ地位ニ至ラシムルヲ以テ目的トスル契約ノ總稱ナリ此契約ハ其觀察ヲ異ニスルニヨリ之ヲ二樣ニ區別スルヲ得可シ其一ハ料附ノ保險ト相互ノ保險トノ區別ニシテ他ノ一ハ陸地保險ト海上保險トノ區別ナリトス

料附ノ保險

料附ノ保險トハ保險ヲ爲ス者ニ保險セラルヽ其對手ヨリ或ル場合ニ於テ已レガ擔當セザル可ラザル危險ニ酬ユルガ爲メニ拂フ保險料ト名ツクル或金額ヲ受ケテ保險セラルヽ所ノ物件カ被ムルヿアルベキ危險ヲ已レニ引請ケ危險ノ總ベテノ責ニ任ズル契約ヲ云ヒ

相互ノ保險

相互ノ保險トハ同一ノ危險ヲ犯ス數人ガ相聯合シテ其生ズルヿアルベキ危險ヲ擔當シ其各人ノ受クルヿアルベ

キ損失ヲ各人ノ利益ニ應ジテ負ハントスル契約ナリ故ニ此種ノ契約ニ於テ、保險者ハ他ノ一面ヨリ之ヲ觀察スル片ハ又被保險者タルノ資格ヲ有スルモノト謂フ可シ料額ノ保險ニ於テハ災害ノ生ズルト否トニ拘ハラズ被保險人ハ契約ノ成レル時ニ一定ノ金額ヲ拂フ可ク、又拂フコトヲ約スルモ相互ノ保險ニ於テハ給料及物件ノ取扱費用トシテ定メラレタル金高ノ外ハ別ニ金錢ノ支拂ヲ爲スニ及バズ若シ危險ニ遭逢セルカ爲メニ損失ヲ受ケシモノアルニ於テハ其損失ヲ金高ニ計算シ之ヲ各自ノ得ベキ利益ノ高ニ比較シ以テ分擔セサルベカラズ故ニ相互ノ保險ニ於テハ各約諾者ニ於テ保險ヲ受クル報酬トシテ確定セル金高ヲ支拂フコトナク只ダ後日ニ至リ其契約ヲ爲セル者ノ間ニ損失ヲ蒙ムレル者アルトキ各自之ヲ分擔スルモノニシテ曾テ我國ニ流行セシ共濟會ノ類ナリ而シテ其相互ニ保險セル物件ガ一モ危險ニ遭過セザルヿアルベキ故ニ此未來ニ屬シ且ツ不確定ナル金高モマタ全ク支拂ハレザルヿアル可シ乃チ此種ノ保險ハ只各自ガ受ケントスル損失ノ一部ヲ

相互ノ保險ハ商業事項ノ中ニ入ラズ

陸上保險

海上保險

相互ニ救濟スルニ過キズ利益ヲ得ルノ目的アリト云フベカラサレバ之ヲ目シテ商事ナリト云ヒ得サルヤ明カ也隨テ余ガ述ブル保險ノ中ニハ此種ノ保險ヲ含マザルモノトス

之ニ反シテ料附ノ保險ハ利益ヲ射セントスル目的ヲ有スルニアラサレバ則チ之ヲ結ブヿ能ハサルガ故ニ純平タル商業ノ事項ニ屬ス而シテ陸上保險ノ事ニ附テハ前ニ既ニ之ヲ第一篇第十一章ノ下ニ詳述シタレバ今更ニ贅セス茲ニハ只ダ海上保險ノ爲ニ之ヲ說クベシ而シテ海上保險トハ保險人ト稱スル規約者ノ一人ガ被保險人ト稱スル一方ノ者ヨリ保險料ヲ受取リ又ハ受取ルヿヲ約束スル代ハリニ其被保險者ノ船舶及積荷又ハ船舶若クハ積荷ガ海上ニ於テ被ムルヿアルベキ喪失、損害、及費用ヲ己レニ於テ擔當スベク約スル契約ヲ云フ故ニ海上保險ト陸地保險トハ其性質粗ボ同シケレバ海上保險ノ爲メニ特ニ一章ノ規定ヲ設クルノ無用ナルニ似タリ然レ𪜈立法者ガ此規定ヲ爲セルモノハ抑モ故アリ蓋シ海上ノ事タル陸上ノ事ト同一ニ論シ得ベ

保險ニ付シ得ル物及ヒ得ザルモノ

カラザルヿアルハ從來屢々論セシ所ノ如シ倘シ國情ヲ異ニスルニヨリ之ヲ治ムル法律モ亦異ニセサルベカラズトセバ海上保險ノ事ヲ支配スルニ陸上保險ト同一ノ規則ヲ用フベカラザルハ明ラカナルベシ然レ𪜈其大躰ハ則チ異ナルヿナケレバ此ニ規定セルモノハ海上保險ニ付テノ特別ノモノヽミニ過ギズシテ其特ニ規定シアラサルモノニ付テハ定メラレタル保險ノ大則ニ依ラザルヘカラザルナリ

第一節　保險契約ノ取結

此事ハ前卷ニ於テ契約取結ノ爲ニ述ベタルト同一性質ナレバ多言セス

第九百五十三條　總テ航海ノ危險ニ罹ル可キ適法ナル財産上ノ利益ハ航海ノ全部又ハ一分ノ爲メ平時ト戰時トヲ問ハス航海前又ハ航海中ニ之ヲ保險ニ付スルコトヲ得

殊ニ船舶（附屬物ヲ包含ス）貨物運送賃、旅客運送賃、運送貨物、其賣却利益、仲買人手數料、仲立人手數料、冒險貸借權、海損債權其他船舶債權者ノ債權、及ヒ保險者自身ノ利益ハ之ヲ總括シ又ハ分別シテ保險ニ付スルコトヲ得

船舶乘組員ノ給料及ヒ報酬ノ保險ハ無効トス

將來ノ未定危險

保險契約ハ將來ニ關スル未定危險ニ係ルガ故ニ其保險ノ目的タル船舶ノ既ニ危險ニ係リタルカ若シクハ無難ニ到達シタル片ハ假令契約者ガ其事實ヲ知ラザル片ト雖圧其契約ハ無効トス然レ圧其危險ニシテ未來ニ屬スル以上ハ其既ニ航海ヲ始メタル後ニ於テ此契約ヲ取結フモ有効タルベキナリ

保險ニ附スベキ目的物

本條第二項ハ第一項ノ適用トシテ保險契約ノ目的タル物件ヲ定メタルモノナリト雖圧決シテ制限的ノ規定ニアラズ昔ニ此ノ他ニ其物件ノ確定現存ノモノニシテ且ツ未來ノ危險ニ罹リ得ルモノナル片ハ本條ノ適用ヲ爲シ得ルハ論ヲ待タズ

保險ニ附スヘカラザルモノ

本條第三項ハ保險ニ付スヘカラサルモノヲ明示セリ是レ其乘組員ヲシテ船舶ノ爲メニ其ノ全力ヲ盡サシムルノ主旨ニ出ツルモノナリ夫レ强風激浪ノ爲メニ船身當ニ沈沒セントスルニ方リテヤ若シ其給料報酬ヲ保險ニ付シタルトセハ乘組合ハ唯タ自己ノ身ヲ濟ハンコヲノミ是レ力メ敢テ船舶ノ安危ヲ顧慮セザルコトアルヘキヲ以テ之ヲ防止スルナリ

船舶ノ被保險價格ヲ算定スルニ付キ取ルヘキ標準地

第九百五十四條　船舶ノ被保險價額ハ危險ノ始マル時及ヒ地ニ於テ船舶ノ有スル價額トス

本條ノ規定ハ歐州各國ノ法律概ヲ一轍ニ出ツル所ニソ要スルニ保險者ハ其物件ノ危險ニ罹レル時價ヲ以テ危險ニ當ルヘキモノトスルナリ

船舶ノ危險ノ始期ト其終期

第九百五十五條　船舶ノ危險ハ積荷又ハ底荷ノ積入ノ始マル時ニ始マリ荷卸ノ終リタル時又ハ不當ノ遲延ナクシテ其終リ得タル可キ時ニ終ル但別段ノ契約アルトキハ此限ニ在ラス

冒險貸借債權及海損債權ハ之ヲ保險ニ付スルヿヲ得

保險契約取結ノ後ニ戰爭起リ又ハ處分ニ出ツル危險ノ

獨和佛各國ノ法律ハ出航ノ時ヲ以テ危險ノ始メトスルモ本法ハ之ニ異ナリ其荷物積入ノ時ヲ以テ始期トセリ故ニ若シ陸揚ノ遲延シタル間ニ於テ危險ノ生シタル時ハ被保險者ノ過失ニ出テタルモノナルヲ以テ其損失ハ自己之ヲ負擔スベキナリ

第九百五十六條　冒險貸借債權及ヒ海損債權ハ冒險抵當物又ハ共擔義務ヲ負フ物ノ價額ヲ限トシテ保險ニ付スルコトヲ得

冒險貸借ノ債權及ビ海損債權ヲ保險ニ付シタル場合ニ於テ保險價額ノ程度ヲ其抵當物及ヒ其義務物ニノミ限リタル所以ノモノハ該債主ノ損失ニ係ルモノハ其目的タル物件ニノミ存スルヲ以テナリ

第九百五十七條　保險契約取結ヒノ後戰爭起リ其他總テ國ノ處分ニ出ツル危險生シタルトキハ當事者ハ契約ヲ解除スル權利ヲ有ス但保險料ノ相當ナル增加ヲ

生セル時ニハ契約ノ解除ヲ求ムルヲ得ベシ

被保險者ハ危險ノ始マル前ニ或ル賠償ヲ爲シテ解約スルヲ得

保險者ハ海上危險ノ凡ベテノ責ニ任ズ

豫定シタルトキハ此限ニアラス
既ニ支拂ヒタル保險料ハ契約解除ノ場合ニ在テハ之レヲ償還スルコトヲ要ス

保險人ハ通常ノ海上危險ヲ保護スルノ責ヲ負フノミ故ニ戰爭等ノ爲メ危險ヲ生ズルカ如キハ海上危險ノ例外ナルガ故ニ明約ナケレバ保險人ハ其危險ニ當ルヲ要セサル也

第二節　保險者及ビ被保險者ノ權利義務

第九百五十八條　被保險者ハ危險ノ始マル前ニ航海ヲ止メタルトキハ被保險額ノ二百分一ノ損害賠償ヲ支拂ヒテ契約ヲ解除スルコトヲ得

契約ハ雙方間ニ在テハ法律ニ等シキ効力アルモ本條ハ其例外ニ屬ス

第九百五十九條　保險者ハ海上危險ノ發生ニ因リ殊ニ暴風雨、破船、坐礁、膠沙、流水、衝突、投荷、火災、破裂、盜難、

保險者カ明約アラサレハ負擔セサルモノ

保險者カ負擔スルヲ要セサル物

刧掠ニ因リ又ハ航海線路若クハ船舶ノ已ムヲ得サルニ出テタル變更ニ因リ又ハ乗組員ノ不正若シクハ過失其他ノ事由ニ因リテ生シタル總テノ喪失及ヒ損害ヲ負擔ス但契約ヲ以テ取除キヲ受ケタルモノハ此限ニ在ラズ

保險者ハ明約アルニ非サレハ戰爭其他總テノ國ノ處分ニ出ツル危險殊ニ掠奪、宣戰、鎖港、封港、差押、及ヒ此類ノ事由ニ因リテ生シタル喪失及ヒ損害ヲ負擔セス

本條ハ海上危險ノ重モナルモノヲ明掲シタルノミ說明ヲ要セサルベシ

第九百六十條　保險者ハ水先案內料、挽船料、船舶又ハ積荷ニ付キ支拂フ可キ手數料、關稅、其他ノ諸稅、年數、腐朽、又ハ蠹蝕ニ因リテ生シタル損害、通常ノ使用ニ因リテ生シタル損耗船長又ハ海員ノ行爲ニ付キ船舶

所有者ノ負擔スル責任、航海不耐用又ハ艤裝若クハ乘組員ノ不十分又ハ成規上ノ書類ノ欠缺ニ因リテ生シタル損害ヲ負擔セス

本條ハ船舶航行ノ爲メ平時ノ必要費ト海上ノ危險トヲ明カニ區別シ其通常費ハ船舶ノ收益ヲ以テ負擔スヘキヿヲ定ム而ソ腐朽又ハ蠹蝕ニ因リテ生シタル損害ヲモ被保險額ニ包含セシメサル所以ノモノハ是レ物件ノ自然ヨリ生スル毀損ニシテ或ル事變ノ爲メニ生シタル損害ニアラサレハナリ

損害ヲ賠フベキ保險者ノ義務

第九百六十一條　損害ヲ賠償スヘキ保險者ノ義務ハ被保險者カ其損害ニ付船長其他ノ人ニ對シテ賠償請求ノ權利ヲ有スルカ爲メニ之ヲ免カルヽヿヲ得ス

縱令船長其他ノ人ノ所爲ニ出ツルモ苟クモ被保險者以外ノ者ノ爲ニ損害ヲ受クルトキハ被保險者ハ他ノ天災事變ニ因リテ損害ヲ被ムレルト同一ニ保險金ヲ請求スルヲ得ルナリ

契約上ノ航海期間ヲ延長シ又ハ短縮スルヿガ保險料ノ上ニ及ボス影響

第九百六十二條　保險料ハ契約上ノ航海期間ヲ延長シタルトキハ割合ニ應シテ之ヲ增スコトヲ要ス然レ𪜈其期間ヲ短縮スル塲合ニ在テハ之レヲ減スルコトヲ得ズ航海ヲ短縮スル塲合モ亦同シ

其初メ保險契約ヲ爲スヤ航海期間ヲ定メ之ニ依テ相當ノ保險料ヲモ定ムルモノナルヲ以テ若シ其航海期間ノ延長シタル片ニ於テ尙ホ保險ヲ繼續セント欲セハ之レニ伴フ所ノ保險料ヲモ增加スヘキナリ然ラサレハ謂ハレナク保險者ヲシテ契約以外ノ義務ヲ負ハシムルノ結果ヲ生スベキナリ故ニ保險者ニメ若シ其期間後ノ保險ヲナスヲ欲セサル片ハ其負擔ヲ免カル、ヲ得ヘシ之ニ反シ其期間ヲ短縮スル塲合、則チ順風平波ノ爲メ豫定ノ期間ヨリ早ク着港スルカ又ハ豫定ノ到達港ヨリ前路ニ在リテ停航シタル片ニ於テモ保險料ノ金額ヲ拂ハザルベカラズ其理由ハ保險者ハ航海中ノ變故ヨリ生スル危害ヲモ擔當スルモノナルヲ以テ斯ル僥倖ノ利ヲ被ルヿハ當然ノヿナレハ

旅客運送ノ場合ニ於テ保險人ガ拂フベキ額

運賃ヲ増加シテ危險ヲ受負フトキ

ナリ

第九百六十三條　旅客運送賃ノ保險ハ航海ノ延長、旅客ノ乘換、避難港ニ於ケル旅客ノ給養、他船ヲ以テスル旅客ノ運送、食料ノ喪失若クハ減損其他此類ノ海上災害ニ因リテ生シタル旅客運送費增額ノ賠償ヲ請求スルノ權利ヲ被保險者ニ與フルモノトス

本條ハ旅客運送賃ノ保險ヲナシタル場合ニ保險者ノ負擔スベキ危險ヲ定ム

第九百六十四條　貨物運送賃又ハ旅客運送賃ノ通常額ヲ增加シテ運送貨物又ハ旅荷物ノ危險ヲ引受クルモノアルトキハ保險ニ關スル原則ヲ之ニ適用ス

通常ノ賃銀ヨリモ更ラニ高額ナル運送賃ヲ取リテ其運送スヘキ人又ハ物ニ關スル危險ヲ擔當スルノ場合ハ通常賃銀ヲ扣除シ去レル剩額ハ即チ保險料ニ當ルベキモノナルガ故ニ此額ヲ已レニ得ルノ代ハリニ其物ノ危險ヲ擔當

スル者ニ對〆ハ保險ヲ支配スル規則ヲ適用スベキヿ固ヨリ當然ナルベシ

第三節　委棄

委棄ノ義解

委棄トハ被保險者ガ保險セラレタル船舶又ハ積荷ガ掠奪又ハ抑留(國ノ處分ニ因リテ)セラレ或ハ重大ナル損傷ヲ蒙ムレルトキニ保險金ノ全額ヲ得ルガ為ニ其物ノ上ニ存スル一切ノ權利ヲ抛棄シテ保險人ノ為ス所ニ一任スル所為ヲ云フ故ニ委棄ハ被保險人ノ利益ヲ計リテ與ヘラレタルモノナレハ之ヲ使用スルト否トハ其意思ニ放任セラルヽモノト云フ可シ

第九百六十五條　委棄ハ全被保險額ノ支拂ヲ受ケテ保險者ニ被保險物ヲ委付スルニ在リ

委棄ノ申込ヲ為シ得ル場合

委棄ハ左ノ場合ニ於テ之ヲ申込ムコトヲ得

第一　船舶カ沈沒シ破碎シ又ハ蹤跡ヲ失ヒ又ハ使用ニ耐ヘサルトキ

第二　船舶カ掠奪セラレ又ハ國ノ處分ニ因リテ抑

留セラレタルトキ
第三　喪失又ハ毀損カ價額四分三ヲ超エタルトキ
委棄ハ一分ノミ又ハ條件付ニテ之ヲ爲スコトヲ得ス又之ヲ取消スコトヲ得ス

本條ハ委棄ヲ爲シ得ル塲合ヲ規定ス而ソ船舶ノ水ヲ蒙ムリテ水平以下ニ入レルモノ之ヲ沈沒ト云ヒ巖石其他ノ物ニ衝突シ又ハ瀛器ノ破裂スルガ如キヲ破碎ト云ヒ其所在ヲ知ルヿ能ハズ存否ニ付キ疑ヲ生スルモノ之ヲ踪跡ヲ失スト云フ船カ此等諸種ノ狀況ニ遭遇スル片ハ之ヲ使用シ得サルニ至レル時ト同シク全ク之ヲ存在セサルモノトハ言フヲ得ズ故ニ此ノ塲合ニ於テハ全部ニ保險金額ヲ要メシムルヲ許スハ不當ナルカ如キ觀アルモ船タルノ効用ヲ顯ハス能ハサルノ點ヨリ之ヲ觀ルニ於テハ其全ク存在セサル時ニ異ナルヲ見ズ故ニ亦之ヲ以テ全ク存在セサル塲合ト同視シ全額ノ保險金額ヲ保險者ニ拂ハシムルナリ但シ被保險者ヲシテ物ト其價トノ雙方ヲ有セシムル

ヘキノ理ナケレハ保險金全部ノ請求ヲ得ント欲スルモノハ其殘存セル物件ヲ保險者ニ委付セサルヘカラズ

船舶ノ蹤跡ヲ失ヘル者ト看做スベキ場合

第九百六十六條　船舶カ到達港ニ達セス且發港ノトキ又ハ其船舶ニ付キ最後ノ通信アリタル時ヨリ一ケ年ヲ經過シタルトキ又ハ沿岸航海ニ在テハ六ケ月ヲ經過シタルトキハ其船舶ハ蹤跡ヲ失ヒタルモノト看做ス

有期ノ保險ノ場合ニ在テハ前項ノ期間滿了後ハ其船舶ハ保險期間ニ喪失シタルモノト推定ス

此事曾テ我國ヨリ佛國ニ注文シタル畝傍艦沈没ノ事例ヲ顧レハ明瞭ナルベシ乃ハチ船舶ノ航船中途ニ其ノ蹤蹟ヲ失ヒタルナリ

坐礁膠砂ニ罹ル船ノ委棄スルヿ能ハザル場合

第九百六十七條　坐礁膠沙ニ罹リタル船舶ハ之ヲ引卸シ修繕ヲ加ヘテ到達港マテ航海ヲ繼續セシムルコトヲ得ヘキトキ保險者カ此カ爲メニ必要ナル費用ノ前

使用ニ耐エサル船舶ノ積荷ヲ委棄シ得ル場合ト得サル場合

貸ヲ爲スニ於テハ使用ニ耐ヘサルモノトシテ委棄スルコトヲ得ス然レ𪜈被保險者ハ此場合ニ於テハ坐礁膠沙ノ爲メニ生シタル費用及ヒ海損ノ爲メニ請求權ヲ保有ス

坐礁又ハ膠沙セル船舶ハ之レヲ引卸シテ修繕ヲ加フルトキハ仍ホ使用シ得ルコトナキニアラザルモ其修繕ヲ加フルヿ能ハズシテ破壊沈沒セシムルヿ頗フル多シ故ニ被保險者ニ於テ仍ホ其船ノ使用シ得ルニ充分ナルヲ證明シ且其費用ヲ擔フヘキヿヲ諾セル時ノ外ハ委棄シテ以テ保險金全部ノ請求ヲ得セシム

第九百六十八條　使用ニ耐ヘザル船舶ノ積荷ハ船長カ他ノ船舶ヲ以テ之ヲ到達港ニ送達スル能ハザル𬼀ニ限リ委棄スルコトヲ得若シ船長カ其積荷ヲ送達スルコトヲ得タル𬼀ハ保險者ハ總テノ海損及ヒ運送賃ノ

増額ト積荷ノ救助、積換、倉入其他ノ事由ニ因リテ生シタル總テノ費用トヲ負擔ス

使用ニ耐ヘサル船舶ノ積載セル荷物ハ若シ他ノ船ヲ以テ之ヲ到達スヘキ地ニ送ルヿヲ得ルニ於テハ船長ハ之ヲ送ルノ權利アリ又義務アルモノナリ而シテ斯カル場合ニ於ケル荷物ハ之ヲ一時ノ變故ニ遭遇セルモノト言ハサルベカラス乃ハチ相應ノ處置ヲ爲ストキハ免カレ得ルヿ分明ナルカ故ニ之ニハ委棄ヲ爲スヲ許スベカラス然レ𪜈海損運送賃ノ増額積荷ノ救助、積換、其他倉入等、之ヲ救ヒ之レヲ送ルニ付テ要セル費用ハ則チ避クベカラサル變故ノ爲メニ費ヤセルモノ故之ヲ保險人ノ負擔トス

被保險人ガ委棄ノ理由タル事實ヲ通知スベキ期間ト委棄ヲ申込ベキ期間

第九百六十九條　被保險者ハ災害ノ通知ヲ得タル後又ハ第九百六十六條ニ定メタル期間ノ滿了後三日内ニ委棄ノ理由タル事實ヲ保險者ニ通知シ且六ケ月内ニ其委棄ヲ申込ム義務アリ

保險者ガ損害ヲ償フヘキ期間

被保險人ガ損害賠償ヲ保險人ヨリ得ルニ付キ通知スヘキ諸件

前項ノ期間ヲ怠リタルトキハ被保險者ハ保險契約ヨリ生スル通常ノ請求權ノミヲ主張スルコトヲ得

此ニ被保險者ヨリ保險者ニ變故ノ通知ヲ爲シ得ヘキ期間ヲ定メタルモノハ保險者ヲシテ保險セラレ居ル物件ノ調査救濟等ニ力ヲ盡スヲ得セシメ之ヲ爲スノ機ヲ失ハサラシメント欲セルニ由ルナリ

第九百七十條　保險者ハ別段ノ契約アルニ非レハ委棄ノ申込ヲ受ケタル後三ケ月内ニ被保險額ヲ拂渡スコトヲ要ス然レトモ委棄ノ辨明ニ供スル證書ノ交付ヲ受ケス且總テ委棄シタル物ニ係ル他ノ保險、冒險貸借、登記ヲ經タル債權其他ノ債權ノ通知ヲ受ケサル以前ニ拂渡シヲ爲スコトヲ要セス

右ニ掲クル證書ノ旨趣ニ對シテハ反對ノ證據ヲ擧クルコトヲ得

委棄ノ辨明ニ供スル證書ノ交付ナキトキハ必要ノ證明ナキモノナレバ被保險者ニ於テ保險金額ヲ支拂フヲ要セザルハ勿論ナリ又假令ヒ此交付アルモ委棄セル物ニ係ル他ノ保險、冒險貸借、登記ヲ經タル債權、其他ノ債權ノアルヲ知ルト否トハ保險者ノ利害ニ關スルモノナレハ此通知ヲ受ケサル以前ハ保險金額ヲ拂フヲ要セサルナリ何者、他ノ保險ノ存セル時ハ保險者ハ只其各割合ニ應シ共同シテ其損失ヲ賠フノ責アルニ過キズ而シテ又他ノ要求權ノ場合ニ在リテハ其責任ハ保險金ノ上ニ轉スルモノナレバ爾後ハ保險者ニ於テ保險金ノ額ダケハ其責ヲ負ハサルヘカラサルニ由ル

詐欺ノ委棄申込アリタル時ニ被保險者ノ有スル責任

第九百七十一條　被保險者ハ詐欺ノ委棄申込ヲ爲シタルトキハ其保險上ノ權利ヲ失ヒ且委棄シタル物ニ係ル債權ヲ自ラ支拂フコトヲ要ス

本條ハ詐欺ノ制裁トシテ詐欺者ニ科セル責罰ヲ記セルノミ說明ヲ要セズ

委棄セル物ノ

第九百七十二條　委棄シタル物ニ付テノ被保險者ノ權

上ニ存スル權利ガ保險人ニ移ルベキ時期

利ハ其委棄ハ承諾又ハ有効ナリトノ判決ニヨリテ保險者ニ移ル

船舶ノ委棄ニハ救助セラレタル運送貨物ノ運送賃全額ヲ包含ス但其運送賃ノ負擔スル總テノ義務ハ之ヲ扣除ス

故ニ委棄ハ又所有權移轉ノ一原由ナリ而シテ此場合ニ爲サル丶裁判申渡ハ委棄ノ有効ナルカ否ヤヲ確認スルニ過キサルモノナレバ委棄スルヲ得ル原由ノ生ゼシ時即チ變故ノ生セシ時ニ溯ホリテ其効力ヲ生スヘキハ勿論ナリ亦其被保險者及ヒ委棄ヲ爲セル時ニ救助セラレタル運送貨物ノ運送賃全額ヲ保險者ノ有タラシムルハ運送賃ヲ以テ船ト分離スベカラサル一体ヲ爲セルモノトスルニ由ル

委棄セル物ニ附キ委棄ノ申込ノ後被保險

第九百七十三條　被保險者ハ委棄申込ノ後ト雖モ被保險物ヲ救助シ又ハ取戻ス爲メ及ヒ一層大ナル損害ヲ

者ノ爲スベキ注意

避クル爲メ成ル可ク注意ヲ爲ス義務アリ又右ノ目的ノ爲メ支出シタル費用ハ救助セラレタル物ノ價額ニ至ルマテ保險者之レヲ負擔スルコトヲ要ス

保險者ハ常ニ船舶ノ遭難セル場所ニアラサルガ故ニ其所ニ現在セル保險者ヲシテ之レニ代リテ物ノ救濟ヲ爲スニ盡力セシムルハ啻ニ保險者一身ノ爲メノミナラズ又社會ノ利益タリ何トナレバ貨物ヲ空シク海底ニ棄ルコトナキノ利アレハナリ然レドモ被保險者ノ此種ノ行爲ハ保險者ニ代リテ爲ス者ナルカ故ニ保險者ヲシテ其費用ヲ負ハシメザルヘカラザルハ論ヲ待タズ但法律ハ救濟セラレタルモノヽ價額ヲ以テ其最上限トスルカ故ニ能ク其事情ヲ考察シ成効ノ有無ト費用ノ點ニ付キ充分思料スル所アルベキナリ

物ガ掠奪又ハ國ノ處分ニヨリテ抑留セラレタル時ノ委棄ノ申込ヲ爲

第九百七十四條 掠奪セラレ又ハ國ノ處分ニヨリテ抑留セラレタル場合ニ在リテハ被保險者ハ此事實ヲ保險者ニ通知シタル後六ケ月內ニ判決又ハ沒收ノ申渡

シ得ル時期

ナキトキハ始メテ委棄ヲ申込ムコトヲ得掠奪ノ場合ニ在テハ被保險者ハ已ムヲ得サルトキニ限リ豫メ通知ヲ爲サス且保險者ノ委任ナシト雖𪜈贖戻ヲ爲スコトヲ得然レ𪜈保險者ハ其贖戻ヲ自己ノ計算ニテ引受クルト否トヲ撰擇スル權利ヲ有ス

船舶搭載ノ貨物ニシテ掠奪ニ遭ヒ又ハ國ノ處分ニ因テ抑留セラレタル場合ニ於テハ放還セラルヽコトナキヲ保セスト雖𪜈其釋放ハ確定ナル者ニアラズ然ルニ斯ル空望ノ爲ニ永ク保險金額ノ要求ヲ停止シ置クハ不當トス故ニ斯ク被保險者ヨリ事實ノ告知ヲ保險者ニ爲セル後六ケ月ヲ經テ判決又ハ沒收ノ言渡アラサルトキハ委棄ノ申込ヲ爲シ得ルコトヽセルナリ而シテ又船カ掠奪セラレタル時ニ必要ノ通知ヲ其期限内ニ爲サヽルトキハ之ヲ酷論スレバ委棄ノ權利ヲ失却セルモノトス（第九百六十九條）尤モ此ノ場合ニハ一ノ例外ヲ設ケ保險者ヲシテ委棄ノ原則ニ因テ事ヲ處スルト否トノ撰擇ヲ爲サシメ又被

申込メル委棄ノ効力

時効

保険者ヲシテ已ムヲ得サルニ方リ保険者ノ計算ニテ其物品ヲ買戻スノ權利ヲ有セシム

第九百七十五條　一旦申込ミタル委棄ノ効力ハ後日ニ至リ船舶ノ救助又ハ歸航ニ因リテ變スルコトナシ

委棄ヲ爲スト否トハ一ニ委棄ヲ爲ス被保険者ノ任意ニ屬ス故ニ此場合ニ處スル被保険者ノ權利ハ擇一ナリト言ハザルヘカラズ而シテ人カ擇一ノ權利ヲ有シテ之ヲ行ヘル時ト雖、其爲セル撰擇ニ付キ義務者ノ承諾ヲ表セサル時ハ其爲セル撰擇ヲ取消シテ更ラニ他ノ手段ヲ撰ビ取ルヿヲ得ベキナリ

第九章　時効

時効ノ理由ハ民法商法トモニ同一ニシテ辨濟又ハ獲得ノ推定ニ基クモノナリ然レ𪜈其期限ニ至リテハ即チ大ニ異ナリ何者商法ノ時効期間ハ民法ニ比シテ大イニ短ケレハナリ此事歐米各國ノ法律皆ナ然ラサルハナシ其故ハ信用ヲ專ラニスルヿ及ビ資本ノ流通ヲ圓滑迅速ニスルニアリ而シテ商人ガ債

船舶債權者ノ債權及冒險貸借海損並ビニ救助ニ因リ生スル債權ノ罹ルベキ時効

委棄ニ罹ルベキ時効

ヲ負フハ信用ノ上ニ害ヲ及ボス事論ヲ待タス吾人ハ民事上ニ於テモ其然ルヲ見ルナリ果メ然ラハ義務ノ消滅ノ時期ヲ速メルハ則チ信用上ニ及ボス所ノ妨碍ヲ除ク者ト謂フヘシ信用ニシテ強ク且廣カランカ資本ノ融通ハ圓滑自由ナル事勿論ナリ殊ニ船舶ニ關スル義務ハ附屬物ト共ニ船舶自身ヲ束縛スルモノナレバ此種ノ義務ハ之ヲ以テ商法ニ於ケル他ノ部ノ義務ヨリモ一層短キ期間内ニ消滅セシムルモノトス

第九百七十六條　船舶債權者ノ債權及ヒ冒險貸借海損並ニ救助ニ因リテ生シタル債權ハ船舶所有者、船長又ハ海員ノ一身ニ對スル請求權ナルトキト雖モ之ヲ主張スルコトヲ得ル日ヨリ起算シ一ケ年ヲ以テ時効ニ罹ル

委棄ニ付テノ訴權ハ第九百六十九條ニ掲ケタル申込期間後一ケ月ノ滿了ヲ以テ消滅ス

喪失又ハ毀損ニ付キ船長及保險者ノ爲メニ生セル要求權ノ罹ルベキ時効

留保ヲ有効ニ爲シ得ル期間

第九百七十七條　喪失又ハ毀損ニ付キ船長及ヒ保險者ニ對スル請求權ハ留保ナク運送貨物ヲ受取リテ其運送賃ヲ支拂ヒタル時消滅ス又海損又ハ救助ニ因リテ生シタル債權ハ留保ナク運送貨物ヲ引渡シテ其運賃ヲ受取リタル時消滅ス

有効ニ留保ヲ爲スニハ運送貨物ヲ受取リ又ハ引渡シタル後二十四時内ニ之ヲ爲スコトヲ要ス

此ノ二條ハ前ニ説キタル時効ノ性質ヲ了解セバ明瞭ナルベキヲ以テ別ニ説明ヲ要セザルベシ

破産ノ解
支拂停止ハ無資力ノ謂ニアラス
破産ノ二種別
單純破産有罪破産

第三編　破産

破産トハ商事ヲ爲シテ負フタル所ノ義務ノ履行ヲ停止セル者ノ狀況ヲ云フ故ニ破産者トハ商事ヲナシ其支拂ノ停止ヲ爲セル者ノ謂ナリ然レ圧支拂停止ハ必スシモ其人ノ無資力ヲ表明スル者ニアラス蓋シ珍寶內ニ充實シ田園外ニ餘リアル者ト雖一時貨幣ノ融通ニ窮シ支拂ノ停止ヲ爲スコハ吾人ノ屢〻目擊スル所ナレハナリ故ニ破産ハ借方ノ貸方ニ超過セル者ノ情況ヲ言ヒ顯ハス所ノ民事上ノ分散即チ俗ニ所謂身代限トハ之ヲ混同セサルヲ要ス

破産ハ之ヲ分ツテ二ト爲ス單純破産有罪破産即チ是ナリ破産カ罰スヘキ所爲ヲ包含スル片之ヲ有罪破産ト曰ヒ其然ラサル片之ヲ單純破産ト曰フ佛國ノ法律ニ其一ヲ破産其二ヲ倒産ト謂ヘリ然レ圧支拂停止ノ後ニ於ケル裁判所ノ處分カ二者何レノ塲合ニ於テモ別ニ異ナル所アラサルニ唯其之レニ刑罰ノ伴フト否トニ由テ全ク其用語ヲ異ニシ以テ意義ノ統一ヲ妨クルハ不可ナリ故ニ我國ノ制ハ二者ヲ同一ニセリ

有罪破産ノ二種別

詐欺破産

過怠破産

破産宣告ノ解

有罪破産ハ又之ヲ分テ二ト爲ス過怠ノ破産及詐欺ノ破産卽チ是ナリ倘シ其刑罰ヲ受クル所ノ所爲ニシテ第千五十條ノ規定スル所ニ觸ルヽトキハ詐欺ノ破産ニシテ詐欺破産ノ刑ニ處セラルヘク又其罰セラルヽ所爲第千五十一條ノ規定スル所ニ觸レシカ過怠ノ破産ナルガ故ニ過怠破産ノ刑ニ處セラルヘシ然レトモ其他ノ破産ニ至リテハ刑罰ノ之レニ伴フコトナキナリ

第一章　破産宣告

破産宣告トハ破産者ニ對シ破産者トシテ裁判所ノ言渡ス決定ナリ而シテ此決定ハ商事ヲ爲スニ當リ支拂ノ停止ヲナセルトキニ言渡サルヽモノトス於此支拂停止ナル語ノ有スル意義ヲ窮ムルコト甚ダ必要ナリ然ルニ此語ハ未ダ甚タ明瞭ヲ欠キ立法者モ亦其義解ヲ下サス一ニ之テ判事ノ認定ニ委ネタレハ今茲ニ之ヲ明定スルヿ難シトス

蓋シ破産ハ素ト事實上ノ一狀態ナレハ之ヲ認知スルヿ能ハサルニアラサルモ此破産宣告ニ伴隨シテ起リ來ル法律上ノ結果ノ甚タ重大ナルガ故ニ裁判

破産宣告ヲ爲シ得ル場合

所ノ破産ヲ認ムル宣告ヲ要スルハ各國ノ法律其軌ヲ一ニス而シテ此破産ハ支拂停止アリシ片ニ裁判所ノ言渡ニ因リテ定マルモノナルヲ以テ商人及ヒ其他ノ者ガ商事ヲ爲シテ支拂ヲ止メタルモ資金ニ差支ヲ生セシ結果ニアラサル時ハ固ヨリ之ニ對シ破産ヲ宣告スベキ支拂停止ト言フヿ能ハサル也

第九百七十八條　商ヲ爲スニ當リ支拂ヲ停止スル者ハ自己若クハ債權者ノ申立ニ因リ又ハ職權ニ依リ裁判所ノ決定ヲ以テ破産者トシテ宣告セラル但此決定ニ對シテハ即時抗告ヲ爲スコトヲ得

前項ノ決定ハ口頭辨論ヲ要セスシテ之ヲ爲スヿヲ得

破産法ハ之ヲ商人ニノミ限ルヘキカ將タ非商人ニモ適用スヘキカハ大ニ議論アルヿナルモ我商法ニ於テハ(第一)商事ヲ營メルヿ(第二)支拂停止ノ二條件アレバ必ズシモ商人タルヲ要セズ故ニ非商人ニテモ商事ヲ爲シテ支拂停止ヲ爲サバ則チ破産法ノ適用ヲ免カレザルベキ也

支拂停止ヲ屆出ツヘキ人、屆出ツヘキ方式及期間幷ニ屆出ノ際ニ添ヘテ出スヘキ書類

第九百七十九條　支拂停止ハ其停止ヲ爲シタル本人ヨリ又商事會社ニ在テハ業務擔當ノ任アル社員又ハ取締役又ハ淸算人ヨリ支拂停止ノ日ヲ算入シテ五日內ニ其營業所又ハ住所ノ裁判所ニ書面ヲ以テ又ハ口述ヲ調書ニ筆記セシメテ之ヲ屆出ツ可シ此屆出ニハ支拂停止ノ事由ヲ明示シ及ヒ貸借對照表並ニ商業帳簿ヲ添フルコトヲ要ス

第一　總テノ動產不動產其他債權ノ列擧及ヒ價額

第二　總テノ債務

第三　利益及ヒ損失ノ概要

第四　每月ノ一身上ノ費用及ヒ家事費用ノ支出額

英國ノ法ハ支拂停止アリタルトキハ最初ノ債主會議ニ於テ支拂停止ノ本人ヲシテ財產ノ現狀ヲ陳述シ之ニ伴フテ必要ナル事柄ハ都テ之ヲ陳告セシム然

ルニ今我國ノ制ハ支拂ノ停止アル片ハ其事ヲ本人ヨリ其營業所又ハ住所裁判所ニ屆ケ出テシム是レ英法ヨリモ大ニ優ルモノアルヲ覺フ蓋シ人ハ官署ニ對スル片ハ一個人ニ對スルヨリモ大ニ注意シテ誠實ニ其事情ヲ具陳ス可ケレハナリ故ニ負債主ハ其債主ニ對スルノ陳述ヲ以テ裁判所ヘノ屆出ニ換フル能ハサルナリ而ソ此支拂停止ノ屆出ヲナス際必ズ添フヘキモノアリ貸借對照表幷ニ商業帳簿即チ是ナリ此等ノ書類ハ支拂停止ノ屆出ニ其事由ヲ明示セシムルカ如ク一ハ以テ破產者ノ責ヲ劾スルニ供シ一ハ以テ負債者ノ現在ニ於ケル財產狀況ヲ知ルノ便ニ供スルモノナリ蓋シ商人ノ簿冊ハ損益ノ計算月々ノ費用ヲ記載スルモノナレハ若シ正實ニ之ヲ記シ置クトキハ之ニ因テ如何ニシテ支拂ノ停止ヲ爲スニ至レルカハ一目直チニ瞭然タルヘシ而シテ又貸借對照表ハ凡テノ動產不動產其他ノ債權列擧及ヒ價額總ヘテノ債務、利益及損失ノ概要等ヲ記スルモノナルカ故ニ之レヲ調査セハ破產者ノ現在ニ於ケル資產ノ狀況ハ之ヲ知ルコ容易ナルヘキナリ破產者ノ一身ニ關スル費用及ヒ其家事ノ費用支出額ヲ貸借對照表ニ記スヘキ所以ハ其費用ノ過度ナラサルカヲ觀察シ以テ有罪破産ノ原由ノ有無ヲ決スルノ資料ニ供センカ為メナリ

破産決定書中ニ包含スヘキ諸件

第九百八十條　破産決定書ニハ左ノ諸件ヲ包含ス

第一　支拂停止ノ時期

第二　破産主任官及ヒ一人又ハ二人以上ノ破産管財人ノ選定

第三　破産財團ノ保全ニ必要ナル處分ニ付テノ命令

第四　破産者ノ債務者又ハ財團ニ屬スル物ノ占有者ニ對スル拂渡差押ノ命令

第五　破産者ノ總債權者ニ對シ其請求權ヲ短クトモ三ケ月長クトモ六ケ月ノ期間ニ破産主任官ニ屆出ツヘキ旨ノ催告

第六　調査會ノ期日及ヒ債權者集會ノ期日ノ指定

破産決定書ハ之ヲ撿事ニ送致スヘシ

後條ニ定ムルカ如ク或行爲ハ支拂停止以前十日內ニ爲セル片ト雖無効ト爲ルヿアリ又或行爲ハ支拂停止後ニ於テ爲サヽル片ハ無効トナルヿアリ故ニ支拂停止ノ何レノ日ニアリシヤヲ定ムルハ甚タ重要ノヿニメ本條ハ之ヲ裁判所ニ委シ破産決定書中ニ包含セシムヘキヿト爲セリ而メ破産宣告ヲ受ケタルトキハ財産權ノ行用ヲ禁スルカ故ニ代リテ之ヲ行フ所ノ管財人ト且ツ其管財人ヲ監督指揮スル者ヲ定メサルヘカラス是レ我立法者カ破産ノ決定ヲ爲スト共ニ破産主任官及管財人ノ選任ヲ爲スヘキヿヲ破産裁判所ニ命セル所以ナリ

破産宣告公示

第九百八十一條　破産宣告ハ即時ニ裁判所ノ掲示場並ニ破産者ノ營業場ニ貼附シ及ヒ其他ノ新聞紙ニ載セテ之ヲ公告スルコトヲ要ス其宣告ハ假執行ヲナスコ

破産宣告ノ假

執行

トヲ得

破産宣告ハ何人ニ對スルモ効アルモノナルカ故ニ此宣告ノアリシ事及其宣告ノ中ニ包含スル諸項ハ普ネク之ヲ世上ノ人ニ知ラシメザルベカラズ而メ此破産ノ宣告ハ其債主モ又破産者モ皆ナ其當否ヲ爭フ事ヲ得ルガ故ニ其ノ確定スルマデハ眞正ノ執行ヲ爲シガタキモ若シ執行遲延ノ爲メニ債主ノ利益ヲ危險ナラシムル事アルヲ慮リ假ニ之ガ執行ヲ許シテ債主ノ權利ヲ保護スルナリ

破産者ノ資産カ破産手續ノ費用ヲモ償フ

第九百八十二條　破産者ノ財産ヲ以テ破産手續ノ費用ヲ償フニ足ラサルトキハ前條ノ手續ヲ除ク外其後ノ手續ヲ停止ス其手續ノ停止ハ之ヲ公告スルコトヲ要ス

然レトモ破産手續ノ費用ヲ償フニ足ル破産者ノ財産アルコトヲ證明スルトキニ申立ニ因リ又ハ職權ヲ以

ニ足ラサル時ハ其手續ヲ停止ス

破産事件ニ於ケル破産主任官ノ權利

テ其手續ヲ再施ス

破産手續ノ停止ハ其繼續スル間ハ第千四十九條ニ掲ケタル効力ヲ有ス

破産手續ハ債主ニ債權ノ辨濟ヲ得セシムル方法ニ過キサレハ若シ此方法ヲ行フニ就キ要スル費用ヲモ辨シ得サル如ク破産者ノ資産ノ僅少ナル時ニハ之ヲ行フコトヲ止メサルヘカラス何者勞シテ功ナキ事ハ寧ロ初メヨリ之ヲ爲サヾルノ優レルニ若カサレハナリ故ニ破産者ニシテ破産手續ノ費用ヲ償フニ足ル財産ヲ有スルコノ證明ニシテ立ツヲ得タル場合ニハ再ヒ之ヲ施行スルコヲ得セシム而シテ破産手續ノ停止ヲ公示スルハ之ヲ開始セル時ニ公示セルニ由ルナリ

第九百八十三條　破産主任官ハ總テノ破産手續ヲ指揮シ及ヒ監督スルコトヲ要ス其命令ハ假執行ヲ爲スコトヲ得然レトモ此命令ニ對シテハ破産裁判所ニ即時

抗告ヲナスコトヲ得

破産宣告ノ効果ハ破産者ヲシテ其財産ノ管理權ト處分權トヲ失ハシメ其後ノ權利ハ破産裁判所ニ移ル然リト雖モ裁判所全体ニテ之ヲ爲スハ事ヲ叮重ニスルノ利益アルモ又之ヲシテ延滯停澁セシムルノ弊ヲ免カレス而シテ破産ノ如キ臨時ニ必要ヲ感スル小事件ヲ多量ニ包含スル者ハ一々之ヲ指揮命令スルコト大ニ不便ナルカ故ニ官吏一名ヲ命シテ此等ノ事ヲナサシム而メ此官吏ハ獨斷ヲ以テ小事件ノ處辨ヲナシ負債者ノ財産及ヒ身上ヲ管スル裁判所ノ權利ヲ執行スル所ノ破産主任官ニシテ乃チ破産事務ニ付テハ裁判所ノ名代人ニ當タルモノタリ

第九百八十四條　撿事ハ職權ヲ以テ破産者ノ罰セラル可キ所爲ノ有無ヲ捜査シ且此カ爲メ取引帳簿其他ノ書類ノ展閲ヲ求ムルコトヲ得

破産事件ニ對シ撿事ノ有スル權利

此事撿事ノ有スル當然ノ權利ナレハ特ニ此ニ明定スルハ蛇足ノ感アリ

破産宣告ノ効果

第二章　破産ノ効力

破産ハ支拂能力ヲ失フテ竟ニ債主ノ權利ヲ損害スルモノナルガ故ニ之ガ負債者自身ノ權利モ亦タ之ヲ減縮シテ以テ債主ニ謝セザルベカラズ本章ノ規定乃チ是レナリ然レ圧本法ノ規定ハ舊時ノ身代限規則ノ如ク一破産者アレバ其ノ者ノ子々孫々マデ普通ノ權利ヲ失フニ至ルガ如キ欠点削除タルヿヲ注目スベシ

第九百八十五條　破産宣告ニ依リ破産者ハ破産手續ノ繼續中自己ノ財産ヲ占有シ管理シ及ヒ處分スル權利ヲ失フ

破産宣告ノ日ヨリ以後ハ破産者ノ爲シタル支拂其他總テノ權利行爲及ヒ破産者ニ爲シタル支拂ハ當然無効トス

破産者ノ動産不動産ニ關スル訴及ヒ執行ハ特リ管財

人ヨリ又ハ管財人ニ對シテ之ヲ起シ又ハ繼續スルコトヲ得

是レ乃ハチ破產ノ効果トシ破產者ガ財產處分權ヲ失フベキコヲ定メ破產宣告後ニ於ケル權利義務ハ裁判所ヨリ撰任セル財產管理人ヲシテ之ヲ行ハシムルモノナリ

營業用動產物ニ對スル强制執行ノ猶豫

第九百八十六條　破產者ノ營業ノ用ニ供スル動產ニ對シテ不動產貸賃ノ爲メニスル强制執行ハ三十日間之ヲ猶豫ス但賃貸人カ其賃貸物ヲ取戻ス權利ヲ有スルトキハ此限ニ在ラス

不動產賃貸主ハ其賃借人ノ動產ノ上ニ質權ヲ有スルコハ民法上ノ規定ナルモ本條ハ之ガ例外ノ制ヲ設ケテ其特權ヲ抑制セリ若シ然ラザル片ハ抵當物ノ差押ノ爲ニ俄然營業ヲ停止セラレテ大ニ損害ヲ被ムリ且ツ社會ノ生產ヲ停止スルノ虞アルヲ慮カリ乃ハチ營業用ノ動產ニ限リ此ノ强制執行ニ三十

強制執行ノ統一

日間ノ猶豫ヲ與ヘテ以テ破產者ヲ保護セルナリ

第九百八十七條　各箇債權者ハ優先權ノ存スルニ非ラサレハ破產處分中破產者ノ財產ニ對シテ强制執行ヲ爲スコトヲ得ス

破產宣告ハ特ニ破產者ノ權利ヲ覊束スルノミナラズ又債主ノ權利ヲモ覊束ス何トナレバ破產者ノ財產ハ全債主ノ利益ノ爲ニ既ニ裁判所ノ監督ノ下ニ立ツガ故ニ數多ノ全債主ヲシテ統一的ニ其權利ヲ各債權ニ割合フテ施行セシムルモノナレバ各債主ガ個々別々ニ强制執行ヲ行ハントスルモ能ハザルベキハ勿論ナリ

辨濟期限滿了前ノ債權

第九百八十八條　辨濟期限ノ未タ至ラサル破產者ノ債務ハ破產宣告ニ依リテ辨濟期限ニ至リタルモノトス」爲替手形ノ引受人又ハ引受ナキ爲替手形ノ振出人又ハ約束手形ノ振出人カ破產宣告ヲ受ケタルトキハ其

償還義務ニ付テモ前項ノ規定ヲ適用ス

既ニ前條ニ定ルガ如ク破産宣告後ノ債權ハ統一ヲ計ルモノナルニ若シ其ノ期限ノ到ラザルモノハ之ヲ放棄シ置クトセンカ其ノ債權ヲ統一スルヿ能ハズ去リトテ既ニ到達セル債權ヲ未ダ到達セザル債權ノ期限マデ延バシ置クベカラザルニヨリ未ダ達セザル債權ヲモ操リ上ゲテ統一セシムルヿ權宜ニ合ヘルモノトス況ヤ爲替手形ノ引受又ハ引受ナキ手形ノ振出人約束手形ノ振出人等ハ其ノ義務負擔者ナルニ其者ニシテ破産セバ最早其ノ手形ノ流通ヲ望ミ難キニ至ルガ故ニ前項ノ規定ヲ適用スルハ勿論ナリ

利殖ノ停止及其例外

第九百八十九條　財團ニ對シテハ破産宣告ノ日ヨリ利息ヲ生スルコトヲ停ム

但抵當權、質權其他ノ優先權ヲ以テ擔保セラレタル債權ハ其擔保物ノ賣拂代金ニ滿ツルマテヲ限トシテ利息ヲ生スルコトヲ得

破産者ノ權利行爲ノ無効

人ノ破産ヲ爲スヤ其ノ破産者ハ既ニ財産ノ上ニ於ケル全權利ヲ失フガ故ニ其者ハ權利義務ニ關係セズ此ノ後ノ債主ニ對スル義務ハ前ニ負債者ガ有シタル所ノ財産ヲ以テ之ヲ負擔ス故ニ此ノ場合ノ財産ハ之ヲ一ノ無形人ノ如クニ見做シ名ケテ財團ト云ヒ此ノ財團ニ對シテハ債權ノ利子ヲ生ゼザラシム若シ然ラズンバ債主中ニ利子ノ約束ヲ爲セルモノト之ヲ爲サヾル者トアリテ其間ニ不權衡ヲ生ジ義務ノ統一ヲ望ムベカラザレバナリ然レトモ抵當又ハ質權ノ如キハ當初ヨリ此ノ如キ破産ノ事アルモ之ニ關係ナク優先權ヲ行フベキヿヲ明約シテ權利義務ヲ創設シタルモノナレバ他ノ債權トハ異ナリ何トナレバ此等ノ債權ハ財團ヨリ辨償ヲ受ルニアラズシテ其ノ擔保セラレタル物ヨリ受クルモノニシテ其ノ抵當者ハ元金及利子ノ爲ニ保證セラレタルモノナレバナリ

第九百九十條　支拂停止後又ハ支拂停止前十日内ニ破産者カ其財産中ヨリ無償ノ利益ヲ或人ニ與フル權利

行爲殊ニ贈與、無償ニテ若クハ不相當ノ報償ヲ以テ義務ヲ負擔スル契約、期限ニ至ラサル債務ノ支拂、期限ニ至リタル債務ノ變體支拂、及ヒ從來負擔シタル債務ノ爲メ新ニ供スル擔保ハ財團ニ對シテハ當然無効トス

支拂停止ノ後ハ其ノ財產ハ各債主ノ共同抵保物タルガ故ニ其財產ノ上ニ於ケル權利行爲ハ破產者ノ自カラ之ヲ爲ス丁能ハザルハ勿論ナリ唯ダニ然ルノミナラズ其ノ支拂停止前ニテモ或ハ之ヲ停止スレバ到底其ノ財產ハ盡トク債主ノ有ニ歸スルモノナル丁ヲ知ルガ故ニ故意ニ其ノ財產ヲ隱匿シ又ハ知已朋友等ノ名義ニ改メ準備全ク整フタル後空拳徒手ト爲テ而メ支拂ヲ停止スル丁ナシトセズ斯ノ如キ㕁ハ債主ハ其ノ共同抵保物ヲ減少セラレテ殆ンド得ル所ナキニ至ルガ故ニ之ヲ保護シテ支拂停止前十日內ノ權利行爲ヲ無効ト爲シ假令贈與シタル不當ノ義務ノ爲ニ權利ヲ移轉スルモ尙ホ共同抵

支拂停止ノ事ヲ知リテ支拂ヲ受ケタル相手方ニ對スル異議

保物中ニ算入セシムルヿアルナリ

第九百九十一條　前條ニ掲ケタルモノヽ外債務者カ支拂停止後破産宣告前ニ財團ノ損害ニ於テ爲シタル總テノ支拂及ヒ權利行爲ハ相手方カ支拂停止ヲ知リタルトキニ限リ財團ノ計算ノ爲メ之ニ對シテ異議ヲ述フルコトヲ得

然レトモ手形ヲ支拂ヒタル場合ニ於テハ爲替手形ヲ振出シ又ハ振出サシムル際支拂停止ヲ知リタル振出人又ハ振出委託人ヨリ又約束手形ニ在テハ裏書讓渡ノ際支拂停止ヲ知リタル第一ノ裏書讓渡人ヨリ其支拂金額ヲ償還スルコトヲ要ス

前條ニ於テハ故サラニ不當ノ義務ヲ負フテ其財産ヲ他ノ有ニ歸シ又ハ贈與スルガ如キヿアレバ全債主ノ共同抵保物ヲ減少スルガ故ニ之ヲ妨ゲタリ然

支拂停止後ノ抵當權ノ登記

レ氏其ノ支拂停止ヲ爲スマデハ何人モ獨立シテ財產ヲ處分スルノ權利ヲ有スル者ニシテ他人ヨリ見テ果ソ支拂停止ヲ爲スベキヤ否ハ豫メ知リ得ベキ者ニアラザレバ假令支拂停止前十日以內ニテモ相手方ニ於テ毫モ支拂停止アルヿヲ知ラズソ相當ノ報酬ヲ供ソ買ヒ受ケタル財產又ハ其他總テノ權利行爲ノ對手トナリタルモノハ之ヲ有効ト爲スモノトス而ソ亦爲替手形約束手形ノ塲合ニハ假令支拂停止ノ事ヲ知ルモ尙ホ其ノ支拂ヲ受ルヿヲ得ベク其ノ受ケタル支拂ハ取戾サルヽヿナシトス是レ手形ヲ保護シテ其ノ流通ヲ圓滑ナラシメント欲スルニ由ルト雖ドモ抑ソモ他ニ手形ナルモノハ支拂人ニ於テ支拂フベキ旨ヲ引受ケタル上ハ手形所持人ハ拒ミ證書ヲ作ルヲ得ズ拒ミ證書ヲ作ラザレバ別ニ支拂人以外ニ償還請求ノ道ヲ失ヒ何レニ對シテモ訴權ヲ失フニ至ルヲ以テ其ノ所持人ヲ保護スルノ道ヲ設ケザルベカラザルニヨルナリ

第九百九十二條　有効ニ取得シタル抵當權其他合式ノ

破産宣告ノ爲ニ双務契約解除

登記ニ因リテ法律上効力ヲ有スヘキ權利ハ支拂停止後ニ在テハ其取得ノ時ヨリ十五日ヲ過キサルトキニ限リ破產宣告ノ日マデ登記ヲ爲スコトヲ得

抵當權ハ登記ヲ經ザレバ第三者ニ對シテ其効ナシ然レ𪜈支拂停止前ニ抵當トシテ受取タルモ停止ノ際ニ未ダ登記ヲ經ザリシモノハ盡トク之ヲ財團ノ內ニ加フヘキカト云フニ假令未ダ登記ヲ得サルトモ相當ノ負債ノ爲ニ之カ抵當トシテ交附セル正當ノ權利行爲ヲモ全ク顧ミサルハ債主權ノ安全ヲ保護スル道アラス故ニ停止前ニ抵當ト爲シ停止後十五日內ニ登記ヲ經レハ有効トス

第九百九十三條　破產宣告ノ時ニ破產者及ヒ其相手方ノ未タ履行セス又ハ履行ヲ終ラサル雙務契約ハ孰レノ方ヨリモ無賠償ニテ其解約ヲ申入ルヽコトヲ得

賃貸借契約又ハ雇傭契約ニ在テハ解約申入ノ期間ニ

付キ協議調ハサルトキハ法律上又ハ慣習上ノ豫告期間ヲ遵守ス可シ

双務契約解除ノ爲ニ行フ取戻權

第百九百九十四條　契約者ノ一方ノ義務不履行ノ爲メ他ノ一方ニ於テ契約ヲ解除スル權利又ハ既ニ給附シタル物ヲ取戻ス權利ハ財團ニ對シテ之ヲ行フヿヲ得ズ

此二條ニ擧ル所ノ契約ハ主トシテ雙務契約ナリ雙務ノ契約ハ一方ノ負フ所ノ義務ヲ原因トシテ他ノ一方ニモ義務ヲ負フモノナルニ其ノ一方ニシテ破產ノ宣告ヲ受ケ滿足ノ義務ヲ盡スヿ能ハサルヿ明カナルニ他ノ一方ヲシテ强テ義務ヲ負ハシムルノ理無レバナリ故ニ破產者ニ對シテ契約ヲ解除シ亦既ニ給附シタル者ハ之ヲ取戻スヿヲ得ベキモ破產者ノ財團ニ對シテハ之ヲ爲スヿヲ得ザルハ其財團ハ既ニ全債主ノ共同抵保物トナリタレバ特ニ一二債主ヲシテ隨意ニ之ヲ處分セシムヘカラザルニヨルナリ

期限未滿ノ相

第九百九十五條　權利アル債權者ハ期限ニ至ヲサル債

殺權

權又ハ金額未定ノ債權ト雖モ財團ニ對シテ其効用ヲ致サシムルヿヲ得

債權カ支拂停止後ニ生シ又ハ取得シタルモノナルトキハ支拂停止ヲ知リタル塲合ニ限リ相殺ヲ許サス

人アリ破産者ニ辨償スベキ或ル債務ヲ負フ𪜈ハ其破産者ノ有スル債權ハ皆財團ト爲テ前債主ノ共同抵保ニ供セラルベキモノトス故ニ其債務者ニシテ債務ニ對スル他ノ債權ヲ有シ彼此相殺スベキモノナラバ假令其期限ノ未滿ナルカ又ハ金額未定ニテモ皆之ヲ財團ニ對シテ要求スルヲ得ヘキナリ畢竟財團ハ破産者ノ權利ト義務トヲ繼承スルモノナルガ故ニ相殺義務ヲモ負擔スルモノトス然レ𪜈支拂停止ノ後ニ支拂停止ノ事實ヲ知リナカラ債權ヲ取得シタル者ヲシテ財團ニ對シ相殺スルヲ得セシメハ破産者ト共謀シテ他ノ債主ノ共同抵保物ヲ減少スルノ虞アルヲ以テ之ヲ禁スルナリ

債務者ノ爲セ

第九百九十六條　債務者ガ債權者ニ損害ヲ加フル目的

ル權利行爲ノ異議

ヲ以テ爲シタル權利行爲ハ相手方カ情ヲ知リタルトキニ限リ其日附ノ如何ヲ問ハズ之ニ對シテ異議ヲ述フルコトヲ得

是レ詐欺ノ行爲ニ因テ權利ヲ獲セシメザルガ爲ナリ

第三章　別除權

別除權トハ破産處分ヲ爲スニ當リ破産者ノ全財産中ヨリ或ル部分ヲ別段ニ取リ除キテ特別權利者ニ之ヲ附與スルノ謂ニシテ乃ハチ其ノ特別ノ辨償ヲ受ル者ヲ別除權ヲ有スル者ト云フナリ此ノ權ハ民法又ハ商法ノ結果ニシテ破産ノ結果ニアラザルガ故ニ茲ニ細説セザルベシ

優先權ヲ有スル者ノ財團ニ對スル權利

第九百九十七條　債務者ノ動産又ハ不動産ニ對シテ抵當權、質權其他ノ優先權ヲ有スル債權者ハ財團ヨリ先ツ辨償ヲ受ケタルニ非サレハ其擔保物ノ賣拂代金ヨリ費用、利息及ヒ元金ノ支拂ヲ受クル爲メ別除ノ辨償

優先權ノ順序

ヲ請求スルコトヲ得若シ其賣拂代金ノ剩餘アルトキハ買主之ヲ財團ニ拂込ム可シ

第九百九十八條　優先權及ヒ其順序ハ民法及ヒ特別ノ法律ニ依リテ定マル

動產不動產ノ質權抵當權ハ他ノ債主ヨリモ先ンシテ辨償ヲ受クルノ權ヲ有シ而シテ此等優先權ノ順序ハ債權擔保篇第二部物上擔保中ニ明定スルヲ以テ玆ニ贅セザルベキナリ

優先權ヲ有スル者擔保品ニテ債權ヲ滿足セザルトキ

第九百九十九條　優先權ヲ有スル者其擔保物ノ賣拂代金ヨリ完全ナル辨償ヲ受ケサルトキハ其未濟ノ債權ハ他ノ債權者ト平等ナル割合ヲ以テ財團ニ對シテ之ヲ主張スルコトヲ得

支拂停止後債務者遺產ヲ取得シタルトキ

第千條　債務者ガ其支拂停止後ニ遺產ヲ取得シタルトキハ遺產債權者及ビ受遺者ハ遺產トシテ仍ホ現存ス

ル遺產物ヨリ又ハ未タ債務者ニ支拂ハレサル遺產ニ屬スル金錢ヨリ別除ノ辨償ヲ請求スルコトヲ得

死者ノ遺產ヲ其子孫又ハ其他ノ受遺者ニ對シ遺贈スル場合ニハ支拂停止ノ後ニモ之ヲ受ルヿアルベシ而シテ此ノ遺產ハ債主ノ豫想外ナル財產ナルヲ以テ之ヲ財團中ヨリ別除スルヿヲ得セシメ若シ亦受遺者ガ未ダ此ノ遺產ヲ得ザル前ニ既ニ其未來ニ得ベキ財產權ヲ抵當トシテ負債セル場合ニハ其ノ債權者ヲシテ他ノ遺產ノ上ニ別除權ヲ得セシムル也

强制執行ヲ受クベカラザル破產者ノ財產

第千一條　破產者ノ財產ニシテ民事訴訟法ニ從ヒ强制執行ノ爲メ差押フルコトヲ得サルモノハ之ヲ財團ニ加フルコトヲ得ス但債權者ニ優先權ノ屬スルモノニ付テハ第九百九十七條ノ規定ニ從フ

民事訴訟法ニヨリテ强制執行ヲ免カルヽモノハ其六篇强制執行ノ中第五百七十條ニ之ヲ列擧ス宜シク之ヲ參看スベキナリ

債務者動産ノ封印及勾留監守

第四章　保全權

本章ハ破産者ガ破産宣告ヲ受ルノ際尚ホ或ハ財産ヲ隱惹シテ私曲ヲ計ルヿアルヲ慮カリ債主ノ權利ヲ保全スル爲ニ設ケタル規定ナリ

第千二條　裁判所ハ破産宣告ト同時ニ債務者ノ動産ノ封印及ヒ債務者ノ即時勾留若クハ監守ヲ命ス

右處分ハ破産宣告前ト雖モ若シ債務者カ逃走シ若クハ逃走セントシ又ハ其財産ヲ隱匿スルトキハ其地警察官廳ニ於テ債權者ノ申立ニ因リテ之ヲ爲スコトヲ得

商事會社ニ在テハ連帶無限ノ責任ヲ負ヘル總社員ノ身體及ヒ財産ニ對シテ右ノ處分ヲ行フ

債務者ノ動産ヲ封印スルハ其ノ移動スルニ便ナルヲ以テ或ハ他ニ隱匿スルヿヲ慮ルナリ而シテ其勾留監守ヲ命スルハ逃亡ヲ防クナリ且ツ此等ノ處分

勾留監守ヲ行ハザル場合

ヲ破產宣告前ニモ行フコトヲ得セシムルハ公債株劵ノ如キ携帶ニ便ナル動產ヲ提ケ一躍シテ身ヲ遠方ニ匿クスヿアラバ債權者ハ全ク其權利ノ擔保ヲ失フベケレバナリ而ソ商事會社ノ場合ニ社員ニ對シテ之ヲ行フヲ得ルハ資力ノ薄弱ナル社員ヲ殘シテ資力ニ富ム所ノ社員ノ財產ヲ隱匿シ自身ハ逃亡スルカ如キヿアルヲ防ク也

第千三條　債務者カ第九百七十九條ノ規定ヲ踐行シ且別ニ勾留又ハ監守ヲ受ク可キ事由ナキトキハ其勾留又ハ監守ヲ實施セサルコトヲ得然レトモ後日職權ヲ以テ之ヲ實施スルコトヲ妨ケス

債務者ハ裁判所ノ許可ヲ受クルニ非サレハ其住地ヲ離ルヽコトヲ得ス又裁判所ハ何時ニテモ債務者ノ引致ヲ命スルコトヲ得

第九百七十九條ハ支拂ノ停止ヲ其停止本人又ハ商事會社ノ業務擔當人ヨリ

呼出ニ應スベキ擔保

屆出ノ規定ナリ畢竟拘留監守ハ逃亡ヲ防グニアルガ故ニ此ノ虞ナク本人ヨリ自カラ此屆出ヲ爲シテ其處分ヲ待ツトキハ故サラニ此自由ヲ拘束シテ拘留監守ヲ要セサルベキ也然レ圧一旦之ヲ勾留監守セサリシトテ終始爲ス能ハザルニ非ザレバ苟クモ逃亡ノ虞アラバ何時ニテモ之ヲ拘束スルヲ得ベシ

第千四條　勾留若クハ監守ノ事由最早存セサルトキハ裁判所ハ其決定ヲ以テ債務者ヲ釋放ス可シ然レトモ債務者ヲシテ裁判所又ハ管財人ノ呼出ニ應シ何時ニテモ出頭ス可キ爲メノ擔保ヲ供スル義務ヲ負ハシムルコトヲ得

取上ケタル擔保ハ之ヲ財團ニ歸セシム

勾留監守ヲ行フハ畢竟債權者ノ權利ヲ保全スルノ目的ヲ達スベキ方法ニ過ギズシテ債務者ノ自由拘束ハ其ノ目的ニアラサル也故ニ其ノ目的ヲ達スルヿヲ得バ其方法ハ最早必要ナケレバ故サラニ債務者ヲ拘束スルヲ要セズ

故ニ債務者ニシテ萬一出廷ヲ怠ルトキ債權者ニ損害ヲ被ムラシメザルノ保證トシテ或ル財產ヲ親戚知己等ヨリ借リ來リテ之ヲ擔保ニ供セバ無論其ノ拘束ヲ解カルヽコト猶ホ刑事訴訟ノ保釋ノ塲合ニ等シカルベシ而ノ實際債務者逃亡シ又ハ裁判所ノ出廷ヲ怠ルガ如キコトアラハ其ノ擔保物ハ財團中ニ繰込マル何者ハ債務者ノ逃亡又ハ出廷懈怠ノ爲ニ不利ヲ被ムル債權者ハ擔保物ノ爲ニ權利ヲ滿足スベケレバナリ

封印ノ解除及封印ヲ要セザルモノ

第千五條　管財人カ債務者ノ財產ヲ財產目錄ニ載セ且之ヲ占有シタルトキハ直チニ其封印ヲ解ク可シ

第千一條ニ依リ財團ニ加フルコトヲ得サル物及ヒ財團ノ爲メニスル即時ノ換價又ハ繼續利用ヲ封印ノ爲メ妨ケラルヽ物ニハ封印ヲ爲サヽルコトヲ得此等ノ物ハ直チニ財產目錄ニ載セ管財人之ヲ占有スルコトヲ要ス

債務者ノ商業帳簿ハ即時之ヲ管財人ニ交付シ且其帳簿ノ現狀ハ破産主任官之ヲ認證ス

特ニ高價ナル物ハ即時之ヲ管財人ニ交付シ又ハ一時之ヲ裁判所ニ引取ルコトヲ得

曾テ說クガ如ク封印ハ財産ノ隱匿ヲ防グガ爲ナリ故ニ破産者ノ手裡ヨリ衆債主ノ代理者タル管理人ノ手ニ移リ了レバ其レヨリ後ハ之ヲ賣却セザルベカラサルガ故ニ封印ノ必要ナク亦必ラズ封印ヲ解カザルベカラザル故ニ初メヨリ直チニ管財人ノ占有ニ歸スルモノハ封印ヲ要セザルナリ本條第二項以下ハ此ノ封印ヲ要セザルモノヲ列擧ス其第一ハ第千一條ノ規定ニ依リテ之ヲ財團中ニ加フルヲ得ザルモノ乃チ民事訴訟法第五百七十條ニ列擧スルモノ是レナリ此等ノ物ハ債主ノ有ニ歸スベカラサルモノナレバ封印ノ要ナシ其第二ハ財團ノ爲ニスル即時ノ換價又ハ繼續利用ヲ封印ノ爲ニ妨ゲラルヽモノ例ヘバ時日ヲ經過スレバ腐敗若クハ破壞ヲ免カレザルモノハ即時ニ

破産者ニ拂渡差押ノ命令

別除權ヲ行フ

之ヲ賣却シテ現金ニ換ルヲ要シ殊破産ノ爲ニ營業ヲ休止セバ爲メニ甚シキ損失アルヲ以テ特ニ其ノ營業ヲ繼續スルヲ要スル者ハ封印ヲ要セザルナリ其第三ハ債務者ノ商業帳簿ニシテ此ノ帳簿ハ第九百七十九條ノ規定ニヨレバ支拂停止ノ理由ヲ明示スル爲メニ貸借對照表トヽモニ之ヲ裁判所ニ呈出セザルベカラザルガ故ニ既ニ裁判所ニアル上ハ之ヲ封印スルヲ要セザルナリ其第四ハ特別ニ高價ナル物ニシテ斯カル高價ノ物ハ債務者ノ之ヲ愛重シテ或ハ萬一其封印ヲ破毀シ隱匿ヲ計ルガ如キヿナキヲ保セザレバ初メヨリ之ヲ債務者ノ手ヨリ奪フテ管財人ニ交附セシメ以テ其安全ヲ望ムナリ

第千六條　破産者ニ對シテ債務ヲ負ヒ又ハ財團ニ屬スル物ヲ占有スル者ハ其支拂又ハ交付ヲ管財人ニノミ爲ス可キコトヲ拂渡差押ノ命令ヲ以テ催告セラレタルモノトス

別除權ヲ行ハント欲スル者ハ其旨ヲ管財人ニ申出ツ

手續

債務者ニ宛テタル送達物ノ送達

可シ若シ管財人ヨリ其物ノ評價ヲ爲サンコトヲ求ムルトキハ之ヲ承諾スルコトヲ要ス

債務者ニ宛テタル電信書狀其他ノ送達物ハ之ヲ管財人ニ交付ス可シ其管財人ハ開封ノ權ヲ有ス然レトモ其旨趣カ財團ニ關係ナキトキハ管財人ヨリ債務者ニ引渡スコトヲ要ス

破產裁判所ハ此カ爲メ郵便局、電信局其他ノ運送取扱所ニ必要ナル命令ヲ發ス可シ

破產者ニ辨償スベキ債務者ニ對スル權利ハ管財人ニ移ルガ故ニ管財人ヨリ破產者ニ支拂ヲ爲ス可ラザルコヲ命令セバ之ト同時ニ之ヲ管財人ニ爲スベキコヲ催告セラレタル者ト爲ス其故ハ破產者ノ占有中ノモノハ封印スルコヲ得ベキモ其ノ占有內ニアラザル者ハ差押ニヨルニアラザレバ保全シ難キヲ以テナリ亦宜シク財團ニ屬スベキ物ヲ他人ニ占有セルトキニモ此方法ニ

破産者及其家族ノ給養費

ヨリ之ヲ管財人ノ手ニ收集スヘキモノトス是レ破産者ノ債權及ビ財團ハ皆破産者ノ債權者ニ屬スヘキモノナルガ故ニ債權者ノ爲ニ破産者ノ財産ヲ處理スル所ノ管財人ノ處分ニ歸セシムルヿ當然ナルモノナリ而メ第二項ハ別除權ヲ行ハントスル者ノ爲スヘキ手續ヲ定メタルモノニシテ之ヲ行フガ爲メニ其旨ヲ管財人ニ申出デシムルハ管財人ヲシテ第九百九十七條ノ質物受戻權ヲ施行セシメンガ爲メナリ又管財人ノ求メニ應シテ其ノ物ノ評價ヲ承諾セシムルハ管財人ヲシテ受戻シ權ヲ行フヘキヤ否ヤ及其物ノ賣得金ニ餘剩アルカ否ヲ判定セシメンカ爲ナリ債權者ニ宛テタル信書及其他ノ送達物ヲ管財人ニ交附セシムルハ債務者ノ未ダ隱匿セル債權ヲ有スルヿアラバ之ヲ發見シテ債權者ノ共同抵保ニ充テンガ爲ナリ故ニ財團ニ關係ナキ者ハ盡トク之ヲ本人ニ交附スヘキモノトス

第千七條　破産主任官ハ破産者及ビ其家族ニ財團ヨリ給養ノ扶助料ヲ與フルヿヲ得

破産處分ハ一方ニハ債主ノ權利ヲ保護スルト雖トモ亦他ノ一方ニハ負債者ヲモ保護シ且ツ併セテ社會ノ權利ヲモ保護スルナリ故ニ負債者タル破産者ガ其財産ヲ隱匿スルノ虞アルニ於テハ勿論之ヲ撿束シテ債權ノ保全ヲ謀ルモ若シ又之ガ爲ニ破産者ヲシテ衣食ニ窮シ爲ニ社會ニ厄介者ヲ増加シテ風俗ヲ紊スカ如キヿアルヲ慮リ此規定アルナリ

第五章　財團ノ管理及ヒ換價

破産者ノ財産ト債權トヲ一括シ以テ全債主ノ辨償ニ充ツベキ物ヲ名ケテ財團ト云フヿハ前ニ既ニ之ヲ説ケリ而シテ此等ノ財團ハ既ニ破産者ノ處分ニ屬セザルモノナルガ故ニ其管理者ヲ債主中ヨリ撰任ス之ヲ管財人ト云フ此ノ管財人ハ財團ヲ以テ衆債主ニ支拂ヲ爲ス所ノ者ナリ然レ𪜈財産ノ現形ニテハ各債主ニ分配シガタキヲ以テ之ヲ賣却シテ現金ニ交換スルヲ名ケテ換價ト云フ本章ノ規定ハ專ラ此ノ財團ノ管理ト換價ニ關スル手續ニ屬ス故ニ其ノ多クハ條文ヲ一讀セバ了解スヘキナリ

管財人ノ選定

第千八條　各裁判所管轄區ニハ職務上義務ヲ負フベキ破產管財人ノ名簿ヲ備置キ破產裁判所ハ各個ノ場合ニ於テ其名簿中ヨリ管財人ヲ選定ス

管財人ノ報酬

第千九條　管財人ノ勤勞ニ對スル報酬ハ財團ヨリ第一ニ之ヲ支拂ヒ其額ハ破產裁判所之ヲ定ム

前條ハ管財人ノ撰定ヲ規定シ後條ハ其ノ報酬ヲ定ム英國ノ制ハ管財人ハ債主中ヨリ選任シ且ツ無報酬ナルモ我國ノ制ハ裁判所ヨリ選任シ其人ハ之ヲ辭スルヿアタハザルモノナレバ之ニ報酬ヲ與フルモノトス其ノ財團中ヨリ第一着ニ報酬額ヲ引キ去ルハ猶ホ裁判費用ノ如ク公權力ノ費用ニシテ債主全体ニ利益ヲ被ムレルモノナレバナリ

管財人ノ改任又ハ追加

第千十條　裁判所ハ何時ニテモ管財人ヲ易ヘ又ハ他ノ管財人ヲ加フルコトヲ得

管財人ハ裁判所ノ選任スルモノナルガ故ニ若シ其任ニ適セザルトキハ之ヲ

管財人ノ責任

易ヘ亦ハ他人ヲ選任シテ之ヲ加フルヿ自由ナルベキナリ

第千十一條　管財人ハ其所爲ニ付テハ代理人ト同一ノ責任ヲ負フ若シ管財人二人以上アルトキハ共同ニ非サレバ行爲ヲ爲スコトヲ得ズ但シ破産主任官カ或ル行爲ニ付キ各箇ニ特別ノ委任ヲ與ヘタルトキハ此限ニアラズ

管財人ハ裁判所ニ代リテ財團ノ上ニ權利義務ヲ行フモノナルガ故ニ其ノ注意ノ程度ハ猶他ノ代理人ト同一ナルベシ故ニ其ノ管財人二人以上アルトキニハ共同シテ之ヲ爲シ單獨ニテ之ヲ爲スヿヲ得ズ然レ圧元來其ノ選任ハ裁判所ニ於テ之ヲ爲スモノナレバ裁判所ノ破産主任官カ特別ニ數人ノ管財人ニ別々ナル委任ヲ爲ス時ハ格別ナリトス

管財人ノ義務

第千十二條　管財人ハ破産宣告後即時ニ財團ヲ占有シ且其管理及ヒ換價ニ着手スルコトヲ要ス

管財人ノ行爲監督

管財人ハ其執務ノ爲メ破産者ノ補助ヲ求ムルコトヲ得破産主任官ハ此カ爲メ破産者ニ報酬ヲ與フルコトヲ得

本條ニ於テ管財人ガ破産宣告ノ即時財團ノ管理ト換價ニ着手スルハ若シ然ラサレバ其ノ財團ハ暫ラク之ヲ管理スル者ヲ缺キ隨テ破産事務ノ澁滯シ債主ノ損害ヲ被ムルコト大ナルベキヲ以テナリ而メ管財人ガ此等ノ處分ヲ爲ス爲ニ破産者ヲメ補助タラシムルコトヲ許スハ破産者ハ從來親シク其財産ヲ運轉シ慣レタルモノナレバ之ヲ處理スルニ他人ヨリモ大ニ便利ナルベキヲ以テナリ而メ之ニ報酬ヲ與フルハ誠實ニ其事ニ從ハシメンカ爲ナリ

第千十三條　管財人ハ破産主任官ノ監督ヲ受ケ且其指揮ニ從フ義務アリ若シ管財人ノ行爲又ハ決斷ニ對シテ異議ヲ述フル者アルトキハ破産主任官命令ヲ以テ之ヲ變ス此命令ニ對シテハ破産裁判所ニ即時ニ抗告

財產目錄ノ調製

ヲ爲スコトヲ得

管財人ハ裁判所ノ代人ナリ故ニ其行爲ニ就テハ本人タル裁判所ノ破產主任官之ヲ監督シ若シ其行爲ニ異議ヲ述フル者アレハ破產主任官其當否ヲ裁判ス然ラズンバ衆債主ノ權利ニ關スル重大ノ事務ヲ管財人ノ專橫放恣ニ處理スルヿナキヲ保セザレバナリ

第千十四條　財產目錄ハ裁判所議員又ハ其他警察官吏ノ立會ヲ以テ管財人之ヲ作リ若シ必要アルトキハ破產者ヲモ立會ハシム破產者ニ屬スル總テノ財產ハ財團ニ組入ルベカラザルモノト雖モ其價額ヲ明示シテ之ヲ財產目錄ニ記入スルコトヲ要ス必要ナル場合ニ在テハ其價額ハ鑑定人ヲシテ之ヲ鑑定セシム

財產目錄及ヒ之ニ關スル調書ノ認証アル謄本ハ公衆ノ展閱ニ供スル爲メ裁判所ニ之ヲ備フ

財團中ヨリ破産者ニ屬セサル財産取戻訴訟ノ管轄裁判所

撿事ハ其見込ニ因リ職權ヲ以テ財産目錄ノ作成ニ立會フコトヲ得

管財人ガ第一着ニ爲スヘキ其事務ハ財産目錄調製ナリ盖シ之ニ因リテ財産ノ現在額ヲ明定シ併セテ管財人ノ責任ノ基礎ヲ定メンガ爲ナリ而シテ之ヲ調製スルニハ裁判所ノ職員若クハ警察官ヲシテ立會ハシメテ以テ私曲ヲ防ギ又時トシテ破産者ヲモ立會ハシメテ以テ其事務ノ迅速ナル決了ヲ望ムモノナリ而シテ財團中ニ入ルベカラサルモノモ尙ホ其ノ價額ヲ明示シテ之ヲ財産目錄中ニ記入スヘキ丁ヲ命シタルハ證據ノ明瞭ヲ望メハナリ撿事ヲシテ立會ハシムルハ破産ノ有罪ナルヤ否ヲ知ルニ便スルナリ

第千十五條　破産者ニ屬セサル財産ヲ財團ヨリ取戻スコトニ係ル爭訟ハ破産裁判所之ヲ裁判シ不動産ニ付テハ其所在地ヲ管轄スル裁判所之ヲ裁判ス

破産者ノ所有ニアラサルモ尙ホ其ノ財産中ニ混入シアルモノアリ例ヘバ賃

差出人ヨリ差出セル届書及貸借對照表ノ調製及作成義務

借寄託若クハ賣買見本ノ類ナリ此等ハ元來破產者ノ所有ニアラサレハ財團中ニ編入スヘカラサルモノナリ然レ𪜈當初誤ツテ之レヲ財團中ニ混入スルコトアラハ其ノ眞ノ所有者ヨリ取戻ヲ請求スヘク而シテ此際其ノ眞所有者ナルヤ否ヲ判決スル裁判所ハ乃ハチ本條ノ定ル所ナリ

第千十六條　管財人ハ破產主任官ノ定メタル三十日以內ノ期間ニ破產者ヨリ差出シタル届書及ヒ貸借對照表ヲ調查シ若シ破產者ヨリ之ヲ差出サヽリシトキハ自ラ貸借對照表ヲ作リ且其報告書ニ對照表ヲ添ヘテ破產主任官ニ提出ス可シ

報告書及ヒ貸借對照表ノ認証アル謄本ハ公衆ノ展閱ニ供スル爲メ裁判所ニ之ヲ備フ

報告書及ヒ貸借對照表ハ之ヲ撿事ニ送致スルコトヲ要ス

破産者ノ營業ヲ繼續

破産者ヨリ屆ケ出ル其ノ貸借對照表ハ實ニ破産處分ノ骨子トナルモノナリ而ノ管財人ノ報告書、管財人ガ調査セル見聞錄ニシテ乃ハチ破産者ガ破産ノ状ニ陷リタル原由ヲ究メ眞ニ變災禍害ノ爲ナルカ又ハ濫用妄費ノ爲ニ原因シタルカヲ探リテ之ヲ明記シ且ツ其行爲ノ刑律ニ觸ルヽコアルヤ否ヲ決スルモノナルガ故ニ有罪破産ト否トノ別ルヽハ實ニ之ニ因ルコト多シ故ニ最トモ注意シテ之ヲ調製シ之ヲ破産主任官ニ提出シテ其思料ニ供セサルベカラズ而ノ萬一依估偏頗ノ事アルヲ保セサレバ之ヲ防グ爲ニ其ノ報告貸借對照表ハ之ヲ展開シテ以テ公衆ノ閲覽ニ供スルナリ而ノ之ヲ撿事ニモ送致セシムルハ破産ノ有罪ナルヤ否ヲ知ラシメンガ爲ナリ

第千十七條　貸方ノ借方ニ超ユルコト判然ナルトキ又ハ協諧契約ノ豫期セラルヽ間ハ裁判所ハ破産主任官ノ申立ニ因リ且管財人ノ意見ヲ聽キタル後管財人ヲシテ破産者ノ營業ヲ續行セシムル決定ヲ爲スコトヲ

財團ノ競賣

得

管財人營業ヲ續行スル場合ニ在テ財產ニ屬スル物ヲ通常ノ營業外ニテ賣却セントスルニハ破產主任官ノ認可ヲ受ケ且ツ豫メ破產者ノ意見ヲ聽クヿヲ要ス

破產ハ必ラズシモ借方ノ貸方ヨリ多キ場合ノミナラズ或ハ貸方多キモ尙ホ一時借方ノ督促急ニシテ融通ヲ爲スヿ能ハス遂ニ破產ニ至ルヿナシトセズ故ニ若シ管財人ニシテ其ノ營業ヲ繼續シ漸次負債ヲ償却シ了ルトキハ破產ノ不幸ヲ見ズシテ其ノ商號ヲ全フスルコトヲ得ベシ故ニ此等ノ場合又ハ債主ト調停和解スルノ見込アルトキハ其ノ破產者ノ營業ヲ續行セシム然レ𪜈此事ハ一旦消滅セル商號ヲ蘇生セシムルモノナル故裁判所ノ認可ヲ受ケ且ツ破產者ノ意見ヲモ聽クヲ要スルナリ

第千十八條　不動產ハ破產主任官ノ認可ヲ受ケテ之ヲ競賣スルコトヲ要ス

管財人ノ自由ニ爲スヘキ權利及其ノ例外

動産ハ競賣スルヲ通例トストト雖モ破産主任官ノ認可ヲ受クルトキハ相對ヲ以テ之ヲ賣却スルコトヲ得競賣ノ手續ハ總テ民事訴訟法ノ規定ニ依ル

財團ハ成ルヘク之ヲ高價ニ賣リテ以テ債主ノ所得ヲ多クスルヿヲ勉メザルベカラズ而シテ最トモ高價ニ賣ルハ競賣ノ外ニ方法アラサルナリ

第千十九條　管財人ハ財團ニ屬スル破産者ノ貸方ヲ取立テ及ヒ破産者ノ權利ヲ債務者其他ノ人ニ對シテ主張シ且保全スルコトヲ要ス

管財人ハ左ニ揭クル行爲ニシテ百圓以上ノ額ニ係ルモノニ付テハ破産者ノ意見ヲ聽キ且破産主任官ノ認可ヲ受ク可シ

第一　訴訟ヲ爲スコト

第二　和解契約又ハ仲裁契約ヲ取結フコト

財團ニ收入スベキ金錢ニ關スル注意

第三　質物ヲ受戻スコト
第四　債權ヲ轉付スルコト
第五　相續又ハ遺贈ヲ拒絕スルコト
第六　消費借ヲ爲スコト
第七　不動產ヲ買入ルヽコト
第八　權利ヲ拋棄スルコト
第九　總テ財團ニ新ナル義務ヲ負ハシムルコト

本條ノ第一項ハ管財人ノ當然爲スヘキヿヲ定メ第二項ハ其例外ヲ定ム乃ハチ普通ニハ財團ニ屬スル權利ハ自カラ之ヲ執行スベキモノナルモ若シ其重要ナルモノハ之ヲ獨斷セスシテ破產者ノ意見ヲ聽キ且ツ破產主任官ノ認可ヲ受ケシムルモノニシテ其場合ハ乃ハチ此ニ列擧スル所ナリ

第千二十條　財團ニ收入スル金錢ハ破產主任官ノ定ム可キ常用支出額ノ外遲延ナク之ヲ供託所ニ寄託スル

コトヲ要ス其金錢ハ破産主任官ノ支拂命令ニ依ルニ非サレハ支出スルコトヲ得ス

管財人ヲシテ其事務ヲ處理セシムル爲ニハ多少ノ經費ヲ要スルガ故ニ常用支出額ヲ定メテ之ヲ保管セシムルヲ要ス然レトモ若シ多ク之ヲ有セシムルトキハ不正ノ事ナキヲ保セサルガ故ニ其ノ常用支出額ノ外ハ直チニ之ヲ供託所ニ寄託セシムルナリ

有罪破産者ノアルトキノ届出

第千二十一條　管財人ハ其管財中破産者ニ罰セラル可キ行爲アルヲ知リタルトキハ之ヲ破産主任官ニ届出ツル義務アリ破産主任官其届出ヲ受ケタルトキハ之ヲ檢事ニ通知ス

是レ有罪破産ノ處分ヲ行フノ思料ニ供センガ爲ナリ

破産者關係人ノ訊問

第千二十二條　破産主任官ハ破産ノ原由、事情、貸方借方並ニ其對照表其他管理及ヒ破産手續ニ關スル事項ニ

付キ破産者其商業使用人、雇人其他ノ人ヲ何時ニテモ訊問スルコトヲ得

是レ亦破産ノ有罪行爲ナルヤ否ヲ審糺スルガ爲ニ必要ナレハナリ

第六章　債權者

本章ニ所謂債權者トハ破産者ニ對シテ債權ヲ有スルモノヲ謂フ債權ノ何者タルカハ民法財産權第二部人權ノ部及ヒ債權擔保篇等ニ讓リ此ニハ單ニ一定ノ人ニ對シテ或ル物ノ供給ヲ要求シ得ル權利ト云フヘシ而シテ此ノ權利ハ或ハ金錢ノ辨濟ヲ受ルノ權利ナルヿアリ又或ハ義務ノ履行ヲ受ルノ權利ナルヿアリ而シテ其ノ何レナルヲ問ハズ義務者ニシテ破産スル𪜈ハ其ノ財團ノ上ニ債權ヲ有シ其ノ分配ニ參與スルヿヲ得ル者也本章ニ於テハ此ノ破産者ニ對スル債權者ノ事ヲ定メ之ヲ別テ三節ト爲シ第一節ハ債權ノ屆出及確定ニシテ第二節ハ特種ノ債權者ノ事ヲ定メ第三節ハ債權者ノ集會ノ事ヲ定ム

第一節　債權ノ屆出及確定

破産者ニ對スル債權ハ實ニ破産ノ事ヲ牽キ起セル根據ナリ而メ之アルガ為ニ破産者ノ財産處分權ヲ停止シ一切ノ財産ハ管財人ノ手ニ移ルモ管財人ガ之ヲ處分シテ各債權者ニ分配スルヤ實際債權額ノ幾何アルヤヲ知ル能ハズンバ之ヲ處分スルヿ能ハサル故普テノ債主ヲメ或ル時期内ニ其ノ債權額ヲ届ケ出デシメ其ノ相當期限内ニ届ケ出デザルモノハ分配ニ與ルヿヲ得ザル者トシ以テ先ヅ其ノ分配ニ與ルベキ債權額ヲ確定ス此事破産手續上甚ダ必要ノ事トス本節ノ規定乃ハチ是レナリ

破産者ノ總債權額届出

第千二十三條　破産者ノ總債權者ハ破産決定ノ公告ニ因リ債權届出ノ期間ニ其債權ヲ破産主任官ニ届ケ出ツベキ旨ノ催告ヲ受ケタルモノトス其届出ニハ各債權ノ合法ノ原因及ヒ請求金額若シ優先權アルモノハ其權利ヲ明記シ且証據書類又ハ其謄本ヲ添フ可シ

他所ニ住スル債權者ハ裁判所所在地ニ代人ヲ置ク可

シ

債權及ヒ代人任置ノ屆出ハ書面ヲ以テ又ハ調書ニ筆記セシメテ之ヲ爲スコヲ得書面ヲ以テスル塲合ニ在テハ二通ヲ差出スコヲ要ス

所在ノ知レタル債權者ハ右ノ外特ニ裁判所ヨリ書面ヲ以テ其債權屆出ノ催告ヲ受ク然レトモ其書面カ債權者ニ達セサルモ此カ爲メ損害賠償ノ請求ヲ爲スコヲ得ス

各債權者ニ債權ノ屆ケ出ヲ命セルハ之レナケレバ破產者ノ義務ノ總額ヲ知ル能ハサレバナリ而シテ其ノ債權ニ合法ノ原因ヲ記セシムルハ其ノ有効ト無効トヲ判知センガ爲ナリ優先權ノ有無ヲ知ルハ他ノ債權者トノ關係ヲ定メンガ爲ナリ他所ニ住スル債權者ニハ裁判所々在地ニ代人ヲ設ケシムルハ一々本人ヲ召喚スルニ不便ナレバナリ所在ノ知レザルカ爲ニ屆出ノ催告ヲ受

債權屆出ノ取扱手續

ルヿ能ハサリシモノハ是レ自己ガ其所在地ヲ明瞭ニセサルノ過失ナレバ之ガ爲ニ受ケタル損害ノ賠償ヲ求ムルヿヲ得サルベキナリ而メ若シモ之ヲ請求スルヲ得ルトセバ所在ノ分明ナルマデ際限モナク破產處分ヲ停止スルカ又ハ一旦各債主ニ分配セル分ヲ更ニ取戻シテ分配額ヲ改メサルベカラサルノ不便アルヲ以テ所在不明ノ爲ニ屆出ヲ爲サズシテ遂ニ分配ニ與ラサリシハ其人ノ自暴自棄ト見ルノ外ナキ也

第千二十四條　屆出ハ之ヲ受取リタルトキ直チニ順次番號ヲ付シテ二箇ノ表ニ記載スベシ其一ニハ優先權アル債權ヲ掲ケ他ノ一ニハ通常ノ債權ヲ掲ク其債權表ハ公衆ノ展閲ニ供スル爲メ裁判所ニ之ヲ備フ

管財人ハ其ノ使用ノ爲メ屆出書及及ヒ債權表ノ謄本ヲ受領ス

本條ハ唯ダ債權ノ屆出アルトキニ之ヲ取扱フ手續ヲ定メタルノミ而シテ其

ノ優先權アルモノト然ラサル者ヲ別ツハ此等二種ノ債權ハ其ノ取扱ノ手續ヲ異ニスレハナリ

調査會

第千二十五條　調査會ハ管財人及ヒ成ル可ク破産者ノ面前ニ於テ破産主任官之ヲ開キ且其調書ヲ作ル可シ債權者ハ自身又ハ代理人ヲ以テ此會ニ參加スルコトヲ得

調査會ノ結果ノ告知

破産主任官ハ債權者ニ取引帳簿若クハ其拔書ノ提出ヲ命スルコトヲ得調査ノ結果ハ債權表及ヒ提出シタル債務証書ニ附記シ且各債權者又ハ其代理人ニ告知スルコトヲ要ス

調査會ノ開期

調査會ハ届出期間ノ滿了後十日乃至十五日間ニ之ヲ開クヲ通例トス

届出期間滿了

届出期間ノ滿了後ニ届出テタル債權ハ調査會ニ於テ

後ニ屆ケ出タル債權ノ處分

之ヲ調査スルコトヲ得然レトモ其調査ヲ爲スコトニ付キ異議ノ申立アリタルトキ又ハ調査會ノ終リタル後債權ヲ屆出テタルトキハ其債權者ノ費用ヲ以テ新ナル調査會ヲ開ク

既ニ各債主ヨリ其債權ヲ屆ケ出ルニ於テハ更ニ其ノ債權ノ眞僞ヲ調査スル爲ニ調査會ヲ開クモノトス而シテ此ノ會ニ破産者ヲ參與セシムルハ最トモ能ク其ノ眞僞ヲ知レバナリ亦債權者ノ本人又ハ代人ヲ參與セシムルハ一債權者ノ增加スル每ニ各債權者ノ所得ヲ減ズヘケレバ殊ニ注意ヲ要スルニ由ル其調書ヲ作ルハ調査會ノ形況ヲ後日ニ知ラシメンガ爲メナリ債權者ノ取引帳簿又ハ其抜書ヲ提供セシムルハ債權ノ眞僞ヲ知ルガ爲メ也調査ノ結果ヲ各債權者ニ告知スルハ彼等皆利害ノ關係ヲ有スルニ由ル而シテ期限ヲ設クルハ處分ノ迅速ヲ望メハナリ然レ圧其ノ債權屆出期限ニ後レタレバトテ最早其ノ債權ヲ無効ト爲スベキニハアラザルモ之レヲ普通ノ債權ト同視ス

ルトキハ懈怠者ヲ懲ラスノ制裁ナク亦其調査會ヲ開クガ爲ニ費用時間等ヲ要セザルベカラザルガ故ニ之ガ費用ノ負擔ハ其ノ屆ケ出ヲ後レタル債權者ニ歸スルコト最トモ其當ヲ得タルモノトス

第千二十六條　債權ノ確定ハ承認又ハ裁判所ノ判決ヲ以テ之ヲ爲ス調査會ニ於テ管財人ヨリモ債權ヲ確定シ若クハ貸借對照表ニ掲ケタル債權者ヨリモ異議ヲ申立テザルトキハ債權ハ承認ヲ得タルモノトス

管財人ノ債權ニ係ル承認又ハ異議ハ破産主任官其管財人ニ代ハリテ之ヲ爲ス

調査會ニ於テ異議ナカリシモノハ其債權ハ眞正ナルモノト確定ス然レドモ之ヲ承認スルモノハ管財人ニシテ而シテ其管財人モ亦債主ノ一人ナルコトアルベシ然ルトキハ自已ノ利害ヲ自已ニ判斷スルガ如キ懸念アルヲ以テ此ノ場合ニハ其ノ管財人ノ有スル債權ノ確定ニ係ル諾否ハ之ヲ破産主任官ニ

異議ヲ受ケタル債權ノ處分

一任ス尤トモ管財人數人ナルトキニハ互ニ之ヲ爲サシムルモ可ナルニ似タレ圧其間ニ私曲ナキヲ保セザレバ之ヲ許サヽルナリ

第千二十七條　異議ヲ受ケタル各債權ハ若シ其債權者之ヲ取消サヽルトキハ破産裁判所公廷ニ於テ破産主任官ノ演述ヲ聽キ成ルベク合併シテ其ノ判決ヲ爲スベシ其ノ辨論及ヒ判決ハ原告被告ノ出頭セザルトキト雖トモ之ヲ爲ス但此判決ニ對シテハ故障ヲ申立ツルコトヲ得ズ

屆ケ出デタル債權ニ〆異議ヲ受ケタルトキハ其債權者之ヲ取リ消スカ又ハ之ヲ主張シテ當否ヲ裁判廷ニ爭フカノ二途アルノミ而〆之ヲ爭フトセバ迅速ト簡易ヲ旨トシ數多ノ異議アル債權ヲ一時ニ纏メテ之ヲ判決シ假令原被告ノ欠席スルモ其ノ判決ヲ有効ト爲シ故障ヲ申立テ許サズ其故ハ破産者ハ自己ノ財產ノ上ニ處分管理ノ能力及ビ訴訟ノ能力ヲモ失ヒ又管財人ハ獨立セ

異議ノ判決ハ債主會議前ニ爲スコト及ヒ之ヲ爲ス能ハザル場合ノ處分法

ル債務者ノ如クニ自由ノ能力ヲ施行スルヿ能ハザルニ由ルナリ

第千二十八條　判決ハ成ルベク債權者ノ集會前ニ之ヲ爲スヿヲ要ス若シ之ヲ爲スヿ能ハス又ハ判決ニ對シテ控訴ヲ爲シタルトキハ裁判所ハ異議ヲ受ケタル債權者ノ右集會ニ加ハルコトヲ許スベキヤ否ヤ又幾許ノ金額ニ付キ加ハルコトヲ許スベキヤ否ヤヲ決定ス

債權者ノ優先權ノミカ異議ヲ受ケタルトキハ其債權者ハ通常ノ債權者トシテ右集會ニ加ハルコトヲ得

異議ノ判決ヲ債主會議ノ前ニ決了セントス欲スルハ其ノ異議ヲ受ケタル債主ヲモ債主會議ニ列セシムルト否トニ大關係アレバナリ若シ然ラサルトキハ債主中ノ奸者ガ豫ジメ謀リテ異議ヲ申立テシメ其ノ異議ヲ受ケタル者ヲシテ債主會議ニ參與セシメズシテ自己ノ利ヲ謀ル者ナキヲ保セザレバナリ末項

正當時期ニ屆出ヲ爲サズ又ハ確定セザリシ債權

ニ優先權ニ異議ヲ受ルモ尙ホ債主會議ニ列スルヲ得セシムルハ假令優先權ニ異議ヲ受ルモ普通ノ債主トシテハ異議ヲ受ケザルニ由ル

第千二十九條　債權ヲ正當時期ニ屆出テス又ハ債權ノ確定セサル債權者ハ以後ノ確定ニ因リテ爲ス可キ財團ノ配當ニノミ加ハルコトヲ得然レトモ異議ヲ受ケテ訴訟中ニ在ル債權及ヒ屆出並ニ調査ノ爲メ別段ノ期間ヲ定メラレタル在外國債權者ノ債權ニ付テハ以前ノ配當ニ於テ其債權ニ歸スル割前ヲ留存ス

前ニ說クガ如ク正當ノ時期內ニ屆出ヲ爲サヾリシ爲メ又ハ確定セザリシ爲メ債權中ニ算入セラレザリシモノハ配當ニ與カルヲ得ザレバ其確定セル以後ニ於テ始メテ他ニ既定ノ債權ト同一ノ要求權ヲ得ルノミ然レ𪜈屆出ノ正當ナルモ異議ノ爲ニ訴訟ト爲リタルカ又ハ路程ノ遠隔ノ爲ニ屆出期限ニ猶豫ヲ與ヘラレタルモノハ前者ト異ナリ而シテ殊ニ奸曲ナル債主ノ爲ニ理由

ナキ異議ヲ受ケ爲ニ債主會議ニモ列スルヿ能ハザリシモノヽ如キハ之ヲ保護スルノ必要アリ是レ本條ノ規定アル所以ナリ

第二節　特種ノ債權者

本節ニハ債權者中特別ナル債權ヲ有シ一般法ニ依ルベカラザルモノト假令一般法則ニ由ルモ其適用ヲ特殊ニスルモノトヲ規定ス

保証人又ハ其他ノ共同義務者ノ權利義務

第千三十條　主タル債務者ノ破産ニ於テ届出テタル債權ハ協諧契約ノ場合ト雖トモ保證人其他ノ共同義務者ニ對シ其全額ニ付キ之ヲ主張スルコトヲ得又保證人又ハ共同義務者ハ主タル債務者ノ破産ニ於テ其償還請求ヲ届出ツルコトヲ得然レトモ主タル債務者ノ爲メニスル協諧契約ノ効果ニ從フ

破産者ノ債務ニハ其ノ主タル債務者ノ外ニ保証人又ハ其他ノ共同債務者タルヿアルベシ此ノ場合ニハ主タル債務者ヲ措キ債權者ハ其保証人又ハ共同

債務者ニ係リテ全額ノ請求ヲ爲スヿヲ得セシム是レ舊時ノ身代限規則ノ先ヅ主タル債務者ニ係リ其ノ身代限ヲ取リタル後ニアラサレバ引受辨濟人ニ係ルヿ能ハザルノ不便ニ比スレバ頗ル改良セルモノナリ此ノ如クセバ債權者ハ辨濟ノ見込ミノ有無ニ關セズ强テ無資力ノ主タル債務者ニ係ルヲ要セズ初ヨリ保証人ニ對シテ要求シ得レバナリ而メ此等ノ保証人ハ債權者ニ對シテ引受辨濟ノ責アルガ故ニ其額ダケハ主タル債務者ヨリ償還ヲ受ルノ權アレバ此ノ償還請求權ハ普通ノ債權ト等シク破産者ニ對シテ要求シ得ベキナリ本條ニ於テ協諧契約ノ塲合ニモ保證人ニ係ルハ協諧契約ニヨリテ辨濟ヲ受タル殘餘ノ債權ニ關シテ保證人ニ係ルナリ而メ保証人ヨリ主タル債務者ニ係ル償還請求權ハ協諧契約ノ効果ニ從フトハ協諧契約ニヨリ債權者ハ財團中ヨリ幾分ノ辨濟ヲ受ケ其殘額ヲ保證人ニ請求スルニ當リ保證人ハ其ノ辨濟ノ償還ノ爲メニ更ニ該財團ニ對シテ分配ニ與ルコトヲ得ルトセバ該財團ハ同一ノ要求ノ爲メニ債權者ト償還要求ヲ爲スモノトノ爲メニ二回支

數人ノ共同義務者ノ破產セル場合

拂ヲ爲スベク爲ニ破產者ノ受ケタル協諧契約ハ徒爲ニ屬スベキヲ以テ之ヲ禁ズルナリ

第千三十一條　二人以上ノ共同義務者カ破產シタルトキハ其各義務者ノ破產ニ於テ債權ノ全額ヲ屆出ツルコトヲ得

各自ノ破產財團ノ間ニ於ケル償還請求權ハ之ヲ主張スルコトヲ得ス然レトモ債權者カ受取ル割前ノ額カ主タルモノ及ヒ從タルモノヲ合セタル債權ノ總額ヲ超過スルトキハ其超過額ハ共同義務者中他ノ共同義務者ニ對シテ償還請求權ヲ有スル者ノ財團ニ歸ス

前條ニ於テハ共同義務者ノ一人ガ破產セル場合ヲ定メ本條ハ其共同義務者中ノ數人又ハ全員カ破產セル場合ヲ定ム乃チ第一項ニ於テハ共同義務者ノ數人又ハ全員ガ破產セル時ニ債主ハ其義務者ノ財團ノ上ニ負債ノ全額ヲ請

求スルヿヲ得ルヲ定メ第二項ニ於テハ共同義務者ノ各自ノ間ニ於テモ一共同義務者ガ他ノ共同義務者ノ支拂フベキ部分ヲ立替ヘ其債主ニ辨濟ヲ爲スモ其立替金ノ辨濟ヲ立替ラレタル義務者ノ財團ニ對シテ要求スルヿヲ得ザル旨ヲ定メタルナリ畢竟共同義務者ハ一義務ノ上ニ各義務者皆其全額ヲ支拂フ義務ヲ有スルガ故ニ甲乙丙ノ三人ニテ千圓ノ負債アルトキニハ債主ハ其内ノ一人ニ對シ其全額ヲ要求スルヿヲ得而シテ其内ノ一人他人ノ分マデモ代ツテ全額ヲ辨濟スルトキハ他ノ共同義務者ニ對シテ償還請求權ヲ有スベキ筈ナルモ此ニハ之ヲ禁ゼリ是レ前條ニ說クガ如ク同一ノ財團ノ上ニ債主ノ要求ト償還要求者ノ要求ト二回ノ義務ヲ負擔スルヿ無ラシメンガ爲ナリ

屆出確定ノ規定ニ從フヲ要セサル債權

第千三十二條　左ニ揭クル債權ハ屆出及ヒ確定ニ關スル規定ニ從フコトヲ要セス

第一　裁判費用、管理費用、其他破產手續上ノ費用

第二　公ノ手數料及ヒ諸稅

破產手續ニ關スル債權者ノ費用

夫ノ破產セル時ニ婦ノ有スル權利

第三　管財人カ財團ノ爲メニ負擔シタル義務ヨリ生スル債權

右債權ハ破產主任官ノ指圖ニ從ヒ通常ノ方法ヲ以テ財團ノ現額ヨリ之ヲ支拂フ

此等ノ債權ハ元來破產ノ爲ニ生シ管財人及ヒ破產主任官ノ熟知スル所ナレバ特ニ屆出又ハ確定ニ關スル規定ニ從フヲ要セザル也

第千三十三條　破產手續ニ加ハリタルニ因リテ債權者ニ生シタル費用ハ財團ニ對シテ之ヲ請求スルヿヲ得ズ

本條ハ財團ニ對シテ請求シ得ザルモ清算ノ上殘餘財產アラバ之ニ對ソ請求スルヲ得ベシ何者是レ財團ト云フベカラザレバナリ

第千三十四條　婦ハ其夫ノ財團ニ對シテハ法律明約又ハ疑ナキ慣例ニ依リ婦ノ特有ニ歸スル所有權ヨリ生

スル債權ノミヲ主張スルコトヲ得

夫婦財產ヲ分離シテ商ヲ爲シ各獨立ニ其財產ノ上ニ權利義務ヲ負フヿアルハ商法第十二十三十四ノ各條ニ於テ定ル所ナリ而シテ既ニ此ノ如ク夫婦各別ニ獨立シテ商ヲ爲セバ夫婦相互ニ賃貸又ハ賣買ニヨリ權利義務ヲ有スルヿアルベク乃ハチ夫ガ破產セル場合ニ其ノ財團ニ對シテ婦ガ債權ヲ有スルヿモアルベキナリ而シテ此場合ニ法律又ハ明約等ノ存スルヿヲ要スルハ然ラズンバ夫婦相謀リテ不實ノ債權ヲ作成シ總ノ債權者ヲ害スルヿアルヲ慮ルナリ

第三節　債權者集會

破產處分ハ國家ノ裁判權ニ屬シ破產者ノ財產ハ債主ノ有ニアラスシテ實ニ裁判所ノ代理者タル管財人ノ占有ニ歸スルモノナルモ或ハ債主ト破產者トヲ和熟セシメ又ハ其ノ財產ヲ債主間ニ配當スルニ不權衡ナカラシメンガ爲メニ破產主任官ハ各債主ヲ招集シテ協議スル所アラシム所謂債權者集會乃

債權者ヲ招集スル人

集會ヲ組織スル人

ハチ是ナリ一ニ之ヲ債主會議ト云フ

第千三十五條　債權者集會ハ破產主任官之ヲ招集シ及ヒ之ヲ指揮ス其招集ハ會議ノ事項ヲ明示スル公告ヲ以テ之ヲ爲ス

其集會ハ管財人、債權ノ確定シタル債權者及ヒ第千二十八條ニ依リテ參加スルヿヲ得ヘキ債權者ヨリ成立ス然レトモ優先權ノ確定シタル債權者ハ其優先權ヲ抛棄シタル限度又ハ優先權ヲ行フニ當リ不足アル可シト推定セラル、限度ニ於テノミ參加ス

債權者ハ代理人ヲ差出スコトヲ得

破產者ハ之ヲ集會ニ呼出スコトヲ得

債權者ヲ招集スル者ハ破產主任官ニシテ主トシテ之ニ參列スル者ハ管財人ト確定債權者及ヒ第千二十八條ニ所謂異議ヲ受ケ居ルモ參列ヲ許スベシト

決セル債權者ナルヿハ說明ヲ要セザルベシ其ノ未確定債權者ヲ排斥スルハ或ハ債權ナキモノナルヤモ知ルベカラザレバナリ優先權ヲ有スル者ヲ排斥スルハ其財團ノ外ニ既ニ債權ノ擔保ヲ有スレバナリ破產者ヲ呼出スハ說明ヲ聞クニ便センガ爲ナリ

決議

第千三十六條　決議ハ出席シタル債確者ノ過半數ヲ以テ爲スヲ通例トス其過半數ハ出席員ノ有スル債權額ノ半ヨリ多キ額ニ當ルコトヲ要ス

是レ少數ノ大債主ト多數ノ小債主トヲシテ互ニ凌虐セザラシメンガ爲ナリ

集會ノ報告及其ノ議スベキ事項

第千三十七條　集會ニ於テハ破產主任官ハ破產手續ノ從來ノ成行ニ付テノ報告ヲ爲シ管財人ハ破產ノ處理、其結果及ヒ財團ノ現況ニ付テノ報告ヲ爲ス

集會ハ右ノ報告ニ付テ決議ヲ爲シ若シ破產主任官又ハ管財人ノ意見アリタルトキハ其意見及ヒ債權者ノ

爲シタル申立又ハ破產主任官ノ認可ヲ受ケテ破產者ノ爲シタル申立ニ付テ決議ヲ爲ス可シ此等ノ決議ハ裁判所ノ認可ヲ受クルコトヲ要ス

本條ハ債權者ノ集會ニ於テ破產主任官及ビ管財人ヲシテ其ノ處務ノ現況ヲ報告セシメテ債主等ノ思料ニ供スルト又債主等ノ議事ハ裁判所之ヲ監督スルヿヲ定メ且ツ其席上ニ於テ破產者ノ意見ノ申立ヲ許スモ或ハ不法ノ言ヲ爲スコトアルヲ慮リテ豫メ破產主任官ノ許可ヲ得セシムル也

第七章　協諧契約

破產者ノ財產ノ全額ヲ擧ゲテ之ヲ財團トナシ各債權者ノ債權額ニ應ジテ之ヲ分配スルモ未ダ債權者ノ權利ヲ全フスルヿ能ハザルヿ多ク加之破產者モ亦全ク其財產ヲ失ヒ再ビ社會ニ立チ難キヿ多シ此ニ於テカ世俗ニ所謂引キ棄テ勘辨又ハ月賦支拂等ノ方法ヲ設ケ債權者ハ幾分カ其權利ヲ曲ゲ破產者ヲ〆先業ヲ繼續セシムルカ又ハ財產ノ幾分ヲ保持〆世上ニ立ツヿヲ得セシ

ム此ノ如クセバ單ニ破產者ノミノ利益ナルニ似タレ圧之ニ因リテ一時ニテモ支辨シ難キ債務ヲ漸次ニ償却スルカ又ハ破產者ノ親戚故舊ヲ〆擔保セシムルガ如キ利益ヲ得結局双方ノ利益トナルヿアルモノトス畢竟破產處分ハ破產者ヲ懲ラス爲ニアラズ〆債權者ノ權利ヲ保全センガ爲ナルトキハ此ノ破產者債權者双方ノ爲ニ利益ナル協諧和熟ノ契約ハ甚ダ必要ノコトヽス

協諧契約ノ提供

第千三十八條　法律上ノ義務ヲ履行シタル破產者ニシテ有罪破產ノ判決ヲ受ケズ又其ノ審問中ニ在ラサル者ハ破產主任官ノ認可ヲ受ケ第一ノ集會ニ於テ債權者ニ協諧契約ヲ提供スルコトヲ得又十分ノ理由アルトキハ以後ノ集會ニ於テモ之ヲ提供スルヿヲ得然レ圧提供ハ一回ニ限ル

第一ノ集會

第一ノ集會ハ普通ノ調査會ヨリ四週日後ニ之ヲ爲ス

協諧契約ノ申立書ハ少ナクトモ集會ノ二十日前ニ之

協諧契約ノ承諾及之ニ對スル異議

ヲ裁判所ニ差出シ裁判所ハ之ヲ公衆ノ展閲ニ供シ且其旨ヲ公告スベシ

破產者ヨリ協諧契約ヲ申込ムニハ第一ニ破產ノ届出正確ナル貸借比較表等法律上ノ義務ヲ履行シ第二ニ有罪破產ノ宣告ヲ受ケズ又其審問中ニモ非ザル潔白ノ人タルヲ要シ第三ニ破產主任官ノ認可アルヲ要ス而シテ之ヲ調查會以後四週日ヲ經テ開カルヽ所ノ第一集會ヨリ少ナクモ二十日前ニ裁判所ニ提出スベキモノトス此ニ之ガ提供ヲ一回ト限リタルハ奸猾ナル負債者ガ初メ少額ノ出金ヲ申シ出デヽ先ヅ債權者ノ鼻息ヲ窺ヒ時機ニヨリ漸次ニ增加セント謀ルガ如キヿアルヲ防キ初メヨリ負擔シ得ラルヽダケノ金額ヲ申シ出サシメテ決了ノ迅速ヲ望ムナリ

第千三十九條　協諧契約ヲ承諾スルニハ出席シタル債權者ノ過半數ノ承諾ヲ要ス其過半數ハ議決權アル總債權額ノ四分ノ三以上ニ當ルヿヲ要ス

承諾ノ認可及承諾ヲ有効ナラシムル方式

協諧契約ヲ棄

管財人及ヒ議決權ヲ有スル債權者又後ニ至リ債權ノ確定シタル債權者ハ協諧契約ニ對シ十日內ニ理由ヲ附シタル異議ヲ裁判所ニ申立ルヿヲ得

前條ハ協諧契約ノ申込ヲ定メ本條ハ其ノ承諾及ヒ異議ノヿヲ定メシノミ

第千四十條　債權者ノ承諾シタル協諧契約ハ裁判所ノ認可ヲ得テ始メテ法律上有効トス其認可又ハ棄却ニ付テノ決定ハ破產主任官ノ演述ヲ聽キ前條ノ期間滿了後直チニ之ヲ爲ス此決定ニ對シテハ債務者及ヒ異議申立ノ權利アル者ヨリ卽時抗告ヲ爲スヿヲ得

破產處分ヲ爲スハ裁判所ノ職權內ニ屬ス而メ協諧契約ハ其權內ニ移リタル事項ヲ和解スルモノナルガ故ニ其認可ヲ受ケシム而メ裁判所カ認否ノ決定ニ破產主任官ノ意見ヲ聽クハ其ノ事ニ關メ親シク實際ノ顚末ヲ知レバ也

第千四十一條　協諧契約ハ左ノ塲合ニ於テハ之ヲ棄却

却スル場合

スベシ

第一　第千三十八條及ヒ第千三十九條ノ規定ヲ踐行セサル時

第二　協諧契約ニ依リ或ル債權者カ其承諾ナクシテ偏頗ノ處置ヲ受ケ損害ヲ被フル時

第三　協諧契約カ詐欺其他不正ノ方法ヲ以テ成リタル時

第四　協諧契約カ公益ニ觸ルヽ時

債權者ト破産者トガ爲ス所ノ協諧契約ハ裁判所ニ於テ之ヲ認可シ又ハ棄却スルノ權アリ然レ𪜈裁判所ハ故ナク之ヲ棄却スルニアラズ乃ハチ其場合ヲ四トナシ此ニ列擧ス其第一ニハ第千三十八條ノ協諧契約ヲ提供スル要件及第千三十九條ノ債主ガ其提供ヲ承諾スル方式ヲ欠ケルモノニシテ乃チ違法ノ契約ナリ第二ハ債權者中ニ不承諾者アルトキニシテ此時ハ固ヨリ契約ニ

瑕瑾アルモノナリ第三ノ不正ノ方法ニヨリタル契約ハ當然無効ナルベキナリ第四ノ公益ニ關スルヿ例ヘバ破産者ヲシテ其營業ヲ繼續セシムルトキハ公衆ノ爲ニ惡例ヲ作ルノ類ハ之ヲ認可セザルコト勿論ナルベシ

協諧契約ノ消滅及ヒ停止

第千四十二條　協諧契約ハ破産者カ後ニ至リ有罪破産ノ判決ヲ受ケタルトキハ當然消滅シ其審問中ハ免訴又ハ無罪ノ宣告ヲ受クルマテ之ヲ停止ス

認可後ノ異議

前條第三號ニ掲ケタル理由アルトキハ協諧契約認可ノ後ト雖ドモ尙ホ之ニ對シテ異議ヲ申立ツルヿヲ得

協諧契約ハ有罪破産ノ判決ヲ受ケザルヲ要ス（第千三十八條）故ニ之ヲ受ルトキハ當然消滅ス而シテ其ノ審問中ハ罪ノ有無決セザル故契約ノ存滅モ亦未定ナレバ其決定マデ之ヲ停止ス而シテ第千四十一條ノ第三ノ場合ハ詐欺不正ノ方法ヲ以テセル契約ナル故假令認可ヲ得タル後ニモ尙ホ異議ヲ申立ルヲ得セシム

協諧契約ノ確定

第千四十三條　協諧契約ノ確定シタルトキハ管理人ハ直チニ其執務ヲ罷メ且其執務ニ付キ計算ヲ爲スベシ

破産者ハ協諧契約ニ別段ノ定ナキトキニ限リ任意ノ管理及ヒ處分ノ爲メ其財産ヲ取戻スヿヲ得

協諧契約ノ履行ハ破産主任官ノ監督ヲ以テ之ヲ爲ス

管財人ハ財團ヲ賣却シテ債主間ニ分配スルヿヲ目的トナス者ナルニ協議契約成ルトキハ之ヲ要セザル故其執務ヲ止ム而シテ契約ニ破産者ノ財産處分權ヲ制限スルトキハ格別ナルモ然ラサレバ破産者ハ直チニ財産ヲ處分スルヲ得ベシ然レ𪜈若シ其ノ協諧契約ヲ履行セザル者無シトセサレハ破産主任官之ヲ監督スルモノトス

協諧契約ノ破滅

第千四十四條　協諧契約カ棄却セラレ又ハ後ニ至リ消滅シ若クハ取消サルルトキ又ハ不履行ノ爲メ解除セ

ヲルルトキハ破産手續ヲ再施シ直チニ財團ノ換價及ヒ配當ヲ爲シテ終局ニ至ラシム其再施シタル手續ニハ再施マテノ間ニ債權ヲ得タル者モ參加スルコトヲ得

不履行ノ場合ニ在テハ協諧契約ノ爲メ立テタル保證人ハ其義務ヲ免カレス

協諧契約ハ破產處分ヲ抑止スルモノナル故其ノ破滅スル片ハ破產處分ノ蘇生スベキ⺄勿論ナリ而シテ其ノ協諧契約後破產手續ノ再施マデノ間ニ破產者ガ負ヘル債務ハ債主ニ於テ之ヲ是認シタルモノナレバ其ノ債權モ亦他ノ普通ノ債權中ニ加ヘシム而シテ保證人ハ協諧契約ノ不履行ノ爲ニ生ズル損害ヲ擔保セルモノナルガ故ニ此場合ノ責任ヲ免ルヽヲ得ザルナリ

第八章　配　當

配當ハ乃チ破產手續ノ窮極ノ目的ニシテ破產者ノ財產ヲ管財人ノ手ヲ以テ裁

判所ノ監督ノ下ニ各債主ニ分配スルノ謂ニ〆之ヲ以テ破産手續ハ終ルナリ

平等ノ配當

第千四十五條　第千三十二條ニ掲ケタル債權及ヒ優先權アル債權ヲ支拂ヒタル後ニ殘レル財團ハ他ノ債權者間ニ平等ノ割合ヲ以テ之ヲ配當ス

破産者カ資本ヲ分チ數箇ノ營業ヲ爲シタル場合ニ在テハ各營業ニ對スル債權者ハ其營業ニ屬スル財團ヨリ優先權ヲ以テ辨償ヲ受ク

各種ノ優先權ヲ除ケバ他ハ各債權額ニ割合シテ平等分配ヲ爲スベキヿ當然ナリ然レトモ其ノ數種ノ營業ヲ爲ス場合ニ甲營業ノ財産ハ先ヅ甲營業ノ債主ニ供シ乙營業ノ財産ハ先ヅ乙營業ノ債主ニ供スルハ或ハ平等主義ニ反スルナキカヲ疑フ何者如此トキハ動産ハ動産ノ債權者ニ供シ不動産ハ不動産ノ債權者ニ供スルガ如キ不平等ヲ生ズルニ等シケレバナリ

配當ハ配當案

第千四十六條　配當ハ普通ノ調査會ノ終リタル後ハ配

ニヨル

配當支拂

當ニ足ル可キ財團ノ生スル毎ニ管財人ノ調製シテ破産主任官ノ認可ヲ受ケタル配當案ニ依リテ之ヲ爲ス其案ハ破産主任官之ニ署名シ公衆ノ展閲ニ供スル爲メ裁判所ニ備置キ且其旨ヲ公告ス可シ
配當案ニ對スル異議ハ其公告ノ日ヨリ起算シ十四日内ニ之ヲ裁判所ニ申立ツルコトヲ得

配當ハ必スシモ一回ニ爲シ了ルヲ要セズ配當スルニ足ル財團ノ生ズル毎ニ順次數回ニ配當スルヿ債主ノ爲ニ利アルベシ而シテ其ノ配當案ニ主任官ノ署名スルハ認可ヲ表スルナリ公衆ノ閲覽ニ供スルハ配當ノ公平ヲ示シ異議者アラハ之ヲ申出シメンガ爲ナリ

第千四十七條　前條ニ掲ケタル期間ニ配當案ニ對シテ異議ヲ申立ツル者ナキトキ又ハ異議ノ落着シタルトキハ管財人ハ各債權者ヲシテ其債務證書ヲ提出セシ

メ之ニ毎回ノ支拂額ヲ記入シテ支拂ヲ爲ス若シ債務證書ノ提出ヲ爲スコト能ハサルトキハ破產主任官ノ許可ヲ得テ債權表ニ依リ支拂ヲ爲スコトヲ得孰レノ場合ニ於テモ債權者ハ配當案ニ受取書ヲ記スルコトヲ要ス

配當ノ結了

本條ハ配當支拂ノ手續ノミ說明スルヲ要セザルベシ

第千四十八條　財團ノ換價及ヒ配當ヲ全ク終リタルトキハ債權者集會ヲ開キ此集會ニ於テ管財人ハ終局ノ計算ヲ爲スベシ此計算ノ濟了シタルトキハ裁判所ハ直ナニ破產主任官ノ申立ニ因リテ破產手續ノ終結ヲ決定ス此決定ハ之ヲ公告スベシ

手續結了後未濟債權ノ殘額要求

第千四十九條　破產手續終結ノ後ハ辨償ヲ受ケサル債權者ハ破產手續ニ於テ確定シタルニ因リテ得タル權

利名義ニ基キ其債權ヲ債務者ニ對シテ無限ニ行フヿヲ得

前條ハ配當ヲ了リタル時ノ手續ナリ後條ハ手續終結ノ後チ各債權者ハ未ダ其ノ辨濟ヲ全フシ得ザルベキガ故ニ其辨濟殘額ニ對シテハ爾後名々各別ニ要求シ得ルヿヲ定メタルノミ然レ𪜈此事ハ破産者本人ニ對シテ爲シ得ルノミ舊身代限規則ノ如ク子々孫々マデ要求シ得ルニハアラザルナリ

第九章　有罪破産

商法ハ最トモ信用ノ利用ヲ保護ス故ニ信用ヲ破リ故意ヲ以テ破産シ損害ヲ他人ニ被ムラシムル者ハ之レヲ有罪破産トシテ刑罰ヲ科シ以テ其ノ本人ヲ懲ラシ併セテ他人ヲ誡シム本章ノ規定乃チ是レナリ今有罪破産ヲ別テ詐欺破産及懈怠破産ノ二トス

詐欺破産

第千五十條　破産宣告ヲ受ケタル債務者カ支拂停止又ハ破産宣告ノ前後ヲ問ハズ履行スルノ意ナキ義務又

ハ履行スル能ハサルヿヲ知リタル義務ヲ負擔シタルトキ又ハ債權者ニ損害ヲ被ムラシムルノ意思ヲ以テ貸方財産ノ全部若クハ一分ヲ藏匿シ若クハ轉匿シ脱漏シ又ハ借方現額ヲ過度ニ揭ケ又ハ商業帳簿ヲ毀滅シ藏匿シ若クハ僞造變造シタルトキハ詐欺破産ノ刑ニ處ス

初メヨリ返濟ノ目的ナクシテ負債ヲ起シ又ハ破産ヲ爲スニ當リ其財産ヲ隱匿スルカ若クハ他ニ借金ナキモ之アルガ如クニ假裝シテ債主ヲ害セントスルハ最トモ惡クムベキモノナルガ故ニ之ヲ詐欺破産トス

過怠破産

第千五十一條　破産宣告ヲ受ケタル債務者ガ支拂停止又ハ破産宣告ノ前後ヲ問ハズ左ニ揭クル行爲ヲ爲シタルトキハ過怠破産ノ刑ニ處ス

第一　一身又ハ一家ノ過分ナル費用、博奕、空取引

又ハ不相應ノ射利ニ因リテ貸方財産ヲ甚シク減少シ若クハ過分ノ債務ヲ負ヒタルトキ

第二　支拂停止ヲ延ハサンカ爲メ損失ヲ生スル取引ヲ爲シテ支拂資料ヲ調ヘタルトキ

第三　支拂停止ヲ爲シタル後、支拂又ハ擔保ヲ爲シテ或ル債權者ニ利ヲ與ヘ財團ニ損害ヲ加ヘタルトキ

第四　商業帳簿ヲ秩序ナク記載シ藏匿シ毀滅シ又ハ全ク記載セサル時

第五　破産者ガ第三十二條第九百七十九條又ハ第千三條第二項ニ規定シタル義務ヲ履行セサルトキ

前條ハ詐欺破産ノ規定ニシテ本條ハ過怠破産ノ規定ナリ前條ハ爲スヘカ

ラサルヿヲ惡意ヲ以テ之ヲ爲セルモノニシテ本條ニハ宜ロシク爲スベキヿヲ不注意ノ爲ニ爲サヾリシナリ故ニ本條列擧ノ事項ハ前條ニ比スレハ其ノ罪輕シト雖トモ之ニ制裁ヲ加フルヿナクンハ信用ヲ減縮シ他ノ債主ヲ損害スルヿ大ナルベキヲ以テ之ヲ恕セザルナリ

有罪破産ノ刑ノ適用

第千五十二條　前二條ノ罰則ハ商事會社ノ業務擔當ノ任アル社員若クハ取締役及ヒ清算人ニモ之ヲ適用シ又第千五十條ノ罰則ハ破產管財人及ヒ有罪行爲ヲ行フ際犯者ヲ助ケ又ハ有罪行爲ヲ破產者ノ利益ノ爲メニ行ヒタル者ニモ之ヲ適用ス

本條ハ有罪破產ノ刑ヲ單ニ破產者ノミナラズ其他ノ者ニモ適用スルヿヲ定メタルモノニシテ商事會社ノ業務擔當社員及淸算人ハ破產ヲ爲セル當事者ナレハ勿論此ノ責ニ任ズベク又詐僞破產ハ其犯人ヲモ罰スルナリ是レ其ノ犯罪ヲ幇助シテ容易ナラシメタルヲ惛ミテ之ヲ刑スルナリ

債主會議ニ賄賂ヲ授受スル者ノ制裁

第千五十三條 債權者集會ニ於ケル議決ニ關シ債權者ニ賄賂ヲ爲シタルトキハ其雙方ヲ二年以下ノ重禁錮又ハ千圓以下ノ罰金ニ處ス

債權者集會ノ議決ハ裁判所ノ認可ヲ得ルトキハ破産手續ヲ左右スルコトヲ得ルモノナルガ故ニ若シ賄賂ヲ授受シテ不當ノ議決ヲ爲サバ他人ノ權利ヲ害スルコト大ナルモノアルヘシ故ニ此ニ其ノ制裁ヲ定ム

第十章 破産ヨリ生ズル身上ノ結果

破産者ハ他人ヨリ債權ヲ負ヒナガラ其ノ責任ヲ盡サズシテ他人ニ損害ヲ被ムラシメタル者ナレバ之ヲ他ノ普通人ト同一ノ權利ヲ有セシメサルハ當然ニシテ以テ世ノ破廉恥者ヲ懲ラシ社會ノ信用ヲ維持スヘキ也然レトモ人ノ權利ニ公法上ト私法上ノ二種アリ而シテ破産者ノ公法上ノ權利ヲ奪フコトハ他ノ撰擧法、文官試驗規則等ニ於テ之ヲ定レバ此ニ用ナシ商法ハ唯ダ破産者ガ商事上ニ生ズル身上ノ結果ヲ規定スルノミ故ニ深ク説明ヲ要セザルヘ

破產者ノ商事上ニ失フ權能

復權ヲ得ル方式

キナリ

第千五十四條　破產宣告ヲ受ケタル債務者又ハ破產シタル商事會社ノ無限責任社員若クハ取締役ハ復權ヲ得ルニ至ルマテハ取引所ニ立入ルコト仲立人ト爲リ合名會社若クハ合資會社ノ社員ト爲リ又ハ株式會社ノ取締役ト爲ルコト清算人、破產管財人若クハ商事代人ノ職ヲ執ルコト商業會議所ノ會員ト爲ルコト其他商業上ノ榮譽職ニ就クコトヲ得ス

是レ乃チ破產者ガ商事上ニ失フ所ノ權利ヲ規定シタル者ニシテ此ノ失權ハ裁判所ノ認可スル所ノ復權ヲ得ザレバ恢復セス而シテ復權ノコトハ次條ニ規定ス

第千五十五條　復權ヲ得ルニハ協諧契約ノ調ヒタルト否トヲ問ハス破產者カ元債、利息及ヒ費用ノ全額ヲ債權者總員ニ辨償シタルコト又所在ノ知レサル爲メ

未タ辨償ヲ受ケサル債權者ニ全額ヲ辨償スル準備及ヒ資力アルコトヲ證明ス可シ

復權ノ申立ニハ債權者ノ受取證其他必要ナル證據物ヲ添フ可シ

然レトモ協諧契約ノ場合ニ在テハ第一項ノ證明ヲ爲スコト無クシテ取引所ニ立入ルヿヲ得又商事會社ニ付キ協諧契約ノ調ヒタルトキハ無限責任社員若クハ取締役ハ亦其證明ヲ要セスシテ會社ヲ繼續スルコトヲ得

復權ヲ得ルガ爲ニハ先ヅ其債務ノ元金ト利息ヲ辨濟シ了リタルヿヲ證明シテ之ヲ申立ツベク若シ債權者ノ所在知レザル時ハ何時ニテモ所在知レ次第之ヲ辨濟シ得ルノ準備アルヿヲ證明スルヲ要ス此ノ如クスルトキハ他人ニ被ラシメタル損害ハ既ニ償ヒ了ルヲ以テ强テ其ノ權利ヲ抑止スルヲ要セザレ

バナリ而シテ協諧契約アリタル塲合ニハ證明ヲ要セズシテ取引所ニ立入リ又ハ會社ヲ繼續スルヲ得セシムルハ元來協諧契約ハ破産者ニ權利ノ幾分ヲ附與シテ營業ノ續行ヲ爲サシムルコトヲ望ムニアレバナリ

復權申立ノ審議

第千五十六條　復權ノ申立アリタルトキハ破産裁判所ハ異議アル者ヲシテ二ケ月ノ期間ニ異議ヲ起サシメンカ爲メ裁判所ノ掲示塲ト取引所トニ其旨ヲ掲示シ且裁判所ノ見込ニ因リ新聞紙ヲ以テ之ヲ公告シ又調査及ヒ搜査ヲ爲サシメンカ爲メ之ヲ撿事ニ通知ス可シ

復權ノ許否

裁判所ハ撿事ノ意見ヲ聽キタル後復權ノ申立ヲ許可スルト否トヲ決定ス此決定ニ對シテハ即時抗告ヲ爲スコトヲ得確定シタル決定ハ之ヲ公告ス

棄却セラレタル申立ハ一ケ年ノ滿了前ニハ再ヒ之ヲ

死後ノ復權

復權ノ拒絶

爲スコトヲ得ス

第千五十七條　復權ハ債務者ノ死亡後ト雖モ之ヲ許ス

第千五十八條　復權ハ詐欺破產ノ爲メニ判決ヲ受ケタル破產者又ハ重罪、輕罪ノ爲メニ剝奪公權若クハ停止公權ヲ受ケテ其時間中ニ在ル破產者ニハ之ヲ許サス

過怠破產ノ塲合ニ任テハ復權ハ刑ノ滿期ト爲リ又ハ恩赦ヲ得タル後ニ非サレハ之ヲ許サス

既ニ第千五十五條ノ規定ヲ遵守シテ復權ノ申立ヲ爲ス者アラハ破產裁判所ハ先ヅ第千五十六條ノ如クニ其ノ申立及證明ノ眞僞ヲ知ランガ爲ニ衆人ノ見易キ裁判所ノ揭示塲ト取引所トニ其旨ヲ揭示シ且ツ新聞紙廣告等ノ手段ニヨリテ故障ノ有無ヲ問ヒ加之檢事ノ意見ヲ聞テ以テ復權ノ許否ヲ決ス而シテ愈イヨ復權ヲ許スト決スル片ハ破產者死亡スルモ尙ホ之ヲ許ス是レ假令

支拂猶豫ヲ受ル要件

其人ハ死スルモ其商號ハ尙ホ繼續シテ再興ヲ計ルベケレバナリ而メ第千五十八條ハ復權ヲ許ス可ラザル場合ヲ二種ニ別チ詐欺破產又ハ其他ノ重輕罪ノ塲合ニハ附加刑モ滿期トナラザレバ之ヲ許サズ又過怠破產ノ塲合ニハ刑期中之ヲ許サヽルコト爲セルナリ

第十一章 支拂猶豫

支拂猶豫トハ義務履行ノ期限既ニ滿了セル負債ヲ債主ニ於テ尙ホ若干ノ猶豫ヲ與ヘテ債務者ヲ優遇スルヲ謂フ若シ夫レ此ノ事ナクシテ苟クモ滿期ノ債權ハ容捨ナク盡ク之ヲ督促シ履行スルヿ能ハザレバ破產處分ヲ行フモノトスル片ハ商人間ノ德義信用、地ヲ掃ヒ徒ラニ破產者ヲ出スヿ多クシテ債主ヲ利スルヿ少ナカルヘキガ故ニ此ノ支拂猶豫ノ期ヲ與ヘ債務者ヲシテ徐ロニ金融ノ道ヲ求メテ義務ヲ履行セシムルヿヲ計レルナリ

第千五十九條　商ヲ爲スニ當リ自己ノ過失ナクシテ一時其支拂ヲ中止セサルコトヲ得サルニ至リタル者ハ

支拂猶豫ノ申立ニ添フヘキ事項

商事上ノ債權者ノ過半數ノ承諾ヲ得テ其營業所若クハ住所ノ裁判所ヨリ右債權者ニ對スル義務ニ付キ一ケ年以内ノ支拂猶豫ヲ受クルコトヲ得

第千六十條　支拂猶豫ノ申立ニハ左ノ諸件ヲ添附スルコトヲ要ス

第一　支拂中止ノ事由ノ完全ナル明示

第二　貸借對照表財産目錄及ヒ住所ト債權額トヲ明示シタル債權者名簿

第三　債權者ニ主タルモノ及ヒ從タルモノ、完全ナル辨償テ爲シ得ル方法、期間及ヒ此カ爲メ供スルコトヲ得ル擔保ノ證明

右申立及ヒ添附書類ハ公衆ノ展閲ニ供スル爲メ之ヲ裁判所ニ備置キ且債權者ノ集會期日ヲ定メテ之ト共

ニ其備置キタル旨ヲ公告スルコトヲ要ス債權者ハ集會ノ爲メ各別ニ招集ヲ受ク

支拂猶豫ハ裁判所ヨリ假ニ之レヲ許可スルコトヲ得

支拂猶豫ノ必要ハ前ニ既ニ説ク所ノ如シ然レ圧故ナク之ヲ猶豫スルトキハ債主ノ權利ヲ害スルヿ大ナリ故ニ第千五十九條ハ支拂猶豫ヲ申立ルノ必要條件ヲ定ム其條件ヲ分析スレバ四トナル第一ハ其ノ支拂ヲ停止セル債務ハ商事タルヿ第二其ノ支拂停止ノ原因ハ過失怠慢ニ出シニアラザルヿ第三支拂ノ停止ハ一時暫且ノ間ノミニシテ他日辦濟シ得ル正確ノ定見アルヿ第四之ヲ申立テヽ債主ノ過半數ノ承諾ヲ得タルヿトス此四項ノ事ハ固ヨリ其一ヲ缺ケバ支拂猶豫ノ寬典ヲ與ヘザルナリ而シテ此ノ條件ヲ備ヘタルガ上ニ之ヲ裁判所ニ申立ルニハ更ニ第千六十條ニ定ル三種ノ諸件ヲ添フルヲ要ス其一ノ支拂中止ノ事由ヲ明示スルハ支拂停止ノ過失ニ原因セサルヲ證スルナリ其二ノ貸借對照表、財産目錄ヲ示スハ權利義務ノ關係ヲ明ニスルナリ債權者名簿ヲ差出サシムルハ集會及ビ其他ノ爲ニ召喚ニ便スルナリ其三ノ主タル負債、從タル負債幷ニ其ノ償却方法ヲ示サシムルハ其ノ方法確定セザルニ債主ヲシテ强ヒテ猶豫セシムルモ徒ラニ損害ヲ債主ニ與フルノミニシテ毫モ利益ナケレバナリ

債務者ト債權者トノ辨論

第千六十一條　集會期日ニ於テハ裁判所ヨリ任セラレタル主任判事ノ上席ヲ以テ債務者ト債權者トノ間ニ支拂猶豫ノ申立ニ付キ辨論ヲ爲ス其申立ヲ承諾スルニハ第千三十六條ニ掲ケタル過半數ヲ要ス其辨論及ヒ議決ニ付テハ調書ヲ作ルベシ

支拂猶豫ハ協諧契約ノ如ク債權者ト債務者間ノ和談ニアラズシテ雙方ノ意見ヲ聞キテ裁判官之ヲ決スル者ナルガ故ニ債主會議ニ於テ辨論セシメテ後ニ裁判官之ヲ決スルナリ

支拂猶豫ノ認

第千六十二條　裁判所ハ承諾ヲ得タル支拂猶豫ノ認否

否ノ決定

ニ付キ主任判事ノ演述ヲ聽キテ決定ヲ爲ズ此決定ニ對シテハ即時抗告ヲ爲スコトヲ得

支拂猶豫ハ申立ニ因リ前數條ノ手續ニ従ヒ一回ニ限リ之ヲ延長スルヿヲ得然レトモ其期間ハ一ケ年ヲ超ユルヿヲ得ズ

債務者ノ支拂猶豫申込ヲ債權者之ヲ承諾シタル上ニテ之ヲ認可スベキヤ否ハ裁判官之ヲ決ス然レトモ其ノ專横私曲ノ決定ナキヲ保セザレバ即時抗告スルヿヲ得セシム而ソ一旦支拂猶豫ヲ認可シ其ノ豫期ニ至リテ尙ホ義務ヲ履行シ盡サヾルトキニ更ニ一回一年以内ニ於テ延期ヲ許スハ正確ニ償却ノ目的アル者ヲ强テ破産セシムルノ不利ナルニ由ルナリ

支拂猶豫ヲ得タル効果

第千六十三條　債務者有効ナル支拂猶豫ヲ得タルトキハ猶豫期間中其以前ニ取結ビタル商取引ヨリ生スル債權ノ爲メニ强制執行及ヒ破産宣告ヲ受クルヿ無シ

債務者ノ保証人ノ義務

破産手續ノ開始

但シ猶豫契約ノ履行及ヒ業務ノ施行ニ關シテハ主任判事ノ監督ヲ受ク

債務者ノ保證人及ヒ共同義務者ノ義務ハ右猶豫ノ爲メニ變更スルヿ無シ

既ニ債權者ヨリ支拂ノ猶豫ヲ得且ツ裁判所ノ認可ヲ得バ其ノ猶豫期ノ滿了スルマデハ强制執行ヲ受ケズ然レ圧其間故サラニ財産ヲ損耗スルヿアルヲ慮リテ猶豫契約ノ履行及ビ業務ノ施行ハ主任判事ノ監督ヲ受ルナリ而メ債務者ハ此ノ猶豫ヲ受ルモ債務者ノ保証人ハ之ヲ受ケタルニアラザル故債權者ハ其保証人ニ係リテ辨濟ヲ請求スルヲ得ベシ此際保証人辨濟ヲ爲スモ其ノ辨濟ノ償還ハ猶豫期ノ了ルマデ眞ノ債務者ニ求ムルヲ得ズ何トナレバ債務者ハ猶豫期ノ滿了スルマデ猶豫セラルヽノ權ヲ得タルモノナレバナリ

第千六十四條　支拂猶豫ノ承諾ヲ得ス若クハ裁判所之ヲ棄却シタルトキ又ハ後日ニ至リ債務者ノ詐欺若ク

ハ不正ノ爲メ若クハ法律上ノ條件ノ缺クルガ爲メ之ヲ廢止シタルトキ又ハ債務者ニ於テ其猶豫契約ヲ履行セサルトキ又ハ其猶豫期間中債務者ノ財産ニ付キ他ノ債權者ヨリ强制執行ヲ爲ストキハ直チニ債務者ニ對シテ破産手續ヲ開始ス此塲合ニ於テハ支拂猶豫申立ノ日附ヲ以テ支拂停止ノ日ト定ム

本條ニハ支拂猶豫ヲ申込ミタルモ承諾ヲ得サルトキ及ビ其ノ他支拂猶豫ヲ得ザル時等ノ塲合ニ於テ直ニ破産手續ヲ開始スルヿヲ定ム蓋シ此等ノ塲合ニハ支拂ノ猶豫毫モ無レバ直チニ産破手續ヲ開始スルヿ當然ナリ加之假令一旦猶豫ヲ得タルモ若シ他ノ債主乃ハチ非商事ノ債權者ノ爲ニ財産差押ヲ受クルガ如キヿアレバ亦其ノ猶豫ヲ止ム是レ商事上ノ債主ハ盡トク承諾シテ猶豫スルモ民事上ノ債主ノ爲ニ猶豫ナク其ノ財産ヲ普通ノ破産手續ニヨリテ處分セラルヽ𪜈ハ商事上ノ債主ノ得ル所ナキニ至ルヲ以テ最早猶豫シテ

之ヲ傍観スルコト能ハザレバナリ而シテ本條中ニ掲記スル原由ノ爲ニ猶豫ヲ止メテ破産處分ニ着手スルトキニハ既ニ一旦破産手續ノ開始ニ至ルマデノ順序ヲ履行シ了レルモノナルガ故ニ再應支拂停止ノ届出ヲ爲スヲ要セズ啻テ支拂猶豫ノ申立アリタルコトヲ以テ支拂停止ノ事實アリタルコトヲ確認シ以テ無用ノ時日ト經費トヲ省カントス欲スルナリ是レヲ本條末段ノ規定アル所以トス

日本商法註釋下卷 終

明治二十三年十一月十四日印刷
明治二十三年十一月十五日出版

正價金三拾錢

編輯兼發行者　大橋新太郎
日本橋區本石町三丁目十六番地

印刷者　内藤祐
京橋區元數寄屋町一丁目一番地

發行所　博文館
東京市日本橋區本石町三丁目十六番地

六二二

日本商法註釋　下巻　　別巻 1436

2025(令和7)年2月20日　　復刻版第1刷発行

著　者　坪　谷　善　四　郎
発行者　今　井　　貴
発行所　信　山　社　出　版
〒113-0033　東京都文京区本郷6-2-9-102
モンテベルデ第2東大正門前
電　話　03 (3818) 1019
FAX　03 (3818) 0344
郵便振替 00140-2-367777(信山社販売)
Printed in Japan.

制作／(株)信山社，印刷・製本／松澤印刷・日進堂

ISBN 978-4-7972-4449-6 C3332

別巻　巻数順一覧【1349 ～ 1530 巻】※網掛け巻数は、2021 年 11 月以降刊行

巻数	書　名	編・著・訳者　等	ISBN	定　価	本体価格
1349	國際公法	W・E・ホール、北條元篤、熊谷直太	978-4-7972-8953-4	41,800 円	38,000 円
1350	民法代理論 完	石尾一郎助	978-4-7972-8954-1	46,200 円	42,000 円
1351	民法總則編物權編債權編實用詳解	清浦奎吾、梅謙次郎、自治館編輯局	978-4-7972-8955-8	93,500 円	85,000 円
1352	民法親族編相續編實用詳解	細川潤次郎、梅謙次郎、自治館編輯局	978-4-7972-8956-5	60,500 円	55,000 円
1353	登記法實用全書	前田孝階、自治館編輯局(新井正三郎)	978-4-7972-8958-9	60,500 円	55,000 円
1354	民事訴訟法精義	東久世通禧、自治館編輯局	978-4-7972-8959-6	59,400 円	54,000 円
1355	民事訴訟法釋義	梶原仲治	978-4-7972-8960-2	41,800 円	38,000 円
1356	人事訴訟手續法	大森洪太	978-4-7972-8961-9	40,700 円	37,000 円
1357	法學通論	牧兒馬太郎	978-4-7972-8962-6	33,000 円	30,000 円
1358	刑法原理	城數馬	978-4-7972-8963-3	63,800 円	58,000 円
1359	行政法講義・佛國裁判所構成大要・日本古代法 完	パテルノストロ、曲木如長、坪谷善四郎	978-4-7972-8964-0	36,300 円	33,000 円
1360	民事訴訟法講義〔第一分冊〕	本多康直、今村信行、深野達	978-4-7972-8965-7	46,200 円	42,000 円
1361	民事訴訟法講義〔第二分冊〕	本多康直、今村信行、深野達	978-4-7972-8966-4	61,600 円	56,000 円
1362	民事訴訟法講義〔第三分冊〕	本多康直、今村信行、深野達	978-4-7972-8967-1	36,300 円	33,000 円
1505	地方財政及税制の改革〔昭和12年初版〕	三好重夫	978-4-7972-7705-0	62,700 円	57,000 円
1506	改正 市制町村制〔昭和13年第7版〕	法曹閣	978-4-7972-7706-7	30,800 円	28,000 円
1507	市制町村制 及 関係法令〔昭和13年第5版〕	市町村雑誌社	978-4-7972-7707-4	40,700 円	37,000 円
1508	東京府市区町村便覧〔昭和14年初版〕	東京地方改良協会	978-4-7972-7708-1	26,400 円	24,000 円
1509	改正 市制町村制 附 施行細則・執務條規〔明治44年第4版〕	矢島誠進堂	978-4-7972-7709-8	33,000 円	30,000 円
1510	地方財政改革問題〔昭和14年初版〕	高砂恒三郎、山根守道	978-4-7972-7710-4	46,200 円	42,000 円
1511	市町村事務必携〔昭和4年再版〕第1分冊	大塚辰治	978-4-7972-7711-1	66,000 円	60,000 円
1512	市町村事務必携〔昭和4年再版〕第2分冊	大塚辰治	978-4-7972-7712-8	81,400 円	74,000 円
1513	市制町村制逐条示解〔昭和11年第64版〕第1分冊	五十嵐鑛三郎、松本角太郎、中村淑人	978-4-7972-7713-5	74,800 円	68,000 円
1514	市制町村制逐条示解〔昭和11年第64版〕第2分冊	五十嵐鑛三郎、松本角太郎、中村淑人	978-4-7972-7714-2	74,800 円	68,000 円
1515	新旧対照 市制町村制 及 理由〔明治44年初版〕	平田東助、荒川五郎	978-4-7972-7715-9	30,800 円	28,000 円
1516	地方制度講話〔昭和5年再版〕	安井英二	978-4-7972-7716-6	33,000 円	30,000 円
1517	郡制注釈 完〔明治30年再版〕	岩田徳義	978-4-7972-7717-3	23,100 円	21,000 円
1518	改正 府県制郡制講義〔明治32年初版〕	樋山廣業	978-4-7972-7718-0	30,800 円	28,000 円
1519	改正 府県制郡制〔大正4年 訂正21版〕	山野金蔵	978-4-7972-7719-7	24,200 円	22,000 円
1520	改正 地方制度法典〔大正12第13版〕	自治研究会	978-4-7972-7720-3	52,800 円	48,000 円
1521	改正 市制町村制 及 附属法令〔大正2年第6版〕	市町村雑誌社	978-4-7972-7721-0	33,000 円	30,000 円
1522	実例判例 市制町村制釈義〔昭和9年改訂13版〕	梶康郎	978-4-7972-7722-7	52,800 円	48,000 円
1523	訂正 市制町村制 附 理由書〔明治33年第3版〕	明昇堂	978-4-7972-7723-4	30,800 円	28,000 円
1524	逐条解釈 改正 市町村財務規程〔昭和8年第9版〕	大塚辰治	978-4-7972-7724-1	59,400 円	54,000 円
1525	市制町村制 附 理由書〔明治21年初版〕	狩谷茂太郎	978-4-7972-7725-8	22,000 円	20,000 円
1526	改正 市制町村制〔大正10年第10版〕	井上圓三	978-4-7972-7726-5	24,200 円	22,000 円
1527	正文 市制町村制 並 選挙法規 附 陪審法〔昭和2年初版〕	法曹閣	978-4-7972-7727-2	30,800 円	28,000 円
1528	再版増訂 市制町村制註釈 附 市制町村制理由[明治21年増補再版]	坪谷善四郎	978-4-7972-7728-9	44,000 円	40,000 円
1529	五版 市町村制例規〔明治36年第5版〕	野元友三郎	978-4-7972-7729-6	30,800 円	28,000 円
1530	全国市町村便覧 附 全国学校名簿〔昭和10年初版〕第1分冊	藤谷崇文館	978-4-7972-7730-2	74,800 円	68,000 円

別巻　巻数順一覧【1309 ～ 1348 巻】※網掛け巻数は、2021 年 11 月以降刊行

巻数	書　名	編・著・訳者 等	ISBN	定　価	本体価格
1309	監獄學	谷野格	978-4-7972-7459-2	38,500 円	35,000 円
1310	警察學	宮國忠吉	978-4-7972-7460-8	38,500 円	35,000 円
1311	司法警察論	高井賢三	978-4-7972-7461-5	56,100 円	51,000 円
1312	増訂不動産登記法正解	三宅徳業	978-4-7972-7462-2	132,000 円	120,000 円
1313	現行不動産登記法要義	松本修平	978-4-7972-7463-9	44,000 円	40,000 円
1314	改正民事訴訟法要義 全〔第一分冊〕	早川彌三郎	978-4-7972-7464-6	56,100 円	51,000 円
1315	改正民事訴訟法要義 全〔第二分冊〕	早川彌三郎	978-4-7972-7465-3	77,000 円	70,000 円
1316	改正強制執行法要義	早川彌三郎	978-4-7972-7467-7	41,800 円	38,000 円
1317	非訟事件手續法	横田五郎、三宅徳業	978-4-7972-7468-4	49,500 円	45,000 円
1318	旧制對照改正官制全書	博文館編輯局	978-4-7972-7469-1	85,800 円	78,000 円
1319	日本政体史 完	秦政治郎	978-4-7972-7470-7	35,200 円	32,000 円
1320	萬國現行憲法比較	辰巳小二郎	978-4-7972-7471-4	33,000 円	30,000 円
1321	憲法要義 全	入江魁	978-4-7972-7472-1	37,400 円	34,000 円
1322	英國衆議院先例類集 巻之一・巻之二	ハッセル	978-4-7972-7473-8	71,500 円	65,000 円
1323	英國衆議院先例類集 巻之三	ハッセル	978-4-7972-7474-5	55,000 円	50,000 円
1324	會計法精義　全	三輪一夫、松岡萬次郎、木田川奎彦、石森憲治	978-4-7972-7476-9	77,000 円	70,000 円
1325	商法汎論	添田敬一郎	978-4-7972-7477-6	41,800 円	38,000 円
1326	商業登記法 全	新井正三郎	978-4-7972-7478-3	35,200 円	32,000 円
1327	商業登記法釋義	的場繁次郎	978-4-7972-7479-0	47,300 円	43,000 円
1328	株式及期米裁判例	繁田保吉	978-4-7972-7480-6	49,500 円	45,000 円
1329	刑事訴訟法論	溝淵孝雄	978-4-7972-7481-3	41,800 円	38,000 円
1330	修正刑事訴訟法義解 全	太田政弘、小濵松次郎、緒方惟一郎、前田兼寶、小田明次	978-4-7972-7482-0	44,000 円	40,000 円
1331	法律格言・法律格言義解	H・ブルーム、林健、鶴田忞	978-4-7972-7483-7	58,300 円	53,000 円
1332	法律名家纂論	氏家寅治	978-4-7972-7484-4	35,200 円	32,000 円
1333	歐米警察見聞録	松井茂	978-4-7972-7485-1	38,500 円	35,000 円
1334	各國警察制度・各國警察制度沿革史	松井茂	978-4-7972-7486-8	39,600 円	36,000 円
1335	新舊對照刑法蒐論	岸本辰雄、岡田朝太郎、山口慶一	978-4-7972-7487-5	82,500 円	75,000 円
1336	新刑法論	松原一雄	978-4-7972-7488-2	51,700 円	47,000 円
1337	日本刑法實用 完	千阪彦四郎、尾崎忠治、簑作麟祥、西周、宮城浩藏、菅生初雄	978-4-7972-7489-9	57,200 円	52,000 円
1338	刑法實用詳解〔第一分冊〕	西園寺公望、松田正久、自治館編輯局	978-4-7972-7490-5	56,100 円	51,000 円
1339	刑法實用詳解〔第二分冊〕	西園寺公望、松田正久、自治館編輯局	978-4-7972-7491-2	62,700 円	57,000 円
1340	日本商事會社法要論	堤定次郎	978-4-7972-7493-6	61,600 円	56,000 円
1341	手形法要論	山縣有朋、堤定次郎	978-4-7972-7494-3	42,900 円	39,000 円
1342	約束手形法義解 全	梅謙次郎、加古貞太郎	978-4-7972-7495-0	34,100 円	31,000 円
1343	戸籍法 全	島田鐵吉	978-4-7972-7496-7	41,800 円	38,000 円
1344	戸籍辭典	石渡敏一、自治館編輯局	978-4-7972-7497-4	66,000 円	60,000 円
1345	戸籍法實用大全	勝海舟、梅謙次郎、自治舘編輯局	978-4-7972-7498-1	45,100 円	41,000 円
1346	戸籍法詳解〔第一分冊〕	大隈重信、自治館編輯局	978-4-7972-7499-8	62,700 円	57,000 円
1347	戸籍法詳解〔第二分冊〕	大隈重信、自治館編輯局	978-4-7972-8950-3	96,800 円	88,000 円
1348	戸籍法釋義 完	板垣不二男、岡村司	978-4-7972-8952-7	80,300 円	73,000 円

別巻　巻数順一覧【1265 ～ 1308 巻】

巻数	書　名	編・著・訳者　等	ISBN	定　価	本体価格
1265	行政裁判法論	小林魁郎	978-4-7972-7386-1	41,800 円	38,000 円
1266	奎堂餘唾	清浦奎吾、和田鍊太、平野貞次郎	978-4-7972-7387-8	36,300 円	33,000 円
1267	公證人規則述義 全	箕作麟祥、小松濟治、岸本辰雄、大野太衛	978-4-7972-7388-5	39,600 円	36,000 円
1268	登記法公證人規則詳解 全・大日本登記法公證人規則註解 全	鶴田皓、今村長善、中野省吾、奥山政敬、河原田新	978-4-7972-7389-2	44,000 円	40,000 円
1269	現行警察法規 全	内務省警保局	978-4-7972-7390-8	55,000 円	50,000 円
1270	警察法規研究	有光金兵衛	978-4-7972-7391-5	33,000 円	30,000 円
1271	日本帝國憲法論	田中次郎	978-4-7972-7392-2	44,000 円	40,000 円
1272	國家哲論	松本重敏	978-4-7972-7393-9	49,500 円	45,000 円
1273	農業倉庫業法制定理由・小作調停法原義	法律新聞社	978-4-7972-7394-6	52,800 円	48,000 円
1274	改正刑事訴訟法精義〔第一分冊〕	法律新聞社	978-4-7972-7395-3	77,000 円	70,000 円
1275	改正刑事訴訟法精義〔第二分冊〕	法律新聞社	978-4-7972-7396-0	71,500 円	65,000 円
1276	刑法論	島田鐵吉、宮城長五郎	978-4-7972-7398-4	38,500 円	35,000 円
1277	特別民事訴訟論	松岡義正	978-4-7972-7399-1	55,000 円	50,000 円
1278	民事訴訟法釋義 上巻	樋山廣業	978-4-7972-7400-4	55,000 円	50,000 円
1279	民事訴訟法釋義 下巻	樋山廣業	978-4-7972-7401-1	50,600 円	46,000 円
1280	商法研究 完	猪股淇清	978-4-7972-7403-5	66,000 円	60,000 円
1281	新會社法講義	猪股淇清	978-4-7972-7404-2	60,500 円	55,000 円
1282	商法原理 完	神崎東藏	978-4-7972-7405-9	55,000 円	50,000 円
1283	實用行政法	佐々野章邦	978-4-7972-7406-6	50,600 円	46,000 円
1284	行政法汎論 全	小原新三	978-4-7972-7407-3	49,500 円	45,000 円
1285	行政法各論 全	小原新三	978-4-7972-7408-0	46,200 円	42,000 円
1286	帝國商法釋義〔第一分冊〕	栗本勇之助	978-4-7972-7409-7	77,000 円	70,000 円
1287	帝國商法釋義〔第二分冊〕	栗本勇之助	978-4-7972-7410-3	79,200 円	72,000 円
1288	改正日本商法講義	樋山廣業	978-4-7972-7412-7	94,600 円	86,000 円
1289	海損法	秋野沆	978-4-7972-7413-4	35,200 円	32,000 円
1290	舩舶論 全	赤松梅吉	978-4-7972-7414-1	38,500 円	35,000 円
1291	法理學 完	石原健三	978-4-7972-7415-8	49,500 円	45,000 円
1292	民約論 全	J・J・ルソー、市村光惠、森口繁治	978-4-7972-7416-5	44,000 円	40,000 円
1293	日本警察法汎論	小原新三	978-4-7972-7417-2	35,200 円	32,000 円
1294	衞生行政法釈釋義 全	小原新三	978-4-7972-7418-9	82,500 円	75,000 円
1295	訴訟法原理 完	平島及平	978-4-7972-7443-1	50,600 円	46,000 円
1296	民事手続規準	山内確三郎、高橋一郎	978-4-7972-7444-8	101,200 円	92,000 円
1297	國際私法 完	伊藤悌治	978-4-7972-7445-5	38,500 円	35,000 円
1298	新舊比照 刑事訴訟法釋義 上巻	樋山廣業	978-4-7972-7446-2	33,000 円	30,000 円
1299	新舊比照 刑事訴訟法釋義 下巻	樋山廣業	978-4-7972-7447-9	33,000 円	30,000 円
1300	刑事訴訟法原理 完	上條慎藏	978-4-7972-7449-3	52,800 円	48,000 円
1301	國際公法 完	石川錦一郎	978-4-7972-7450-9	47,300 円	43,000 円
1302	國際私法	中村太郎	978-4-7972-7451-6	38,500 円	35,000 円
1303	登記法公證人規則註釋 完・登記法公證人規則交渉令達註釋 完	元田肇、澁谷慥爾、渡邊覺二郎	978-4-7972-7452-3	33,000 円	30,000 円
1304	登記提要 上編	木下哲三郎、伊東忍、緩鹿實彰	978-4-7972-7453-0	50,600 円	46,000 円
1305	登記提要 下編	木下哲三郎、伊東忍、緩鹿實彰	978-4-7972-7454-7	38,500 円	35,000 円
1306	日本會計法要論 完・選擧原理 完	阪谷芳郎、亀井英三郎	978-4-7972-7456-1	52,800 円	48,000 円
1307	國法學 完・憲法原理 完・主權論 完	橋爪金三郎、谷口留三郎、高槻純之助	978-4-7972-7457-8	60,500 円	55,000 円
1308	圀家學	南弘	978-4-7972-7458-5	38,500 円	35,000 円